安身立命

現代華人公私領域的探索與重建

李淑珍　著

江序

　　「安身立命」是每一個人都要面對的問題，但是每一個文化、每一個
時代、每一個國家、每一個個人，處理安身立命的方式都不一樣。

　　筆者的研究領域是政治思想，對於「安身立命」的問題比較習慣從哲
學家的角度去思考，像是「人類的共同性與差異性」、「理性與信仰的影
響」、「意識型態的作用」、「政治制度所能提供的協助」等等。淑珍的研究
領域是歷史學，比較習慣從「常與變」、「傳統與現代」、「具體的時代脈絡」、
「個人的生命故事」等去思考同樣的問題。我們兩人的對話，經常彰顯出
兩大學門在這個關鍵問題上論述風格的差異，但也經常證明了兩種知識傳
統所不可或缺的互補性。

　　淑珍具有一顆纖細、好奇、敏感的心靈，從大學時代以來，就不斷思
索她自己的生命意義，以及周遭親友、古今人物的生命史究竟透露了什麼
樣的時代訊息。岳父的早逝，促使她以中國古代的喪葬禮俗作為碩士論文
的主題。徐復觀先生的精彩論著，則吸引她一頭栽進中國現代思想史包羅
萬象的世界。毓老獨家的四書講解、台大三研社的思想刺激、布朗大學的
自由學風、以及眾多師友的啟發與論辯，則形塑了她的價值信念與知識根
基。我是一個陪伴她成長的人，也是一個在她的呵護與支持下，得以確認
自己安身立命之道的人。

　　我們都是對方最好的傾聽者與評論者。無論是在書桌前、廚房裡、飯桌上、或是在工作中、散步時、入睡前，總能將思想與實踐、家務與研究冶爲一爐。這其中當然免不了有激辯的時刻，甚至有賭氣的場景，但是琴瑟終究可以和諧，就像哲學與歷史終究不可或缺一般。我們的兒女從小見證父母的生活方式，已經習慣柏拉圖與徐復觀共同出現在餐桌上，也知道爸爸所熟悉的政府實際運作等一下會成爲媽媽論文裡的某個註腳，或是媽媽所樂於講述的某位歷史名人軼事可能會變成爸爸明天決策的參考。

　　從某個角度來看，我們所體現的安身立命之道，其實也是一、二百年來華人知識分子生命史的最近實例之一。如同淑珍在本書中所述，中國從帝制轉型爲民主、從傳統轉型爲現代，並不是短短幾年或幾十年就順利完成。華人知識分子在「西化」及「現代化」的過程中，除了殫精竭慮擘畫政治社會的未來藍圖，也必須摸索自我心靈安頓之道。「公領域」的劇烈變遷固然驚心動魄，家庭價值、宗教信仰、藝術品味等「私領域」所遭受的衝擊一樣不遑多讓。

　　以梁啓超爲例，我們一般知悉他勇於「以今日之我挑戰昨日之我」，歷經保皇、維新與復古之多變，但淑珍點出他在私領域中對兩性與親子關係的態度，更可看出一代宗師眞實的人性。弘一法師(李叔同)從名士、留學生到高僧的生命歷程，見證了儒家及佛家價值體系在時代變遷中的調適與調和。林語堂詼諧幽默的盛名背後，有著二度改宗的懷疑、疏離、鄉愁與堅持。而徐復觀努力結合儒家與民主、融通中西文化的壯舉，同樣有著貼近亘古人性、力抗現代主義逆流的宏願在其中。透過這些知識分子在公、私領域的呼籲與實踐，我們乃得以窺知近代中國的巨大變遷，對億萬生民有何具體的意義。

　　有人認爲，在現代化的巨變之後，傳統儒家思想不再具有指導公領域

事務的作用，最多只能提供個人私領域安身立命的參考。然而，無論是淑珍的探討或筆者的研究，都顯示這種看法可能有所偏差。無可諱言，儒家所追求的聖君賢相，或是以禮治國，顯然無法與現代憲政民主制度相容；但是儒家對於仁義、德性、天理的追求，以及強調政府必須以民為念、領導人必須清廉自持的重要性，依然具有跨越時代限制的意義。如果沒有這種政治思想傳統的薰陶，而純然要靠法治秩序或程序正義去維繫一個國家的運作，恐怕也是緣木求魚。當然，「外王」之道要如何取捨，才能與民主法治相得益彰，並不是一個容易回答的問題。但是，在現代化的流變之中，傳統思想文化所能提供者，應該不純然只是每個人退回到私領域之後的生活律則而已。

與梁啓超、林語堂、徐復觀等人一樣，我們都是現代化變遷過程中的一部分，只不過時序較晚、衝擊稍緩罷了。在憲政民主已然確立的台灣，我們不必再為革命與否煩惱，但是儒家思想與自由主義的磨合摶揉，仍然未有定論。即使在私領域之中，平等的夫妻關係、開明的親子互動、多元的宗教信仰，也依然夾雜著傳統社會各種隱微的矜持、威嚴、排斥或偏見。也許終究有一天，諸般衝突與兩難皆能有所安頓；但更有可能的是，每個時代都會出現新的衝突與兩難，而讓知識分子面臨前所未見的挑戰。無論是哪一種情形，細究前人的安身立命之道，都會有助於今人對己身處境的思考。

是為序。

江宜樺

誌 謝

　　筆者早年興趣在於文學與電影。大學時期之能踏入儒學領域，要感謝阮芝生老師的《史記》啓蒙，以及「天德黌舍」毓老的四書接引。史學方法論的思辨，則要感謝黃俊傑及胡昌智二位老師的帶領。此外，杜正勝、王仲孚二師引領我一窺中國上古史堂奧，賈祖麟(Jerome Grieder)、戴仁柱(Richard Davis)二師開啓我對西方漢學的認識，格利森(Abbott〔Tom〕Gleason)教授鼓勵我做歷史比較，葛拉克(Mary Gluck)教授則啓發了我對近代歐洲思想史的好奇。而已逝的徐復觀先生，既是筆者博士論文研究的主題，又以其學術思想及生命實踐，成爲筆者私淑的對象。眾多老師的教誨，令我深深感念；他們有如複調合唱，共同形成了筆者的學術背景。

　　自1999年起，筆者任教於台北市立師範學院社教系(現名台北市立教育大學史地系)，透過史學從事生命教育，在學生身上體會「人傳人」的生命意義。由於課程涉及古今中外，備課負擔沉重，使得本書之寫作歷時逾十年。感謝台大人文社會高等研究院黃俊傑院長鼓勵筆者匯集研究成果，聯經林載爵先生慨允出版本書，李國維先生、沙淑芬小姐、李尚遠先生不辭辛勞，或代爲編輯書稿，或代爲聯繫國內外圖片版權，在此一併致謝！

　　最後，我要感謝家人的陪伴。家母出錢出力，堅定支持我走上學術道

路，含辛茹苦無怨無悔。兒子總是默默幫忙掃地摺衣，老實得教人心疼，天眞處又令人莞爾。慧點的女兒常在放學途中拾來茉莉、緬梔子，讓我的案頭暗香浮動；她愛流浪貓咪，貓咪帶來跳蚤，增添了我們生活的趣味與煩惱。外子公務繁忙，暫時退出固定洗碗的行列(令女兒大爲不滿)；但他還是排除萬難，盡量八點回家吃晚飯，飯後與我閒步清談。三十年來，他對我無限呵護，既是知己，又如父兄。他的包容，安定了一個騷動敏感的靈魂。——謹以此書，獻給我摯愛的家人！

李淑珍

於台北二坪竹林

目　　次

第一章

導論

　　這是一本討論現代華人精神世界的史學著作。它所關懷的主題是：在驚濤駭浪的20世紀，華人知識分子如何苦苦掙扎，在私領域及公領域尋找「安身立命」之道？

一、「歷史三峽」中的「大我」與「小我」

　　「安身立命」之道的渴求，是源於巨大的「不安」。

　　　　給我點亮兒吧！給我條路吧！

這是20世紀初一個湖北農村婦女的放聲哭喊[1]。

　　　　有時候我會對著鏡子悚然震驚；你怎麼還活著呢？你怎麼能活
　　　　到今天呢？

1　徐復觀小時候聽到母親如是哭喊。見：徐均琴，〈大地的兒女——悼念我的父
　　親徐復觀先生〉，收於：曹永洋編，《徐復觀教授紀念文集》（台北：時報，1984），
　　頁7。

這是經歷過對日抗戰、國共內戰、台灣白色恐怖的作家的沉痛自白[2]。

當然，每個時代、每個社會都不乏騷動的靈魂，其內在的不安往往源於個人性格與際遇。但是，現代華人極爲普遍的不安，則和整個大時代天翻地覆的動盪息息相關。——因爲，20世紀的華人社會，正處於史家唐德剛(1920-2009)所謂「歷史三峽」的驚濤駭浪中。

19世紀末的中國，仍是一個典型的農村社會，牧童在牛背上孜孜不倦地讀書（攝影／Auguste François）。（圖片來源：Johnathan D. Spence and Annping Chin, *The Chinese Century: A Photographic History of the Last Hundred Years* 〔New York: Random House, 1996〕, p. 15）

唐德剛認爲：中國四千年來之社會政治型態發展，可分爲「封建」、「帝制」與「民治」三大階段。從「封建」轉「帝制」，發生於商鞅與秦皇漢武之間，歷時約三百年。從「帝制」轉「民治」，則發生於鴉片戰爭(1842)之後。自此以降，從文物制度、風俗習慣、生活方式、到語言文字、文藝思潮、學術研究……無不從千年不變，到十年一變，大變特變[3]。

我們看到，從鴉片戰爭(1839-

2　王鼎鈞，《左心房漩渦》（台北：爾雅，1988），頁16。

3　唐德剛，〈自序：告別帝制五千年〉，《晚清七十年：中國社會文化轉型綜論》（台北：遠流，2002），頁8。對唐德剛的說法，筆者並非全盤接受。譬如說，中國歷史漫長，要將秦漢至清朝中葉的近兩千年視為一個「不變」的單位，就過分簡化。

1842)、太平天國(1850-1865)、自強運動(1861-1895)、戊戌變法(1898)、義和團、八國聯軍(1900),到辛亥革命、建立民國(1911)、五四運動(1919)、北伐統一(1927)、對日抗戰(1937-1945),然後是國共內戰、中共建國(1949)、大躍進、三年飢荒(1958-1961)、文化大革命(1966-1976),再到鄧小平改革開放(1978)、六四事件(1989)……幾乎每隔十年,就有驚心動魄的事變發生 [4]。

比較起來,中國第一次轉型源於內部自發,第二次轉型則是受西方之

1920至30年代的上海外灘。繁華的十里洋場,劇烈衝擊傳統中國的社會秩序與價值觀。(圖片來源:*The Chinese Century*, p. 80)

---

4 唐德剛,〈論「轉型期」與「啟蒙後」〉,《晚清七十年:中國社會文化轉型綜論》,頁213-214。

挑戰，出於被動。這個挑戰，既有華人文化是否應「西化」的問題，又有華人文化本身如何「現代化」的問題[5]。備受衝擊的，不只包括華人的「公領域」，也包括他們的「私領域」；有待重建的，不只是他們的「大我」，也包括他們的「小我」。

儘管中國歷史上亂世頻仍，飢饉、流亡……史不絕書、屢見不鮮，但是加上了「社會轉型」的背景之後，所有的天災人禍，都以更驚人的規模出現[6]。老弱輾轉乎溝壑，壯者散而之四方，他們生離死別、顛沛流離的故事，構成了20世紀華人世界的主題與變奏[7]。這樣的遭遇，知識分子當然不能倖免。1890年以降，隨著內憂外患不斷，帝制基礎動搖，新思潮湧入中國，儒教瀕於解體，使傳統士人陷入嚴重的「意義危機」，

接受西式教育的金陵女子大學女生，歡快地帶著兒童遊戲，與下頁圖片形成強烈對比。（圖片提供：中央社）

5　唐德剛，〈中國近代目錄學的先驅袁同禮先生〉，《晚清七十年：中國社會文化轉型綜論》，頁285-286。

6　據1947年調查，中國在對日抗戰期間，人民傷亡為8,420,898人，軍人傷亡為3,311,000人，總共超過1,100萬人。見：〈中國抗戰時期財產損失說帖〉，收於：許倬雲、丘宏達編，《抗戰勝利的代價》（台北：聯經，1986），頁177。而因為毛澤東「大躍進」政策錯誤，在1958至1962年造成飢荒死亡的人數，中國政府諱莫如深，民間人士估計為3,000萬人。

7　龍應台的《大江大海一九四九》（台北：天下，2009）就收錄了許多這樣的故事。

1937年四川發生饑荒，老弱婦孺流離失所，以樹葉草根為食。在日本入侵之前，中國農村已瀕臨破產。（圖片提供：中央社）

對傳統道德價值產生懷疑（「道德迷失」），對苦難、死亡、命運等存在困境感到焦慮（「存在迷失」），傳統世界觀也為之傾頹（「形上迷失」）[8]。

　　但從另一方面看，儒家傳統的動搖，也開啟了新時代的契機。五四運動時代，青年就勇於「重估一切價值」，實驗各種新式學說，追求個人的自由解放。只是很不幸，在他們還沒有立穩腳跟之前，內憂外患接踵而至，

8　張灝著，林鎮國譯，〈新儒家與當代中國的思想危機〉，收於：氏著，《幽暗意識與民主傳統》（台北：聯經，1992），頁85-88。

1938年日軍轟炸重慶，兒童在戰火中滿臉驚惶。（圖片來源：*The Chinese Century*, p. 129）

「救亡」的需求還是壓倒了「啓蒙」的渴望[9]。 這無數「小我」乃獻身民族主義、社會主義，轉而在黨國「大我」中安頓個人身心性命。只是這個「大我」受獨夫宰制，三十年治國實驗下來，只餘下被踩斷了背脊、搾乾了血汗的「小我」屍橫遍野。於是，倖存者及其後代站在精神的廢墟中，四顧茫然，再度面臨「信仰眞空」的困境。

就台灣而言，儘管南島語族才是台灣最早的主人，荷蘭、西班牙也曾在17世紀分別控制島嶼南北數十年，但是明鄭、滿清長達二百餘年的統治（1662-1895），使得台灣建立以漢人文化爲主導的社會。此社會以「儒釋道三教合一」爲主要價值體系，長期以來和平演變，除了少數時期（如日治「皇民化」時代）之外，並未遭受如大陸文化大革命那般激烈的破壞。因此整體而言，台灣人的「小我」信仰安頓問題比較小。

不過，台灣遭遇的「大我」困擾（特別是「國族認同」問題），則和中國大陸不相上下。台灣的歷史主軸是「多元文化的衝突與融合」，它是否能概括在唐德剛所說中國史「由『帝制』轉『民治』」的發展模式中，有待討論；但是這個島嶼的近代命運，與動盪的中國共起伏，則是不爭的事實。

馬關條約（1895）之後，清廷將台灣割讓給日本，使台灣跳過「反滿」「反帝制」的辛亥革命，而直接面對在殖民體制下「西化」、「現代化」的議題。日本戰敗，中華民國接收台灣，在台灣文化與中原文化激烈碰撞之後，「西化」、「現代化」課題持續盤旋不去。儘管台灣的政治、社會、經濟狀況相對穩定，20世紀末「民治」更露出曙光，但是「中國化vs.本土化」與「全球化vs.在地化」的爭議，依舊沸沸揚揚。

---

9 李澤厚，〈啟蒙與救亡的雙重變奏〉，收於：氏著，《中國現代思想史論》（台北：風雲時代，1991），頁22。

「大躍進」期間（1958），毛澤東動員40萬群眾修築北京十三陵水庫。他們不分晴雨晝夜義務勞動，在160天內完成任務。然而，「大躍進」也造成「三年飢荒」，數千萬人因之死亡。（圖片來源：*The Chinese Century*, p. 178）

　　本書所關懷的主題，正是華人世界在經歷「西化」、「現代化」等社會轉型的時代背景下，若干知識分子對公、私領域「安身立命」之道的重新摸索。

　　本書所謂「安身立命」之道，強調的是精神的安頓與價值的追尋。這種追尋，改變了華人「私領域」的面貌。例如：「家庭」本是傳統儒家實踐「差序倫理」的場域，現代華人則期待它能提供「親密感」；「宗教」不再是生活中的儀式行爲，轉而成爲貫徹始終、指導生命的終極關懷；而「藝術」，則從原來的爲人生而存在，浸假轉爲以藝術本身爲目的。

　　更進一步看，對某些公共知識分子（public intellectuals）而言，所謂「立命」，不只是「小我」身心性命的依託，他們更冀望「爲天地立心，爲生

1947年的二二八事件，令許多台籍人士對中華文化產生根本懷疑。（圖片提供：二二八紀念館）

民立命」，從體制上謀求「大我」的精神安頓。因此，它涉及的不只是「私領域」，而更涵括了「公領域」規範的追尋。建立「民主政治」，尤其是重中之重——儘管20世紀兩岸獨裁者都以「妨礙國家富強」爲由，不斷延遲它的實現。

　　誠如唐德剛所說，乍看之下，這一百多年來知識分子在各方面領導了華人世界的轉型(包括：政治上的康有爲、孫文，外交上的李鴻章、顧維鈞、周恩來，語言文學上的胡適、魯迅……)，其實眞正的歷史是「時勢造英雄」，而非「英雄造時勢」，這些英雄只是隨波逐流的弄潮兒(「沒有他們，我們的日子好過多了！」)；與之一道蜂擁而下的千千萬萬「無名英雄」，才是這場現代化運動的主流[10]。

　　從這個角度來看，本書以四個知識分子爲討論焦點，與其說是假定他們發揮了領導時代的作用、爲動盪的時代找到了安魂的藥方，不如說是把他們當作「騷動的靈魂」的樣本：藉由他們特別廣闊的視野、不尋常的敏銳感受、格外深刻的反省能力、和幸運保存下來的豐富文本，來反映那個時代對這些切身問題的思索。

　　本書文字，可以各自獨立單篇閱讀，也可以就共通的主題合而觀之。在第二章中，筆者將透過梁啓超的私領域，探討近代華人家庭生活如何由傳統過渡到現代型態。第三、四章則藉由李叔同、林語堂的改宗經驗，思考儒家、佛教、基督教、道家等信仰在轉型時代給人的依託和限制。徐復觀占了全書最多篇幅(五、六、七章)，一來因爲他是筆者博士論文的研究主題，筆者對他較爲熟悉；二來因爲他的生命幅度、關懷層面特別寬廣，使我們得以透過他的視角，看到近代華人世界如何在文化、政治與藝術等

10　唐德剛，〈中國近代目錄學的先驅袁同禮先生〉，頁296。

領域尋求安頓。第八章則是筆者反思近代西方與華人世界現代性的發展，汲取儒家思想資源，嘗試提出資本主義全球化之下個人可能的安身立命之道。第九章則爲全書的總結。

二、儒家與現代公私領域的重建

在重建現代華人公私領域之際，傳統儒家思想，究竟可能發揮何種作用？它是負面文化包袱，該早日甩脫；還是正面文化基因，應繼續發揚光大？——要回答這個問題，我們首先必須定義何謂「公領域」、「私領域」，再來討論儒家學說在今日的意義。

(一)公私領域定義

本文所謂「私領域」，指的是與個人福祉相關的各種事務，包括家庭生活、私有財產、個人隱私、個人信仰等，即上文所謂「小我」。而所謂「公領域」，則超乎個人之外、與大眾利益相關，包括政治、社會事務等，即上文所謂「大我」。

根據學者黃俊傑的研究，傳統儒家並沒有明顯的「公」、「私」界域區劃，而將之視爲一個連續體，以「身－家－國－天下」的次第，同心圓式地展開，「公領域」是「私領域」的擴大與延伸。但是在道德上，儒家則將「公私之分」等同「義利之辨」，把二者對立起來，主張「公」先於「私」、以「公」克「私」[11]。

---

11 黃俊傑，〈東亞近世儒者對「公」「私」領域分際的思考〉，收於：黃俊傑、江宜樺編，《公私領域新探：東亞與西方觀點之比較》（台北：台大出版中心，2005），頁125。

　　學者黃克武指出，傳統中國的道德與法律允許人們有一定的私人生活空間，也有一些思想家倡導「情欲解放」，只是從未有人主張：每一個人對於涉己之事，具有受法律保障而不容他人侵犯的權利。要到清末，受到西方自由主義與個人主義的影響，才由嚴復引進「私領域」以及「隱私權」的觀念，認為與個人身體及親密活動相關的思想與行為，公眾（包括國家與社會）不得干涉、侵犯；它本身既是一種終極價值，也是自我實現，發展政治、經濟、宗教個人主義的一個手段。

　　但是，西方自由主義者之維護隱私權，寓含對個人「欲望與衝動」（desires and impulses）的承認，不易為受儒家「慎獨」、「克己復禮」思想薰陶的國人所接受。1949年共產政權成立之後，中共更以「破私立公」之名，進行「靈魂深處」的革命，摧殘個人私領域[12]。

　　在這種情形下，儒家對於現代華人世界公私領域的重建，究竟能有什麼意義？

（二）儒家思想對現代公私領域的意義

　　我們先看私領域。大陸學者顧肅認為，中國反覆闡述「立公去私」、「破私立公」等原則，導致對私人領域和私人權利的長期忽視。同時，儒家對於綱常倫理的強調，也把人們的等級觀念固定化，使得私人領域的等級秩序觀念和公共領域的政治等級制一以貫之，妨礙人際平等和憲政民主制度的落實[13]。 所以，儒家那套公私觀念似乎應該全面拋棄。

12　黃克武，〈近代中國私領域觀念的崛起與限制〉，收於：黃俊傑、江宜樺編，《公私領域新探：東亞與西方觀點之比較》，頁183，184，188，195。

13　顧肅，〈重建東亞社會公共哲學的反思與設想〉，收於：黃俊傑、江宜樺編，《公私領域新探：東亞與西方觀點之比較》，頁35。

　　不過，筆者以為，將20世紀中國共產黨對個人私領域的摧殘歸咎於儒家，並不公平。君不見：未受儒家影響的納粹、蘇聯，不也都犯下類似罪行？由此可見，中國共產政權下個人私領域受公權力侵犯，問題出在極權體制，而非儒家思想。再者，主導儒家私領域思惟的議題，與其說是「如何建立綱常倫理、等級秩序」，不如說是「如何使情感得到合理的抒發與節制」，使人在遭遇各種人生狀況時，情感與理智取得平衡。這個特色，可以從儒家最重視的喪禮理論中看得出來[14]。

　　的確，基於「性善」理念，儒家雖承認私領域的「情欲成分」（《禮記·禮運》：「飲食男女，人之大欲存焉」），但更強調個人的「德性成分」，相信它可以上通天地（《孟子·盡心上》：「盡其心者，知其性也；知其性，則知天矣」）。而最極端的理學家，更希望完全抑制情欲，把德性發揚光大（《朱子語類·卷四》：「聖人千言萬語，只是教人存天理，滅人欲」）。姑不論這是否反而造成許多「偽君子」、「假道學」，基本上儒家是訴諸良心與自我要求，社會輿論也因之關注個人私領域的言行，但它畢竟鮮少訴諸國家公權力（當時也無此技術）去刺探個人隱私，乃至消滅人的私領域生活、「破私立公」。由此可見：儒家雖然沒有西方式「隱私權」的觀念，但這並不意味儒家不承認人的「私領域」存在；它對提升「私領域」精神生

14　例如：儒家的喪禮理論，除了關心儀節、禮器、禮容之外，更重視生者在面對親人死亡時，哀懼之情如何抒發、調節，以期「去惡盡哀」、「致哀教孝」、「節哀順變」，使情感與理智達到平衡。參見：李淑珍，《東周喪葬禮制初探》（台北：花木蘭，2009），頁61。
　　林放問禮之本，孔子的回答是：「禮，與其奢也，寧儉；喪，與其易也，寧戚。」（《論語·八佾》）宰我嫌三年之喪太長時，孔子感嘆：「予有三年之愛於其父母乎？」（《論語·陽貨》）由此可見，「情感」是孔子思考「禮制」問題的重點。

活的想法，對今天也還有相當價值。

那麼，公領域又如何？史家余英時(1930-)認爲，儒家「私領域」的理念的確可以保留，但它在「公領域」的主張則已不合潮流。傳統儒家從「內聖」到「外王」的那一套重建人間秩序的「整體規畫」，在現代世界必須重新考慮。他的主張是，就「公領域」而言，現代民主社會中，思想信仰多元，儒家已非支配公共秩序的唯一原則，它的「治國、平天下」(「外王」)理念只能發揮間接的影響。不過，他還是認爲，在「私領域」方面，儒家重視「修身、齊家」(「內聖」)，努力提高人的精神境界和改進人的品格，在現代依然可以發揮直接效用。特別是它強調「知行合一」、生活實踐，更是今天儒家傳統最有普世性的部分，可以在大大小小任何生活圈子展開[15]。因此，余氏建議今日儒家應割捨「外王」學說，保留「內聖」理念。

筆者雖然贊成保留儒家「內聖」的說法，但反對完全放棄儒家在「外王」方面的努力。因爲，在全球化的今日，公、私領域已不能劃爲兩橛，而是互相滲透、彼此影響。就「公領域」(政治、社會範疇)的變化而言，華人所面對的世界不只是大陸的「有中國特色的社會主義」，也包括台灣的民主政治、媒體文化、多元價值、高科技、後工業化社會、生態環境惡化……等種種挑戰。而這些變化都會滲入「私領域」(個人、家庭)，使既有的精神價值必須隨之調整，以因應時代的巨變。另一方面，「私領域」所發生的變化，諸如性觀念開放、女性地位提升、家庭制度動搖、高齡化、少子化……亦莫不產生漣漪作用，擴及「公領域」範疇，使之必須調整因

15　余英時，〈試說儒家的整體規畫——劉述先先生〈回應〉讀後〉，《當代》，201
期(2004年5月)，頁91-92，99。

應。因爲公私領域之間的關係很難清楚切割、涇渭分明，所以也不可能把儒家限制於私領域內，不對公領域發生影響。

的確，在「私領域」中，儒學對因應現代巨變有許多限制；但是，二千多年來儒學既已淪肌浹髓，深入中華文化，即使要轉而信仰佛教、基督宗教，也很難完全擺脫儒家人文主義的籠罩。從本書第三、四章對李叔同、林語堂的信仰歷程的探討，即可以清楚看出。在藝術範疇中，秉持儒家美學的徐復觀認爲藝術應具有提升心靈、反映時代的作用，與現代藝術家劉國松之「爲藝術而藝術」的主張形成強烈對比。在白色恐怖的背景下，前者要把藝術放在「公領域」中考量，而後者卻希望藝術退回「私領域」去。如果以開放心態思考此一問題，此二者其實可以並存不悖，不必一定要互相排斥。

而在「公領域」中，要尋求儒家思想與現代民主制度的融合，則要費一番心思，如本書第六章徐復觀與錢穆、唐君毅、牟宗三、勞思光等人對儒家／民主的爭論所顯示。但是，華人世界要實現民主政治，除了要有一定的政治、社會、經濟條件之外，反思儒家思惟方式，存菁去蕪，刮垢磨光，儒家仍可以爲民主社會之運行提供文化上的助力。

的確，儒家學說不可能一仍舊貫，繼續「主宰」現代華人公、私領域，而這未必不是一件幸事。帝制時代，儒家從「百家學」升爲「王官學」，長期享有獨尊地位，造成了種種弊端；現在它的勢力式微，再度從「王官學」還原爲「百家學」，正好可以促使它反省經典原意，擺脫歷史糾葛。

總而言之，筆者以爲，不論是在私領域或公領域，儒家學說在現代依然相當具有啓發性，特別是可以對西方啓蒙式「現代性」提出反省與針砭。例如：儒家注重人格主義、家庭價值，有助於人在全球化時代找到自我定位；以「禮的陶冶」提升民主政治境界，以簡樸生活平衡資本主義下的物

欲橫流，乍看迂闊，但實有其理想堅持。我們雖不必像唐德剛一般期待
「用夏變夷」、希望華人能夠「領導全球現代化」[16]；但是身爲一個有悠
久歷史的文化傳統，儒家至少應該和佛教、道家、基督宗教、伊斯蘭教……
等信仰一般，成爲人類共同的精神寶藏，提供思考人類文明方向的源頭活
水。

三、人生史學

　　史學思惟強調「長時間、多層次、整體系」（當代史家曾華璧語），以
求彰顯研究主題的「特殊性、變異性與傳統性」（史家錢賓四語）。就「思
想史」（intellectual history）研究而言，爲了要在「時間之流」中爲研究對
象找到歷史定位，不能只討論當事人的「思想」，還必須就他的「具體時
代脈絡」及「個人生命實踐」去檢視這些議題[17]。本書收錄諸文，即是這
一方面的嘗試。

　　近年來史學研究「從閣樓走下地窖」，關注焦點由中心、菁英、經典，
轉向邊緣、大眾、世俗[18]，即使是研究文人的私領域，也更強調「情欲」，
而非其「智性」、「德性」乃至「靈性」生活。但是筆者以爲，「地窖」與
「閣樓」缺一不可，都是一棟樓宇的必要構造。要了解完整的人，「智性」、
「德性」與「靈性」不能缺席；更何況，較諸於「情欲」，人類社會提升

16　唐德剛，〈中國近代目錄學的先驅袁同禮先生〉，頁295-296。

17　因此，筆者以爲，"intellectual history"宜譯爲「知識分子史」，而非「思想史」，
　　以免與"idea history"（觀念史）相混淆。

18　葛兆光，〈近年來文史研究領域的新變〉，收於：氏著，《思想史研究課堂講錄》
　　（北京：三聯，2005），頁18-20。

的力量更仰賴前三者。本書討論「安身立命」問題，正是出於這一方面的
關懷。

　　但是，和目前學術論文常規相比，本書寫作有若干「越界出格」之處，
不盡然符合學界主流。諸如選題疏闊，撰寫形式有強烈文學性，內容則寓
含明顯的價值意識，都不合於當前專業史學常規。──這一點關乎筆者的
史學信念，有必要做些說明。

　　史家傅斯年在〈歷史語言研究所工作之旨趣〉(1928)中，否定「著史」
的意義，反對史學做「疏通」、「普及」的工作，而希望史家效法自然科學，
整理材料、擴充研究方法，把史學建立成如同生物學、地質學一般嚴謹[19]。
八十年後，台灣史學界已歷經社會科學、年鑑學派、後現代史學、新文化
史等學派衝擊，不再如傅氏一般主張「歷史學只是史料學」；但是台灣史
學界目前依然遵循他所立下的學術規範，傳統中國史學之「取倫理家的手
段，做文章家的本事」，仍為今日專業史家所不取。

　　相較於要求「為政治服務」的「馬克斯主義史學」或「民族主義史學」，
此一志在「重建過去真相」的「實證史學」，樹立了近代史學的獨立客觀
性，厥功甚偉。但是，為了追求史學的「專業化」、「現代化」，它也付出
了重大的代價。它使史家「為學術而學術」，帶著距離檢視「過去」，不解
釋古今之間的聯繫，不認為史學可以為「現在」找出時代定位。它不再以
一般讀者為訴求對象，轉而由同僚社群決定黜陟獎懲，「點的鑽研」比「線
的通貫」、「面的觀照」更受青睞。因此，專業史學著作從選題到撰寫都日
益艱澀，造成了古今關係的斷裂，也加深了社會大眾歷史意識的迷茫[20]。

19　傅斯年，〈歷史語言研究所工作之旨趣〉，《中央研究院歷史語言研究所集刊》，
　　1本1份(1928)，頁3，8。
20　李淑珍，〈「經學式」、「科學式」與「理學式」的歷史詮釋學：近代中國／台灣

小說家平路就認爲：

> 與其他各地的人們比較起來，台灣人的記憶最短暫……當時間
> 的切分趨於極小（換句話說，台灣人的記憶，是片段切割／瞬
> 息即過的形式），在這極限的情境下，因果關係不再存在……
> 過去與現在不一定發生關聯。[21]

台灣人會形成這樣的「時間知覺」，除了因爲政權經常轉換、過去常被割
裂之外，過度褊狹的歷史研究（以及過度政治化的歷史教學）似也難辭其
咎。

筆者以爲，史學研究的目的是在爲社會提供「時間地圖」，爲紛繁人、
事找到歷史淵源與時代定位，甚至發揮一定的「指路功能」。史學研究除
了「小題大做」之外，也應有人嘗試「大題大做」。史學文字應具有一定
的文學感染力，以引起較多讀者的共鳴。除了「爲學術而學術」的主流之
外，也應允許某些史學作品持續中國史學「爲人生而學術」的傳統，「知
人論世」，使歷史能成爲大眾「生命教育」的一部分[22]。

其實，這些看法都是老生常談，了無新意；司馬遷當年撰寫《史記》，
不就是秉持以上信念？史遷所言「究天人之際，通古今之變，成一家之

（續）——————
　　史學發展的三個面相〉，《當代》，178期（2002年6月），頁38-39。李淑珍，〈現代中
　　國大陸與台灣的歷史意識與自然意識〉，收於：黃俊傑編，《傳統中華文化與現代
　　價值的激盪與調融》（台北：喜瑪拉雅研究發展基金會，2002），頁234-242。
21　平路，〈台灣奇蹟〉，收於：王德威編，《台灣：從文學看歷史》（台北：麥田，
　　2005），頁443-444。
22　參見：李淑珍，〈二十世紀「中國通史」寫作的創造與轉化〉，《新史學》，19
　　卷2期（2008年6月），頁140-145。

言」，何嘗不也是企圖透過史學著述，回答自己的人生困惑，為自己──也為社會──找到安身立命之道？

因此，筆者以為，在努力挖掘「真相」之餘，史學不能迴避「疏通」與「普及」的工作；在「求真」的前提下，具有「文章家」、「倫理家」色彩的史學作品，未必就是洪水猛獸。本書之帶有文學性與價值意識，即與此一史學信念有關，雖然筆者自知，本書距離這樣的目標還很遙遠。

本書有許多不足之處。例如：它的研究對象，以外省男性知識菁英為主；從台灣本土論述、女性主義、庶民文化的角度看來，顯然充滿盲點。若要自解，只能說：這些外省知識分子的思想行誼(包括從未來過台灣的李叔同／弘一)，已經成為今日台灣文化的重要養分，他們也構成了兩岸共同的文化遺產。在書中占了許多篇幅的徐復觀，是現代儒家中「常民立場」(populist)最突出的一位，或許可以降低本書菁英觀點的色彩。而筆者本身的女性思惟方式，也在無形之中影響了觀察、呈現這幾位男性思想家的角度，加上書中插圖有許多女性身影，差可彌補主題人物所欠缺的「性別意識」。不過，話又說回來，筆者還是希望本書能超越族群、性別、階級等「認同」的限制，思考普世價值的可能性。

本書的其他缺失還包括：它並非通論，不具完整架構，所述人物只是個別案例，不必然有代表性。此外，它號稱討論「現代華人世界」，但是在空間上只談大陸、台灣，未討論散居世界其他各地的華人社會，在時間上亦只及於中華民國時代(包括大陸時期與台灣時期)，既未專題處理日治殖民時代台灣人物，對中華人民共和國的經驗也只是幾筆帶過。希望未來能有機會補足這些缺失。

真正令筆者感到惆悵的是：筆者從「志於學」的時代開始，前輩學人(如錢穆、徐復觀諸先生)在吾儕心目中如泰山北斗，「仰之彌高，鑽之彌

堅」，一直是眾人崇敬的典範和研究的對象，追慕效法惟恐不及。而在21世紀初的今日轉過身來，才驚覺我輩與年輕的網路／簡訊世代，不但理想、價值觀渺不相涉，就連語言、文字載體亦不相通，其間的文化斷層深不可測。在本書即將完成之際，全球出版業已經岌岌可危，紙本書即將成為明日黃花，筆者之「普及」努力也頓時顯得落伍可笑。為跨越此一世代鴻溝，本書第八章回應網路世代所面對的問題，而全書插入大量圖像，也意在增加歷史想像、降低文字的壓迫感。雖然筆者自知，對一般讀者而言，本書內容仍然沉重艱澀，難以消化。筆者只能期盼，即使讀者並非史學專業，對它所觸及的主題，也能產生若干共鳴。「知其不可而為之」，尚祈讀者鑒諒。

　　為什麼要特別強調史學的「疏通」、「普及」面向？因為，學歷史的人，比別人明白：過去的人曾像我們一樣，有血有肉地活過；而我們也像他們一般，終將消逝得無影無蹤。歷史學的工作，有如向過去「招魂」，呼喚已逝的人物再次回到他們久別的人間。如果我們辛苦一場，卻不能讓活著的人重新抬頭再看他們一眼，那麼等於是讓他們二度死亡。唯有讓已逝的生命、現存的生命、與將要出現的生命產生對話的可能，史學工作才算是在「承先啟後，繼往開來」。

　　個人的生命短暫，使我們感到渺小；而為這個世界承先啟後，則令我們感到莊嚴。筆者相信，史學不是史家的專利，每一個人都有一定的歷史意識；只要體會「歷史無所不在」，這一份渺小而莊嚴的工作，也終將代代傳承下去。

第二章

私領域中的梁啓超
——兩性關係與家族倫理的轉型

一、前言：梁啓超的「公德」與「私德」

(一)從「人間四月天」談起

「梁啓超（1873-1929），字卓如，號任公，又號飲冰室主人……」——每個準備過聯考的台灣高中生大概都會背上這麼一句。可是，梁啓超「究竟」是誰？對於迷上1999年公視連續劇「人間四月天」的網路世代而言，與其說他是清末立憲派的大將、民初護國倒袁運動的領袖、或筆鋒常帶感情的啓蒙先驅、開啓中國現代史學的鉅子，不如說他是徐志摩的老師，林徽音的公公，那個在徐志摩、陸小曼婚禮上大罵新郎新娘的證婚人吧：

> 徐志摩，你這個人性情浮躁，所以在學問方面沒有成就。你這個人用情不專，以致離婚再娶……以後務要痛改前非，重新做人！……祝你們這次是最後的一次結婚！

徐、陸兩人的婚姻在當時固然驚世駭俗，而梁啓超這樣的證婚詞也同樣令人目瞪口呆。

　　我們不得不承認，在嚴肅的學界研究之下，梁啓超已成爲中國近代史上的一個符號、一個圖騰，代表某種運動、領導某些思潮；梁啓超作爲一個活生生的人的魅力與眞實性，不容易讓人感受領略得出來。而這齣戲使得五四時代重新活了過來，開始在一向對「歷史」與「中國」雙重冷感的台灣年輕人心中有了意義。只不過，一代風雲人物，竟以這樣的身分重現江湖，作爲世俗的舊道德的代表、以反襯出年輕一代的勇敢眞愛，恐怕要令他啼笑皆非。

　　任公嘗謂：「吾之做政治談也，常爲自身感情作用所刺激，而還以刺激他人之感情。」從胡適到龍應台，凡是讀過梁任公文章的人，很難不爲他筆下流露的濃烈感情所感動[1]。蕭公權讀到他「獨居深念則歌哭無端，嘯儔晤言則唏噓相對」之語時，也不禁感嘆：年過四十的人還這樣歌哭不制，「則其感情之濃郁眞摯，誠可謂得天獨厚，大過尋常。」他相信，任公一生光明磊落，愛國之忱不能自已，實與此充沛感情密切相關[2]。我們不禁好奇：這樣一個「情聖」[3]，爲什麼會阻止另一個「情聖」徐志摩去追求眞愛？

　　筆者不敏，對梁啓超的豐富飽滿初次有「感覺」，是從2000年寒假閱讀丁文江編的《梁任公年譜長編》(以下簡稱《年譜》)才開始的。而《年譜》之所以具有感動力，不僅在於原始史料的採錄，更在於梁氏私領域生

1　龍應台，《百年思索》（台北：時報，1999），頁31。

2　蕭公權，《中國政治思想史》（台北：聯經，1982），頁781。

3　任公曾封杜甫以「情聖」之名，因爲杜工部的「情感的內容，是極豐富的，極眞實的，極深刻的；他的表情的方法又極熟練，能鞭辟到最深處，能將他全部完全反映不走樣子，能像電氣一般一振一盪的打到別人的心弦上。」這些話移到任公自己身上，也完全適用。見：梁啟超，〈情聖杜甫〉，收於：氏著：《飲冰室全集》（台北：文化，1973），頁287-288。

活面向的大量呈現。這些私領域的訊息，個別而言，也許只是一些「摩迷」、「徽迷」所不知道的「八卦」，在梁啟超專家看來早就耳熟能詳，不足為奇[4]。

可是，當我們把梁啟超這許多「八卦」或「家務瑣事」拼湊起來後，一個重要的課題浮現了：這個《新民說》(1902-5)的作者，為了改造中國的公共領域(public sphere)，大膽提出了諸如「國家思想」、「進取冒險」、「權利思想」、「自由」、「自治」、「進步」、「自尊」、「合群」……等「公德」；那麼，他對於「少年中國」的私人領域(private sphere)，又有什麼樣的想望或假設？

譬如說，任公早年曾支持女權運動，並與同志共組「一夫一妻世界會」。28歲時在檀香山一度發生婚外情，當妻子有意為他納妾時，他期期以為不可，寧可揮淚斬情絲，也不願「違背公理，侵犯女權」[5]。可是，當他痛罵徐志摩、陸小曼時，54歲的任公已蓄妾多年。他憑什麼律己從寬，責人從嚴，責怪別人用情不專？他心目中理想的婚姻生活，是「男女有別」，還是「夫婦有愛」？女性在他的生命中占了什麼樣的位置？

令人好奇的不只是任公感情生活中的矛盾。他扮演的「丈夫」角色容或不脫傳統格局，但從他寵愛子女(特別是女兒)的情形來看，他絕對是一個非常「現代」的父親(當然，所謂「傳統」並不必然代表「落伍」，而「現代」也不必然等於「進步」)。他的矛盾還包括：身為康有為的弟子，他不惜為「真理」而與老師衝突；而身為徐志摩的老師，他也面對了學生為「真情」而不惜與他決裂的場面，使傳統的「擬父子」式的師生關係，一

4　見：張朋園，〈梁啟超的家庭生活〉，收於：中研院近史所編，《近代中國歷史人物論集》(台北：中研院近史所，1993)。

5　丁文江編，《梁任公年譜長編初稿》(以下簡稱「丁編《年譜》」)(台北：世界書局，1988)，頁137。

次次地受到衝擊……

我們要問:這些私領域的道德和倫理生活,和任公所期待的「公德」有何關係?是互相配合,還是平行而互不相干?如果是互相配合,那麼,私人領域中的倫理能否支撐他在公共領域中的主張?公共領域的理論有多少來自他在私領域的經驗?或者,如果「公」「私」兩界可以平行而互不相干,那麼,我們是否可以一方面同意任公所提出的新民公德,另一方面尊重任公(及任何人)所選擇的個人生活方式,沒有「好」「壞」可言?而在這個缺乏一致標準的私領域中,會出現百花齊放的多樣性,還是榛蕪一片的荒涼?

(二)公領域和私領域

當然,我們必須先將「公領域」與「私領域」做一界說。近代西方學者在討論「公共領域」及「私人領域」的區分及關聯時,大致有如下兩種不同看法。自由主義者認為,「公共領域」是國家政治生活,「私人領域」則包括了道德與宗教良心、自由市場經濟、家庭內的親密關係及日常生活[6]。凡是會牽涉他人的行為舉止,才構成公眾的關懷,必要時政府或國家有權力予以干涉。至於只與個人利害有關的行為或思想,政府或社會就沒有置喙之餘地。質言之,私領域的生活彌足珍貴,必須刻意維護,避免公權力乃至社會輿論的不當侵犯。

相反的,漢娜‧鄂蘭(Hannah Arendt, 1906-1975)有感於近代以降西方政治哲學太過強調保障私權、危及公共生活空間,因之大聲疾呼恢復公眾

6　Seyla Benhabib, "Models of Public Space: Hannah Arendt, the Liberal Tradition, and Jürgen Habermas," in Craig Calhoun ed., *Habermas and the Public Sphere* (Cambridge, Massachusetts: The MIT Press, 1992), pp. 90-91.

領域。她認爲希臘城邦時代的公私之別最有意義：代表「公共領域」的是城邦政治生活，在此領域中人人平等，透過言語和說服來決定一切事情；而在代表「私人領域」的家庭中，成員爲生活需求而結合，家長憑藉暴力來統御[7]。兩相比較，即使實際生活中公私領域難免重疊，但在理念上，不論是自由主義的維護私人生活領域、抵制公權力和社會輿論侵犯，或是鄂蘭的推崇古希臘公共領域生活、貶抑私領域的家庭生活，西方學者對公私領域的區隔都是截然分明，甚至針鋒相對。

相形之下，傳統中國文化對公私領域的區分則顯得曖昧。從某些方面來看，它主張「公私分明」，讚揚人「公而忘私」，責備人「假公濟私」；但從另一方面看，「人不自私，天誅地滅」，「公私不分」才是中國文化中的常態。《大學》中「身修而後家齊、家齊而後國治、國治而後天下平」的主張，不但假定了從私領域到公領域有一貫的邏輯，而且公私之際是相對而不是絕對的，群己界限十分模糊。比方說，「家」相對於「己」是公，相對於「國」則是私；「國」相對於「家」是「公」，相對於「天下」則「私」[8]。

在社會學家費孝通看來，中西方對公私領域的不同觀念，反映了「差序格局」與「團體格局」兩種不同的社會結構。「差序格局」有如一塊石頭丟在水面上產生的一圈圈波紋，可大可小；「團體格局」則是一束束捆紮清楚的柴，範圍明確。「差序格局」中講究的是人倫差等，不可踰越，把「克己」視爲社會生活中最重要的德行。而「團體格局」則強調同一團

7　江宜樺，〈漢娜‧鄂蘭論政治參與與民主〉，收於：張福建、蘇文流主編，《民主理論：古典與現代》（台北：中研院社科所，1995），頁125-127。

8　黃俊傑，〈東亞近世儒者對「公」「私」領域分際的思考〉，收於：氏著，《東亞儒學：經典與詮釋的辯證》（台北：台大出版中心，2007），頁417。

體中各分子的地位平等，個人權利受到憲法保障，團體不可任意抹殺個人 [9]。那麼，在中國現代化的過程中，「公私不分」的傳統在何種程度上受到「公私分明」觀念的挑戰？梁任公的生平與思想，提供給我們一個有趣的研究個案。

梁任公是最早認識中國公德不足、必須加以重新建構的先驅之一。他在〈新民說〉中說：

> 道德之本體，一而已。但其發表於外，則公私之名焉……無私德則不能立。合無量數卑污、虛偽、殘忍、愚懦之人，無以為國也。無公德則不能團。雖有無量數束身自好、廉謹、良愿之人，仍無以為國也。吾中國道德之發達，不可謂不早。雖然，偏於私德，而公德殆闕如。試觀《論語》《孟子》諸書，吾國民之木鐸，而道德所從出者。其中所教者，私德居十之九，而公德不及其一焉。[10]

他試圖找出中國舊倫理與西方新倫理的對應關係，以照見中式儒家倫理在現代社會國家的不足。他認為舊倫理的重點是私人與私人之間的關係，而新倫理則強調私人對於團體的關係。以新倫理之分類來歸納舊倫理，那麼傳統的父子、兄弟、夫婦三倫屬於「家族倫理」，朋友一倫屬於「社會倫理」，君臣之際屬於「國家倫理」。「然朋友一倫，絕不足以盡社會倫理。

9　費孝通，〈差序格局〉，收於：氏著：《鄉土中國》（上海：觀察社，1948），頁22-30。

10　梁啟超，〈新民說〉，收於：氏著：《飲冰室文集》（台北：新興，1964），頁11。

君臣一倫，尤不足以盡國家倫理。」[11]

　　值得注意的是，儘管任公做了「公德」與「私德」的區分，點出了傳統倫理的限制，但他卻不曾像西方學者那般視「公」與「私」為針鋒相對的兩個領域。在他看來，「公德」與「私德」仍是一個連續體：

> 公德與私德，豈嘗有一界線焉區劃之為異物哉？德之所由起，起於人與人之有交涉。而對於少數之交涉，與對於多數之交涉，對於私人之交涉，與對於公人之交涉，其客體雖異，其主體則同……公云、私云，不過假立一名詞，以為體驗踐履之法門。就汎義言之，則德一而已，無所謂公私。就析義言之，則容有私德醇美，而公德尚多未完者。斷無私德濁下，而公德可以襲取者……公德者，私德之推也。[12]

　　他認知了個人、家族、社會與國家的區隔，但並不認為各範疇之間是對立的；相應於各範疇之間的道德，也不是各行其是，互不相干[13]。

　　因為傳統中國的舊倫理在公領域中有明顯缺陷，所以任公在鼓吹「公德」、建立新的國家與社會倫理上著墨最多，宜其最受學者矚目。相形之下，他僅用甚少篇幅交代「私德」，而其範圍不出「正本」、「慎獨」、「謹

11　梁啟超，〈新民說〉，頁11。
12　梁啟超，〈新民說・論私德〉，頁96。
13　學者黃克武曾指出：「公、私領域」屬於社會生活範疇，任公對「公、私德」的討論則為宋明儒學的延伸，屬於哲學範疇，二者不可混為一談。不過，筆者以為，中國傳統思想一向具有強烈的社會實踐性格，和西方哲學傾向於懸空思辨不同。就任公個案而言，將他關於「公、私德」的討論和「公、私領域」連結起來，以探討他的「哲學」如何落實於「社會生活」，似不致過分扞格。

小」等屬於傳統王學「修身」範疇的德目，並不引人注意。至於屬於傳統「齊家」這一部分，因爲他認爲中國的「家族倫理」相對來講比較完整，在他的「新民」主張中就略而不談。既然任公本人著作中甚少觸及這個層面，過去的學者在研究他的思想時，也就較少討論這個問題。可是，筆者認爲，略而不談的部分並不代表它不重要。相反的，正因爲這些私領域的倫理道德仍是當時整個文化中人人皆曉、不言可喻的共識，因此他才不必特別發揮。如一棵巨木一般，地表上的枝繁葉茂，都要以看不見的、地下的盤根錯節爲基礎。舊有的倫常架構，正是任公一切視聽言動的根基。

在這種情形下，筆者研究梁任公的私領域生活的動機，可以分幾個層次來談。其一，單純地爲了多了解任公的實際生命。在知道任公怕太太、愛小孩、習慣熬夜、偶爾打牌、愛抽煙喝酒……之後，他不再只是一個思想圖騰，而是有血有肉、有歷史實感的人。

其二，筆者希望透過對私領域的觀照，爲任公在公領域引起的爭議提供參考。譬如說，任公是否接近英國傳統的自由主義者，透過「開民智」、「新民德」的程序使個人得到最高的人格發展，如蕭公權所言[14]？或者，他還是以「群」的觀念爲思想核心，認爲群體比個人重要，並未掌握西方自由主義精義，如張灝所主張[15]？如果他基本上傾向於集體主義，那麼任公此種思想的根源是社會達爾文主義、國家主義、還是中國傳統？他和中國傳統的關係究是理智上的拋棄、情感上的牽繫[16]，還是另有其他可能？

14　蕭公權，〈序〉，張朋園著，《梁啟超與清季革命》（台北：中研院近史所，1999）（二版），頁viii。

15　Hao Chang, *Liang Ch'i-ch'ao and Intellectual Transition in China, 1890-1907* (Cambridge: Harvard University Press, 1971), p. 206.

16　Joseph R. Levenson, *Liang Ch'i-ch'ao and the Mind of Modern China* (Berkeley:

探討任公的家庭生活，也許可以爲以上問題提供一些線索。因爲，「家族倫理」上接個人、下接社會與國家，既是私德的實踐場域，又是公德的預備初階，其重要性不言可喻。

最後，筆者選定這個題目的另一個原因，是因爲私領域本身即有研究價值。特別是因爲：時隔一世紀，任公所提出的公領域的道德，寖假已成爲台灣這個時代的規範(儘管現實中仍無法完全落實)，而那些數千年來被中國人視爲理所當然的私領域的儒家倫理——父子有親，夫婦有別，長幼有序——，卻隨著百年來社會與家庭的巨大變遷而備受撻伐，乃至湮沒遺忘。中國文化在近代遭到挑戰的不僅在於公領域，更在私領域：前者從形式到內容都經過了「從無到有」的重新建構，而後者雖形式不變，但原有的內容則幾乎經歷了「從有到無」的幻滅。藉著百年來的古今對照，我們可以思考周遭仍在進行中的私領域的變化意義。

當然，在研究私領域相關議題時，我們會遇到兩個棘手問題：第一，這麼做是不是探人隱私、有失厚道？第二，任公並未對以上議題提供直接答案，如何著手研究？

對於第一個可能的質疑，筆者的想法是：如果我們接受任公「公德者，私德之推也」的邏輯，那麼一個公眾人物的私人生活是該受到檢視的。若是採取西方自由主義的立場，那麼我們的確應該極力保護「在世者」的隱私，不受好事者騷擾；可是，若基於學術動機，研究八十年前去世的人的個人生活，似應不致構成冒犯。這個差別，有如「盜墓」與「考古」之不可同日而語。至於第二點，雖然任公本人並沒有正面討論這些問題，但丁文江編《年譜》卻提供了大量資料讓我們探索他的私領域：雖然不是他關

於這些個問題的「思想」，卻更難能可貴──它讓我們看到了任公全幅生命的「實踐」。接下來，我們就來看身爲當代思想先驅的梁任公，對於爲人子、人夫、人父的角色界定，與傳統型態有何異同。

二、維新人物的家族倫理

康有爲在《大同書》中曾極論家人強合之苦：「以吾居鄉里之日殆三十年，所聞無非婦姑詬誶之聲，嫂叔怨詈之語。張公藝九世同居，千古號爲美談，然其道不過百忍。夫至於忍，則已含兄弟鬩牆之狀。先聖格言，徒虛語耳。」[17]他因此認爲有家之害大礙於太平，而主張「去家界爲天民」。同樣地，幼年曾受庶母虐待的譚嗣同，也力主衝決一切網羅，打破三綱五常。相形之下，激進時期(1900)的任公雖亦曾有「言自由者無他，不過使知得全其爲人之資格而已……即不受三綱之壓制而已，不受古人之束縛而已」之語(《年譜》，頁127。

梁啓超1900年攝於澳大利亞。青年梁啓超英姿勃發，長輩期待甚殷。（圖片提供：吳荔明女士）

下文夾註者亦均爲丁編《年譜》頁碼)，但終其一生，他對家庭的眷戀遠超過他的師友，與他在公領域的溫和主張若合符節。

17　康有為，《大同書》（台北：龍田，1979），頁277，279。

　　也許是當事人或修譜者的隱瞞，在《年譜》中我們看不出太多梁氏家族「強合」的痕跡。相反的，任公的「原生家庭」呈現出典型的「父慈子孝、兄友弟恭、夫義婦順」景象。身為聰慧的長子，任公是在鍾愛與誇讚中長大的。他極受祖父鏡泉先生寵愛，白天跟祖父讀四書、聽古人故事，晚上還要擠到祖父床上一起睡。母親趙氏「終日含笑」，「溫良之德，全鄉皆知」；除了在他6歲說謊時狠狠修理了他一頓以外，「凡百罪過皆可饒恕」。只可惜，她在他15歲時就因難產去世了。

　　家中會對任公拉下臉的大概只有父親蓮澗先生。任公10歲以後跟著當塾師的父親讀書勞作，言行稍有不謹，就要挨罵：「汝自視乃如常兒乎？」（頁3-6）據說蓮澗先生「平生不苟言笑，跬步必衷於禮；恆性嗜好，無大小一切屏絕。取予之間，一介必謹；自奉至素約，終身未嘗改其度」（頁5）。戊戌政變後任公流亡日本，其父特別作長賦一篇，表示心境安適，以慰遊子；而任公則惦念老人心中苦楚，特別交代太太要善為慰解，並讓老人手上常有二百金可以取用：「因大人之性情，心中有話口裡每每不肯說出，若欲用錢時手內無錢，又不欲向卿取，則必生煩惱也。」（頁81-82）

　　父親是老式人物，任公也用傳統的方式去討老人歡心。父親多半時間住在南方，任公長年海內外奔波，不能晨昏定省。1915年老人65歲大壽，任公專程返粵祝壽。「初擬一切從簡，而群情所趨，遂不許爾爾。」雖然他剛卸下司法總長、幣制局總裁之職，但家人期待他衣錦還鄉、光宗耀祖的意味還是很濃厚。在相當程度上，他也動用了公家資源來擺排場。於是兵艦迎迓，開筵受賀，廣州官紳商合力贊助演劇，全城為之轟動，忙得他吃不得一頓正經飯、睡不上一場正經覺。回到鄉下掃墓，又是十餘小兵輪班護送，數百軍警環衛巡緝（的確有人行刺任公不果），犒賞之費不貲。任公計算，此趟慶壽省墓之旅花費超過一萬，實在太過，但看到老人精神矍

鑠，興會淋漓，至可欣慰，「藉此承歡，殊值得也。」（頁450-452）

　　的確值得。——因為，不到一年之後，蓮澗先生就病逝了。其時任公為反對袁世凱帝制，正冒險南下，勸說陸榮廷、龍濟光獨立。他的家人朋友為顧全大局，稟承「公而忘私」、「國而忘家」的古訓，過了兩個多月才讓他知道，使他「魂魄都失掉了」（頁494）。在這裡，「公」與「私」是互相滲透的。

　　嫡庶合計，任公共有五位弟弟，四位姊妹，他與大他三歲的大姊最為親厚。1904年大姊因生雙胞胎力不勝而死，使他再度遭到身邊女性因生育而死亡的痛苦。他寫信給朋友：「僕少喪母，與姊相依為命，覩此大故，痛澈心骨，心緒惡劣，不能自勝⋯⋯」（頁198）除此之外，和任公一生情篤不渝的是小他四歲的大弟仲策（啓勳）。仲策曾和他一同在萬木草堂讀書，他一直不忘在學問上和生計上提攜弟弟：在日本時希望弟弟來從學於他，回國向子女講國學源流時也邀弟弟來聽講（頁301、545）。他「內舉不避親」，在擔任京師圖書館長時，請弟弟擔任總務長兼會計；在弟弟返回廣東為父親營葬時，任公還「假公濟私」，請朋友徐佛蘇給他一個調查名義，提供部分旅費（頁707，629）。而除了日常生活照應幫忙之外，仲策對伯兄的最大回報，就是在大嫂去世時殫精竭慮的代營墳園、為大哥預留生壙（頁679）。

　　生在一個大家族中，任公對親人的照顧遠遠超出今日我們的小家庭之外。父親過世後，他千辛萬苦說動庶母（其父小妾）到天津同住，將他對先人的一點孝心，寄託在這個「細婆」身上。同父異母妹妹過世時，他不但傷悼妹妹，更為「細婆」的悲痛而悲痛，為此血尿病狀加劇（頁705）。除此之外，他也留意家鄉他房子弟的求學、婚配情形，並特意提攜優秀子姪在他身邊擔任書記、勞役工作，以便隨時領受教言，學習實務（頁452、

471)。他也以相似的細心，去為他的妻黨打算。

任公在公領域鼓吹自由、權利時，特別強調「群體」與「個人」的相互依賴性；他也鼓吹「自我」的重要，但「自我」是以道德為內涵的[18]。雖然〈新民說〉所謂「群」主要是指國家而非家族，但從家族對他的蔭庇與他對家族的回饋來看，他不可能主張西式個人主義。而他的「自由主義」，在政治權利的爭取之外，更強調道德自律，這也反映了儒家傳統家族生活經驗。只不過，將家族看作一個整體事業來經營，期待它枝繁葉茂、綿延不絕，一百年前的中國人認為理所當然，而在今日台灣已絕無僅有。社會單位從大家族而小家庭，從小家庭而個人，我們不再將「不朽」的理想寄寓於子子孫孫瓜瓞綿綿，也不再以家族為座標去定位自己。我們今日講的「自由主義」，因之有更濃厚的「個體原子化」的意味，而與任公所主張者大相逕庭。我們與其說他是個「自由主義者」，毋寧應該說他是個「社群主義者」(communitarian)[19]。

三、「男女有別」格局下的兩性觀

誠如費孝通所指出，在傳統中國社會「差序格局」中，家族是個延續性的事業社群，以父子、婆媳等縱的關係為主軸，橫向的夫婦關係只是配

18　黃克武，《一個被放棄的選擇：梁啟超調適思想之研究》(台北：中研院近史所，1994)，頁83，85。

19　西方社群主義者如麥金泰爾(Alasdair MacIntyre)、華爾澤(Michael Walzer)所認同的「社群」，不僅是社區，也包括家庭、工作場所、教區等小規模地方性組織。故稱任公為「社群主義」，應無大誤。關於社群主義的討論，見：江宜樺，《自由主義，民族主義與國家認同》(台北：揚智，1998)，頁81-82。

軸，而這兩軸都因爲事業的紀律需要而排斥了感情。傳統夫妻之間「男女
有別」，按著一定的規則經營分工合作和生育的事業，不向對方企求心理
的契合。因爲，若以男女相戀爲結合基礎，愛情所包含的「浮士德精神」——
不斷推陳出新，不斷對未知做無窮探索——勢必引起感情的激動起伏，使
家庭的生育事業搖搖欲墜。因此，傳統中國社會寧可讓夫妻之間維持淡漠
而穩定的關係，至於「有說有笑，有情有意」的感情生活，則各自在同性
團體中另外尋求[20]。

　　的確，任公豐富的「感情」生活，主要寄託在他與眾多男性友人的往
來中。他們的交集面十分廣大，既可以談心，可以責善，又可以論學，可
以共事。萬木草堂時期，一群「天真爛漫，而志氣振踔向上」的少年從康
有爲遊，課堂內外，論文辯難，聯臂高歌，驚動樹上棲鴉拍拍而起，其樂
無窮（頁17）。而他自謂生平中印象最深的事，是25歲時和幾個提倡新學的
朋友共度的一個夜晚：江建霞爲了幫他鐫刻唐紱丞所贈、譚壯飛所銘一方
菊花硯，特地在遠行之際耽擱行程，抱貓而至，「且奏刀且侃侃談當世事，
又氾濫藝文，間以詼諧。夜分余等送之舟中，翦燭觀所爲日記」，天亮才
依依而別（頁47）。戊戌政變時譚嗣同與他死別的那一幕，更是感動了一整
代人：「不有行者，無以圖將來，不有死者，無以酬聖主……程嬰、杵臼，
月照、西鄉，吾與足下分任之。」兩人遂一抱而別（頁80）。

　　我們可以說，任公與眾多同性友人之間的互動，不但構成了他的公領
域生活，也成爲他在私領域中情感的重要支撐力量。相形之下，女性在任
公生命中的分量顯得單薄。照理說，以任公這樣熱情澎湃的個性，我們很
難想像他會對異性太上忘情。可是，和現代一般男性相比，梁任公所遭遇、

20　費孝通，《鄉土中國》，頁42-43，48-49。

往來過的女性似乎相當稀少。在一百年前的中國，他讀書時沒有女同學，就業時沒有女同事，教書時的女學生也不多；《年譜》中可見的，幾乎全是家族中的女性。與他最親近的，只有一妻、一妾和女兒。而除了女兒之外，妻妾與他的相知程度似乎相當有限。

1909年的《民呼日報》曾有人介紹法國男女對異性對象的期待，以供「研究男女者之考鏡，並為酒後茶餘之談柄」。其中「男子之望女子者」包括年輕貌美、受過高等教育、有相當資產、吃苦耐勞、身體強健、明治家之道、巧於交際、通達事理、能與男子相和等等。至於女性心目中理想的對象，則是眉清目秀、意志鞏固、腦筋清晰、體格完全、勇氣充足、永不外宿、不耽逸樂、有財產、有職業、但不專事職業而不顧家庭……[21]。這則現在看起來不足為奇的「新聞」，之所以能在當時成為「酒後茶餘之談柄」，正是因為這些「理想條件」在當時的中國是一種奢求——當時的青年男女根本沒有「擇偶」的權利。

任公的婚姻是由妻舅和父親所決定的。17歲那年，這個濃眉大眼的英俊少年參加廣東鄉試，中了第八名舉人。兩個主考官不約而同都看中了他：侍郎李端棻想許配以堂妹李蕙仙，修撰王可莊也有女待字閨中，不料李侍郎先提出，王修撰只好受託作媒，向梁父提親。梁父以「齊大非偶」之語謙辭不受，不過對方表示：啟超雖為寒士，但終非池中物，早晚會飛黃騰達。而蕙仙深明大義，故敢為之主婚，請勿推卻[22]。於是，兩年後（1891），還在康有為萬木草堂就讀的梁啟超，就到京師去完婚了[23]。新娘

21　痣公，〈男女之相望〉，收於：李又寧、張玉法編，《近代中國女權運動史料》（台北：傳記文學，1975），頁257-258。

22　吳天任編，《民國梁任公先生啟超年譜》第一冊（台北：臺灣商務，1985），頁26-28。

23　30歲時他有〈禁早婚議〉一文，認為早婚「害於養生、傳種、養蒙、修學、國

李蕙仙大他四歲，祖籍貴州，生於宦族。據馮自由《革命逸史》謂：「李女貌陋而嗜嚼檳榔，啟超翩翩少年，風流自賞，對之頗懷缺憾，然恃婦兄為仕途津梁，遂亦安之。」[24] 由於馮氏政治立場與任公相左，我們不能確定他的敘述可信程度如何；但這門親事的著眼點是兩個家族互蒙其利，則是可以肯定的。

　　任公曾對女權運動投入相當心力，包括1897年與譚嗣同、康廣仁等在上海發起「不纏足會」，並與經元善等人創立近代中國第一所國人自辦女校──上海桂墅里女學堂。但從今日眼光看來，他的女權思想仍有很大的限制。近代中國女權思想是受新教傳教士影響而興起[25]，但不分男性女性，早期國人鼓吹女權者的動機多出於強國強種之要求，與新教徒「上帝之前人人平等」的動機有別。換言之，維新志士是以提高女性生產力為手段，以達成國富民強的目的，並非完全基於人格平等而提倡女權。年輕時代的任公也不例外：

　　　　男女平權，美國斯盛，女學布濩，日本以強。興國智民，靡不
　　　　始此……[26]

在公領域中，他認為女性教育權的爭取最為緊要，對女性參政權則有很大

<hr />

(續)──────
　　計」，而主張恢復「男子三十而娶，女子二十而嫁」的古制，該是有感而發吧。
　　見：李又寧、張玉法編，《近代中國女權運動史料》，頁684-691。
24　馮自由，〈梁任公之情史〉，收於：氏著，《革命逸史》第一冊（台北：臺灣商
　　務，1971），頁117。
25　鄭永福、呂美頤，《近代中國婦女生活》（河南：人民，1993），頁243。
26　梁啟超，〈倡設女學堂啟〉，收於：李又寧、張玉法編，《近代中國女權運動史
　　料》，頁562。

保留[27]。在私領域內，他的家庭依舊是男主外，女主內；他對妻子的期待，仍是「上可相夫，下可教子，近可宜家，遠可善種」[28]。換言之，他的女性觀不出「賢妻良母主義」，與五四時代著眼於女性個性解放、個人自由、人格獨立的觀念有很大差別[29]。

傳統「男主外，女主內」的格局，從整體社會來看是男尊女卑的型態，但在家庭內「主婦」享有相當大的權力。據任公說，蕙仙是個「厚於同情心，而意志堅強，富於常識，而遇事果斷」的女子[30]，她的家世背景顯赫，又長任公四歲，馮自由謂任公「素有季常之癖」，的確很有可能。不過，舊時所謂「怕老婆」，在現代看來卻也意味著對妻子較平等的對待。當年上海女學堂成立時，許多維新志士的妻子加入女學堂共事，蕙仙也在其中擔任「提調」一職，調遣吏役、處理事務[31]。只是一年後戊戌事發，女學堂漸入困境，蕙仙恐怕也因此離職。加上任公長年奔走國事、流亡海外，逼使蕙仙必須堅強扛起媳婦、母親、大嫂的責任，放棄她在公領域發展的機會。

任公對此顯得欣慰：

> 南海師來，得詳聞家中近狀，並聞卿慷慨從容，詞色不變，絕
> 無怨言，且有壯語，聞之喜慰敬服，斯真不愧爲任公閨中密友

---

27 梁啟超，〈人權與女權〉，收於：夷夏編，《梁啟超講演集》（石家莊：河北人民出版社），頁191。

28 梁啟超，〈倡設女學堂啟〉，頁561。

29 鄭永福、呂美頤，《近代中國婦女生活》，前引書，頁114，122。

30 梁啟超，〈悼啟〉，收於：丁編《年譜》，頁663。

31 羅蘇文，《女性與近代中國社會》（上海：上海人民，1996），頁116-119。蕙仙曾任上海女學堂提調一事，見：丁編《年譜》，頁136。

矣。大人遭此變驚，必增抑鬱，惟賴卿善爲慰解，代我曲盡子
職而已……卿之與我，非徒如尋常人之匹偶，實算道義肝膽之
交，必能不負所託也。（頁83）

他所期待於蕙仙的，是類似男性友誼的肝膽相照，而非小兒女般的纏綿感
情。即使蕙仙對遠行的丈夫有所思念與依戀，也被任公澆冷水，希望她以
大局爲重。委婉的說法是：「卿日來心緒何如？煩悶否？望告知。想必煩
悶，不待問矣。然我深望卿之不煩悶也。」（頁83）明白一點的說法則是：
「卿問別後相思否？我答以非不欲相思，但可惜無此暇日耳」（頁137），
因爲任公所嚮往的境界是：「丈夫有壯別，不作兒女顏。風塵孤劍在，湖
海一身單……高樓一揮手，來去有何難。」（〈壯別〉，頁95）事實上，他
在公領域愈是活躍，她就愈須扮演「賢妻良母」的角色。她也因此愈來愈
像賈母、鳳姐般的傳統中國女性——從公領域退卻，但在私領域中撐起一
片天。

於是，這個公眾人物的妻子的一生，就被丈夫歸納如下：

夫人以宦族生長北地，嬪炎鄉一農家子，日親井臼操作，未嘗
有戚容。夫人之來歸也，先母見背既六年，先繼母長於夫人二
歲耳。夫人愉愉色養，大得母歡，篤愛之過所生。戊戌之難，
啓超亡命海外，夫人奉翁姑攜弱女避難澳門，而隨先君省我於
日本，因留寓焉。啓超素不解治家人生產作業，又奔走轉徙，
不恆厥居，惟以著述所入給朝夕，夫人含辛茹苦，操家政，使
仰事俯畜無飢寒。自奉極刻苦而常撙節所餘，以待賓客及資助
學子之困乏者，十餘年間心力盡瘁焉……兒曹七八人，幼而躬

自受讀，稍長選擇學校，稽督課業，皆夫人任之，啟超未嘗過問。幼弟妹三人，各以十齡內外依夫人。至其平日操持內政，條理整肅，使啟超不以家事嬰心，得專其力於所當務，又不俟言也……（頁663）

在「男主外，女主內」的模式下，任公夫妻兩人是共同經營家族的夥伴，愛情淡而親情濃。

他們在家中大致上是平起平坐的：「我德有闕，君實匡之；我生多難，君扶將之；我有疑事，君權君商；我有賞心，君寫君藏；我有幽憂，君噢

李蕙仙(左四)天津與兒女合影。(圖片提供：吳荔明女士)

使康；我勞於外，君煦使忘……」(頁664)任公希望蕙仙也能在家居生活中多讀書，庶不致無聊煩悶，但蕙仙似乎志不在此(頁83)。她一輩子爲家族付出，少有自我空間，年老時兒女離巢，在家常感寂寞，忙於政治與學術工作的任公也愛莫能助(頁651)。他們有對酌雜談至夜分的親密時刻(頁575-576)，但也有大打出手的火爆場面。1915年蕙仙得了乳癌，兩度割治不果，1924年病發去世。彌留之際，她在病榻上引咎自懺，任公哀痛悔恨萬分，一直自責是若干年前那場架才導致太太得病(頁664，685)。蕙仙死後，任公還透過扶乩通靈，繼續請她保佑家人(頁670，682)。「妻者齊也」，任公夫妻雖然在家內平等，但是固定的男女角色模式，成全了任公和整個家族，卻犧牲了蕙仙個人。

四、「戀愛神聖」？

　　任公夫妻情感深厚，但是有如人倫之常，從一開始就壓抑激情。就可見的文獻中考察，一生中唯一令任公真正動心的女性，是他28歲時(1900)在檀香山邂逅的華僑何蕙珍。更奇妙的是，他把這樁情事的始末源源本本、老老實實地向太太訴說，而這兩封「自白書」也成爲《年譜》中夫妻二人最長的通信(頁135-138)。

　　年方二十、擔任小學教職的何蕙珍長於英文，全檀華埠無一男子能及。她的父親是保皇會會友，任公演說酬酢都請她翻譯。據任公說，她「目光炯炯」，學問見識皆甚好，善談國事，有丈夫氣，是一「絕好女子」。換言之，她是能出入公領域的女性，爲任公同輩中少見。兩人之間，據馮自由言，是任公主動追求，而蕙珍「以文明國律不許重婚卻之」，使任公知

難而退[32]。但根據任公的版本，則是蕙珍較爲主動：「我萬分敬愛梁先生，雖然可惜僅敬愛而已，今生或不能相遇，願期諸來生。」當友人前來遊說任公接受蕙珍時，任公婉拒，一來他不願違背早年與譚嗣同創立「一夫一妻世界會」的初衷，二來他萬里流亡，與妻子尚且聚少離多，豈可再連累人家好女子？他爲國是奔走天下，一言一動爲萬國觀瞻，若再娶勢必不爲眾人所諒。他轉而想爲她作媒，但她除了任公之外，其他男子都不放在眼裡，寧可獨身不嫁。在這個滔滔不絕談論抱負的女性面前，他發現性別的差異似乎不復存在，兩人都忘了她是女子。於是他們相約要爲未來中國之婦女教育努力，握手珍重而別。

可是，

> 余歸寓後，愈益思念蕙珍，由敬重之心，生出愛戀之念來，幾有不能自持。明知待人家閨秀，不應起如是念頭，然不能自制也。酒闌人散，終夕不能寐，心頭小鹿，忽上忽落，自顧生平二十八年，未有如此可笑之事者。今已五更矣，起提筆詳記此事，以告我所愛之蕙仙，不知蕙仙聞此將笑我乎？抑惱我乎？我意蕙仙不笑我，不惱我，亦將以我敬愛蕙珍之心而敬愛之也。（頁136）

「深明大義」的蕙仙接到丈夫的信——和他要她保存的蕙珍的扇子——後，做了一個「顧全大局」的決定：她打算稟告公公，讓任公納妾，成全丈夫這段感情。任公接信大驚，說是萬萬不可，別害他挨老人的罵。再說，

---

[32]　馮自由，〈梁任公之情史〉，頁118。

卿來書所論，君非女子，不能說從一而終云云，此實無理。吾
輩向來倡男女平權之論，不應作此語……任公血性男子，豈眞
太上忘情者哉。其於蕙珍，亦發乎情，止乎禮義而已。（頁
138-139）

除了寫二十四首「紀事詩」抒發悵惘之情外，這個「準外遇事件」，就在
任公「發乎情，止乎禮」、蕙仙「一笑」之下落幕。

1903年任公曾有一段警語：「凡有過人之才者，必有過人之欲。有過
人之才，有過人之欲，而無過人之道德心以自主之，則其才正為其欲之奴
隸。」[33] 言猶在耳，次年任公竟然和蕙仙隨嫁婢女王來喜生了兒子思永，
日後並納之爲妾！

這一次，因爲事情發生在橫濱家中，沒有書信透露夫妻兩人心事。據
說來喜原來深受蕙仙寵用，在日本時期，舉家財務及鎖鑰均託付她掌管。
來喜得孕後，極爲女主人所不喜，任公不得不託朋友送她到上海生產[34]。
這個「一夫一妻世界會」的倡始人，對這樣的發展想必十分難堪。最後「顧
全大局」的還是蕙仙；她讓來喜母子回到橫濱，無可奈何地接受了這個事

---

33 梁啟超，〈新民說・論自由〉，頁46。
34 馮自由，〈梁任公之情史〉，頁120-121。關於此事，有兩種說法。一種是：在
　　李蕙仙主張下，梁啟超和來喜結婚（見：吳荔明，《百年家族──梁啟超和他的
　　兒女們》〔台北：立緒，2001〕，頁24）。另一種是：梁啟超和來喜相戀，1904
　　年在上海生下梁思永。李蕙仙起初震驚，後來接受。原因是：梁啟超長年流亡
　　海外，需人貼身照顧，而蕙仙要留在國內持家教子，力不從心；再者，蕙仙當
　　時已有思順、思成一對兒女，但兒子思成身體羸弱，梁啟超渴望有身體強健的
　　男性繼承人，蕙仙只得接受事實（見：李喜所、胡至剛，《百年家族・梁啟超：
　　中國近代史上建構新文化的一代宗師》〔台北：立緒，2001〕）。後者說法與馮
　　自由較接近。

實。

　　這個在任公信中分別稱作「來喜」、「王姨」、「王姑娘」、「小妾」的女性(後來任公為她取名「桂荃」〔1886-1968〕)，陸續為任公生了三男兩女。她出身貧苦，4歲到10歲之間曾被四度轉賣，後來才隨李蕙仙來到梁家。蕙仙嚴肅，甚至性情有些乖戾，一家大小都有點怕她。而純樸、慈愛的桂荃，則為孩子們衷心愛戴。她聰明勤奮，能夠忍辱負重，不分嫡庶，對每個孩子都呵護備至[35]。蕙仙在家務上要仰仗她，任公在生活上更是依賴她。他告訴長女思順：「她也是我們家庭極重要的人物，她很能伺候我，分你們許多責任，你不妨常常寫信給她，令她歡喜。」(頁651)任公每次出門遠行，往往要急召桂荃前來照料飲食起居，否則即大感狼狽[36]。比方說，1915至16年間他為討袁運動奔走，初到上海，只有一僕服役，每日由遠鄰送飯兩次，起床後兩個鐘頭才有水洗臉，每日茶水矜貴有如甘露，是以「王姨非來不可，既來則可借丫頭一二人來用，一切妥當矣」(頁461)。又如1925年他剛搬到清華，王姑娘尚未來，他「有點發燒，想洗熱水澡也沒有，找如意油、甘露茶也沒有，頗覺狼狽」(頁683)。

　　固然當時的日常起居不如今日便利，但任公在生活上的笨拙，還是令人吃驚。筆者也懷疑，在他心目中，妻與妾分別扮演贊襄內務的工作，前

35　有一回蕙仙的女兒思莊染上白喉，王桂荃不眠不休地照顧，而也染上白喉的親生女兒卻因為護理不周而去世，令她悲痛萬分。但為了不影響家庭生活，她躲在廁所飲泣，依然承擔大量勞動，且更加疼愛思莊。儘管命運多舛，但她受梁啟超薰陶，保有純真性格。兒子梁思成學建築、思永學建築、思忠學軍事，她很得意地向人說：「我這幾個兒子真有趣，思成蓋房子、思忠炸房子，房子垮了埋在地裡，思永又去挖房子。」見：吳荔明，《百年家族──梁啟超和他的兒女們》，頁23-30。

36　吳天任，《民國梁任公先生啟超年譜》第四冊，頁1588-1589。

者可以照顧他的大家族，後者則貼身料理他的個人起居。即使像何蕙珍這樣出眾的女性，激起任公如是眷戀，一旦和任公結縭，恐怕亦不出擔任他的英文祕書之類，而未必能在公領域一展長才。換言之，這是以任公為中心的關係結構，男女有別，家族本位，而任公正是此刻梁氏家族的軸心，「譬如北辰，居其所而眾星拱之」，家人都繞他旋轉（——雖然在事實上，王桂荃可能才是這個家庭的情感凝聚核心[37]）。

因此，晚年的他可以對蔡松坡與小鳳仙的韻事報以寬容的諒解，因為蔡氏既有的家族結構沒有受到這段婚外情的挑戰，一如他之納小星：

> 其實男女之相慕悅，何害於好德。道學先生乃固神祕歧視，於男女之間，高築厚牆以杜隔之，毋乃太迂乎？松坡所為，縱非以此謀自脫於袁氏，英雄戀美人，豈非增香豔於青史？[38]

只要既有家庭結構不受挑戰，納妾、外遇都可以原諒。可是，徐志摩志在追求「靈魂之伴侶」，就不同了。對任公而言，這個學生是「發了戀愛狂——變態心理的犯罪」，因為他離婚、再娶，打破了既有家族結構，不但傷害元配張幼儀和張徐兩家老人，更傷害了兩個幼子。「為感情衝動，不能節制，任意衝破禮防的羅網，其實乃是自投苦惱的羅網，真是可痛，真是可憐。」[39]

那麼，任公對男女愛情究竟有何看法？他告訴徐志摩說，人類兩性之間的感情，最好是讓它「無著落」，以減少無量痛苦。他知道感情豐富的

---

37 參見：吳荔明，《百年家族——梁啟超和他的兒女們》，頁23-31。
38 吳天任，《民國梁任公先生啟超年譜》第四冊，頁1645。
39 吳天任，《民國梁任公先生啟超年譜》第四冊，頁1707。

徐志摩不容易聽進這些話，但他自審自己的感情不比這個學生貧弱，他是有資格這麼勸徐志摩的。

> 戀愛神聖，爲今之少年所最樂道，吾於茲議，固不反對。然吾以爲天下神聖之事亦多矣，以茲視爲唯一之神聖，非吾之所敢聞。且茲事蓋可欲而不可求，非可謂吾欲云云即云云也。況多情多感之人，其幻象起落鶻突，而得滿足得寧帖也極難，所夢想之神聖境界，恐終不可得，徒以煩惱終其身矣耳。嗚呼！志摩，天下豈有圓滿之宇宙……當知吾儕以不求圓滿爲生活態度，斯可領略生活之妙味矣。[40]

儘管任公如此苦口婆心，可是徐志摩沒有接受老師的勸告。他回信給老師說：

> 我之甘冒世之不韙，竭全力以鬥者，非特求免凶慘之苦痛，實求良心之安頓，求人格之確立，求靈魂之救度耳。人誰不求庸德？人誰不安現成？人誰不畏艱險？然且有突圍而出者，夫豈得已而然哉？我將於茫茫人海中訪我唯一靈魂之伴侶；得之，我幸；不得，我命，如此而已。[41]

梁啓超以家族爲重，壓抑愛情的追求，而以小妾爲欲望的出口；徐志摩卻認爲舊式婚姻會斲喪個人人格——對男人如此，對女人也是如此。於是，

40　吳天任，《民國梁任公先生啓超年譜》第四冊，頁1550。
41　張邦梅著，譚家瑜譯，《小腳與西服——張幼儀與徐志摩的家變》，（台北：智庫文化，1998），頁182。

爲了訪求他靈魂的伴侶林徽音，徐志摩與張幼儀離婚，卻未能得到林徽音垂青。他轉而與有夫之婦陸小曼相戀，在陸小曼離異後結婚。但兩人的愛情也很快變質，嬌慣的陸小曼另有情人翁瑞午，使徐志摩在苦澀中英年早逝。而在兒子徐積鍇的心中，只留下一個不負責任的父親的淡淡影子。這樣看來，任公的預言眞是準確得令人驚心。

五四以後到今天，一夫一妻制成爲唯一合法婚姻制度，小家庭取代大家族。人們對配偶的要求，從梁啓超式的「多重生活伴侶」轉爲徐志摩式的「單一靈魂伴侶」。更精確一點地說，在女性教育程度、自主能力普遍提高之際，我們期待的配偶是「靈魂伴侶」與「生活伴侶」的綜合體。男性希望女性同時扮演情人、知己、事業夥伴、賢妻、良母等角色，而女性則要求男性減少外務，加重父親、丈夫角色，分擔家務及育兒工作。

可是，八十年的實驗下來，人們又漸漸發現這個期待不切實際。把太多要求放在一個人身上，宜乎婚後常感幻滅。於是，激進的人又開始抨擊一夫一妻制，主張男女雙方在婚前婚後都未必要忠實於配偶，而可以維持多個「情欲伴侶」。可想而知，一夫一妻制瓦解後，小家庭會因個人的進一步膨脹而分崩離析。

我們不知道這場「革命」會伊於胡底，但彷彿聽到了一百年前康有爲《大同書》的回音：男女平等獨立，婚姻限期由一月至一年，期滿各憑喜好續約或另結新歡，嬰幼由政府公養公教，老病由政府公恤公療。於是人人無家，天下大同[42]。可是，一旦男女性生活無拘無束，仰事俯蓄託於公家機構，國家權力因此無限膨脹，私領域就會被嚴重侵奪，這又豈是極端的個人主義者所樂見？回頭來看梁啓超的家族本位和一妻一妾婚姻生

42　康有爲，《大同書》，頁252，290。

活，我們竟無詞以對。既然沒有一種可以適用於所有人、可以兼顧到人生各階段需求的婚姻家庭制度，我們又拿什麼標準來批判任公和他的時代？

五、「大大小小的孩子們」

舊式婚姻及家族生活，照顧到人的幼年及老年階段，對於青壯年人構成最大的負擔和牽絆，但任公似乎對這些負擔與牽絆甘之如飴。如果說，任公在「人子」的角色謹守舊倫理，

梁啓超疼愛子女之情溢於言表。
（圖片提供：吳荔明女士）

在「人夫」的角色上介乎傳統與現代之間，那麼他對「人父」的扮演則頗有「新好男人」之風。

任公共有四女六子，長女思順生於1892年，其時任公21歲（頁20）；到幼子思同生時（1926），任公已54歲（頁709），而思順也已有數個子女了。他和大孩子談心，親密有如朋友；和小孩子玩耍，慈愛猶如弄孫（頁678）。過年時，不管成年已婚與否，大大小小的孩子一律發壓歲錢「買糖吃去」（頁654，715）。放暑假了，一家人到北戴河度假游泳，一個個都曬黑了（頁649）；孩子們慫恿老爸一起去釣魚，不料全部淋成落湯雞，任公只覺得好笑（頁681）。兩個念大學的兒子出車禍住醫院，弟弟嘴巴破，哥哥就大嚼大啖去氣他；哥哥撞斷腿，弟弟就大跳大舞炫耀示威。老爸爸一邊嘟囔：「真頑皮得豈有此理！」一邊還是對孩子的勇敢胚摯十分歡喜（頁643）。「家

庭中春氣盎然」（頁576），從他信中對他們的暱稱——「我的寶貝思順」、「小寶貝莊莊」、「忠忠」、「達達」、「司馬懿」、「老白鼻（baby）」、「小白鼻」——，也可以看出。雖然教養的重擔是落在蕙仙、桂荃身上（蕙仙扮黑臉，桂荃、任公扮白臉？），但比起他與蓮澗先生的父子關係，任公和子女之間顯然輕鬆自在得多。

　　除了流亡日本時期之外，任公提供家人的經濟環境，算是相當優渥的——比方說，1921年即有小汽車（頁641），1925年在北戴河買了避暑別墅（頁680）——，但是任公常擔心孩子在富裕安樂中失去砥礪人格的機會（頁471，730）。他盼望孩子以他為模範，不因環境的困苦或舒服而墮落，永遠不放鬆自己，時時保持「朝旭升天，新荷出水」的生命朝氣（頁731，745）。他也希望孩子學習他處理感情的態度：雖然他情感如是強烈，但經過若干時候，總能拿出理性來鎮住，不致因感情牽動而糟蹋身體、妨礙事業（頁691）。任公兒女均習新學，他為了讓孩子粗知國學崖略，除了指定閱讀原典之外，還親自為他們講中國學術源流；奈何子女在這方面不甚受教，讓他「頗有對牛彈琴之感」（頁545）。總括言之，「有我這樣一位爹爹，也屬人生難逢的幸福」（頁745），他不無自滿地說。

　　不過，任公是一個嚴重偏心的父親——他愛女兒遠勝過兒子，尤其是長女思順（令嫻）。「我有所愛女，晨夕依我肩」，思順婚前經常隨父遠遊，照料起居（如1911年台灣之行）；婚後她隨擔任外交官的夫婿周國賢長年駐外，使任公思念不已，《年譜》中所收家書十分之九是寫給她的。他和女兒論國是，敘家務，抒心事，幾乎無所不談。每當為國憂瘁、難以排解時，呼喚女兒的名字，也能使他聊以自慰（頁418）。有緣遊賞山水佳境，又以不克與女偕遊為恨（頁455）。即使家居無事，好端端地他也會滿紙塗寫「我想我的思順」、「思順回來看我」（頁624）；更不用說發病時想女兒想得特

別厲害，希望向順兒「撒一撒嬌」，痛苦便能減少——雖然他從不真的要求她特別為他回來（頁774）。有人說，「女兒是男人前世的情人」，任公似乎在大女兒身上，找到了情感上的寄託[43]。

任公這個女兒特別受寵，她也孝順懂事，為娘家全力付出：

> 媽媽幾次的病，都是你一個人服侍，最後半年衣不解帶的送媽媽壽終正寢。對於我呢，你幾十年來常常給我精神上無限的安慰喜悅，這幾年來把幾個弟弟妹妹交給你，省我多少操勞，最近更把家裡經濟基礎由你們夫婦手確立，這樣女孩兒，真是比別人家男孩得力十倍。你自己所盡的道德責任，也可以令你精神上常常得無限愉快了……（頁752）

任公所期待於長女的，是不是另一個犧牲小我，成全家族的角色呢？（弔詭的是，從夫家的立場來看，這樣處處心向娘家的媳婦，未必會受歡迎。）至於赴北美讀書的「小寶貝莊莊」，就不必挑起那麼重的家庭責任了：任公希望她去念自然科學，做一個中國生物學的先驅（後來她學的是圖書館學）。——「還有一樣，因為這門學問與一切人文科學有密切關係，你學成回來可以做爹爹一個大幫手。」（頁745-6）

相對於對女兒的偏愛，兒子在任公心中「不甚寶貝」（頁676）。1922

---

43 民國初年知識分子的父女關係值得玩味。除了梁啟超和愛女梁思順的例子之外，林長民與其女林徽音也互許為知己，康有為則為愛女康同璧留學而痛哭流涕。這也許是因為：他們不能從受教育不多的妻妾身上得到智性互動，只能與在新時代氣氛中成長的女兒展開心靈對話，所以才頻頻出現父親以女兒為知音的情形。

年後任公開始用俏皮的白話文和「我的寶貝思順」寫信，可是和兒子的通信仍是「父示思成」，維持了嚴肅文言（頁643）。對女兒是「傾訴」，一轉身對兒子就變成「教訓」。責之深，是因為愛之切，對長子思成尤其如此。任公怕他在美念書太過節儉，傷了身體（頁689）；擔心他所學專門偏枯，缺乏藝文涵泳（頁744-5）；子媳學成歸國，他還為他們規畫遊歷路線，又為他們的工作傷透腦筋。任公雖自云不姑息溺愛子女（頁730），但從種種細節來看，他實在是對兒女過度保護，而子女也有反彈的時候。他最放心不下思成，思成卻總是沒有消息來安慰他一下（頁748）。他寧可思成學成歸國後暫在家裡跟著他當一兩年學生，也不願兒子為生計獨立而屈就不樂意的工作，結果兒子不以為然，他氣得向女兒抱怨兒子少不更事；可是最後東北大學的教職，還是老爸去張羅來的（頁761-3）。

　　為了求取家族與個人、理智與感情之間的平衡，對於兒女的婚姻，任公發明了一個「理想的婚姻制度」：由他留心觀察看定一個人，給子女介紹，最後的決定在兒女自己。透過這個方式，他撮合了思順與周國賢、思成與林徽音兩對佳偶。「我希望普天下的婚姻都像我們家的孩子一樣（這是父母對於兒女最後的責任），唉，但也太費

梁啓超為子女婚事煞費苦心，梁思成、林徽音的婚姻即是他撮合而成。（圖片提供：吳荔明女士）

心力了。」（頁650）他對女婿周國賢非常滿意，雖然周氏不見得才氣高華，但他「勤勤懇懇做他本分的事，便是天地間堂堂的一個人，我實在喜歡他」（頁650）。

對於林徽音，他似乎有所保留。他認爲思成、徽音都性情狷急，徽音父親戰死後，他一面設法籌措徽音學費，一面擔心徽音，怕她若胸襟窄狹而當不住憂傷，會「把我的思成毀了」（頁695，733）。直到二人結婚返國，看到新娘子大方親熱，既沒有從前舊家庭虛僞的面容，又沒有新時髦的討厭習氣，「和我們家的孩子像同一個模型鑄出來」，他才放下了心（頁768）。他承認，對女婿、媳婦的感情，畢竟不可能像愛女兒、兒子那般直接自然（頁650），但他已勉力做到愛屋及烏。

任公晚年疾病纏身，先是血尿割腎，後又患痔疾肺癆。其時自思順以下五名年長子女均在國外就學，任公起居全賴王桂荃照料，弟弟張羅。但他在信中幾乎從不提生病的苦痛，而總是要強調自己的「快活頑皮樣子」：

> 大孩子、小孩子們：賀壽的電報接到了，你們猜我在哪裡接到，乃在協和醫院三〇四號房。你們猜我現在幹什麼，剛被醫生灌了一杯蓖麻油，禁止吃晚飯，活到五十四歲，兒孫滿前，過生日要挨餓，你們說可笑不可笑……（頁697）
> 你們的話完全不對題，什麼疲倦不疲倦，食欲好不好……我簡直不知道有這一回事……受術後十天，早已和無病人一樣，現在做什麼事情，都有興致，絕不疲倦，一點鐘以上的演講已經講過幾次了……（頁699）

他很欣慰孩子個個拿爸爸當寶貝（頁749），但也抱怨孩子「囉唆」，「管

爺管娘的，比先生管學生還嚴，討厭討厭。」（頁741）他嫌這些病是「老太爺病」，需要安心休養，與他的積極任事性格太不相容(頁742)。臨死之前，他還在撰寫《辛稼軒年譜》，沒有想到生命會戛然而止，來不及看到正準備舉家返國的大女兒，度他那「眉飛色舞」想望的新生活。但在家人的關愛環繞中離開人世，而孩子們在桂荃撐持照拂下個個成材[44]，身爲一位慈父，他應該了無遺憾。

六、結論：私領域與公領域的關聯性

在公領域中，梁任公的思想流質多變，波瀾壯闊。政治上從激進破壞轉爲溫和，文化上從醉心國學轉爲引進西說，最後又重新肯定中國文化，企圖「新學輸入，古義調和」。爲了研究多變的任公，除了可以在公領域上做「史」的追溯外，筆者認爲，從私領域切入也提供了對照的參考點。

本文企圖了解任公時代家族本位的生活方式，和任公在此架構中形成的兩性及親子關係。我們看到，從戊戌到五四，中國制度遭到西方觀念劇烈衝擊，不僅公領域如此，私領域亦然。舊式的婚姻生活抑制激烈的感情追求，也限制了女性在公領域的發展，但是換得了老小成員的安全感，和家族的穩定壯大。處於過渡時期的任公，以傳統孝道侍奉親長，以不完全的「男女平權」對待妻子，而以寬容慈愛呵護下一代。任公在政治上講溫和，在文化上講調適，論公德不忘私德，論自我不忘利群，他的「社群主義」色彩，遠比「自由主義」色彩來得濃厚。從他的私領域生活看來，是

44　梁啟超的子女中，有三個(思成、思永、思禮)成為中央研究院或中國科學院院士，其他也都各有所長。

完全可以理解的。

有子曰：「其為人也孝悌，而好犯上者，鮮矣。不好犯上，而好作亂者，未之有也。君子務本，本立而道生。孝悌也者，其為仁之本歟！」（《論語‧學而》）如果這樣的邏輯成立，私領域的孝悌之行將導向公領域的「不好犯上作亂」，那麼我們大可懷疑：在這一套教養薰陶下的「賢良子弟」，只能成為唯唯諾諾的謹愿之士，焉能扮演獨立思考、進取冒險、勇於爭取團體權益的公民？

不過，在任公個人身上，我們卻看到了另一種可能性。他一方面在私領域謹守儒家家族倫理，另一方面在公領域又體現了現代公民風範，早就超脫了他的老師康有為的傳統「君臣」思惟。徐志摩在「戀愛神聖」上和他不同的看法，預示了中國家族社會的解體，和由之而來的私領域中個人的自由與不確定性。而家族倫理及任公所謂「私德」解構之後，公領域的公民社會是否能安放得穩，就目前台灣社會來看，卻大有可議。筆者之志不在鼓吹家族社會，但求對任公的時代做相應的理解。至於公領域重新建立之後，要以怎麼樣的私領域與之配合，或至少容許不同的實驗進行，多元並進，還有待我們繼續思考。

（本文曾發表於《當代》，第157期，2000年9月）

第三章

從李叔同到釋弘一
——意義危機時代的信仰歷程

一、前言：三個課題

　　1890年以降，隨著內憂外患不斷，帝制基礎動搖，新思潮湧入中國，使中國知識分子陷入嚴重的「意義危機」，包括了對傳統道德價值的懷疑（「道德迷失」），對苦難、死亡、命運等存在困境的焦慮（「存在迷失」），以及傳統世界觀的動搖（「形上迷失」）[1]。

　　儘管精神危機嚴重，但清末民初知識階層鮮少尋求宗教寄託。相反的，由於五四反傳統主義、科學主義、反帝國主義的影響，「廢廟興學」、「廢經罷祀」的呼聲甚囂塵上，反基督教運動也風行一時，中國社會呈現明顯的反宗教趨勢[2]。為了填補信仰真空，大多數知識分子寧可獻身於世俗化的政治意識型態。社會達爾文主義、民族主義、無政府主義、馬克斯主義、法西斯主義、自由主義⋯⋯取代過去儒家的「外王」面向，各自以獨特的方式

1　張灝著，林鎮國譯，〈新儒家與當代中國的思想危機〉，收於：張灝，《幽暗意識與民主傳統》（台北：聯經，1992），頁85-88。

2　周策縱著，楊默夫譯，《五四運動史》（台北：龍田，1981），頁464-470。

界定人性，規範個人與國家社會、經濟與政治的關係，吸引了大批信徒。

但是，對於少數有強烈「靈性」(spirituality)需求的人而言，這些政治意識型態無法提供他們精神層面的滿足。他們必須跋涉千山萬水，尋找某種超越性的「信仰」(faith)[3]，甚至「改宗」頻繁，透過不斷蛻變、融合，賦予信仰新的定義[4]。這種現象，值得思想史、宗教史學者思考。如果將「信仰」定義爲「具有某種終極關懷(ultimate concern)」而未必涉及超自然事物，那麼，不分佛、儒、道、耶，我們都可以發現：歷經生命或時代的動盪，而對原來的信仰懷疑疏遠的人，若能在「改宗」之後找到新的認同、重整價值系統，他們往往比終身不渝、視既有教條爲理所當然的信徒，帶有更強烈的熱情，甚至賦予信仰嶄新的詮釋。

我們不禁要問：在五四反宗教氣氛及社會世俗化趨勢下，何以少數人會選擇信仰生活？「皈依／改宗」現象與近代中國「意義危機」之間的關係何在？外來思潮如何衝擊既有信仰？皈依／改宗的動力是自省抑或外鑠，是人爲抑或超自然力量使然？皈依／改宗的目的是爲解決個人存在困惑，抑或爲超脫家國憂患？知識分子之皈依／改宗與一般信眾有何不同？

3　當然，筆者並不否認，政治意識型態與個人宗教信仰可以平行並存(例如：蔣介石的法西斯主義、民族主義就與其基督教信仰並存)。一般而言，「宗教」往往假定「超自然」的存在，然而中國盛行的儒家、道家、佛教卻未必如此。因此本文傾向於以「信仰」一詞取代「宗教」，意指「能使人安身立命的終極關懷」。

4　在英文中，conversion兼有「皈依」與「改宗」之義。爲便於討論，本文將「皈依」定義爲「從無信仰到有信仰」，而「改宗」則指「從一信仰轉到另一信仰」。除了李叔同之外，其他經歷信仰蛻變的中國知識分子還包括：梁漱溟從功利取向一變爲出世佛家，後來則以儒家面目經世；出身牧師家庭的林語堂，在三十年的異教徒生涯之後，晚年又回到了童年時期的信仰；從小飽讀經書的徐復觀，也有長達二十年厭棄線裝書、傾向馬克斯主義，直到中年才發現儒學有安身立命的力量，以及結合民主、重造社會的潛力。

新舊信仰是斷然轉換，抑或前後融合？……

李叔同／弘一(1880-1942)一生跌宕的信仰歷程，提供了我們思考近代中國知識分子皈依／改宗的個案，而其中有三個課題特別有待探索。

首先，才華出眾、生活浪漫的才子李叔同，為何會中年出家，蛻變為攻苦食淡、自律極嚴的沙門弘一？這一段戲劇化的歷程，一直令世人好奇。遺憾的是，不論是文學傳記或是學術論文，大部分的作者基於對弘一大師的景仰，往往對他的「李叔同階段」諱莫如深。而少數稗官野史，卻又過分誇大李叔同時期的綺豔色彩，對弘一的性格複雜性掌握有限。因此，對「李叔同為何出家」這個問題，一直沒有得到眾人滿意的答案。

弘一自己說，他曾與好友夏丏尊為躲避聽名人演講而到西湖邊喝茶，夏氏謂：「像我們這種人，出家做和尚倒是很好的」，使他心有戚戚焉。後來他到虎跑寺斷食，見了僧人生活，感到歡喜羨慕，所以發心吃素、讀經，不久就皈依、剃度了[5]。──這篇應邀發表在雜誌上的文章，淡淡述及促成他出家的外緣因素，並未透露太多他的內心世界。

不過，李叔同的弟子豐子愷從老師的性格上提出解釋，值得我們留意。豐子愷認為：一般人只以「物質生活」為滿足，少數人則會想再上一層樓，追求學問、藝術等「精神生活」。可是某些「人生欲」特強的人，連「精神生活」都覺得不夠，非得更上一層樓、去探索「靈魂生活」不可，李叔同就是這樣一種人[6]。根據這條線索，如果我們順著他的性格的內在理路去思考，也許能有助於解決「李叔同為何出家」這一件公案。

5　弘一，〈我在西湖出家的經過〉，收於：弘一大師全集編輯委員會編(以下簡稱「全集編委會」)，《弘一大師全集》(八)(福州：福建人民，1991-1993)，頁17。

6　豐子愷，〈我與弘一法師〉，收於：廣洽法師輯，《弘一大師逝世十五週年紀念冊》(新加坡：薝蔔院，1957)，頁48-49。

　　環繞著這位宗師的第一個問題尚未完全解答，第二個問題又出現了。1995至96年間，藝術家熊秉明與書法家鄭進發對弘一寫經書法風格有不同詮釋，發生一場筆戰。熊氏認為：出家之後，弘一的字寒簡、淡泊，確有佛弟子之風；但和他出家前流暢、自然的字相比，那是在「嚴肅而虔恪」的心理狀態下書寫，因而顯得拘束、遲重，「暗示某種內在的鬱結，在皈依後並未有完全的解脫」[7]。相對的，鄭氏斥責熊氏「內在鬱結」說乃「顛倒之見」，他堅信：弘一寫經書風歷經二十多年的變化，在45歲以後漸有素樸、平淡和內斂的趨向，最後十年特別呈現圓潤、恬靜、脫俗的特質，令觀者也感染到他內心的清涼[8]。總而言之，在大家都相信「字如其人」、「書法風格反映書家人格」的前提下，這一場爭論的癥結是：在多年艱苦修行之後，弘一是否真的已解脫無礙、成就菩提？

　　我們之所以關心「李叔同為何出家」和「弘一是否證道解脫」這兩個較為特定的問題，是因為它們和牽涉較廣的第三個課題息息相關，也就是：「儒教解體之後，一些特立獨行的現代中國知識分子如何另覓安身立命之道？」換言之，本文對他的定位，不只是藝術家、書法家或高僧，而且是一位知識分子。在動盪不安的20世紀上半葉，李叔同強烈的藝術家性格，勢必和劇烈改變的世界發生衝突。面對內外交迫的世局，他如何尋求自解之道？儒家的「外王」和「內聖」層面，為何都不能平撫他生命的徬徨，以致他要出家為僧？中年以後皈依的佛教，在哪些方面餍足了他的「人生欲」，又在哪些方面有所不足？在意義危機的時代，儒家和佛教分別提

7　熊秉明，〈弘一法師的寫經書風〉，收於：雄獅美術編，《弘一法師翰墨因緣》（台北：雄獅，1996），頁130-132。

8　鄭進發，〈書評戲論——讀熊秉明撰「弘一法師的寫經書風」〉，收於：雄獅美術編，《弘一法師翰墨因緣》，頁146-147。

供了何種資源，又有何限制？

　　當然，安身立命之道的追求是人類永恆的課題，不只出現於清末民初。在西方，從聖奧古斯丁（St. Augustine, 354-430）、聖方濟（Francis of Assisi, 1181-1226）到馬丁‧路德（Martin Luther, 1483-1546），何嘗沒有經歷巨大的信仰掙扎？而在中國，明清以來文人出家爲僧之例也所在多有，李卓吾（1527-1602）、八大山人（約1626-1705）、蘇曼殊（1884-1918）都是著例。因此，弘一的信仰歷程似乎不足爲異。那是出乎他個人的宗教選擇，而不能代表該時代的集體意識；他表現的也許是人類經驗的「普遍性」，而非他所處時代的「特殊性」。

　　但是，仔細思索，我們會發現：聖奧古斯丁目睹西羅馬帝國崩解，聖方濟與馬丁‧路德面對貪腐教會，他們所處的何嘗不是某一種「意義危機的時代」？而對李卓吾、八大山人、蘇曼殊來說，不論是萬曆怠政，或是滿人入關，乃至西力入侵，眼看國勢陵夷，傳統帝制文化走入死局，他們個人信仰的轉折都不免含有時代的悲憤與徬徨，李叔同也不例外。換言之，筆者認爲，皈依／改宗固然與個人的先天性格及後天際遇有關，但也必須放在特定時代整體來考察，因爲皈依／改宗者只能在時代所提供的選擇與限制中行動。但是，皈依／改宗者與同輩時人，有時並肩齊步，更多時候卻是分道揚鑣。與其說這些人能「代表」那個時代的集體意識，不如說他們更忠於內在聲音的呼喚；他們是以和社會的緊張關係，對比、反襯出自己──以及當代──的特殊性。

　　本文將透過思想史的研究途徑，找出李叔同轉化爲釋弘一的內在理路，也把他的生命放在中國現代史的脈絡中，嘗試回答上述三個問題。我們將從「李叔同」的角度去理解「釋弘一」所面對的艱苦挑戰，尋繹這兩個階段的斷裂性與延續性，並透過他的信仰轉變過程，探討民初知識分子

所面臨的存在困境及其內心掙扎。

二、李叔同／弘一的生命階段與生命基調

(一)生病的靈魂

1900年，李叔同21歲。那一年，在遙遠的西半球，威廉‧詹姆斯（William James）到愛丁堡大學發表系列宗教心理學演講，剖析兩種不同性格對人的宗教經驗的影響。

擁有「健全的心態」（healthy-mindedness）的人，如同樂觀清朗的孩子，幸福感與生俱來。在他們心目中，神不是嚴厲的判官，而是仁慈與美麗的化身。他們從浪漫、和諧的大自然中認識神，而不是從人類紊亂的世界中認識祂。對於自己的缺點，乃至人類的罪惡，他們所知不多，也鮮少為此感到不安 [9]。

相反地，「生病的靈魂」（sick soul）總覺得罪惡意識揮之不去。他們對外在刺激的知覺極為敏感，既害怕失敗的無所不在，又恐懼成功的虛幻不實。在死亡的巨大陰影之下，財富、名聲、愛情、青春、健康、歡樂，終究轉眼成空。他們天生氣質不協調，在道德與理智上不完全統一，因而往往出現乖僻、反覆無常、乃至嚴重的自我衝突。這樣陰鬱的心靈，往往必須經過「皈依」歷程，使自覺卑劣、不快樂的自我達成統合，才能喜悅重生[10]。而這

9　William James, *The Varieties of Religious Experience* (New York: Mentor, 1958), p. 78.中譯本見：威廉‧詹姆斯著，蔡怡佳、劉宏信譯，《宗教經驗之種種》（台北：立緒，2001），頁99-100。

10　William James, *The Varieties of Experience*, pp. 116-120, 141, 157；威廉‧詹姆斯著，蔡怡佳、劉信宏譯，《宗教經驗之種種》，頁165-170，206，235。譯文中

樣善感、怪僻的性格一旦結合過人的才智，往往能造就宗教上的天才[11]。

他說，第一種人，一生下來就是神的子女。第二種人，則要經過「二度降生」（twice-born），才能找到平安喜樂[12]。

詹姆斯沒有說到的是：對某些人而言，「二度降生」後，新生命所面對的道路，依然關卡重重，崎嶇迢遙；帶著前世的記憶，他仍要踽踽獨行。在仔細閱讀李叔同／弘一的生命之後，筆者不得不說：他就是這樣一個「生病的靈魂」、受苦的靈魂。

（二）李叔同的生命階段

1915年，李叔同寫下離情難捨的〈送別〉：

> 長亭外，古道邊，芳草碧連天。晚風拂柳笛聲殘，夕陽山外山。
> 天之涯，地之角，知交半零落。一壺濁酒盡餘歡，今宵別夢寒。

1942年，弘一法師留下圓融超脫的臨終偈語：

> 君子之交，其淡如水。執象而求，咫尺千里。
> 問余何適，廓爾亡言。華枝春滿，天心月圓。

（續）————————————

sick soul原作「病態的靈魂」。

11　William James, *The Varieties of Experience,* pp. 35-36；威廉・詹姆斯著，蔡怡佳、劉信宏譯，《宗教經驗之種種》，頁21。

12　William James, *The Varieties of Experience,* pp. 78, 141；威廉・詹姆斯著，蔡怡佳、劉信宏譯，《宗教經驗之種種》，頁99，205。

從絢爛耀目的藝術家，突然轉變爲淡泊自苦的雲水僧，最後徹底了悟生死。──這是李叔同／弘一法師留給世人的印象。事實上，從李叔同到弘一，是連續體而不是斷層，是漸進的變化而非突兀的跳躍。直到連串驚嘆號化爲圓滿的句點之前，這個「生病的靈魂」不曾停止他的掙扎。

豐子愷認爲，他的老師曾經歷五個階段的人生變化：

> 弘一法師由翩翩公子一變而爲留學生，又變而爲教師，三變爲道人，四變爲和尚。每做一種人，都十分認眞，十分像樣。[13]

豐子愷生動描摹出伴隨這些人生變化的形象改變：第一個階段的翩翩公子，「絲絨碗帽，正中綴一方白玉，曲襟背心，花緞袍子，後面掛著胖辮子，底下緞帶紮腳管，雙梁頭厚底鞋子。頭抬得高，英俊之氣，流露於眉目之間。」第二個階段當留日學生，「高帽子，硬領，硬袖，燕尾服，史的克(按：手杖)，尖頭皮鞋，加之長身，高鼻，沒有腳的眼鏡夾在鼻梁上，竟活像一個西洋人。」第三階段是教師：「漂亮的洋裝不穿了，卻換上灰粗布的袍子，黑布的馬褂，布底鞋子」，另具樸素之美。到了學道時期，他的生活日漸收縮，關起門來學道，甚至入山斷食十七日。而一旦出了家，他將所有東西分送學生朋友，光著頭皮，穿著僧衣，低首斂眉；不修行則已，一修就修最難的律宗，恪遵戒律，一絲不苟[14]。

其實，李叔同不斷在追尋自我，也不斷在創造自我。眞要細論起來，他的變化之多難以勝數。他出家前把一批照片送給豐子愷，除了上述造型

13　豐子愷，〈爲青年說弘一法師〉，收於：廣洽法師輯，《弘一大師逝世十五週年紀念冊》，頁12。

14　豐子愷，〈爲青年說弘一法師〉，頁7-11。

之外，弘一的「前身」還有：扮「白水灘」裡十三郎的，扮「新茶花女」的，穿印度裝束的，穿禮服的，穿古裝的，留鬚穿馬褂的……看到的人莫不驚嘆：「這人是無所不為的」[15]。

如果姓名的改變可以代表心境的變化，以目前所知，原名李文濤的他所用名號，俗家時期共有三十五個（李成蹊、李叔同、俗同、漱筒、瘦桐、惜霜、李廬、李哀、李岸、李欣、欣欣道人……），出家後更高達二百五十一個（演音、弘一、一日、一月、入玄、大山、大心凡夫、不息、不著、月音、自在、忘己、法雲、為勝、真義、淨眼、晚晴老人、善解、善夢、慧炬……），令人嘆為觀止[16]。佛教要求人放下「我執」，這些繁然繽紛的名號，一方面顯示「我」乃不實在、不長久的假象；另一方面卻似乎顯示，他很難完全捨下這些假象[17]。

不像豐子愷所云其師生命經歷過五個階段的變化，弘一自己很簡單地說，他是由儒轉釋。在筆者看來，二者並不衝突。「翩翩公子」、「留學生」、「教師」，都可以涵蓋於廣義的儒家框架下；而「道人」的時期甚短，是進入「佛家」之前的暖身。事實上，每一階段都在為下一階段做準備，每一變化也都是在他的生命基調上──對「美」與「無常」之敏感──的變奏。不管是儒是釋，促使他信仰蛻變的動力，在於尋求這兩個互相衝突的元素的安頓。

15　豐子愷，〈法味〉，收於：余涉編，《漫憶李叔同》（杭州：浙江文藝，1998），頁92-93。

16　陳慧劍，〈弘一大師名號考釋〉，收於：氏著，《弘一大師論》（台北：東大，1996），頁251-253。

17　弘一不斷在書法作品上變易署款，他的弟子蔡丏因的解釋是：「蓋師懼為名所累，故隨手簽署，不欲人知」。見：蔡丏因，〈弘一法師之別署〉，收於：全集編委會編，《弘一大師全集》（十），頁97(下)。不過，既然以書法與人結緣，不太可能在求字者面前隱姓埋名，因此似乎應從其他方面探索箇中原委。

(三)美與無常──李叔同的生命基調

李叔同是天津鹽商家族中的庶子。父親李筱樓曾中進士，任吏部主事，經商致富，樂善好施。因嫡子早夭，次子羸弱，爲求子嗣，李筱樓娶一妻三妾，叔同之母王氏乃其第三側室[18]。叔同出生時，母親才19歲，父親則已68高齡。父親在叔同5歲時病故，由同父異母、亦爲庶出的二哥文熙當家。年輕的母親帶著叔同在複雜的大家族中討生活，雖然衣食無虞，但家庭不安，內心飽受折磨[19]。「獨孤臣孽子，其操心也危，其慮患也深」，這個環境造就了李叔同敏感孤僻的個性。他自云「性奇僻，不工媚人，人多惡之」[20]，又說自己「實是一個書獃子，未曾用意於世故人情，故一言一動與常人大異」[21]，不完全是自謙。

幼時他的家教很嚴，可是到了12歲至20歲，李叔同卻變爲放蕩不羈的狂士。二哥李文熙長他十二歲，代替了父親的角色，也成爲他最早反抗的對象。看不慣二哥待人接物貴賤有別，他反其道而行，遇貧賤者敬之，富貴者輕之，敬貓如敬人，見人反而不敬[22]。整天指東畫西臧否人物，憤世嫉俗，被人目之爲「李怪」[23]。

---

18 李孟娟，〈弘一法師的俗家〉，收於：余涉編，《漫憶李叔同》，頁306。

19 關於李叔同的生平基本資料，參考：林子青，《弘一大師新譜》(台北：東大，1993)。

20 李叔同，〈樂石社社友小傳〉，收於：全集編委會編，《弘一大師全集》(七)，頁393(上)。

21 弘一，〈上寂山和尚書〉，轉引自：林子青，《弘一大師新譜》，頁234。

22 胡宅梵，〈記弘一大師之童年〉，收於全集編委會編，《弘一大師全集》(十)，頁31(上)。亦見於：林子青，《弘一大師新譜》，頁20。

23 李鴻梁，〈我的老師李叔同〉，收於：余涉編，《漫憶李叔同》，頁119。倓虛，〈弘一律師在湛山〉，收於：虞坤林編，《弘一法師日記三種》(太原：山西古籍，2006)，頁125。

　　他內心叛逆，但不善言詞，只能在口語之外的其他藝術形式中，找到自我表達的廣大空間。他多情而愛美，是天生的藝術家；兼以家境富裕，更使他享有充分的學習資源[24]。7歲學《文選》，10歲學篆書，17歲學詞及刻石。19歲初入上海城南文社，即以〈擬宋玉小言賦〉一鳴驚人，詩詞、書畫、金石、裝裱都冠絕一時，以穠麗華美的風格著稱。在中國傳統藝術上遊刃有餘，他又轉而成為引進西洋藝術的先鋒。26歲（1905）到日本留學，入東京美術學校油畫科，在校外習音樂戲劇。又與留日同學共創「春柳社演藝部」，演出「茶花女遺事」、「黑奴籲天錄」，從說白、寫實舞台、提升優伶地位等各方面改良傳統戲劇[25]，轟動一時，成為中國新劇的濫觴。

　　1911年他回到中國，陸續任教於數所學校，在杭州的浙江兩級師範學校（後改名為浙江第一師範）待的時間最久，培育出豐子愷、劉質平、潘天壽等傑出弟子。他教授圖畫、音樂，引進中國最早的人體寫生課程，又是西方樂理傳入中國的第一人。在此期間，他所作詞或作曲的〈早秋〉、〈悲秋〉、〈憶兒時〉、〈送別〉……都成為膾炙人口的名曲。換言之，從傳統到現代，從詩詞、書法、繪畫、金石，到音樂、戲劇，他無所不能，也無所不精。

　　出家後，他鮮少再碰觸藝術領域，以絕「放逸」，但他愛美的天性仍難以完全壓抑。透過寫經弘揚佛法，他的書法風格不斷變化精進，由淋漓蘊藉的「猛龍體」轉為平淡、恬靜、沖逸的「綿酥體」[26]。他愛大自然，和昔

24　17歲時，他寫信給通藝事的帳房先生徐耀廷：「閣下在東口，有圖章即買數十塊……愈多愈好。並祈在京都買鐵筆數支。並有好篆隸帖，亦祈捎來數十部。價昂無礙，千萬別忘！」優渥家境有助於他早年的藝術學習，由此可見一斑。見：全集編委會編，《弘一大師全集》（八），頁81（下）。

25　蔡祝青，《譯本外的文本：清末民初中國閱讀視域下的〈巴黎茶花女遺事〉》，輔大比較文學研究所博士論文，2009，頁82。

26　杜忠誥，〈弘一大師書藝管窺〉，收於：陳慧劍編，《弘一大師有關人物論文集》

日學生泛舟若耶溪上，忍不住要讚美紅葉[27]。平素連一根火柴也不肯輕用，惟好鮮花供佛；經他過手調弄，翠柏一莖，紅花數蕊，便生意彌滿，莊嚴無限[28]。他雲遊各地，所到之處都要種花，即使等不到花開，留給後人欣賞也是好的[29]。潔白的貝殼，漂洗的海石，折斷的蝶翼，他都珍重拾取；連在日本舊藏經中發現夾扁的蒼蠅，他也爲之裝裱題字，題曰「瑞穗國古蒼蠅」[30]。創造美，珍惜美，而他本人之美更令見者難忘——周予同即認爲，在他所見的人物中，弘一是最富美感的一個[31]。

　　愛美的李叔同一方面走在風口浪尖、引領時代風騷，另一方面卻對「無常」、「苦」、「空」的感受特別強烈。這也許是因爲：藝術家「五蘊熾盛」，自我強烈，追求世間美好的事物，也追求感官體驗的淋漓盡致。可是，一旦繁華落盡，「好」即變成「了」；對人世變化極爲敏感的「自我」，便成了痛苦的根源。更何況，那個不斷在感受世界、創造藝術的「主體」，也在死亡的威脅下隨時可能消失。他對「美」愈是珍惜，愈是彰顯出「美」的脆弱。

　　春天來了，清風拂面、遊人淡妝、萬花飛舞、夕陽斜照、鶯啼鐘響……春日的色、聲、香、味、觸、法，一一具現於他的筆下：

　　　　春風吹面薄於紗，春人妝束淡於畫。遊春人在畫中行，萬花飛

（續）────────────

　　　（台北：弘一大師紀念學會，1998），頁458，466。

27　林子青，《弘一大師新譜》，頁220。

28　葉青眼，〈千江印月集〉，收於：全集編委會編，《弘一大師全集》（十），頁86（下）。

29　56歲時他有〈將離淨峰詠菊誌別〉一詩：「我到爲植種，我行花未開。豈無佳色在，留待後人來。」見：林子青，《弘一大師新譜》，頁347。

30　高文顯，〈弘一大師在萬石岩〉，收於：余涉編，《漫憶李叔同》，頁229。

31　陳祥耀，〈紀念晚晴老人〉，收於：全集編委會編，《弘一大師全集》（十），頁60（上）。

舞春人下。梨花淡白菜花黃，柳花委地芥花香。鶯啼陌上人歸
去，花外疏鐘送夕陽。（〈春遊〉）

可是，令眼、耳、鼻、舌、身、意無限酣暢的春日風景，一轉眼就變成杜
宇哀啼、殘紅片片：

看落花飄，聽杜鵑叫，一片片是驚報一聲聲是警告……似勸說：
覺悟呀，青春易老！……人生過駒隙，今日繁華明日非，花落人
憐，人死誰悲？……嘆落紅之飄泊，感人生之須臾……（〈傷春〉）

西湖楊柳，在駘蕩春光中如許明媚：

看明湖一碧，六橋鎖煙水。塔影參差，有畫船自來去。垂楊柳
兩行，綠染長堤，颺晴風，又笛韻悠揚起……（〈西湖〉）

可是，一旦入秋，柳色便在風雨中枯敗不堪：

堤邊柳到秋天，葉亂飄，葉落盡，只剩得細枝條。想當日綠蔭
蔭，春光好。今日裡冷清清，秋色老。風淒淒，雨淒淒，君不
見眼前景已全非……（〈秋柳〉）[32]

32　以上所錄四首歌詞，出自：音樂中國出版社編，《弘一大師（李叔同）歌曲全集》
　　（台北：音樂中國，1992）。

少年李叔同已有人生無常之感
（1896）。

當然，只要耐心等待，春光柳色尚可期諸來年；可是，人由少而老，由生而死，卻是一個不可逆的過程。這個事實，大部分的人要走到哀樂中年才把它當眞，而李叔同在童年時期就已經察覺到了。

5歲喪父，族人又相繼逝世，7、8歲時李叔同就有無常、苦、空之感。家族中有肺結核病史，才15歲，他就有「人生猶似西山日，富貴終如瓦上霜」之句。因爲這種感受「非兒童所宜」，乳母常常爲此有所教誡[33]。——可是，察覺到了人生無常、生命多苦又如何？面對這個事實，除了悲傷焦慮，他無能爲力。

令人痛苦的，除了「五蘊熾盛」、「愛別離」之外，還有「求不得」和「怨憎會」。

一個天生敏銳易感的人，置身於富貴而不平安的大家族，已經足以埋下厭世的種子；更何況他所處的近代中國，正進入史學家唐德剛所謂的「歷史三峽」，偌大帝國艱苦地「師夷長技以制夷」，由「千年不變」突地「十年一變」[34]。從洋務運動、甲午戰爭、戊戌變法、八國聯軍、廢除科舉、立憲運動，到辛亥革命、洪憲帝制、五四運動、軍閥割據、北伐內戰、對

---

33 陳慧劍，〈弘一大師棄俗思想之研究〉，收於：氏著，《弘一大師論》，頁4-8。
34 唐德剛，〈中國近代目錄學的先驅袁同禮先生〉，收於：氏著，《晚清七十年：中國社會文化轉型綜論》，頁295-296。

日抗戰……，從軍備、經濟、政治到學術、社會風俗，莫不都要脫胎換骨。在波濤洶湧的世局中，所有「歲月靜好，人世安穩」的祈願都要落空。

　　對「美」感受敏銳的人，對「醜」的感受也會特別強烈。李叔同是個完美主義者，強烈渴望平衡和秩序；他不但才氣洋溢，而且做事一絲不苟，衡量人、己的標準都懸得很高。期待既高，自然容易失望。這樣帶有潔癖的性格，使他對噪音、污穢、俗人都難以忍受，更何況是滔滔濁世。早年他將憤怒向外面的世界發洩，晚年則把矛頭指向自己。於是，大大的成功，只會帶來些微的愉悅；小小的挫敗，卻能造成巨大的失落。出家二十年後，被眾人尊為高僧，他仍自認為是「醇乎其醇的一個埋頭造惡的人」。晚年在閩南弘法，受當地人士愛戴，他的自評卻是：「一事無成人漸老，一錢不值何消說」[35]。他說：

> 我的性情是很特別的，我只希望我的事情失敗，因為事情失敗、不完滿，這才使我常常大慚愧！能夠曉得自己的德行欠缺，自己的修善不足，那我才可努力用功，努力改過遷善！
> 一個人如果事情做完滿了，那麼這個人就會心滿意足，洋洋得意，反而增長他貢高我慢的念頭，生出種種的過失來！所以還是不去希望完滿的好！[36]

一般的完美主義者不斷自我修正，以「完美」為努力目標；而他竟然不求成功、只求失敗，使得完美境界永遠遙不可及，他的自我鞭策亦永無止境。

35　弘一，〈最後之□□〉、〈南閩十年之夢影〉，收於：氏著，《弘一大師演講全集》（台北：天華，1984），頁58，54。

36　弘一，〈南閩十年之夢影〉，頁55。

這麼一來，如何與自我和平相處，又如何找到自我與世界之間的平衡點，成了他這一輩子的絕大功課。

三、儒學階段：從名士到嚴師

(一)名士

　　和明清以降大多數傳統中國士子一般，李叔同自幼生活在「三教合一」的社會氛圍中，但儒學是最主要的信仰資源。這個信仰的影響首先是外鑠、被動的，其後才逐漸內化、轉為主動。而他所接受的儒家信念，最初偏向「外王」，其後才轉向「內聖」。不論「外王」或「內聖」，都蘊含了典型儒家企圖透過行動、實踐改變自我與世界的渴望。只是，在耽美與無常的拉鋸中，儒家能提供的協助相當邊緣；清末儒家「外王」理想之難以落實，更增加他的「苦」、「空」感受。

　　李叔同的童蒙教育由多種成分共同構成。父親精於陽明之學，旁及禪宗，飲食起居，悉以《論語・鄉黨》為則。父親雖早逝，但是因為母親督促，叔同幼時也「不撤薑食」、「席不正不坐」，凡事都要端正[37]。他家大廳抱柱上，有一副大對聯，上聯是：「惜食惜衣，非為惜財緣惜福」，在二哥、母親叮囑下，一粒米飯也不敢糟蹋，衣服不可損壞或污染，寫字也不敢隨意浪費紙張，以免折福短命[38]。叔同幼年也曾效法僧人放「焰口」為戲，學誦〈大悲咒〉、〈往生咒〉[39]，與佛教略有淵源。此外，以地獄景象警示

37　胡宅梵，〈記弘一大師之童年〉，頁30(下)-31(上)。
38　胡宅梵，〈記弘一大師之童年〉，頁31(上)；弘一，〈青年佛徒應注意的四項〉，
　　收於：氏著，《弘一大師演講全集》，頁34-35；林子青，《弘一大師新譜》，頁366。
39　林子青，《弘一大師新譜》，頁11，16。

為惡下場的《玉曆鈔傳》，以因果報應鼓勵行善積德的袁了凡「功過格」[40]，威脅利誘雙管齊下，加強了他10歲之前努力學做聖賢的動力。

但他最主要的功課，還是由二哥啟蒙，讀四書五經，學時文策論，準備參加科舉考試，以繼承父志、光大門楣。他說在俗時「潛心理學，獨尊程朱」，部分原因也許是因為朱子《四書集註》是清代科舉考試的官方版本。只是他雖然文理清秀，但考運不佳，18、19歲以童生資格在天津縣學應考，23歲又分赴河南、浙江應鄉試，亦未中式，令他倍感挫折[41]。

目睹清末亡國危機，「以天下為己任」的儒家使命感曾令青年李叔同熱血沸騰。在19歲的應試策論中，他慨嘆國家無人才，外交官不學無術，不識各國時務。又主張中國礦產勝於他國，應遣人出洋習礦冶，以利國家富強[42]。他贊同維新變法，當康梁推動百日維新時，他自刻一印曰：「南海康君是我師」。可是戊戌政變後康梁亡命海外，他也不得不攜眷奉母，從天津避禍上海[43]。

1900年義和團之亂，引起八國聯軍，中國一敗塗地。次年簽訂辛丑條約，割地賠款規模之大，前所未有。他痛心疾首，寫下充滿種族危機感的〈出軍歌〉：

一輪紅日東方湧，約我黃人捧。感生帝降天神種，今有億萬眾，地球蹴踏六種動。勇！勇！勇！……
剖我心肝挖我眼，勒我供貢獻。計口緡錢四萬萬，民實何仇怨，

40　弘一，〈最後之□□〉，頁58。
41　林子青，《弘一大師新譜》，頁22，26，29，48。
42　林子青，《弘一大師新譜》，頁29。
43　林子青，《弘一大師新譜》，頁29。

國勢衰嘻人種財。戰！戰！戰！[44]

只是，這些豪情壯語無補時艱。他回天津探視老家，所見滿目瘡痍，廬舍大半燒毀，與舊日友人相逢，恍如隔世。返滬登輪，他感傷不已：

感慨滄桑變，天邊極目時。晚帆輕似箭，落日大如箕。風捲旌旗走，野平車馬馳。河山悲故國，不禁淚雙垂。[45]

不能中第入仕，他還是以「布衣」身分多方奔走。他作〈祖國歌〉、〈大中華〉，創「滬學會」，開演說會、辦補習學校，愛國愛得理直氣壯：

上下數千年，一脈延，文明莫與肩。縱橫數萬里，膏腴地，猶享天然利。國是世界最古國，民是亞洲大國民。嗚呼大國民，嗚呼，惟我大國民！幸生珍世界，琳琅十倍增聲價。我將騎獅越崑崙，駕鶴飛渡太平洋，誰與我仗劍揮刀？嗚呼大國民，誰與我鼓吹慶昇平！（〈祖國歌〉）[46]

他澎湃的熱情，無保留地獻給國家，只願國家也以同樣的熱烈擁抱他：

愛河萬年終不涸，來無源頭去無谷。滔滔聖賢與英雄，天地毀時無終窮。願我愛國家，願國家愛我。願國家愛我，靈魂不死

44　錢君匋主編，《弘一大師文稿》（台北：台灣東華，1994），頁343。
45　李叔同，〈辛丑北征淚墨〉，收於全集編委會編，《弘一大師全集》（八），頁12（下）。
46　錢君匋主編，《弘一大師文稿》，頁312。

者我。（〈愛〉）[47]

但是，任他如何奔走，畢竟人微言輕，國事依舊不堪聞問。

　　誠如學者陳弱水所云，儒家「內聖外王」理想長期培養中國知識分子「憂以天下、樂以天下」的使命感，但在政治現實中道德與事功並不具有相應關係，這個理想反而造成知識分子心靈的困境。清末民初面臨亙古未有之巨變，他們內心的痛苦更是強烈[48]。於是李叔同心灰意冷，乾脆「休怒罵、且遊戲」，「走馬胭脂隊裡」，流連歡場。

　　李叔同多情，但依照中國傳統，情感的對象不等於婚嫁的對象。他18歲接受家族安排和俞氏結婚，始終未從這樁婚姻中得到幸福，也沒有盡到多少家庭責任。21歲當上了父親，他竟以一闋〈老少年曲〉自悼：

> 梧桐樹，西風黃葉飄，夕日疏林杪。花事匆匆，零落憑誰弔。
> 朱顏鏡裡凋，白髮愁邊繞。一霎光陰底事催人老。有千金也難
> 買，韶華好。[49]

而其實，這時他脫離天津複雜的大家庭，奉母居住上海，就讀蔡元培主持下的南洋公學經濟特班[50]，和蔡小香、袁希濂、張小樓、許幻園等倜儻文

47　錢君匋主編，《弘一大師文稿》，頁341。
48　陳弱水，〈「內聖外王」觀念的原始糾結與儒家政治思想的根本疑難〉，收於：氏著，《公共意識與中國文化》（北京：新星，2006），頁301。
49　林子青，《弘一大師新譜》，頁40。
50　「南洋公學」為上海交通大學之前身，乃盛宣懷在1896年所設。學生兼習中西各學，以培養內政、外交、理財等方面人才。李叔同於1901年進入該校「特班」，該班以培訓應「經濟科」歲舉者為宗旨，可見當時李叔同有志於經世濟民，也仍想

名士時期的李叔同豪華俊逸(左)。

人結為「天涯五友」，活躍於滬上藝文圈。換言之，既有天倫之樂，又有俊遊之趣，20歲至26歲的那五六年，應該是他一生最快樂的時期[51]。

這段期間，他也與坤伶楊翠喜、名妓李蘋香、謝秋雲、歌郎金娃娃等人詩詞酬答，密切往還。在南洋公學，同學對他的印象是「一貫地很溫和，很靜穆」[52]，而在花街柳巷中，李叔同卻以「豪華俊映，不可一世」著稱[53]。

> 十日沉愁，一聲杜宇，相思啼上花梢。春隔天涯，劇憐別夢迢遙。前溪芳草經年綠，只風情，辜負良宵。最難拋，月上歌簾，聲咽琴簫。而今未改雙眉嫵，只江南春老，紅了櫻桃……(〈高陽台憶金娃娃〉)[54]

有人認為，李叔同和這些名妓、伶人、歌郎的交往只是「以藝事相往還」，不涉風月：「蓮為君子之花，矯然泥而不滓。蓋高山流水，志在賞音而

(續)————————————————————

　　參加科舉、尋求出身。但1903年南洋公學發生集體罷課、退學風潮，李叔同也隨之退學。

51　豐子愷，〈法味〉，頁95。

52　黃炎培，〈我也來談談李叔同先生〉，收於：余涉編，《漫憶李叔同》，頁4-5。

53　馬敘倫，〈何緣之慳〉，收於：全集編委會編，《弘一大師全集》(十)，頁69(下)。

54　錢君匋主編，《弘一大師文稿》，頁367-368。

李叔同在上海票戲演出「黃天霸」，造型俊秀。

己。」[55]這個看法，「為尊者諱」的成分居多。以他情感豐富、「做事認真」的個性，他的向上提升可以無止境，他的墮落沉淪也可以很徹底。何況，這些色、藝俱佳的伶人、歌郎、詩妓，其實是輾轉於社會底層的另一種藝術家，與他心靈相感通。他未始不可能從中找到情感──與肉體──的繾綣對象，即使只是一時──而這是中國士人傳統所允許的。

不過，在欲望的放縱中，他隱隱有悔[56]：

風風雨雨憶前塵，悔煞歡場色相因。十日黃花愁見影，一彎眉

55　姜丹書，〈弘一律師小傳〉，收於：錢君匋主編，《弘一大師文稿》，頁58。

56　他曾惋惜某位友人「終日花叢徵逐，致迷不返，將來結局，正自可慮」，但他自己又何嘗不然？見：〈李叔同致許幻園函(2)〉，收於：全集編委會編，《弘一大師全集》(八)，頁84(上)。

月懶窺人。

冰蠶絲盡心先死，故國天寒夢不春。眼界大千皆淚海，爲誰惆悵爲誰顰？（〈贈謝秋雲〉）[57]

就在這時，無常的風在幸福的峰頂突然捲起，讓他直墜谷底。1905年，實施超過一千三百年的科舉制度宣告廢止；而他摯愛的母親——他這一輩子最親的人——也在這一年去世。李叔同短暫的黃金歲月就此戛然而止。多年之後他回憶起來，猶有餘哀：

生母很苦！……我母親不在的時候，我正在買棺木，沒有親送。我回來，已經不在了！還只四十□歲！[58]

在「無常」面前，「美」——以及「愛」與「青春」——是那麼無力。他此後的生命，「就是不斷的悲哀與憂愁，一直到出家」[59]。

母親的死，結束了他的冶遊。他改名「李哀」，挈眷扶柩回津，爲母親辦了一場驚動天津各界的「文明喪禮」：四百餘位中外賓客前來弔唁，家人穿黑衣而非白色孝袍，來賓致悼詞而非孝子跪讀祭文，叔同在鋼琴前自彈自唱，待客備中西餐二種[60]。喪禮一結束，他拋下一妻二子，束裝赴

---

57 錢君匋主編，《弘一大師文稿》，頁364。

58 豐子愷，〈法味〉，頁95。

59 出家後，他每逢父母冥誕、忌日，總要寫經回向。51歲聽靜權法師講《地藏菩薩本願經》，談到孝思在中國倫理學中之重要性時，他當著大眾哽咽，涕泣如雨，舉座大驚。見：林子青，《弘一大師新譜》，頁277。「大孝終身慕父母」，從髫齡到青年，父母給他的最大人生啟示，恐怕就是不可避免的死亡造成的「愛別離」。

60 李孟娟，〈弘一法師的俗家〉，收於：余涉編，《漫憶李叔同》，頁312；林子青，

東京美術專門學校求學。臨行前留下一首〈金縷曲〉，告別祖國，也沉鬱地告別自己的黃金年華：

> 披髮佯狂走。莽中原，暮鴉啼徹，幾枝衰柳。破碎河山誰收拾，
> 零落西風依舊，便惹得離人消瘦……
> 二十文章驚海內，畢竟空談何有。聽匣底蒼龍狂吼。長夜淒風
> 眠不得，度群生哪惜心肝剖。是祖國，忍孤負？[61]

多年奔走，他救不了國，連自己的出路也成問題。濟世救人的熱情被無力感所侵蝕，正是這個階段的總結。

(二)留學生

　　李叔同此時的困境，是那一代讀書人的共同縮影。

　　當時的李叔同可能還沒有意識到，他正處於一個士人日益邊緣化的「斷裂社會」，聲嘶力竭的吶喊引來的只有自己空洞的回聲。如學者所研究，自明代開始，以讀書人為中心的四民社會漸漸產生變化，商人地位隨著江南經濟繁榮開始上升；平定太平天國之後，軍人集團更繼之崛起，挑戰傳統士人的核心地位[62]。而到清末，西學日益受到尊崇，更使飽讀舊學的傳統讀書人備受威脅[63]。在此國家危急存亡之秋，被邊緣化的士子內心

（續）────────────────
　　《弘一大師新譜》，頁69。
61　林子青，《弘一大師新譜》，頁71。
62　許紀霖，〈「斷裂社會」中的知識分子〉，收於：氏編，《20世紀中國知識分子史論》（北京：新星，2005），頁2。
63　羅志田，〈近代中國社會權勢的轉移──知識分子的邊緣化與邊緣知識分子的興起〉，收於：許紀霖編，《20世紀中國知識分子史論》，頁130。

李叔同(中)與東京美術學校同學畢業合影(1911)。

波瀾洶湧，遂有「輕死剽急」的「志士化」的傾向，與聖賢意態愈離愈遠，與豪傑意態愈趨愈近。於是，在晚清最後十年，「一面是學理與學說的激盪播揚，一面是知識人以俠氣點燃個人意志」，火焰般騰起[64]，一如此時李叔同之激越。

　　1905年廢除科舉，士大夫階級和國家的制度化聯繫被切斷了，失去傳統出身管道，不得不轉爲「現代知識分子」。他們的「知識結構」由四書五經變爲亦中亦西的新學，從倫理政治的規範性知識變爲應用性的自然知

64　楊國強，〈20世紀初年知識人的志士化與近代化〉，收於：許紀霖編，《20世紀中國知識分子史論》，頁171。

識；他們的「知識空間」由私塾、書院變爲亦中亦西的洋學堂，乃至民國後西方式的學科化學校；他們的「出路」也不再以出仕爲唯一途徑，轉而浮沉於社會各個領域：軍隊、企業、金融、媒體、出版業、學院……[65]

　　在南洋公學經濟特班就讀時，李叔同已經接觸西學，他的「知識結構」開始發生變化。日本新式專門學校，是甲午戰爭以後中國學子趨之若鶩的「知識空間」，李叔同也不落人後。只是，當眾人大都修習軍事、法政時，他卻開風氣之先，毅然順著自己的性向才情，以藝術爲主修[66]。當然，「志於道，據於德，依於仁，游於藝」，「藝術」可以怡情養性，在儒家思惟中有其正當性。只是，過去藝術只能當作仕紳業餘嗜好，職業藝術家——包括畫工、樂師、伶人——卻爲社會所輕；他打算以藝術爲專業，要有「橫眉冷對千夫指」的心理準備。更何況，他在日本修習的是西方美術與音樂，國人接受度尚未可知，未來就業將有難以預期的風險。

　　留日時期(1905-1911)，他我行我素、特立獨行的傾向益發明顯。他剪了辮子，改變裝束，體驗「早浴、和服、長火鉢」的江戶趣味[67]。專心學習西洋油畫、水彩、素描，兼修音樂和戲劇，還以詩才打入日本文人圈[68]。這段期間，他納了一位日籍如夫人——她也許是他一生中唯一認眞用情過的女性——但是，日後他對此諱莫如深，甚至連她的名字都沒有留下。

　　在其他中國留學生眼中，他家境優渥、恃才傲物、不近人情。戲劇家

65　許紀霖，〈「斷裂社會」中的知識分子〉，頁2。

66　根據一份南洋公學特班1901年的成績單，李叔同在三十五位學生中排名十三，表現並不突出。他放棄經濟轉向藝術，也許與此有關。參見：孟令兵，〈李叔同當了「口語教授」〉，上海交通大學新聞網(http://www.sjtu.edu.cn/news/show news. php?id=6159)。

67　內山完造，〈弘一律師〉，收於：余涉編，《漫憶李叔同》，頁57。

68　林子青，《弘一大師新譜》，頁76。

歐陽予倩（1889-1962）回憶，「李息霜」極爲用功，鮮少和人在外交遊。他律己嚴，責人亦嚴。和朋友有約，即使對方遠道而來，只要遲到個五分鐘，就會被他下逐客令趕走。還有一回，日本岳母來訪，正逢天雨，向他借傘回家，卻爲他所峻拒：「當初你女兒嫁給我的時候，並沒說過將來丈母娘要借雨傘的！」[69]

除了學西洋繪畫、音樂，他還發起創辦「春柳社」演話劇，「誓度眾生成佛果，爲現歌台說法身」。爲淮北水患賑災募款而演出的「茶花女」選段，尤爲轟動[70]。他對女性角色情有獨鍾，爲了演出而訂了全套女裝行頭（還依照西洋古畫製作髮捲），時常自己在家對鏡弄姿、揣摩女性動作表情。有一段時期，他和一位拉小提琴的廣東少年天天在一起，有新曲就要請對方聆聽評論，對方要什麼他就給什麼，極力想訓練那少年成一個好小生，和他配戲。只是他太高、太瘦，表情動作難免生硬，聲音也不夠優美。雖然有人讚賞他「優美婉麗，絕非日本的俳優所能比擬」，但基本上演出不獲好評。加上其他意見不合，

李叔同在日本反串茶花女。

69　徐半梅，〈「話劇創始期回憶錄」中的李息霜〉，收於：全集編委會編，《弘一大師全集》（十），頁118（下）。

70　蔡祝青，《譯本外的文本》，頁84-93。

和那廣東少年又不知爲什麼決裂了，他不高興，就退出了「春柳社」[71]。

　　李叔同的好友、學美術的黃二難，也被留學生視爲一怪。黃氏留長髮、翹鬍子，以18世紀歐洲宮廷貴族打扮招搖過市，他說：「粉紙不可不帶，香水不可不搽，鬍子不可不留，衣裳不可不做。少年本應當漂亮，得漂亮時何妨漂亮！」[72] 看來驚世駭俗，但王爾德(Oscar Wilde, 1854-1900)剛過世，西方頹廢、唯美的「世紀末」風格也影響到明治末期的日本，黃二難的特立獨行，似亦有所本。李叔同和他交往密切，爲他作了一首〈南南曲〉，巧妙地連結黃氏癖好、戲劇演出和佛教典故。這首〈南南曲〉，看起來也像是當時的李叔同夫子自道：

> 在昔佛菩薩，趺坐赴蓮池。始則拈花笑，繼則南南而有詞。南南梵唄不可辨，分身應化天人師。或現比丘，或現沙彌，或現優婆塞，或現優婆夷，或現丈夫女子宰官諸像爲説法，一一隨意隨化皆天機。以之度眾生，非結貪瞋痴。色相聲音空不染，法語南南盡皈依。春江花月媚，舞台裝演奇……[73]

　　不過，從現存李叔同的油畫、水彩看來，他的畫風寫實，融合了國畫寧靜沖澹的特色，題材以風景寫生爲主；少數作品略有印象派風格，但似乎尚未受到20世紀初西方現代畫派(如野獸派、表現主義、立體派)影響[74]。

71　歐陽予倩，〈春柳社的開場〉，收於：余涉編，《漫憶李叔同》，頁11-17。

72　歐陽予倩，〈春柳社的開場〉，頁17-18。

73　林子青，《弘一大師新譜》，頁107。

74　李叔同畫作在大陸失傳已久，近年來浙江省博物館研究人員李柏霖從「雨夜樓」藏畫中發現大批近代中國畫作，其中有三十餘幅李叔同的作品，引起海內外震

而從他在此時期寫的〈圖畫修得法〉來看，他也沒有接受「為藝術而藝術」的「唯美主義」（Aestheticism）。相反地，他相信「圖畫之發達，與社會之發達相關係」。他以英國設博覽會、法國辦萬國博覽會以後的發展為例，說明圖畫為美術工藝的根本，不僅能提升工藝製造品的品質，而且有益於國民智育、德育、體育之培養：

> 圖畫者可以養成綿密之注意，銳敏之觀察，確實之知識，強健之記憶，著實之想像，健全之判斷，高尚之審美心……此圖畫之效力關係於智育者也。若夫發撝審美之情操，圖畫有最大之偉力。工圖畫者其嗜好必高尚，其品性必高潔。凡卑污陋劣之欲望，靡不掃除而淘汰之，其利用於宗教教育道德上為尤著，此圖畫之效力關係於德育者也。又若為戶外寫生，旅行郊野，吸新鮮之空氣，覽山水之佳境，運動肢體，疏瀹精氣，手揮目送，神為之怡，此又圖畫之效力關係於體育者也。[75]

這一段文字，將他「藝術救國」的抱負表露無遺。這個想法，似乎與「浪漫主義」（Romanticism）時代日耳曼詩人席勒（Friedrich Schiller, 1759-1805）的信念若合符節：藝術可以拯救人類文明，使人從物欲中解放，獲得自由、邁向完美[76]。但基本上，他還是不脫儒士襟懷；他是在儒家

（續）───────────────

　　動。見：李柏霖，〈關於李叔同早期畫作的發現〉，《杭州師範學院學報》（社會科學版），2002年7月，第4期，頁118。

75　李叔同，〈圖畫修得法〉，收於：錢君匋主編，《弘一大師文稿》，頁32。

76　Friedrich Schiller, *On the Aesthetic Education of Man*, trans. by Reginald Snell (New York: Ungar 1965), p. 27.

道德美學的基礎上，接受西方「浪漫主義」，以藝術作為改革社會的工具。

可是，萬一藝術一樣改變不了社會，那又怎麼辦？儒家欲以禮樂化成天下，藝術具有同等效力嗎？浪漫主義強調個性，但個性的揮灑，是否與社會一致性的要求衝突？再說，「美」的追求，真能促進「真」與「善」的實現，乃至社會、國民整體水準的提升嗎？看來四平八穩的「藝術救國論」，其實有太多內在矛盾，不能平服他內在的緊張。

(三)嚴師

1911年回到國內，李叔同進入人生另一階段，開始韜光養晦，著意修身養性[77]。

許多人注意到他的改變。師範學校的同事好友夏丏尊說，三十出頭，李叔同「少年名士氣息，殄除將盡，想在教育上做些實際工夫」。那時他們「頗有些道學氣，儼然以教育者自任」，又痛感自己力量不夠，努力於儒家式的修養[78]。世交陳寶泉在1915年看到他，發現印象中的翩翩濁世佳公子，竟一改昔日矜持之態，變得謙恭而和易了[79]。

什麼原因造成了李叔同的改變？他自己沒有提及，學者也很少就此討論。但如果不探討這個問題，就無法說明他後來又為什麼出家。畢竟，這個時期的醞釀，為下一階段的蛻變埋下伏筆。

筆者以為，李叔同韜光養晦的第一個原因可能是他對政治的徹底絕

77　弘一，〈最後之□□〉，頁58。

78　夏丏尊，〈弘一法師之出家〉，收於廣洽法師輯，《弘一大師逝世十五週年紀念冊》，頁30。

79　陳寶泉，收於：全集編委會，〈憶舊〉，收於：全集編委會編，《弘一大師全集》（十），頁20(下)。

望。留學期間他曾回天津探親(1906)，所見令他沮喪，他曾以〈喝火令哀國民心之死也〉致慨。學成歸國不久，辛亥革命爆發，他整個人都振奮起來了：

> 皎皎崑崙山頂月，有人長嘯。看囊底，寶刀如雪，恩仇多少。
> 雙手裂開鼮鼠膽，寸金鑄出民權腦。算此生不負是男兒，頭顱好！
> 荊軻墓，咸陽道；聶政死，屍骸暴。儘大江東去，餘情還繞。
> 魂魄化成精衛鳥，血花濺作紅心草。看從今，一擔好河山，英雄造！（〈滿江紅　民國肇造〉）[80]

這闋詞慷慨激昂、擲地有聲，孰料竟成爲他憂國之作的絕響。民國肇建後紛擾不斷，袁世凱弄權，國民黨倒袁，日本提出二十一條要求，軍閥割據，南北混戰……，如魯迅所云：「革命的被殺於反革命的。反革命的被殺於革命的。不革命的或當作革命的而被殺於反革命的，或當作反革命的而被殺於革命的……」[81] 李叔同心灰意冷，對政治再也沒有期待。「得志，澤加於民；不得志，修身現於世。達則兼善天下，窮則獨善其身」（《孟子・盡心》），既然不能改變外在社會，那就轉爲改變自己。他之開始著意修身養性，可能與此有關。

　　他韜光養晦的第二個可能原因，是家族遭遇巨變。回國那一年，二哥所經營的鹽商事業，因兩家票號倒閉而損失近百萬元，祖業瀕於破產，他

80　錢君匋主編，《弘一大師文稿》，頁369。
81　魯迅，〈小雜感〉，收於：楊澤編，《魯迅散文選》（台北：洪範，1997），頁297。

名下的一份財產也沒了。他很少向人提及此事[82]——對他而言，萬貫家財一夕成空，遠比不上母親去世的打擊來得沉重——，但從此以後，他在經濟上就必須自力更生，同時維持天津(妻)、上海(妾)、杭州(自己)三地家用[83]，手頭大爲窘困，爲人寫字也要「取潤」了[84]，生活變得低調。

　　第三個可能原因，是他回國求職遭遇挫折。當時的藝術市場，並沒有接受西方美術、音樂訓練人才的專業生存空間，只能往教育界發展；即令如此，李叔同也無法謀到一個理想的教職。因爲，他搶先了時代一步，學成得「太早」；第一所美術專科學校——上海美專——在1919年才成立，而北平藝專、杭州藝專、中央大學藝術系、蘇州美專等校都要到1920年代才陸續設立。他輾轉求職，在天津直隸模範工業學堂待了一年，轉到上海城東女學半年，主編《太平洋報畫報》數月，最後棲身於浙江兩級師範學校(後改爲省立第一師範學校)，擔任音樂及圖畫教員。

　　對一向心高氣傲、開風氣之先的李叔同而言，這是一大打擊。他向學生說：「我在日本研究藝術時，自己萬萬沒有料到回國後會當一名藝術教員……」言下不勝感慨。他大材小用，連日本《朝日新聞》都爲此打抱不平：在中國，畫美人月份牌的收入驚人，第一批留學東京美術學校的畢業生「李岸」卻懷才不遇，任其自生自滅[85]！學成回國，不能找到理想的工作，使他的銳氣也收斂了許多[86]。

82　歐陽予倩，〈春柳社的開場〉，頁15。
83　〈與劉質平函(9)〉，收於：全集編委會編，《弘一大師全集》(八)，頁95(下)。
84　〈致許幻園函(5)〉，收於：全集編委會編，《弘一大師全集》(八)，頁84(下)。
85　吳夢非，〈一代名師〉，收於：余涉編，《漫憶李叔同》，頁116。
86　如果將李叔同與一度爲《太平洋報》同仁的蘇曼殊相比，我們可以發現眾多相似之處。他們皆爲庶出，家庭複雜；能詩善畫，多才多藝；別名眾多，裝扮多變；多愁善感，自戀自憐；他們也都先有志於革命，而後卻出家爲僧。只是，

　　對於以上三種逆境，他有不同的因應之道。國家社會問題無解，他只能無言。家業破產，手頭緊縮，他可以儉約度日。至於工作，儘管不盡如人意，他還是兢兢業業，傳道授業，弘揚文藝，成爲一個成功的老師。

　　爲了配合他的教學要求，浙江兩級師範校長經亨頤爲全校置備了五十多架風琴，大量素描用石膏模型，也雇用模特兒供學生做人體寫生[87]。上他的課，令學生覺得既嚴肅又新鮮。學生到達教室時，老師早就來了，連講義都已經寫在上下兩面黑板上。他帶著「溫而厲」的表情，向學生深深一鞠躬，開始上課。教彈琴，指法有一點點錯誤，拍子有一點點不準確，他只輕輕說：「滿好，滿好，明天請再彈一遍」，可是一定要達到完全準確，才通得過。他不罵人，學生犯了錯，他在課後再私下和顏悅色開導，態度謙虛鄭重，讓學生感動不已。雖然他時常請假（因爲同時在南京高等師範兼課），口才不夠好，教學方法也不盡理想，但他多才多藝，花大量時間備課，更花大量時間做課外個別教學，以嚴肅、認眞的態度獻身教育，使學生既敬又畏[88]。原來聊備一格的圖畫、音樂課，因爲他的到來，霎時變爲主科，下午放學後，滿校都是琴聲，圖畫教室都是人在練習石膏模型木炭畫，使這所師範學校有如藝術專科學校一般。

　　豐子愷注意到，李先生的案頭上，經常放著明儒劉宗周（蕺山，1578-1645）的《人譜》，裡面列舉古來賢人嘉言懿行，封面上還有老師所

（續）————————————
　　蘇曼殊被學者李歐梵視爲五四浪漫文人的先驅，而李叔同在返國任教之後，卻走了一條完全不同的道路。
87　吳夢非，〈弘一法師和浙江的藝術教育〉，收於：全集編委會編，《弘一大師全集》（十），頁35(上)。
88　豐子愷，〈爲青年說弘一法師〉，頁64；豐子愷，〈李叔同先生的教育精神〉，收於：全集編委會編，《弘一大師全集》（八），頁123-124；傅彬然，〈憶李叔同先生〉，收於：廣洽法師輯，《弘一大師逝世十五週年紀念冊》，頁15。

寫「身體力行」四字。學生不解：何以精通西洋藝術的李先生，還會看這些老古董？李叔同結結巴巴地向學生說明：「士先器識，而後文藝」，人格修養先於文藝學習，每一個學藝術的人都應該留意[89]。這當然還是儒家「美、善合一」的人格美學理想。

李叔同在這段時期奉為圭臬的《人譜》，究竟在說什麼？值得我們留意。《人譜》作者劉宗周，重視慎獨之學，以矯正王學末流猖狂混雜之弊。他在明末殉國自殺，被譽為「最後一個理學家」[90]，其學說和李叔同早年接受的袁了凡「功過格」截然不同。袁了凡揉合通俗儒家與佛家思想，認為「命自我作，福自己求」，只要行善積德、每日反省功過得失，自然善有善報，「不獨得道德仁義，亦得功名富貴，內外雙得」。劉宗周卻痛詆其說「以功利惑人」，用現實計算混淆性命之學。在《人譜》中，他標出詳細的「立人極」的實踐工夫，「言過而不言功，以遠利也」。他以「紀過」、「訟過」、「改過」為進德之鑰，從獨處「微過」、七情「隱過」、九容「顯過」、到五倫「大過」、百行「叢過」，在在顯示出：一個人從閒居動念、威儀百行到五倫關係，犯錯的可能無處不在，而改過遷善的歷程也無盡無窮。在這種巨細靡遺的自我監視系統中，李叔同的道德潔癖更為加強；而他的崖岸自高，與隨波逐流的世俗社會相對照，反差更為明顯。

其實，《人譜》的道學教誨，與李叔同天生的藝術家氣質有相當牴牾。身為一個敏感的藝術家／文士，他對外在世界的各種風吹草動，總有細微的體察、強烈的感受，並渴望透過文字、線條、色彩、音符、身體……等媒介來宣示情感與欲望，甚至不惜特立獨行、我行我素。可是，《人譜》

89　豐子愷，〈先器識而後文藝──李叔同先生的文藝觀〉，收於：余涉編，《漫憶李叔同》，頁84-85。

90　牟宗三，《從陸象山到劉蕺山》（台北：學生，1979），頁451，471。

認爲「七情」會造成「隱過」，包括溢喜、遷怒、傷哀、多懼、溺愛、作惡、縱欲，必須克制。然而，一旦七情受到遏抑，藝術家的創作泉源也會枯竭。更不用說，原可被納入「游於藝」範疇的風雅韻事——好閒、流連花石、好古玩、好書畫、觀戲場……一概被《人譜》打入「叢過」之列。劉宗周立身嚴毅端肅，有心矯正晚明士人頹廢之風，但他的主張無形中也否定了李叔同耽美的天性。李叔同要改造自我，從一個率性的藝術家變爲嚴謹的道學家，內心會產生多少緊張！

李叔同「律己嚴，律人亦嚴」的風格，可以從兩則軼事看得出來。夏丏尊擔任舍監時，宿舍有人遺失財物，查不出小偷是誰，令夏氏大爲苦惱。李叔同給這位好友的建議是：出布告要求作賊者三日內自首，否則舍監誓一死以殉教育。他加上一句：「這話須說得誠實，三日後如沒有人自首，真非自殺不可。否則便無效力。」他說得認眞，卻讓夏丏尊傻眼，只好敬謝不敏[91]。

與他情如父子的學生劉質平，是通過了「黃石公」式的測試，才獲得他的信任。劉質平首度學習作曲時，請老師指正。李叔同細閱作品一過，若有所思。他注視學生良久，要求當晚八時三十五分赴音樂教室一談。是夜風狂雪大，學生準時前往，但見廊下有足跡，而教室門閉，悄無聲息。鵠候十餘分鐘後，忽然室內燈亮，老師持錶走出，說：時間無誤，你也飽嘗風雪滋味，可以走了[92]！——李叔同個性這樣不近人情，不難理解，何以許多人會認爲他「有神經病」[93]。

---

91 夏丏尊，〈弘一法師之出家〉，頁30。

92 劉質平，〈弘一大師遺墨的保存及其生活回憶〉，收於：雄獅美術編，《弘一法師翰墨因緣》，頁207。

93 〈李叔同致劉質平函(6)〉，收於：全集編委會編，《弘一大師全集》（八），頁

　　與晚一輩的新文化運動時期現代文人郭沫若（1892-1978）、郁達夫（1896-1945）、徐志摩（1897-1931）、蕭軍（1907-1988）相對照，我們更能看出李叔同由名士到嚴師這一轉變的不尋常。

　　李歐梵指出，由於新學堂興起，到大城市求學的年輕人擺脫家庭傳統束縛，開始發現自我，發展出和傳統「儒家性格」十分不同的「五四性格」。他們原本也希望「文以載道」、改變民心，但是科舉廢除之後，文人與政權疏離，他們成了一批「多餘的人」（superfluous man）[94]。這批文人有浪漫傾向，對世事較常人更為敏感，自憐自大，愛恨分明，為了追求愛情不惜赴湯蹈火，因為他們相信「狂熱的愛」是最完整的自我實現[95]。他們勇於表達情欲，與傳統文學的感傷色彩不同；而讀者看重的也不是他們的藝術技巧或創造想像，而是這些作家個人的生命經驗和感情強度[96]。

　　很顯然地，狂飆少年般的「五四性格」是李叔同曾經走過的人生階段；只是當年輕一輩人把青春躁動放大延長時，先行者的他卻悄悄放下，轉而深化、內化他的「儒家性格」。如果說，同是強調「情感」、「自我」，19世紀歐洲浪漫主義以之抗衡啟蒙「理性」，而20世紀初五四運動以之反抗儒家「禮教」；那麼這個階段的李叔同，則是反其道而行，克制「情感」，壓抑「自我」；遵行「禮教」，成就「理性」。

　　一個學生以「清」字來形容他：身形清癯，目光清湛，語聲清越，容止氣度更是一清如水[97]。「清」來自於對世俗名利的不沾染，也來自他以極

（續）───────────
　94（下）。

94　Leo Ou-fan Lee, *The Romantic Generation of Modern Chinese Writers* (Cambridge, Massachussets: Harvard University Press, 1973), pp. viii, 248-250.
95　Leo Ou-fan Lee, *The Romantic Generation of Modern Chinese Writers*, pp. 251, 267.
96　Leo Ou-fan Lee, *The Romantic Generation of Modern Chinese Writers*, p. 248.
97　朱文叔，〈憶李叔同先生──弘一大師〉，收於：全集編委會編，《弘一大師全

李叔同中年自畫像中，流露出某種「存在焦慮」。

高標準自我要求，「對於一件事，不做則已，要做就非做得徹底不可」[98]。一旦追求美的工夫轉向自身，他把自己雕成了一個藝術品，潔身自好、狷介孤高。

只是，這個完美主義者當然不會以此爲滿足。學生劉質平赴日留學，李叔同除了提醒他要愼交遊、勿躐等、勿心浮氣躁之外，也提及自己「近來頗有志於修養，但言易行難，能持久不變尤難。如何如何！」[99]

四、出家契機：「無常感」與「罪業感」

李叔同既然凡事要求徹底、認眞，對人生究竟問題的解決自然更不例外。可是，我們要問：爲什麼儒家外王、內聖理想，都無法滿足他靈魂的渴望？除了時代變化、個人際遇等外緣因素之外，還有沒有什麼內在驅力，導致他在39歲走入空門？

從名士、留學生到嚴師，基本上李叔同並未離開儒家信仰；他只是游

（續）————————————————
　　集》（十），頁91。
98　豐子愷，〈為青年說弘一法師〉，頁6。
99　〈李叔同致劉質平函（3）〉，收於：全集編委會編，《弘一大師全集》（八），頁93（下）。

移於士人傳統容許的不同行為模式、不同人格典範。可是，如上文所言，儒家外王理想在清末民初的時局下已經落空，而儒家內聖理想提供給他的，似乎只是為人處世的道理。雖然現代新儒家認為，富有「天人合一」信念的儒家思想不限於俗世倫理，而蘊含「內在超越」的宗教意涵[100]；但是李叔同所理解的儒家，似乎無法紓解他的「存在焦慮」。

存在的焦慮，和他因身體狀況不佳而產生的「人生苦短」迫切感有關。1906年留學期間他就發現自己得了肺結核[101]，神經衰弱問題也長期困擾著他。1913年他寫信給義兄許幻園：

> 今日又嘔血，誦范肯堂《落照》〈絕命詩〉云：「落照原能塊旭輝，車聲人踪盡稀微。可憐步步為深黑，始信蒼茫有不歸！」通人亦作乞憐語，可哂也。家國困窮，百無聊賴，速了此殘喘，亦大佳事……[102]

信中強作瀟灑姿態，其實他對生命的依戀，從1910年所刻章「漱筒長壽」之祈願即可看出[103]。

脆弱的身體，使他自小畏懼的無常陰影又聚攏來；在死亡陰影下，他的為人行事變得更收束、更內斂，重新回到10歲以前的家庭信念，將個人

---

100 劉述先，〈超越與內在問題之再省思〉，收於：劉述先、林月惠編，《當代儒學與西方文化：宗教篇》（台北：中研院文哲所，2005），頁13-15。

101 錢君匋主編，《弘一大師文稿》，頁367。

102 〈李叔同致許幻園函(4)〉，收於：全集編委會編，《弘一大師全集》（八），頁84(下)。

103 林子青，《弘一大師新譜》，頁100。

德行和禍福壽夭之間的因果聯繫起來，努力學作聖賢。而這也可能是他回國後之所以韜光養晦的更深沉的原因。

只是，「未知生，焉知死？未能事人，焉能事鬼？」現世主義、人文主義的儒家，對生前死後之類超自然問題採取迴避態度，不足以解決敏感心靈對「我從哪裡來？到哪裡去？」的困惑。因此，這個時期，他開始宗教上的探索。他勸出國後心境不寧的劉質平信仰宗教，耶、佛、伊（按：伊斯蘭）都可以，以「求精神上的安樂」[104]。

李叔同的選擇，在當代知識界顯得突出而醒目。對於宗教，大多數新文化運動知識分子始而關注討論，繼而抨擊反對，終而冷漠鄙夷。吳稚暉、陳獨秀、王星拱等人基於科學認識論，認為宗教過於迷信。馬克斯主義者站在歷史唯物論和階級鬥爭立場，視宗教為人民的精神鴉片。余家菊、陳啟天等國家主義者抗議外國勢力干涉中國主權，激憤地發起反基督教運動。而中國文化歷來注重倫理，無需宗教也足以陶冶人格，也是許多人共同的看法。蔡元培更主張：無論何種宗教，都有刺激情感、排斥異教的傾向，不若「純粹的美育」，可以陶養情感、消除人我之見，因此他主張「以美育代宗教」[105]。可是，他的南洋公學高足李叔同沉浸美育數十年後，卻發現美育無法解答人生大惑，於是反其道而行，放棄美育，走入宗教！

可以說，在過去，他不管是做才子、考科舉、奔走國事、結婚生子、流連聲色、出國留學、回國教書，都是隨順時代要求，符合社會期待。而從現在開始，他要求道、修行，逆勢而行。

在晚年寫〈我在西湖出家的經過〉時，弘一說：到虎跑寺斷食是他出

---

104 〈李叔同致劉質平函(3)〉，頁93(下)。

105 唐逸，〈「五四」時代的宗教思潮及其現代意義〉，收於：許紀霖編，《20世紀中國思想史論》(上海：東方，2000)，頁603-606。

家的近因。其實，從更早的資料來看，李叔同追求靈魂生活的第一個嘗試，並非佛教。豐子愷注意到，這段時期老師常看道教方面的書籍，而後來到虎跑寺斷食，也是學道家的「辟穀長生」，因此判斷老師曾學作「道人」[106]。對這一點，李叔同的好友夏丏尊也同意，他認為李叔同在虎跑寺斷食後生活如常，還只看些宋元人的理學書和道家的書類，佛學尚未談到[107]。

　　然而細讀李叔同在斷食時期記錄的〈斷食日志〉，我們很驚訝地發現：這時他最接近的信仰，既非道教，亦非佛教，而是「天理教」。

　　「天理教」源出19世紀的日本，教祖為農婦中山美伎，為一天啟式的宗教。該教相信：父母神「天理歐諾彌格多」創造了人類及世界萬物，使萬物生生不息，並在日常生活中賜予全能佑護，消除病痛、苦難、抗爭。人類的身體來自父母神的借貸，唯有心靈才屬於自己，可是膚淺的人類往往恣意胡為，有違父母神借貸身體之美意。為了促使人類反省，父母神乃以疾病、煩惱為徵兆，警示人們掃除心靈上的灰塵。至於死亡乃是「轉生」，將身體歸還給父母神，而再借一個與其前世存心相稱的肉體重返世上。若背負著前世之「惡因緣」，則此世必會發生種種問題。因此人不可過於自信，應謙卑感謝父母神，努力去除心靈塵埃，並視他人為兄弟姊妹，互相扶持[108]。──由此看來，天理教似乎為神道教與佛教的混合體。李叔同接近天理教，也許與其留日經驗或日籍如夫人的影響有關。

　　斷食之前，他先「禱諸大神之前，神詔斷食」，才開始進行實驗。斷食期間，每晨餐供神生白米一粒，誦神人合一之旨，每天暗誦天理教的原

106　豐子愷，〈為青年說弘一法師〉，頁10。

107　夏丏尊，〈弘一法師之出家〉，頁32。

108　中國天理教總會，〈天理教簡介〉（http://www.tccmau.org/tccaustralia/homepage/51tehc-08.html）。

典之一〈御神樂歌〉，並敬抄其內容。因爲感到神清氣爽，他爲此一再感謝神恩——天理教的神——，誓必皈依[109]。但不知何故，後來他並未履行此一誓言。

李叔同出家之後，在身體上極度自苦，似乎和斷食的意義相通。可是細繹〈斷食日志〉，與其說他在此期間開始否定身體，毋寧說他在此時依然對健康問題極爲在意。他斷食的動機，是爲了治療神經衰弱症[110]。他入山帶了鏡子，以整飭儀表。又請師範學校的工友聞玉跟隨，在旁侍候起居。斷食期間，他像醫生觀察病人一般，詳細記錄每餐飲食的細節，注意自己身體的各種變化(打嗝、排氣、排便、舌苔、口乾、腰痛、肩痛)。十七天斷食成功，他穿著僧服請人拍照留念，自號「欣欣道人」。——由以上種種情形看來，他有很高的身體自覺。而從天理教的「借貸之理」來看，這是可以理解的。

既然如此，他爲何不皈依重視養生的天理教(乃至道教)，而皈依否定身體的佛教？——箇中原因，可以從幾個方面來看。

首先，還是與他在虎跑寺的斷食經驗有關。但倒不見得是因爲斷食本身，而是因爲斷食而與虎跑寺結緣，在虎跑寺看到僧人生活，感到羨慕，也覺得喜歡吃廟裡的菜蔬，因此才出家[111]。據夏丏尊說，李叔同並未在斷食後繼續茹素；相反地，剛下山時他胃口大開，且能吃整塊的肉。不過，的確因爲虎跑寺斷食的因緣，使他以後又去那裡習靜，目睹一位彭先生剃度出家，大爲感動，因此而皈依杭州虎跑大慈山定慧老和尚，成爲在家弟子，法名演音，號弘一，開始茹素、看佛經、供佛像。夏丏尊心中不捨，

---

109 李叔同，〈斷食日志〉，收於：全集編委會編，《弘一大師全集》(八)，頁13-16。
110 弘一，〈我在西湖出家的經過〉，頁17。
111 李叔同，〈我在西湖出家的經過〉，頁17。

憤激地說:「這樣做居士究竟不徹底。索性做了和尚,倒爽快!」而一向講求做事徹底的李叔同,竟然就欣然同意了[112]。

此外,如陳慧劍所云,他之改宗或許也與杭州的佛教氛圍有關。李叔同自幼就有苦、空、無常的感受,很小就接觸佛教,他也喜歡在詩詞中徵引佛家典故。他在杭州任教多年,杭州佛寺有兩千餘所,自然容易受到薰染。而更重要的是,他在杭州時期與遁世埋名的馬一浮交往,對馬一浮的學識智慧讚嘆不已。馬氏此一時期深信佛教,對李叔同有相當的影響,是促使李叔同出家的「增上緣」之一(雖然後來馬氏反而又覺得佛教不如儒家了)[113]。

儘管有這些助緣,但還是沒有解釋:李叔同長期隱伏的出世傾向,何以在此時突然爆發?筆者以為,除了「無常感」之外,這也和他的「罪業感」有關。他和劉質平說:

> 不佞自知世壽不永(僅有十年左右),又從無始以來,罪業至深,故不得不趕緊發心修行。自去臘受馬一浮大士之薰陶,漸有所悟。世味日淡,職務多荒……[114]

是什麼因素令他有了「罪業感」?他所深自悔悟的「罪業」,又是什麼?為什麼佛教——而非天理教——才能幫助他消解此「罪業」?這些仍是待解的謎。但是,對30歲以前的生活深感懺悔,與此應有相當關係。

---

112 夏丏尊,〈弘一法師之出家〉,頁32-34。
113 徐正綸,〈弘一大師與馬一浮〉,收於:陳慧劍編,《弘一大師有關人物論文集》,頁29-44。
114 〈李叔同致劉質平函(6)〉,頁94。

弘一自認為三十以前的詩詞多綺語，不願人印刷傳布。對過往的歲月，他用「不堪回首」一句話來形容。可見他對教書之前的生活深深感到不安[115]。

李叔同有一妻一妾，年輕時狎妓，也和歌郎交往，又喜歡變裝，飾演女角，就明清時代中上層社會生活來看，是很普遍的現象，眾人並不以此為忤。只是，嚴格的理學家反對這樣活躍的性生活，例如劉宗周視「無故娶妾」為「大過」之一，「狎妓、俊僕、畜優人」則列入「叢過」。李叔同中年後奉《人譜》為圭臬，心理上自然可能出現自譴的陰影。

再者，就社會整體風氣而言，清朝中葉五口通商之後，大批基督教傳教士進入中國，鼓吹天足、反對蓄妾、抨擊娼妓，同時也對同性戀深惡痛絕。影響所及，過去被視為理所當然的名士風流，現在則成了不道德的行為[116]。處於新舊交替時代的李叔同，是不是在此新風氣之下，對自己過去的生活產生了強烈的罪惡感，因而選擇禁欲的僧侶生活以為懺悔？──既然身體欲望是罪惡的來源，他惡化的健康是冥冥中的懲罰，那麼出家為僧，否定身體欲望、乃至否定身體所承載的「自我」，才是唯一的救贖之道。

當時他與日籍夫人感情不錯，也沒有事業上的危機，他之突然遁入空門，令身邊所有人錯愕、不解。只是，自感世壽不永、罪業深重，使得他有一種「趁死亡之前及早修行」的急迫感。出家時他贈別好友楊白民的題記，就明顯流露了這種心情：

---

115 林子青，《弘一大師新譜》，頁185。

116 Bret Hinsch, *Passions of the Cut Sleeve: Male Homosexual Tradition in China* (Berkeley and Los Angels: University of California Press, 1990), pp.168-169.

古人以除夕當死日。蓋一歲盡處，猶一生盡處。昔黃檗禪師云：
豫先若不打徹，臘月三十日到來，管取你腳忙手亂。然則正月
初一便理會除夕事不爲早；初識人事時便理會死日事不爲早。
那堪荏荏苒苒，悠悠揚揚，不覺少而壯，壯而老，老而死；況
更有不及壯且老者，豈不重可哀哉？故須將除夕無常，時時警
惕，自誓自要，不可依舊蹉跎去也。[117]

總而言之，似沒有特別的引爆點，只是在無常感及罪業感的雙重驅迫
下，點點滴滴因緣積聚，使李叔同決定皈依佛門，以「了生死大事」：

年七八歲，即有無常、苦、空之感，乳母每教誡之，以爲非童
年所宜……母歿，益覺四大非我，身爲苦本。其後出家虎跑，
全仗宿因，時若非即披剃不可，亦不知其所以然也。一切無他
顧慮，惟以妻子不許爲憂，竟亦一嘆置之，安然離俗……[118]

入山出家之前，他把印章、書籍、畫作、財物分贈學生、朋友、校工。當
年妓女朱慧百所贈之詩畫扇頁，及他贈歌郎金娃娃的詩，他都裝卷軸、加
跋語，送給夏丏尊，題曰「前塵影事」[119]。連他下巴的黃鬍子，他都留贈
日姬與摯友[120]，向他的「前身」鄭重告別。

1918年，新文化運動在北方如火如荼地進行，而這個中國現代新文藝

117　弘一，〈手書古德訓言贈楊白民題記〉，收於：林子青，《弘一大師新譜》，頁161。
118　蔡冠洛，〈闡行前一夕談〉，收於：林子青，《弘一大師新譜》，頁289-290。
119　林子青，《弘一大師新譜》，頁154。
120　姜丹書，〈追憶大師〉，收於：全集編委會編，《弘一大師全集》（十），頁78（下）。

的先驅，卻決絕地在南方走入空門。正是：

　　一花一葉，孤芳致潔。昏波不染，成就慧業。[121]

五、出世間法：律、淨、華嚴

　　如果李叔同真的是在死亡陰影籠罩之下，因無常感與罪業感的驅迫而出家；那麼，經過二十四年僧臘，最終他是否到達了「華枝春滿，天心月圓」的境界，如其臨終偈語所示？——我們可以從他所修的法門、他在佛教界遭遇的困擾、以及他面對生死的態度上分別考察。的確，他兼修律宗、淨土、華嚴，精進不懈，至死不渝；但在處理人事紛擾上，他必須在佛教修行之外，濟以儒家涵養，克服自己的孤僻狷介；而當面對身體的病、老、死時，這位追求完美的苦行僧，悲欣交集地同時展現了對自我肉身的摒棄與執著。

　　大陸學者梁麗萍研究當代中國人的宗教心理，發現信徒的文化程度高低對其信仰方式有所影響。「文化程度較低者」（大學以下）的宗教認同，傾向於「集體性」、「律法性」和「形式化」，換言之，是「制度型認同」。當面臨壓力、危機時，他們會受到周圍人際網絡的宗教動員的影響，期望該宗教能幫助自己強身健體，提供心靈寄託；而經過一二年後正式皈依，宗教對他們的改變主要落在「生活層面」。

　　相對的，「文化程度較高者」對正式宗教組織的認同程度低，其宗教認同傾向於「個體性」、「超律法性」、「實質性」，屬於「個人型認同」。當

---

121 弘一，〈題陳師曾畫「荷花小幅」〉，收於：林子青，《弘一大師新譜》，頁135。

遇到心靈危機時，他們往往從宗教書籍中尋求真理與智慧，以求自我指導，與自我和解。他們的宗教認同過程充滿徬徨掙扎，需時長達五至十餘年，而一旦被教義本身說服而皈依，他們的改變就不只是在生活層面，也體現在個性、思想等生命層面[122]。弘一即是屬於後者。

　　弘一初入佛門，立即刻苦修行。他摒退家人[123]，息絕藝事，刺血寫經，燃臂供佛，終日禮佛、念佛、拜經、閱經、誦經、誦咒，每日餘暇不足一小時。他又閉關用功，誓證念佛三昧，因為「出家人生死事大，未敢放逸安居也」[124]。只是，過度勇猛精進，重法輕身，反而使印光大師寫信勸他不可操之過急：「汝太過細，每有不須認真，猶不肯不認真處」[125]。印光認為：刺血寫經，恐血耗神衰，反為障礙；躁妄求感通，妨礙專心精一，亦於修道不利[126]。不過，弘一用功之勤，於此可見一斑。

　　弔詭的是：弘一求道殷切，故而離開世俗；只是事與願違，他進入佛門之後，煩惱依舊深重。這是因為：出家為僧，並非離開世間──他只是

122　梁麗萍，《中國人的宗教心理》（北京：社科文獻，2004），頁194，200-201，216，219。

123　李叔同自往杭州任教之後，一去三十年，至死也沒有回到天津探視家人。他出家後，凡遇俗家來信，輒託人於信封後批註：「該人業已他往」，再原件退回。自謂：「既經出家，便應作己死想。倘若拆閱，見家有吉慶事，恐萌愛心；有不祥事，易引掛懷，不若退還為是。」他出家數年後，其妻一度尋至杭州，與友人結伴見到弘一。而弘一始終不主動發一言，不抬眼注視對方，辭別時亦不稍一回顧，其妻大哭而歸。見：袁希濂，〈余與大師之關係〉；陳祖經，〈弘一大師在溫州〉；李端，〈家事瑣記〉。皆收於：余涉編，《漫憶李叔同》頁6，188，292。

124　〈弘一致楊白民書(13)〉，收於：全集編委會編，《弘一大師全集》（八），頁87（下）。

125　林子青，《弘一大師新譜》，頁180。

126　林子青，《弘一大師新譜》，頁206-207。

踏出了教育文化界，走入佛教界；脫離了世俗的糾纏，進入佛門的羈絆中。佛經所述淨土，畢竟和現實佛教界──特別是民初的中國佛教界──有一段距離。

　　宋朝以後，佛教不再強調各宗派在義理詮釋上的獨特性，而把重點放在各宗派間的協調，與儒、道思想的融合上；以哲學思辨見長的天台、華嚴為宋明理學所吸收，而禪宗、淨土則因其易行法門而為一般民眾所接受[127]。可是，正由於日益趨於入世，一般僧尼以方便法迎合社會需求，不復嚴格遵守清規戒律，在社會中常成為茶餘飯後的笑柄。明末雖有居士佛教之強調道德實踐，又有雲栖袾宏、紫柏眞可、憨山德清、藕益智旭等四大高僧，主張以戒為綱、眞參實修，但是僧團整體素質長期低落，難以改善。「中國近代佛教復興之父」楊文會居士(1837-1911)就勸人學佛，而不勸人出家，「因出家者雖多，而學佛者甚少也」[128]。用豐子愷的話來說：

初出家的弘一：「一花一葉，孤芳致潔。」

---

127 張華，《楊文會與中國近代佛教思想轉型》（北京：宗教文化，2004），頁15，18。

128 張華，《楊文會與中國近代佛教思想轉型》，頁55。

一般佛寺裡的和尚，其實是另一種奇怪的人，與眞正的佛教毫
無關係。因此世人對佛教誤解，愈弄愈深。和尚大都以念經做
道場爲營業。居士大都想拿佞佛來換得世間名利恭敬，甚或來
生福報。還有一班戀愛失敗、經濟破產、作惡犯罪的人，走投
無路，遁入空門以佛門爲避難所……[129]

杭州地區甚至有一批「馬溜子」(出家流氓)，到處趕齋吃白飯，自暴自棄
無所不爲[130]。莫怪乎弘一剛出家時，朋友(吳稚暉)來信勸阻：「聽到你要
不做人，要做僧去……」[131] 言下之意，彷彿做了僧即不算是人。

　　除了內部綱紀廢弛之外，中國佛教也遭遇西方近代文化猛烈的衝擊，
太平天國、反宗教迷信運動都使佛教面臨生死邊緣。北伐之後，左傾風潮
席捲各地，滅佛驅僧、毀廟興學之議甚囂塵上，佛教勢力更到了存亡關頭，
有些佛學院鬧學潮停課，學僧服裝、行動都不成樣子[132]。

　　弘一對佛教的信仰，大抵上合乎梁麗萍所述「文化程度較高者」之信
仰方式，屬於「個人型認同」，而非「制度型認同」。問題是：他既然選擇
出家爲僧，而非在家修行，就勢必要與佛教組織密切互動，不能自求解脫，
這使得他出家後的心境常受擾動，必須尋求平衡。

　　在這個背景下來看弘一所修的法門──華嚴、律宗、淨土，意味特別
深長。「以華嚴爲境，四分戒律爲行，導歸淨土爲果」[133]，他對佛教的信、

129　豐子愷，〈為青年說弘一法師〉，頁14。
130　弘一，〈我在西湖出家的經過〉，頁18(下)。
131　弘一，〈南閩十年之夢影〉，頁50。
132　印順，《平凡的一生》(新竹：正聞，1994)，頁47。
133　亦幻，〈弘一大師在白湖〉，收於：余涉編，《漫憶李叔同》，頁194。

解，不只反映他所理解的個人生死解脫之道，在某種程度上也折射了他對時代問題的診斷。

19世紀以來，亞洲佛教受到西方文化衝擊，促成東、西方僧人、學者研究南傳巴利語系和北傳梵文佛教典籍，將佛教詮釋爲一種有學術基礎、適合現代理性信仰的思想體系，唯識學也因之再度興起，中國的在家居士楊文會、歐陽竟無均爲其代言人[134]。可是，出家爲僧的弘一所面對的，除了自我的解脫，還有更棘手的僧德敗壞問題；因此他一方面重視教理研究，但另一方面更注重修行實踐。

弘一接受馬一浮的建議，力持戒律，以身作則，以樹立僧人的人格典範。馬氏贈他兩部佛書：《靈峰毗尼事義集要》和《寶華傳戒正範》。他「撥玩周環，悲欣交集，因發學戒之願焉」[135]。因爲：自南宋迄今七百餘年中，法門陵夷，僧寶殆絕，除了扶律，是不足以言振興了[136]！

他從事律宗修行，未必能得到所有人的認同。有人認爲他太過消極，並未大開大闔有所興替，讓佛教界面目一新。他的朋友范寄東不以爲然，爲他辯護，相信弘一修行律宗既能利己，復能利他：

> 師出家時，友生供養之，咸以爲當今僧界多無學，得師參加其中，必能教育僧徒，振興刹宇，而師出家後，犖犖焉以閉關自修爲務，殊不足以饜彼等之奢望。豈知師之出家，真實爲道，爲己半生之放逸多過失也，故力求懺悔以洗濯之，復以僧界不

---

134 張華，《楊文會與中國近代佛教思想轉型》，頁3-13，67。
135 徐正綸，〈弘一大師與馬一浮〉，頁33-34。
136 李芳遠，〈緣起〉，收於：弘一大師，《弘一大師文鈔》（台北：陳慧劍居士，1976），頁6。

振之因在不知戒律也，故深研律藏以弘傳之。此二者乃自利利
他之基本工作也。[137]

就弘一的了解，當時佛教界分為四派：對於「服務社會」的「新派」，他
主張盡力提倡；對於「山林辦道」的「舊派」，也要盡力保護；至於「既
不能服務社會，又不能辦道山林」之僧眾，乃至專作經懺的「應赴」一派，
則有待處置，尤其要在僧人受戒時嚴加限制。北伐後他曾推薦太虛法師、
弘傘法師協助浙江省當局整頓僧眾，因為此二人富於新思想，久負改革僧
眾之宏願[138]。由此可見，他也贊成有人出面大力改革佛教界，只是他本人
才性、悲願別有所在，所以沒有在這一方面著力。

　　為振興律宗，弘一研讀、校勘、註記經典，先學「有部律」，再學「南
山律」，撰寫《四分律比丘戒相表記》等律學著作，並不斷講學弘律。他
一方面像學者一般皓首窮經，對律宗做學術研究，另一方面則是一絲不
苟、身體力行，生活簡單嚴肅到令人吃驚的地步。他僧衲簡樸[139]，赤腳草
履，過午不食，夜不點燈。非佛書不讀，非佛語不語。不任寺中監院、住
持，不收出家徒眾。不接受一般人錢財，只接受友朋供養，而支出項目一
定確實交代。

　　從摯友轉為護法的夏丏尊，見到他素樸鄭重的生活態度，幾乎要流下
歡喜慚愧的淚來。旅館臭蟲、廟裡統艙、粉破蓆子、破舊手巾、鹹苦蔬菜、
徒步走路……，他都安然順受。「在他，世間竟沒有不好的東西，一切都

---

137 范寄東，〈述懷〉，收於：全集編委會編，《弘一大師全集》（十），頁83（下）。
138 〈弘一致浙省當局蔡子民等函〉，見：林子青，《弘一大師新譜》，頁248。
139 他穿過的一件百衲衣，上面有他親自縫補的二百二十四個補靪。見：姜丹書，
　　〈追憶大師〉，頁79（下）。

好。」夏丏尊爲之讚嘆：

> 這是何等的風光啊！宗教上的話且不說，瑣屑的日常生活到此
> 境界，不是所謂生活的藝術化了嗎？……對於一切事物，不爲
> 因襲的成見所縛，都還他一個本來面目，如實觀照領略，這才
> 是眞解脫，眞享樂。[140]

對比於從前不屑不潔，處處講究，現在弘一將身體的欲望降到最低，忍耐力推到極致，而從中得到心靈的解放。他半生對「美」的追求，到此境界，已經沒有美醜的相對。

可是，在他嚴格的自我衡量標準下，他認爲自己連基本的五戒(戒殺、盜、淫、妄、酒)都還不完全，沙彌戒的資格都稱不上，更不用說是比丘戒、菩薩戒[141]。標準懸得如此之高，使他不斷鞭策自己，令人高山仰止，景行行止；但是，這麼一來，也使後學望而生畏、卻步不前，律宗乃如陽春白雪，曲高和寡，後繼無人，殊爲遺憾[142]。

弘一一方面修持最難行的律宗，另一方面卻又修持最易行的「淨土」。他最景仰的當代善知識，即是專奉淨土的印光老法師。或問：何以知識分子出身的弘一，會像一般信眾一樣，相信勤念「南無阿彌陀佛」的效力？——最主要的原因，當是弘一自身強烈的無常感、罪業感，使他迫切

---

140 夏丏尊，〈弘一法師的出家生活〉，收於：廣洽法師輯，《弘一大師逝世十五週年紀念冊》，頁38。

141 弘一，〈律學要略〉，收於：氏著，《弘一大師演講全集》，頁23-24。

142 釋昭慧，〈弘一大師之研律與弘律〉，收於：陳慧劍編，《弘一大師有關人物論文集》，頁368。

渴望以迅捷有效的方式超脫生死。再者，如太虛大師所云：「律為三乘共基，淨為三乘共庇」，戒律是各派都須遵守的基礎，而淨土則為大小乘共同仰望的境界，二者同為全體佛教所共宗[143]，因此，弘一兼修二者，不足為奇。只是，放眼當世，專修淨土者多，修律宗者少，能像弘一這般虔誠奉持律、淨二者的人，更是鳳毛麟角。他在《校刻佛說優婆塞五戒相經箋要‧例言》中寫道：

> 宋靈芝照元律師云：一者入道須有始，二者期心必有終。言有始者，即須受戒，矢志奉持……言其終者，謂歸心淨土，決誓往生也。以五濁惡世、末法之時，惑業深纏，慣習難斷，自無道力，何由修證？

　　學佛者始於受戒，終於歸心淨土，才能首尾一貫，有始有終。這符合一個完美主義者的自我期許，也可說是他為末法濁世提出的修行指南。

　　在〈淨宗問辨〉中，他駁斥一般人對持淨土者的質疑。他主張，修淨土者雖終身持名，但絕不應排斥教理，須於經律論等隨力兼學；而且，淨土宗人也未拋棄世緣，而是士農工商各安其業，隨分修其淨土[144]。對他而言，仰賴他力，念佛生西，意味著人很難純靠自己得救，這其實是謙卑地承認人的有限。希冀往生西方，並非貪戀阿彌陀淨土諸樂，而是因為未證無生法忍，必須當面聆聽佛法，以求開悟：

---

143 印順，〈淨土新論〉，收於：氏著，《淨土與禪》（新竹：正聞，1992），頁1。
144 　弘一，〈淨宗問辨〉，收於：氏著，《李叔同說佛》（台北：八方，2005），頁130。

> 吾人專修淨業，不必如彼禪教中人，專恃己力，作意求破我執。
> 若一心念佛，獲證三昧，我執自爾消除……若現身三昧未成，
> 生品不高，當來見佛聞法時，見惑即斷。但得見彌陀，何愁不
> 開悟？[145]

他認為，「愈是利根人，愈須用笨拙之工夫」，腳踏實地，不求玄妙，不求速效，如愚夫愚婦之用功形式做去[146]。因此，他不僅自己念佛(包括觀想與持名)，勸人念佛，所撰多篇法師、居士傳略中，也經常強調：由於臨終念佛，亡者死後多時，頂門猶溫，「往生極樂，蓋無可疑」[147]。

如果說，修「淨土」是為了通往佛國，那麼「華嚴」則說明了佛陀境界何在，為什麼佛國值得嚮往。弘一遍覽《華嚴》各家疏著義解，整理《華嚴疏鈔》，以〈華嚴經讀誦研習次第〉指引初學者，還編寫《華嚴集聯三百》，遍書《華嚴》經偈，留下不下二萬幅書法作品。「不為自己求安樂，但願眾生得離苦」，就是他最常寫的一聯[148]。

長期研究弘一大師的陳慧劍居士指出，《華嚴經》將佛家從佛陀入滅以後所建立的出世理論，組織成一個完整的體系，說明成佛的途徑與拯救世間的手段；而淨土思想，在這龐大體系中，尤其占據突出的位置。華嚴世界充滿「美」的想像，充滿彩筆難以言宣的境界，如〈賢首品〉所呈現

145　林子青，《弘一大師新譜》，頁233。
146　〈弘一與弟子胡宅梵書〉，收於：全集編委會編，《弘一大師全集》（八），頁215(下)。
147　弘一大師，《弘一大師文鈔》，頁107，110，111，112，115。
148　陳慧劍，〈弘一大師華嚴思想脈絡之尋繹〉，收於：氏著，《弘一大師論》，頁97，141。

的「念佛三昧」、「華嚴三昧」、「海印三昧」，即是如此[149]。 哲學家方東美
也認爲，《華嚴》有詩的奇想，能攝取具有哲學智慧的高級知識分子，兼
具極高的藝術價值、道德價值與眞理價值[150]。也許就是它所呈現的盡善盡
美，吸引了弘一？

不過，筆者推測，華嚴吸引弘一之處，在於它和淨土可以互通。他之
念佛，不只是持佛號，更虔誦《華嚴經》。〈普賢行願品〉提出普賢十大願
──禮敬諸佛、稱讚如來、廣修供養、懺悔業障、隨喜功德、請轉法輪、
請佛住世、常隨佛學、恆順眾生、普皆回向──尤爲其所重。弘一認爲〈普
賢行願品〉爲《華嚴》關鍵，修行樞機，文約義豐，功德高廣，他本人曾
實際領受念誦該經的妙用：

> 今春病瘧，熱如火焚，連誦〈普賢行願品偈贊〉，略無間斷，
> 一心生西，境界廓然，正不知有山河大地，有物我也……[151]

所以他主張：

> 修淨土法門者，固應誦《阿彌陀經》，常念佛名；然亦可以讀
> 誦〈普賢行願品〉，回向往生。經中最勝者《華嚴經》，《華
> 嚴經》之大旨，不出〈普賢行願品〉第四十卷之外。此經中説，
> 誦此普賢願王者，能獲種種利益，臨命終時，此願不離，引導
> 往生極樂世界，乃至成佛。故修淨土法門者，常讀誦此〈普賢

---

149 陳慧劍，〈弘一大師華嚴思想脈絡之尋繹〉，頁119，142，166。
150 方東美，《華嚴宗哲學》（上）（台北：黎明，2004），頁170。
151 林子青，《弘一大師新譜》，頁290。

行願品〉，最爲適宜也。[152]

不論是《阿彌陀經》或〈普賢行願品〉，二者均指向一個理想世界，和到達此一理想世界的具體修行法門。我們或許可以說，對「淨土」的衷心嚮往，形塑了他對「華嚴」的理解。

但是在另一方面，對「華嚴」的深刻體悟，也有可能滲透到他的「淨土」信仰中，使得他大大提升了「淨土」的境界。除了〈普賢行願品〉之外，也被他列入日課的〈淨行品〉，宣示了菩薩念念不忘利益眾生的廣大悲願。不分在家出家，菩薩語默動靜、行住坐臥、著衣吃飯，心心念念都掛記著要幫助眾生「出生死海，具眾善法」：

> 見歡樂人，當願眾生，常得安樂，樂供養佛。
> 見苦惱人，當願眾生，獲根本智，滅除眾苦。
> 見無病人，當願眾生，入真實慧，永無病惱。
> 見疾病人，當願眾生，知身空寂，離乖諍法。[153]

方東美先生曾如是闡釋「華嚴宗哲學」：佛與眾生是一個生命的兩面。一個人如果成了佛，只耽沉在佛的莊嚴世界，而無視於眾生的死活，不去救他們，這樣，世間便永遠不會有佛。因此，除了「回向菩提」、努力成佛之外，還要「回向人間」，在成佛之後回到世間，與苦難眾生爲伍，入地獄、入火宅、入亂世，救度一切有情[154]。

---

152 弘一，〈淨土法門大意〉，收於：氏著，《李叔同說佛》，頁126-127。
153 夢參老和尚主講，《華嚴經淨行品》（台中：方廣文化，2000），頁12-13，16-17。
154 方東美，《華嚴宗哲學》（上），頁111-112；陳慧劍，〈弘一大師華嚴思想脈絡

這一點，必定大大開拓了弘一的生命境界。年輕時爲國事奔走，他本有「度群生哪惜心肝剖」的壯志。而後來心灰意冷，決意不再過問政治，出家以了個人生死。但《華嚴》的教誨點醒了「自了漢」的局限，他再度嚮往菩薩悲天憫人的大願。他說：

> 佛法以大菩提心爲主。菩提心者，即是利益眾生之心。故信佛法者，須常抱積極之大悲心，發救濟一切眾生之大願……若專修淨土法門者，尤應先發大菩提心。否則他人謂佛法是消極的、厭世的、送死的。若發此心者，自無此誤會。[155]

所謂「大菩提心」，是誓願「代眾生受苦」；不只今生今世，不限眼前世界，而是盡不可說不可說之久遠未來，不可說不可說之一切世界，凡眾生所造惡業所受之苦，均願以一人一肩之力完全負擔，不悔、不怯、不厭，歡喜承當。至於做慈善事業，本是人類所應爲者，更何況是佛教徒？專修念佛者更應戮力從事，不只是作爲生西資糧，更能彰顯佛教之積極救世精神[156]。

總而言之，佛陀智慧解答了李叔同自幼及長的種種生命困惑。身爲感受敏銳的藝術家，李叔同的大惑正在於自我過於強烈。佛家點出空性，去除我執，對他正是對症下藥。以「空」破除我執之後，可以發現人生的「苦」也只是幻化：

（續）────────────────
　　之尋繹〉，頁159-162。
155 弘一，〈佛法大意〉，收於：氏著，《弘一大師演講全集》，頁63-64。
156 弘一，〈淨土法門大意〉，頁125-126。

　　既執五陰假合之身心妄謂是我，實此我故，即因此而心起貪瞋
　　痴三毒之煩惱……由煩惱而造業，由造業而感報，於其感報所
　　受之五陰身心還執為我，仍起貪瞋痴三毒而造業受報，如是世
　　世生生，輪轉不絕，所謂人生之黑幕，不過如此而已。[157]

　「諸行無常，諸法無我」，既然「我」是虛妄無常，那麼「我」所貪戀執
著、乃至所害怕失去的一切，也都沒有太大意義了。而對治「我執」的「無
我」精神，正是放空自己、利益眾生的開始。

　　從「自我觀」的角度來看，弘一的心路歷程和俗界知識分子有詭異的
同與不同。1930年代，「救亡」壓倒「啟蒙」，五四浪漫文人有感於個人主
義、感傷主義與愛情至上觀念無補時艱，轉而投入另一種「浪漫」事業——
——社會主義革命[158]，心甘情願任由「小我」被「大我」淹沒。五四時代所
標榜的個人權利、個性自由、個體尊嚴，都在反帝革命鬥爭中，馴服於鋼
鐵的紀律、統一的意志和集體的力量之下[159]。

　　相反地，弘一為了個人生死而走入佛門，這似乎是一個「個人主義」
式的抉擇；然而大乘佛教的薰陶，終究使他要行菩薩道，不能只做自了漢。
如此一來，前者企圖從政治層面救國，而弘一則抱著宗教情懷濟世，而其
結果都是「自我」的縮減或消解。

---

157 弘一，〈佛說八大人覺經釋要〉，收於：蓮因寺編，《弘一大師集·佛學篇》（南
　　投：蓮因寺，1994），頁218。
158 Leo Ou-fan Lee, *The Romantic Generation of Modern Chinese Writers*, pp.
　　271-273.
159 李澤厚，〈啟蒙與救亡的雙重變奏〉，收於：氏著，《中國現代思想史論》，頁31。

但是,「吾人辦道,能伏我執,已甚不易,何況斷除」[160];要與實際生活對照,才知弘一每一體悟,都銘心刻骨,都是與自己習性及外在環境艱苦奮鬥的結果。

六、世間修行:自利利他,律己律人

弘一主要的煩惱是在人我關係的處理上。

出家前,弘一對佛教界情形不可能一無所知。但是實際進入佛門後,他所遭遇的挑戰恐怕超出原先的預期,而這個心理衝擊也反映在他的書法上。根據書法家杜忠誥的研究,弘一出家初期(39歲至48歲)的書法,由平正而追求險絕,變動性最大,最焦躁不安。筆畫變細,鋒勢怒張,缺乏原有的渾淪靜穆之氣。不管用筆或結體,都浮躁而不協調。他推測,這和弘一剛出家未久,一切都未就緒,心情還得不到真正的安寧不無關係[161]。

僧臘二十四年中,他經常受到「名聞利養」的騷擾。習慣學者生活的他,希望埋名遁世,清靜修行,但慕名來訪者絡繹不絕,令他非常困擾。為此他四處飄泊,雲水棲止的寺院多達六十座以上,分布於浙江、江西、山東、福建各省[162]。正所謂:「一池荷葉衣無盡,半畝松花食有餘。住久故應人

---

160 〈弘一覆鄧寒香書〉,收於:林子青,《弘一大師新譜》,頁232。

161 杜忠誥,〈弘一大師書藝管窺〉,頁459-460。

162 沈繼生,〈弘一法師駐錫寺院簡介〉,收於:全集編委會編,《弘一大師全集》(十),頁254-292。弘一四處漂泊的原因,最初可能是避免家人來尋找。後來之所以繼續雲水各地,可能是因為:第一,「浮屠不三宿桑下,不欲久生恩愛」;第二,想到各寺院閱讀藏經;第三,避免慕名者干擾修行。此外,習於獨來獨往、讀經寫字的弘一,也許不太能接受在一地長住下來的僧人團體生活,以及所要分擔的叢林職事,如知客、維那、香燈、典座、飯頭、菜頭……等。這或

知處，又移茅舍入深居。」[163]

46歲在城下寮閉關時，溫州地方長官屢次求見，廟裡方丈不敢得罪，請弘一配合。弘一幾乎動怒，繼而合掌垂淚：

> 師父慈悲，師父慈悲。弟子出家，非謀衣食，純爲了生死大事。
> 妻子亦均拋棄，況朋友乎？乞婉言告以抱病不見客可也。[164]

方丈只得作罷。另外一次，他則以「爲僧只合居山谷，國士筵中甚不宜」一偈，辭卻要人邀宴，令地方政要大爲不快[165]。許多出家人以結交權貴自豪，他卻避之惟恐不及，因爲：「名聞與利養，愚人所愛樂。能損害善法，如劍斷人頭」[166]。

為了避免盛名之累，青島湛山寺的僧人夢參花了半年時間請他說法，他以身體不好爲由婉拒。直到對方提出《梵網經》「請法不說，犯戒」之說，他才不得不答應[167]。但即使接受了講律的邀請，他也要求：不爲人師、不開歡迎會、不登報吹噓[168]。在湛山寺時，在廟裡院子和人相遇，他往往很快躲開，避免和人見面談話，令人感到難以親近。要離寺時，又提出條件：不許預備盤川錢，不許備齋餞行，不許派人送，不許規定或詢問何時再來，甚至不許走後彼此通信。一方面顯得寡情，另一方面卻又無限深情：

(續)───────────────
　　許也是他很少在一地長住的原因之一。
163 蔡丙因，〈弘一法師之別署〉，頁97(下)。
164 林子青，《弘一大師新譜》，頁235。
165 林子青，《弘一大師新譜》，頁380。
166 弘一大師，《弘一大師文鈔》，頁128。
167 夢參老和尚講述，《華嚴經普賢行願品》(台北：方廣，2005)，頁28-29。
168 林子青，《弘一大師新譜》，頁370。

臨走前他不但爲照顧他的侍者特別書寫精美經文，又爲每一位同學寫「以戒爲師」的小中堂，以爲紀念，以眞摯沉靜的語氣，和大家相約西方極樂世界再見[169]。

事務繁忙，經常要應付演講、飯局、求見、求字、邀稿、通信……，妨礙修行，使他心緒不佳，每每有埋名遁世、以終天年的念頭，「實不能久墮此名聞利養窟中，以辜負出家之本志也。」[170] 可是，一旦掩關自修，他又感到內疚。「初始出家，未有所解，急宜息諸緣務，先辦己躬下事」[171]，爲此拒人於千里之外，還說得過去。可是一兩年之後，他又覺得：大乘之人，須發菩提心，自利利他，「未可獨善一身，偏趣寂滅」[172]。於是他又往往主動提筆寫佛經、偈語，甚或到閩南各地說法，與眾生結緣。

只不過，一段時日後，他又自感「人之患在好爲人師」，自責在做「冒牌交易」，要將「老法師、法師、大師、律師」等尊號取消，閉門思過，專心讀律，數載後再與眾人商榷[173]。只是在閉關時期，他又要提醒自己：「庵門常掩，勿忘世上苦人多」[174]。如是一而再、再而三的反覆，顯示了他孤僻個性與利他理想之間的拉鋸。

最讓弘一感到煎熬的，是佛教界之沉疴難返。品行道德理應在俗家人

---

169 倓虛，〈弘一律師在湛山〉，頁124，129。關於弘一法師習於離群索居、不願他人接近的情形，參見：〈夢參老和尚談親近倓虛老法師、慈舟老法師、弘一老法師、和虛雲老和尚的經驗〉（http://www.fangoan.com.tw/readonline/readonline_s3.htm，2008/5/10）。

170 林子青，《弘一大師新譜》，頁373。

171 林子青，《弘一大師新譜》，頁188。

172 林子青，《弘一大師新譜》，頁222。

173 林子青，《弘一大師新譜》，頁360。

174 林子青，《弘一大師新譜》，頁322。

之上的「僧寶」，不但修養不如俗家人，而且「十分的不如」，使外人輕慢
鄙視，令他痛心疾首。他認為這是因為出家人並未眞正深信善惡因果報
應，才會如此隨便[175]。當時的風氣，年輕僧人盛倡學問、不尙操履，也是
僧人道德墮落的原因之一[176]。

　　他向年輕法師開示〈祭顓愚大師爪髮衣缽塔文〉，談到前人風範，「尚
質樸，絀虛文，不肯苟合時宜。註經論，贊戒律，不肯懸羊頭而賣狗脂。
甘淡泊，受枯寂，不肯受叢席桎梏而掣其羈縻」，寄慨時弊，幾乎流涕[177]。
他訓示佛教青年要「惜福、習勞、持戒、自尊」，又提出蓮池大師《緇門
崇行錄》中的「清素、嚴正、高尚、艱苦」，期待僧人身體力行[178]。讀到
見月律師《一夢漫言》，更有如遇到了異代知己，臥床追憶，淚落不止。

　　見月律師生於明末清初(1601-1679)，早年喜好遊歷，善於繪畫，壯
年出家懺悔，由道轉僧，求戒參訪，雲水四方，歷經艱苦，最後主持寶華
山隆昌寺，以振興律制為己任，雖得罪師友、施主亦在所不惜。他立下十
條規約：不披剃一人以杜房頭之患、不私蓄錢財養老、不安化主不散緣簿、
方丈不設小灶、檀越布施一切歸公、傳戒不收費、不聚談是非、不送禮慶
弔俗家喜喪、上下一同出坡勞動、衣著守制過午不食。在末法時代，見月
律師處處以身作則，使隆昌寺成為「天下第一戒壇」，對振興律宗影響甚
大。弘一為此感嘆：

---

175 弘一，〈南閩十年之夢影〉，頁50-51。

176 林子青，《弘一大師新譜》，頁326，373。

177 釋性常，〈親近弘一大師之回憶〉，收於：全集編委會編，《弘一大師全集》(十)，
　　頁(55)下。

178 弘一，〈青年佛徒應注意的四項〉，頁34；林子青，《弘一大師新譜》，頁339。

師一生接人行事，皆威勝於恩。或有疑其嚴厲太過，不近人情者。然末世善知識多無剛骨，同流合污，猶謂權巧方便，慈悲順俗，以自文飾。此書所述師之言行，正是對症良藥也。儒者云：「聞伯夷之風者，頑夫廉，懦夫有立志。」余於師亦云然。[179]

　　只是，弘一以嚴格的律己標準來律人，必然造成「水至清無魚、人至察無徒」的結果。他閒雲野鶴的個性，也使他難以推動組織性的僧人教育。1931年亦幻法師發起創辦「南山律學院」，請弘一到浙江慈谿五磊寺弘律，然而因為財務問題──或云五磊寺不願長期負擔律學院費用，或云該寺棲蓮和尚欲藉機募款[180]──，沒有辦成[181]。

　　此事不成，五磊寺固然要負較大責任，但弘一之孤僻個性亦難辭其咎：他與棲蓮和尚訂立契約，要求他可以自由告假外出，一切事務聽他指揮，造出僧材後與律學院脫離關係，有不如意事他隨時可以辭職……，種種條件實令共事者為難[182]。後來律學院未辦成，使弘一深受打擊，一月未能成眠，無法讀經念佛[183]。

　　次年他放棄大規模的事業，不欲聚集多眾，而到白湖金仙寺採取小班教學。但是「南山律」只講十五日，講座所定章程被其三改四削，竟至變為函授性質，乃至中輟。他對學生的要求也不近情理：禁看書籍報章，大

179　林子青，《弘一大師新譜》，頁335。
180　陳星，《芳草碧連天──弘一大師傳》（台北：業強，1994），頁163-264。
181　林子青，《弘一大師新譜》，頁292。
182　林子青，《弘一大師新譜》，頁291。
183　林子青，《弘一大師新譜》，頁292。

小便須向他告假；教授訓詁疏解，不許學生查看經文原典。受業的亦幻對
此頗有微辭：他認為弘一是一時熱情衝動來還願，在教育上無多大意義；
每天講律，對於習於獨來獨往的弘一似乎太過累贅。但是，弘一耐心為他
做個別講解，仍令他感激難忘[184]。

　　對於這些不愉快，弘一事後深自懺悔。他譴責自己：「自命知律，輕評
時弊，專說人非，大言不慚，罔知自省。」[185]他在1937年遠赴青島湛山寺
弘法，向大眾開示：戒律之要在於「律己」，而非「律人」。凡學生犯錯，
他以「不吃飯」自我懲罰，恨自己的德行不足以化人[186]。1941年他手書蕅
益大師警訓贈傳淨法師：「專求己過，不責人非。步趨先聖先賢，不隨時
流上下」。他又親自看護生病的青年比丘愴痕，勉勵他放下一切，努力念
佛，「以冰霜之操自勵，以穹窿之量容人」[187]。從「律己律人，一律從嚴」，
轉為「嚴以律己，寬以待人」，這裡有他絕大的克己工夫。

　　出家二十年後，他給人的感覺仍是一個「清」字：「面形清瘦，神情
持重，雖然在微笑，卻有一種自然的威儀，把身體也襯得很高很高。目光
清澈，那是淨化後的秋水澄潭，一眼到底，毫無矯飾。」[188] 而在晚年，
見過他的人發現他愈來愈慈祥，對兒童、勞動者尤其如此。他的書法風格
也變得恬靜沖逸，「如一堂謙恭溫良的君子，不亢不卑，和顏悅色，在那
裡從容論道」[189]。老學生石有紀(劍痕)在1942年拜訪大師，留下這樣的印

---

184 亦幻，〈弘一大師在白湖〉，頁197-200。
185 林子青，《弘一大師新譜》，頁360。
186 倓虛，〈弘一律師在湛山〉，頁126。
187 林子青，《弘一大師新譜》，頁436。
188 錢君匋，〈憶弘一大師〉，收於：余涉編，《漫憶李叔同》，頁168。
189 葉聖陶，〈弘一法師的書法〉，收於：全集編委會編，《弘一大師全集》（十），
　　頁137。

象：

> 我覺得他是多才、多藝、和藹、慈悲、克己謙恭、莊嚴肅穆、
> 整潔寧靜。他是人間的才子，現在的彌陀。他雖然避世絕俗，
> 而無處不近人情。[190]

好一個「無處不近人情」！對弘一而言，這是多麼得來不易。直到晚年，他才找到與自己、與世界和平相處的方式。「夕陽憐芳草，人間愛晚晴」，

晚年的弘一：「華枝春滿，天心月圓。」

他對「晚晴老人」這個稱號特別偏好。只是，這個得來不易的境界，「猶如夕陽，殷紅絢彩，隨即西沉」[191]，成爲人間絕響。

值得注意的是：在弘一面對出家後諸多挑戰時，儒家訓誨發揮了重要的支持力量。在個人生死、宇宙實相的問題上，他相信佛教的答案。但出家前後都必須面對的群己、修身問題，則仍要仰賴在俗時所汲取之儒家(以及某些道家)養分。

1933年，他談到自己五十年來的修省改過經驗，提出「學」「省」「改」三個改過次第，又舉出自己改過遷善的項目：虛心、愼獨、寬厚、吃虧、寡言、不說人過、

---

190 劍痕，〈懷弘一法師〉，收於：全集編委會編，《弘一大師全集》(十)，頁58(下)。
191 夏丏尊，〈懷晚晴老人〉，收於：廣洽法師輯，《弘一大師逝世十五週年紀念冊》，頁43。

不文己過……，這些德目大都出於儒學教誨。

何以他要標舉儒學？

> 因談玄說妙修證次第，自以佛書最爲詳盡。而我等初學之人，
> 持躬敦品、處世接物等法，雖佛書中亦有說者，但儒書所說，
> 尤爲明白詳盡適於初學。[192]

換言之，雖然佛學在出世間法上獨擅勝場，但論及立身處世、待人接物之世間修養，還是要仰賴儒家智慧。當然，爲免無始宿業使人屢改屢犯，在克己復禮之際，更須常持菩薩名號，誠敬懺悔始可。如是才能儒釋兼修，「現生邁入聖賢之域，命終往生極樂之邦」。

1933年他向性願法師建議幼年僧眾的教育方法，20歲以下者以學勸善及闡明因果報應之書爲主，兼淨土宗大意。除此以外，他還主張選讀四書，《論語》尤須全讀、先讀。「二年之中，如此教授，可以養成世間君子之資格。既有此根基，然後再廣學出世之法，則有次第可循矣。」[193] 不僅學佛者要以儒學爲在世間行走的根基，文藝工作者也要將人格的修養置於藝術創作之上。他一而再、再而三地重申：「士應文藝以人傳，不應人以文藝傳」，「士先器識而後文藝，殆見道之言耳」[194]。

他喜歡讀《格言聯璧》，從中以可以看出他對儒家的肯定：

> 余童年恆覽是書，三十以後，稍知修養，亦奉是爲圭臬。今離

---

192 弘一，〈改過實驗談〉，收於：氏著，《弘一大師演講全集》，頁9-10。

193 林子青，《弘一大師新譜》，頁317。

194 林子青，《弘一大師新譜》，頁423，445。

俗已二十一載，偶披此卷，如飲甘露，深沁心脾，百讀不厭也。
或疑「齊家」「從政」二門，與出家人不相涉；然整頓常住，
訓導法眷，任職叢林，方便接引，若取資於此二門，善為變通
應用，其所獲之利益，正無限也。[195]

他認為，不只個人立身可以從該書取資，要整頓佛門，亦可以參照儒家「齊家」「從政」之道。年輕時的「內聖」「外王」理念，從俗界移向僧界，再度浮現。

他從《格言聯璧》中摘抄佳句，寫成《格言別錄》，內容特重恕道，似乎是提醒自己對人多留餘地，以矯正狷介孤高的偏執：

處事須留餘地，責善切戒盡言。

論人須帶三分渾厚，非直遠禍，亦以留人掩蓋之路，觸人悔悟
之機，養人體面之餘，猶天地含蓄之氣也。

律己宜帶秋氣，處世須帶春氣。

自家有好處，要掩藏幾分，這是涵育以養深。別人不好處，要
掩藏幾分，這是渾厚以養大……[196]

去世那一年，他寫下遺訓，是為他平生不敢忘懷的《論語》曾子有疾章：「啟予足！啟予手！《詩》云：戰戰兢兢，如臨深淵，如履薄冰。而今而後，吾知免夫，小子」[197]，可見儒家的影響持續到他生命的盡頭。

---

195 林子青，《弘一大師新譜》，頁415。
196 弘一，〈格言別錄〉，收於：全集編委會編，《弘一大師全集》（八），頁54-58。
197 林子青，《弘一大師新譜》，頁453。

　　儒家提供的不僅是待人處世的修養，更是積極入世的精神，而這一點和大乘佛教異曲同工。在〈關於佛教的誤解〉的演說中，弘一重新詮釋佛教教義、制度、儀式，其中既蘊含華嚴「回向人間」的深意，又可說富有儒家「人文化成」的精神。他表示，佛教說「人生是苦」，但並不消極；人生固然因無常而苦，但可修學佛法，成就「常樂我淨」、圓滿人生。佛教講「出世」，並非逃避現實，而是在此世間修行，超越三世因果。至於「出家」，此乃是大丈夫所爲，要眞切發心，精進勇猛，否則寧可在家修行。

　　值得玩味的是，中年的他執意出家，而晚年的他卻認爲，不論在家出家，都可以修行了生死。二者差別在於：出家者免去家庭與其他工作負擔，才可以專心弘揚佛法，成爲「宗教師」，從事廣義而崇高的教育工作[198]。我們似乎可以說，最終他也走向了「人間佛教」，與佛教改革者太虛法師等人殊途同歸。從儒家到佛教，在另一個場域裡，他還是在「獨善其身」之餘力圖「兼善天下」。

　　根據宗教社會學者周凱蒂的研究，在中國／台灣文化脈絡中，「改宗」往往是一個漸進的過程，不像基督宗教那般出現突然、戲劇化的轉向。此外，中國／台灣信徒接受新信仰，通常是在原本世界觀上添加新的元素，而比較不會有新舊信仰彼此互斥的情形。徵諸李叔同／弘一的信仰歷程，可謂若合符節。他的「改宗」並非全然揮別故我，而是生命經驗的積澱和昇華。

　　儒、佛既然可以融合互補，基督教當然可以被包容。他早年詩歌〈男兒〉即有「孔佛耶回精誼，道無陂歧」之語，在閩南弘法時，他對基督徒

---

198 弘一，〈關於對佛教的誤解〉，收於：氏著，《李叔同解經》（台北：八方，2007），頁134-139。此篇演說成於何時，尚有待查證。

亦一體接納，毫無宗教異己之見。讀到基督徒謝頌羔所著《理想中人》，他真誠地讚美此書作者可敬，作品有益[199]。他的侍者傳貫曾經阻攔基督徒求見，弘一命其登門謝罪，並贈對方手書條幅及《華嚴經》[200]。年輕的天主教徒劉梅生在南普陀寺和他相識，弘一沒有說一句佛教的好，或天主教的不好，只說「信天主教、基督教什麼都好，但要真誠信仰」。相對地，當劉氏聯絡某法師到僑居地說法時，當地神父的反應卻是：「你會墮地獄！……」[201]

宗教畛域可以泯除，國族界域又如何？青少年時期他為了國家興亡熱血沸騰，在師範任教時依然響應愛用國貨運動，不只不穿洋服，連外國製的鬆緊帶也不用。出家之後，為了寫經，他請豐子愷為他買英製朱砂，特別說明：此雖洋貨，但為宗教文化，不妨採用。因此，豐子愷特別稱道他的愛國主義精神[202]。

事實上，民國以降日本逐漸取代英國，成為中國最大外患，但為了弘法，弘一與日本佛教界頗有往還。他曾透過在上海經營內山書店的日人內山完造，向日本購求佛經[203]。他也多次贈書日本佛教界人士。以弘一絜淨精微的個性和他的留日背景，他對日本文化有好感是可以理解的。1928至1930年間，他曾委託內山，將《華嚴經疏論纂要》、《四分律比丘戒相表記》等書轉送日本寺院僧眾，原因是：「在中國恐怕不能長久保存，不如送到

199　豐子愷，〈緣〉，收於：余涉編，《漫憶李叔同》，頁102。
200　莊連福，〈光明磊落，海涵山容〉，收於：余涉編，《漫憶李叔同》，頁215-217。
201　覺生，〈弘一大師與我〉，收於：余涉編，《漫憶李叔同》，頁241。
202　豐子愷，〈李叔同先生的愛國精神〉，收於：余涉編，《漫憶李叔同》，頁76。
203　內山完造，〈弘一律師〉，頁61。

日本去。」[204]

　　1928年他與豐子愷、李圓淨等合作繪、寫《護生畫集》，曾交代：在國內流通的版本，可用日本連史紙印刷即可，若欲贈送日本人士，則須用中國舊式極雅致之紙料精工印刷，非再花半年以上之力加工，才能編纂完美，否則將貽笑鄰邦[205]。但他也知此事不能張揚，「因現在常人對於日本國人甚有惡感，盡力排斥，今聞此舉，恐生譏評，故以不宣布為宜也。」[206]

　　中日開戰，他自然也難倖免於戰禍，曾手書「殉教」橫幅以明志[207]。在炮火喧天的上海，他去找夏丏尊，看到夏氏憂愁困頓的情形，他以《金剛經》四句偈安慰老友：「一切有為法，如夢幻泡影，如露亦如電，應作如是觀」；「世間一切，本來都是假的，不可認真。」在炮彈狂炸中，夏丏尊幾乎坐不住，而他則如如不動，默聲念佛[208]。

　　七七事變後，他曾於當食之頃流淚，謂其弟子曰：

> 吾人所吃的是中華之粟，所飲的是溫陵之水，身為佛子，於此
> 之時，不能共紓國難於萬一，為釋迦如來張點體面，自揣不如
> 一隻狗子，狗子尚能為主守門，吾人一無所用，而猶靦顏受食，
> 能無愧於心乎！[209]

---

204 內山完造，〈弘一律師〉，頁58。

205 〈致豐子愷及李圓淨書〉，收於：錢君匋主編，《弘一大師文稿》，頁269-284。

206 〈致李圓淨書〉，收於：錢君匋主編，《弘一大師文稿》，頁282。

207 林子青，《弘一大師新譜》，頁372。

208 夏丏尊，〈懷晚晴老人〉，頁43。

209 葉青眼，〈千江印月集〉，頁87。

爲此他囑咐緇素弟子共同讀誦〈行願品〉十萬遍，回向國難消除，民眾安樂[210]。但另一方面，他也承認，國難方殷，人多發心歸於佛法，使得他弘法順利[211]。1941年，他寫下「念佛不忘救國，救國必須念佛」警語，而重點實爲「念佛」：

> 佛者覺也。覺了眞理，乃能誓捨身命，犧牲一切，勇猛精進，救護國家。是故救國必須念佛。[212]

在民族主義高漲的20世紀中國，任何超越民族主義的訴求都會遭到譴責。也許正是因爲如此，使得豐子愷在反右運動的1957年要強調老師的「愛國主義」？今天看來，弘一對於「眾生」──而不只是人，不只是國家──的存在問題的關切，更值得玩味思索。

七、病、老、死

克服了自己的個性，現在弘一要面對的是死亡。死亡對他曾是無常的化身，如今則變爲走入另一個世界的儀式。而那個世界是否比今生今世美好，要看他平常的修行準備得夠不夠充分，特別是在最後一刻是否符合要求。因此，我們看到了一次又一次的「排練」，一次又一次的死亡預演。但是，正因爲他把死亡看得太認眞鄭重了，以致似乎又成爲另一種執著。

自從患了肺結核之後，他便預期死亡隨時來臨。37歲，因爲算命先生

---

210 林子青，《弘一大師新譜》，頁391。
211 〈致夏丏尊書(76)〉，收於：全集編委會編，《弘一大師全集》(八)，頁136(下)。
212 林子青，《弘一大師新譜》，頁443。

說他該年有大厄，他便自刻一章曰「丙辰息翁歸寂之年」[213]。38歲時，他預估餘壽約爲十年，更趕緊發心修行[214]。

因爲對這個問題的在意，使他出家二年後就發現了宋元以來湮沒不傳的《佛說無常經》。經中數說老、病、死之不可愛、不光澤、不可念、不稱意，誦之可令人痛念無常，了知苦、空、無我，精進嚮道。此外，經中記述比丘臨終、火化等細節甚詳，他請人付印流通，特別希望修淨土者能夠詳覽[215]。

> 生逢末法，去聖時遙；佛世芳規，末由承奉。幸有遺經，可資誦諷。每當日落黃昏，暮色蒼茫，吭聲哀吟，諷是經偈。逝多林山，窣堵波畔，流風遺俗，彷彿遇之……[216]

這部經典，就成爲他面對死亡的重要憑藉。

53歲時他曾整理心得，爲念佛會演講「人生之最後」，詳述病重、臨終、命終後一日、薦亡、發起臨終助念會等注意事項。因爲：

> 「我見他人死，我心熱如火，不是熱他人，看看輪到我」。人生最後一段大事，豈可須臾忘耶！[217]

---

213 林子青，《弘一大師新譜》，頁138。
214 〈致劉質平書(6)〉，收於：全集編委會編，《弘一大師全集》(八)，頁94(上)。
215 林子青，《弘一大師新譜》，頁171，175-179。
216 弘一，〈「佛說無常經」敘〉，收於：氏著，《李叔同解經》，頁159。
217 弘一，〈人生之最後〉，收於：氏著，《弘一大師演講全集》，頁1-8。

如何心平氣和、胸有成竹地面對病、老、死，可謂盤據了他的整個出家生活。

　　他的肺結核逐漸鈣化，威脅性降低[218]，但神經衰弱的問題一直沒有好轉。體質羸弱兼以生活刻苦，他經常大病[219]，因而也不斷準備後事。43歲患痢疾，他說：「小病從醫，大病從死。今是大病，從他死好」，要求人臨終助念，斷氣六小時後，以臥被裹纏，送投江心，與水族結緣[220]。45歲他留下遺囑給劉質平，不許死後有人爲他開追悼會、建塔，但請求將他出家後最重要的著作《四分律比丘戒相表記》印二千冊贈人[221]。50歲時因舟車勞頓，喉痛、發燒、咳嗽、頭昏，又令他「深感娑婆之苦，欲早命終往生西方耳」[222]。

　　51歲時他在廈門承天寺居住，寺中駐兵五百餘人，在他居室附近放槍、吹喇叭、做體操、唱歌，驚恐擾亂，晝夜不寧。不久他往溫州途中，又在輪船上與兵士二百餘人同舟二晝夜，種種逼迫、污穢，令他「腦神經受重傷」，久久不癒。但「八苦乃八師」，他自思此種逆境乃宿世惡業所致，故雖身心備受諸苦，而道念頗有增進[223]。

　　只是舊病未去，新病又來：52歲瘧疾大作，他交代遺囑：在法界寺所

218　陳慧劍，〈弘一大師棄俗思想之研究〉，收於：氏著，《弘一大師論》，頁8。
219　弘一發大菩提心，誓願「代眾生受苦」。而據佛家說法，一旦真心發此願，病痛馬上會到來，令人生畏。只是真正的大菩薩，視病痛為幻化，「受即無受」，不會因此退失道心。見：夢參老和尚講述，《華嚴經普賢行願品》，頁62-63。
220　林子青，《弘一大師新譜》，頁198。
221　林子青，《弘一大師新譜》，頁217。
222　〈弘一致夏丏尊書(9)〉，收於：全集編委會編，《弘一大師全集》(八)，頁121（上）。
223　〈弘一致夏丏尊書(23)〉，收於：全集編委會編，《弘一大師全集》(八)，頁125（上）。

存佛典、佛像皆贈予徐安夫居士[224]。53歲患傷寒、痢疾，無人看護，他自己覓舊存之藥服用，以斷食、減食自行治療。病劇之時，他後悔未曾預備遺囑、安排助念，故未能一意求生西方，惟希病癒，非常慚愧。因此他又寫信請求夏丏尊到法界寺，與住持預商身後之事[225]。

　　最凶險的是56歲罹患嚴重皮膚病，高燒昏迷，手臂潰爛，腳面生疔，足腿皆腫，長達半年始痊癒。大病期間，他還去為青年佛徒演講；草庵百數十蜜蜂誤食毒花死亡，他也拖著病體與其他法師超度亡蜂[226]。同樣的，這次他也交代了後事：臨終助念，勿動身體，八小時後衣被纏裹，送往山坳，虎食則善，否則三日後就地焚化[227]。這一次重病，他視為是針砭自己「專說人非，大言不慚」之良藥，讓他更生「德薄業重」的大慚愧[228]。因此「雖肉體頗受痛苦，但於佛法頗能實地經驗受大利益，亦昔所未有者也」[229]。

　　每當大病，弘一總是放下一切，求往生西方，然而其結果卻是「置諸死地而後生」，每每轉危為安。草庵大病之後，他似乎不再有急症侵襲，只是日益衰老。值得玩味的是，他在皮膚病癒後，曾將落痂寄給跟隨過他的廣洽法師，以為紀念[230]。次年他落齒兩枚，同樣的，也寄給廣洽保存[231]。

---

224 林子青，《弘一大師新譜》，頁280。
225 〈致夏丏尊書(39)〉，收於：全集編委會編，《弘一大師全集》(八)，頁129(上)。
226 林子青，《弘一大師新譜》，頁351。
227 林子青，《弘一大師新譜》，頁349-350，354-355。
228 林子青，《弘一大師新譜》，頁360；弘一，〈南閩十年之夢影〉，頁46。
229 〈弘一致夏丏尊書(59)〉，收於：全集編委會編，《弘一大師全集》(八)，頁133(上)。
230 〈弘一致普潤(廣洽)法師書(28)〉，收於：全集編委會編，《弘一大師全集》(八)，頁291(下)。
231 〈弘一致廣洽法師書(36)〉，收於：全集編委會編，《弘一大師全集》(八)，頁293(上)。

他一方面對娑婆世界感到厭倦，另一方面他似乎還是對自己的身體有某種奇異的留戀，即使是病、老的痕跡也十分珍重。正是：

> 未濟終焉心縹緲，百事翻從缺陷好。吟道夕陽山外山，古今誰免餘情繞。[232]

　　1942年，63歲。他真的老了。一方面繼續努力在世間做種種期諸久遠的事業——寫〈持非時食戒者應注意日中之時〉、出〈刪訂剃頭儀式鈔本〉、替人潤色文章、講經於養老院、為中學生寫「不願自己求安樂，但願眾生得離苦」小中堂百餘幅……，另一方面則更縝密地做往生前的準備——給在家弟子寫遺訓，謝絕弘法邀請，寫遺囑給妙蓮法師交代後事(包括助念、回向、囑咐溫陵養老院善待老人)，準備臨終遺偈給夏丏尊、劉質平、菲律賓的性願法師，亦即世人熟悉的二偈：「君子之交，其淡如水。執象而求，咫尺千里」、「問余何適，廓爾亡言。華枝春滿，天心月圓」[233]。這兩首偈引起後人無窮景慕、想像，但實非他臨終證道之言——至少在逝世三年前，他即以此偈贈人[234]。為了讓人生圓滿謝幕，他早已備妥完美的最後台詞。

　　他從前就主張，病未重時可以求醫，病重時則應放下一切，專意念佛，因為「阿彌陀佛，無上醫王。捨此不求，是謂痴狂」[235]。現在，雖然只有微微

---

232 弘一，〈最後之□□〉引龔自珍詩(〈漁溝道中題壁一首〉)。此次演講時間為1939年。

233 林子青，《弘一大師新譜》，頁444-446。

234 林子青，《弘一大師新譜》，頁412。

235 弘一，〈人生之最後〉，收於：氏著，《弘一大師演講全集》，頁2。

發熱，沒有顯著病狀，但他從8月26日開始逐漸減食、斷食、拒絕吃藥。他說：「我當乘願再來度眾生——我去去就來！」9月1日，他寫下常用的「悲欣交集」四字，交給妙蓮法師。9月4日晚間，在妙蓮助念聲中，弘一在泉州之溫陵養老院安詳圓寂[236]。

他曾交代妙蓮，「若見予眼中流淚，此乃『悲欣交集』所感，非是他故，不可誤會」[237]。究竟他臨終前是否流淚？那眼淚，是「悲」的成分多呢，還是「欣」的成分多？有沒有「逝世多時，頂門猶溫」，證明他往生西方，殆無可疑？可惜妙蓮沒有記錄。

弘一喜讀菩薩感應之類書籍，但不喜人以他為題材，編造神話。傳說中他誕生時鵲銜松枝降其室，居瑞竹岩時有枯竹萌芽為瑞應，仰慕弘一的人舉證歷歷，認為他有「神通」[238]，筆者難以信其必有[239]。不過，即使沒有「神通」，即使並非完人，也不妨礙弘一之令人景仰。弘一示寂之際，是否證道解脫？筆者也無法完全肯定。但這一個「生病的靈魂」，艱苦地走完他人生的路，而且還希望「乘願再來」，已經說明了一切。眼淚之有無，神通之究竟，都已經不重要了。

---

236 妙蓮法師，《自傳手稿》，頁14-19，轉引自：陳慧劍，〈弘一大師的生命終結哲學〉，收於：氏著，《弘一大師論》，頁217-219。

237 妙蓮法師，《自傳手稿》，頁14-19，轉引自：陳慧劍，〈弘一大師的生命終結哲學〉，頁218。

238 陳慧劍，〈弘一大師不思議行考〉，收於：氏著，《弘一大師論》，頁225-248。

239 為他做年譜的林子青居士，認為這些傳說均非事實。見：氏著，《弘一大師新譜》，頁ix，9，398。

八、結論:「美」與「無常」的超越

李叔同為何出家?弘一晚年是否解脫證道?他一生的信仰歷程,如何展現意義危機時代中國知識分子另尋安身立命之道的艱辛?──在這篇文章中,筆者嘗試對以上三個課題提出一些想法。

促使弘一出家的原因,包括先天性格與後天際遇。就先天性格而言,對「美」與「無常」的深刻感受,構成了李叔同/弘一的生命基調。為了解決二者之間的緊張,這個「生病的靈魂」在人生的不同階段一次又一次地翻轉。從名士、留學生到嚴師,他游移於儒學(或曰士人傳統)下的不同人格範型,但終究無法解答存在的大惑。於是,在「無常感」與「罪業感」的驅迫之下,他在39歲出家為僧。

追根究柢,李叔同的大惑在於強烈的「自我」;佛教破我執,正是對症下藥。他修習律宗、淨土、華嚴,以不同的方式追求昇華的美感,並努力克服了他對無常(特別是死亡)的恐懼。但是,在人間修行,他終究要面對人的問題,特別是名利的困擾和佛教界的沉痾。他最終以對自己更高的鞭策,來試圖解消人己之間的緊張。自幼熟悉的儒家修養在此再度發揮了作用,華嚴「回向人間」與儒家「兼善天下」殊途同歸。不過,面對肉體的老、病、死,佛家顯然對他更有幫助;「一心念佛,往生西方」,他以萬全的準備進入死亡。「現生邁入聖賢之域,命終往生極樂之邦」,成了他對信仰的最終答案。

許多信徒視弘一為超凡入聖的得道高僧,因而難以接受諸如「內在有所鬱結」這樣的推測。但我們是不是可以說,正因為他自知不完美,所以才會不斷追求完美?──雖然這也許正是他的「我執」所在。換言之,一

個完美主義者必須接納自己與世界的不完美，才能打破他的「我執」。因此，就個人修行而言，弘一似乎還有功課未了；也許因為這個緣故，他才要「乘願再來」？

李叔同／弘一的信仰經驗，提供我們思索儒教解體之後，現代中國知識分子信仰蛻變的一些線索。在20世紀上半葉，雖然社會上有反宗教及世俗化的趨勢，但是它反而促成了少數知識分子更有意識地重新定義信仰。清末民初的混亂政局，使得知識分子邊緣化，儒家「外王」之學落空，而「內聖」之道又無法解決人的存在困惑。李叔同從入世轉向出世，除了先天性格與家庭際遇使然，也反映了他對時代的悲憤與徬徨。

不過，與其說李叔同／弘一能代表他那個時代的集體意識，不如說他是以和社會潮流若即若離、乃至背道而馳的方式，對照出他與那個時代的特殊性。

儒教解體之後，五四知識分子在科學主義、馬克斯主義、國家主義中尋找「外王」的替代，浪漫文人則以「追求個性、展現自我」來反抗「內聖」禮教；而李叔同卻踽踽獨行，愈來愈往內收斂，終至歸於「去除我執」的佛家。到了1930年代，「救亡壓倒啓蒙」，俗界知識分子與文人紛紛投身左翼革命，交出個人小我，任由組織集體力量錘鑄；弘一則是持戒嚴謹，以高度內在紀律自我鞭策。他們最終的目標都是「救世」，但採取的途徑南轅北轍。在21世紀的今天回顧，前者轟轟烈烈，死人無數，如今只成噩夢一場；而弘一走的孤獨道路，雖然人跡罕至，卻閃著幽光，隱隱通向天際。

年輕的時候，李叔同以詩、書、畫、樂來成就「美」；中年之後，他以虔敬修行成為另一種「美」的化身。回顧他的一生，這跌宕起伏的信仰之旅，又何嘗不是血淚寫成的藝術？——「無常」其實是「常」；而與「無

常」翩然共舞的「美」，才令我們驚心動魄。

(本文曾收入黃冠閔主編，《跨文化視野下的東亞宗教傳統：多元對話篇》，
台北：中央研究院中國文哲研究所，2010)

第四章

論林語堂的改宗經驗
——東西信仰的個人抉擇

一、前言:林語堂的「一團矛盾」

在兵連禍結、儒教解體的20世紀,華人知識分子藉由何種精神資源尋得安身立命之道?「兩腳踏中西文化,一心評宇宙文章」的林語堂(1895-1976),提供了我們值得省思的個案。

不管是41歲、64歲或是80歲,每當回顧自己的一生,林語堂第一個想到的都是山,他童年優游徜徉的山:

> 如果我有一些健全的觀念和簡樸的思想,那完全是得之於閩南坂仔之秀美的山陵,因為我相信我仍然是用一個簡樸的農家子的眼睛來觀看人生。[1]
> 接近那些高山是接近上帝的偉大。我常常站著遙望那些山坡灰

1　林語堂著,簡又文譯,〈林語堂自傳〉,收於:蕭關鴻編,《中國百年傳記經典》第二卷(上海:東方,1999),頁187。

藍色的變幻，及白雲在山頂上奇怪的、任意的漫遊，感到迷惑
和驚奇。它使人藐視那些矮山和一切人造的虛偽而渺小的東
西。這些高山已成為我及我宗教的一部分，因為它們使我富
足，產生內在的力量與獨立之感……[2]
你生在那些山間，你心裡不知不覺評判什麼都以山為標準……
於是，你當然覺得摩天大樓都可笑，都細小得微不足道……
人，商業，政治，金錢，等等，無不如此……我之所以這樣，
都是仰賴於山。這也是人品的基調，我要享受我的自由，不願
別人干涉我。[3]

山讓他認識上帝，讓他愛真、愛美，使他遠離政治，憎惡各種形式的騙
子[4]，也使他成為別人眼中一個「消極自由主義者」[5]。

　　可是，在意識型態壁壘分明的20世紀，這樣的信念必然招致兩極化的
批評。與林語堂在政治、文學立場上相左的作家胡風，就痛批林氏不識民
生疾苦、不食人間煙火。在食不果腹、衣不蔽體的人們中間讚美「個性」，
提倡「幽默」，他良心安在[6]？台灣作家鍾理和在讀了《吾國與吾民》、《生
活的藝術》等書之後，也在日記中批評：林語堂是那種「看到人家上吊，
還以為那是在盪鞦韆」的人；這種「美國的林語堂」觀點，是遠離他所由

2　林語堂著，胡簪雲譯，《信仰之旅》（台北：道聲，1987），頁27。
3　林語堂著，張振玉譯，《八十自敘》（台北：德華，1978），頁20-21。
4　林語堂著，簡又文譯，〈林語堂自傳〉，頁187。
5　施萍，《林語堂：文化轉型的人格符號》（北京：北京大學，2005），頁83。
6　胡風，〈林語堂論〉，收於：子通編，《林語堂評說七十年》（北京：中國華僑，
　　2003），頁252-259。

而出生的土地的[7]。當代大陸文學批評家陳平原，也呼應這樣的看法：

> 對社會責任與悲劇意識的叛逃，使林語堂的作品顯得過分輕巧
> ——一種對歷史文化隔膜而產生的「淺」與對現實人生的冷淡
> 而產生的「薄」。[8]

相對的，在冷戰時期的「自由世界」中，林語堂就得到許多人的推崇。美國圖書館學家安德生（Arthur James Anderson）認爲，林語堂有如古時的人文主義者，自信有禮、寬大友善、深刻機敏、優美雍容，是有教養的人的典型。而在台灣故宮博物院院長蔣復璁眼中，林氏淡泊高潔、坦率眞誠，有爲有守、亦儒亦道，在海外爲（國民黨）政府宣傳，口誅筆伐，堅持國策，對國家貢獻甚巨[9]。

何以當代人對林語堂的評價會如此兩極？事實上，在《八十自敘》中，林語堂開宗明義就形容自己爲「一團矛盾」——而且他安於這些矛盾：

> 他把自己描寫成爲一個異教徒，其實他在內心卻是個基督徒。
> 現在他是專心致力於文學，可是他總以爲大學一年級時不讀科
> 學是一項錯誤。他之愛中國和中國人，其坦白眞實，甚於其他
> 所有中國人。他對法西斯蒂和共產黨沒有好感，他認爲中國理

7　鍾理和，《鍾理和日記》，1957年3月31日。收於：氏著，《鍾理和全集》（五）（台北：行政院客家委員會，2003），頁210-211。

8　陳平原，〈林語堂東西綜合的審美理想〉，收於：子通編，《林語堂評說七十年》，頁319-320。

9　林太乙，《林語堂傳》（台北：聯經，1989），頁347-348。

想的流浪漢才是最有身分的人，這種極端的個人主義者，才是
獨裁的暴君最可怕的敵人。……他很愛慕西方，但是卑視西方
的教育心理學家。……生平無書不讀。希臘文，中文，及當代
作家；宗教，政治，科學……。對一切事物皆極好奇；對女人
的衣裳，罐頭起子，雞的眼皮，都有得意的看法。……他以道
家老莊之門徒自許，但自稱在中國除蔣公中正及夫人之外，最
爲努力工作者，非他莫屬。……10

　　筆者以爲，林語堂之「一團矛盾」、以及他這些矛盾所引起的兩極評
價，除了因爲眾人所執持的精神座標不同，故而褒貶互見，也似乎與他的
「二度改宗」經驗有關。林語堂出身於閩南基督教家庭，父親爲長老會牧
師，他自己也一度有意投身神職。但在青年時期他竟出現一百八十度的轉
變，背離基督教，轉而對道家情有獨鍾。他在歐美生活多年，長期以「異
教徒」（pagan）身分自豪，卻又在63歲時突然回歸上帝懷抱。他的種種矛
盾，似乎是兩次改宗過程中難以去化的積澱。

　　由「見山是山」出發，轉爲「見山不是山」，繞一大圈重新回到「見
山又是山」，這個歷程代表的，究竟是基督教對他的宰制力量之徹底，還
是「異教化」的他對基督教做了選擇性的詮釋？而他的生命實踐，又如何
展現出道家與基督教二種成分的混融？……

　　信仰的抉擇從來不是一件容易的事，現代中國知識分子尤其如此。對
他們而言，「安身立命」從來就不只是個人的事，而蘊含了對社會整體的
思考。就林語堂來說，他所面對的不只是單純的宗教取捨，還有宗教背後

10　林語堂著，張振玉譯，《八十自敘》，頁3-6。

中西文化傳統的衝突。除了中國知識分子共同經歷的五四運動、軍閥統治、國民黨專制、對日抗戰、國共內戰之外，他長年旅居海外，兩次大戰、法西斯獨裁、共產帝國擴張、美俄冷戰⋯⋯，他也躬逢其盛。除了五四反傳統思潮，他也要面對西方現代唯物主義、科學理性、乃至非理性主義對宗教的質疑。他說，「要做作家，必須能夠整個人對時代起反應」[11]，他的求道改宗歷程，又何嘗不是「整個人對時代起反應」的結果？

因此，接下來我們要談的，除了生命情調，還有關係生死的存在困惑；除了宗教，還有宗教背後的文化與政治。

二、東風與西風

(一)父親的教會

林黛玉(及毛澤東)說：「不是東風壓倒西風，便是西風壓倒了東風」。不過，這樣的衝突，在林語堂生命開始時並不存在。因為，他出生於一個貧窮的閩南鄉下牧師家庭，他那樂觀幽默、充滿夢想的父親林至誠，以充滿喜感的風格，將東西文化理所當然地「混搭」在一起，讓基督宗教與中國傳統和平共存[12]。

基督宗教在中國的傳教，是一部漫長而挫敗的歷史。不管是因為儒家仕紳的「無神」傳統或釋道兩教的「多神」信仰，從唐代的景教(8世紀)、

11　林太乙，《林語堂傳》，扉頁。

12　本文所謂「基督宗教」(Christianity)泛指耶穌所創宗教及其衍生之所有宗派，包括天主教(Catholic Church，亦稱羅馬公教、舊教)、希臘正教(Greek Orthodox Church)、及基督教(Protestantism，亦稱新教，或抗議教派)下各教派(如：路德派、喀爾文派、英國國教、再洗禮派⋯⋯)。

元代的也里可溫(13世紀)、到明末的耶穌會(16世紀)，主張一神的基督宗教千年來數度無功而返，直到清代中葉(19世紀)才又捲土重來。這一次，是因爲鴉片戰爭迫使中國五口通商、開放西人傳教，而給了它又一次的機會[13]。宗教改革後的各派新教，更在此時紛紛登陸中國「神州」，與天主教一爭長短。

由於仕紳階級對基督宗教的懷疑，教會早期傳教對象多爲出身寒微的中下階層，林至誠就是這樣的例子。他生於福建龍溪鄉下，和信基督教的寡母相依爲命，挑擔四處叫賣糖果、豆酥、竹筍、米，肩上結了厚厚的老繭。他沒有上過學，靠著自修學會認字讀書，24歲時進教會神學院，才成爲長老會(Presbyterian church)牧師[14]。

「雖然我父親是一個基督教牧師，但這絕不表示他不是一個儒家」，林語堂這麼形容[15]。他家的客廳牆上，掛著光緒皇帝的畫像[16]；新教堂壁上，懸著朱熹對聯的拓本。四書、《詩經》、《聲律啓蒙》、《幼學瓊林》是林牧師在家課子的內容；對信徒傳教，提到孟子「天爵」「人爵」觀念會使他眼睛一亮[17]。而且，他固然具備若干儒家優點，但儒家的缺點也少不了：譬如說，對於六子二女，他重男輕女的傾向就非常明顯[18]。

林牧師的信仰虔誠，但是神學功力可疑。在林語堂看來，大他四十多

13　李志剛，《基督教早期在華傳教史》(台北：商務，1985)，頁325。

14　林太乙，《林語堂傳》，頁5。

15　林語堂著，胡簪雲譯，《信仰之旅》，頁29。

16　林太乙，《林語堂傳》，頁6。

17　林語堂著，胡簪雲譯，《信仰之旅》，頁97。

18　林語堂著，胡簪雲譯，《信仰之旅》，頁33。林語堂最好的玩伴是二姊美宮，她很有才華，苦苦向父親哀求升學的機會；但因於家貧和父親重男輕女的觀念，沒有辦法去念大學，中學畢業後被迫結婚，年紀輕輕就死於瘟疫，抱恨以終。

8歲的林語堂（左三）與家人合影。左一為他樂觀的父親林至誠牧師，右二為他最好的玩伴二姊美宮，她的褲腳裝飾著佛教的卍字。（圖片提供：林太乙，《林語堂傳》，聯經，1989）

歲的父親最好的德性，是他出自眞心、極愛他的教友──不是爲了對上帝盡責，而是因爲他也是窮人家出身[19]。他爲村民排難解紛、撮合婚姻，也幫掉下野外茅坑的人換新衣服、用紅繩打辮子以討吉利。在鄉人心目中，他的角色和廟裡的和尚相去不遠。他所闡揚的基督教上帝，和廟裡的佛爺

19　林語堂著，簡又文譯，〈林語堂自傳〉，頁191。

也十分相似，都可以保佑人財運亨通、多子多孫[20]。

　　雖然林至誠也曾受到一兩個非教徒的抵制，但廈門地區民眾對基督徒基本上相當寬容。附近一個落第文士募款蓋了一座佛寺，當林牧師的教堂鐘聲揚起時，廟裡的鼓聲就會咚咚作響，與他互別苗頭。另外一個仕紳家裡開賭場，自己不上教堂，也阻止別人上教堂，但他和反對賭博的林牧師還是相當友好[21]。在林家一張難得的合照中，沒有人佩戴十字架，倒是語堂的二姊美宮褲管上，繡著佛教的卍字圖樣。林牧師在照片中笑得很開心，似乎毫未意識到，他所信仰的基督宗教有很強的排他性。或許也可以說，為了讓這個西方宗教「在地化」（indigenization），教會不得不與中國三教合一的多神傳統做某種妥協。

（二）西教與西學

　　天生夢想家的性格，使林至誠對西方有壓抑不住的好奇。除了中國詩書，他也鼓勵孩子閱讀林琴南翻譯的西洋小說——《福爾摩斯》、《天方夜譚》、《茶花女》，以及史考特（Sir Walter Scott）、狄更斯（C. Dickens）、莫泊桑（Guy de Maupassant）的作品。更重要的是，透過西溪的范禮文牧師（Reverend A.L. Warnshuis）的引介，林家父子打開了窺看西方文明的窗。

　　范禮文博士在1900至1915年到中國傳教，他曾編過英文的閩南語方言教本，後來長期在紐約擔任跨宗派的「北美海外差傳會議」的祕書，是負責海外傳教工作的重量級人物[22]。他發現了林至誠對新事物的好奇，於是

20　林語堂著，簡又文譯，〈林語堂自傳〉，頁191-192。

21　林語堂著，胡簪雲譯，《信仰之旅》，頁45-48。

22　范禮文牧師的中英名字為何，頗為撲朔迷離，就筆者所知，有以下版本：
　　a.〈林語堂自傳〉譯文作「范禮文」（W.L. Warnshuis）（頁192）。

介紹他訂閱林樂知（Young J. Allen, 1836-1907）發行的《通問報》（*Christian Intelligence*）──那是一年定價一元，印刷粗陋、篇幅只有一張的油墨週報──，並不斷寄給林家各種關於基督教文學、西方世界、西方科學的書籍，於是，「西學就用這種方式來到我家」[23]。

林牧師像海綿一般吸收這些知識。他對飛機半信半疑，但是他深深崇拜維多利亞英國的光榮強大。儘管他連pen、pencil、paper都不識，儘管他的薪水微薄得可以，但這些關於西方的訊息，已經足夠讓他下定決心：他的孩子要好好讀英文，到上海聖約翰大學去念書，甚至到劍橋、牛津和柏

──────────────────────

（續）──

  b. 《信仰之旅》譯本作「華納斯」（A.L. Warnshuis）（頁28）。

  c. 《八十自敘》譯本作「范禮文」（Warnshius）（頁36），並謂其後為「倫敦紐約國際協會」祕書。

  d. 林太乙的《林語堂傳》作「范禮文」（W.L. Warnshius）（頁6）。

  e. 而在魯珍晞（Jessie G. Lutz）所編、王成勉所譯《所傳為何？──基督教在華宣教的檢討》（台北：國史館，1990）一書中，則作「范禮文」（A. L. Warnshuis）（頁126，129），長期擔任北美海外差傳會議的執行人。

雖然名字有出入，但關於他的事蹟，則各資料所述相當一致。根據網上資料，A.L. Warnshuis 曾於1900至1915年為Reformed Church in America在中國傳教（http://rcws.rca.org/about/history.html），曾編有《閩南方言課本》（*Lessons in the Amoy Vernacular*, 1955），亦曾長期擔任紐約"International Missionary Council"之祕書，與林語堂、魯珍晞所述事蹟相符。

23 林語堂著，胡簪雲譯，《信仰之旅》，頁30；林語堂著，簡又文譯，〈林語堂自傳〉，頁192。林樂知生於美國喬治亞州，1860年來華傳教，1864年被上海「廣方言館」聘為英文教習。1868年創辦並主編《通問報》（或譯為《教會新報》、《教會消息》），為19世紀介紹西學最為集中的期刊。1869年進江南製造局翻譯館任編譯，達二十年之久。在中國四十七年期間，他身兼教習、編輯、翻譯、傳教士，譯著十多種，以《中東戰事本末》最為著名。該書披露甲午戰爭真相，並對中國積習提出尖銳批評，對中國知識界（如康有為）影響很大。參見：http://www.books.sh.cn/ shpub/hisdoc/PersonContent.asp?id=48。

林留學去[24]！

　　林家父子的例子清楚說明了，19世紀傳教士帶進中國的，不僅是基督教的教義和機構，還有種種西方近代文明。甚至可以說，他們在引進西方近代文明方面的貢獻，遠大於在傳教上的成績。弔詭的是，18世紀時的歐洲啓蒙運動反對基督教會，但19世紀來到中國的傳教士反而以啓蒙先鋒自居，傳播「自由、平等、博愛、進步」等理念。

　　於是，「被培養成為一個基督徒，就等於成為一個進步的、有西方人的心的、對新學表示同情的人」，包括欣賞西方的顯微鏡和外科手術，贊成女子教育，反對立妾、纏足，支持普及教育和民主觀念，且相信「能說英語」才能得到較好的教養。在廈門地區當個基督徒，還意味著主張文字羅馬拼音化、不讀漢字，甚至摒絕一切對中國民間傳說、文學、戲劇的知識[25]。

　　對滿清末年的林家父子而言，「基督教」和「西方(近代)文明」是二而一、一而二的實體；我們很難分得清，他們究竟是因為對西方文明的嚮往而更為篤信基督教，還是因為接受基督教而嚮往西方文明？「西方(近代)文明中包含反基督教的因子」這件事，還未進入幼年林語堂的意識中。

　　在林至誠那中西合璧的想法裡，以基督教為核心的「西學」，似乎是取代中式科舉的一種社會晉升管道。在油燈下，他吸著旱煙，不斷和兒子

24　林語堂著，胡簪雲譯，《信仰之旅》，頁30；林語堂著，簡又文譯，〈林語堂自傳〉，頁192-195。當時西方新教傳教士薪水優渥(每年一百五十至三百鎊)，可以在開銷低廉的中國過舒服的日子，但中國本地牧師林至誠的月薪則只有二十塊錢。林語堂兄弟後來靠著父親變賣舊產、借錢、獎學金、兄弟互相提攜，才陸續完成大學教育。參見：湯良禮，〈宣教──西方帝國主義的文化膀臂〉，收於：魯珍晞編，王成勉譯，《所傳為何？──基督教在華宣教的檢討》，頁123。

25　林語堂著，胡簪雲譯，《信仰之旅》，頁42。

說：「和樂（語堂乳名），你要讀書成名」[26]。換言之，他的思考模式，依然不脫傳統中國功名利祿的追求；只是他意識到「西方教育」將成爲新科舉，而基督教乃是接近「西方文明」的敲門磚。用林語堂的話來說，基督教的童年時代給了他一個「出身的機會」[27]。

林語堂從小對基督教的態度就很認眞，但遙遠的「西方」──透過范禮文牧師夫婦無意間留下的一枚亮晶晶的領扣、幾個氣味濃重的牛油罐頭筒、一本書頁光滑的美國婦女家庭雜誌──似乎帶給林語堂更豐富的想像。對少年林語堂來說，那渾淪一體的「西方」所意味的，除了基督教之外，最重要的就是科學理性，二者並行不悖。

「科學」所展現的奇蹟深深攫住了幼年林語堂的心靈。林至誠蓋的泥磚教堂牆壁快被屋瓦壓垮，范禮文從紐約訂購的鋼條抵達小村，眾人睜大眼睛，看著扭緊螺旋的鋼條把支撐屋瓦的木條扯緊，屋頂陡然被提高好幾英寸──「這是偉大而值得紀念的一刻」[28]。林語堂後來到廈門，初次見到汽船上的蒸汽引擎運轉，更是瞠目結舌，久久不能言語。從此以後，他便對科學不能忘情。不必等到五四運動，他就已經對「賽先生（science）」十分傾倒。即使到了40歲，以寫作名滿天下的他，還是認爲自己最大的貢獻會是在機械上──譬如發明最精良的中文打字機[29]。

因爲身爲牧師之子，林語堂得到免費就讀教會中小學的機會。表面上

26　林太乙，《林語堂傳》，頁4。

27　林語堂著，簡又文譯，〈林語堂自傳〉，頁193。

28　林語堂著，胡簪雲譯，《信仰之旅》，頁28-29。

29　林語堂著，張振玉譯，《八十自敘》，頁39；林語堂著，簡又文譯，〈林語堂自傳〉，頁195。

看來，他仍是一個穿破鞋踢球、吃飯不洗手、考試作弊的中國頑童[30]，但逐漸地，西風壓倒了東風。在廈門鼓浪嶼的公共租界，他看到了「西方」更複雜的面向。他念的「尋源書院」屬於「喀爾文教派」（Calvinism），禁止學生接觸中國戲曲、歌謠。美國籍校長整天打算盤、做房地產生意，可是校長夫人端莊賢淑，唱起聖歌有如天籟。美國、法國水手在街上喝得醉醺醺、狂歌亂叫，外國商人坐在四人轎中，隨意對赤腳兒童拳打腳踢，可是美國艦隊軍容壯盛，令人敬畏。他躲在圍牆外，窺看外國人在綠草如茵的球場中打網球，服裝潔淨的中國僕役端送冰淇淋和各種飲料；俱樂部舞會裡則是衣香鬢影，半裸男女公開擁抱[31]。這些面向令他駭異，但更多的是歆羨。

辛亥革命那一年，他進了全英語教學的上海聖約翰大學，中文——以及中國文化——更被拋在腦後。聖約翰是在1879年由美國聖公會（Protestant Episcopal Church）上海主教施約瑟（Samuel I.J. Schereschewsky, 1831-1906）所創立，是第一個將西方教學風格引入中國的學校。它在美國華盛頓州註冊，地位等同於美國國內大學，畢業生可以直升美國大學的研究所，令許多中國豪門子弟趨之若鶩。除了極重視英語之外，它也特別強調宗教、體育和課外活動；至於中文教育，卻是可有可無，即使中文課年年都不及格，照樣可以畢業。這裡出了許多著名的校友：顧維鈞、俞鴻鈞、張伯苓、宋子文、孔令侃、俞大維、嚴家淦、貝聿銘……，但窮牧師家庭出身的林語堂卻輕蔑地認為，大多數學生到聖約翰就讀只是為了當洋行買辦，而他們

30　林阿苔（如斯）、林亞娜（太乙）著，潘榮蜀譯，《吾家——林語堂女兒的日記》（台北：金蘭，1984），頁34。

31　林語堂著，簡又文譯，〈林語堂自傳〉，頁201；林語堂著，張振玉譯，《八十自敘》，頁42。

的英文也大都只有買辦程度[32]。

　　在聖約翰大學六年(包括預備學校一年半)，林語堂進一步培養了對西洋文明與西洋日常生活的基本認同。而這些基本認同，不是從書籍中學來，而是從幾位可敬的英美籍師長、師母處得來。譬如說，校長卜舫濟博士(C.F. Hawks Pott, 1864-1947)每天在早禱之後，必然帶著黑色皮包，由舍監陪同巡視校園一圈，注意有哪些事情待做。他自律嚴謹，即使閒來讀長篇小說，也要給自己規定進度，每週一小時、一年內讀畢。在林語堂看來，卜校長是一個真正偉大的人物，對學生產生父親一般的影響[33]。而文雅嫻淑的醫師夫人李壽山(Miss Deprey)，則以詞氣柔美的英語給他母性的感染力。他承認：「我愛這種西洋生活，在聖約翰有些傳教士的生活──仁愛、誠懇而真實的生活」[34]。

　　在聖約翰，林語堂的表現出類拔萃。他全心全意愛上英文(祕訣是鑽研袖珍版牛津英文字典)，廣泛涉獵群書，以自來水筆取代毛筆。和在中學一樣，他覺得大學課程太過簡單，上課是浪費時間；聖約翰圖書館裡的五千本書，仍無法饜足他求知的飢渴。但他不是書呆子。他也打網球、打

32　林語堂著，胡簪雲譯，《信仰之旅》，頁35，39。

33　卜舫濟出身於美國紐約一個聖公會信徒家庭，在哥倫比亞大學主修物理，後來入聖公會總神學院，獲得神學士學位。來到中國傳教後，不顧教會反對，與聖公會首位華人牧師黃光彩的女兒黃素娥結婚。他擔任聖約翰大學校長長達五十三年，使該校從沒沒無聞躍升為中國首屆一指的教會大學。但是他主張「政教分離」，反對學生從事政治活動，以致多次與愛國心切的中國學生發生衝突。1925年一批師生因此離校，另外成立光華大學。參見：維基百科(http://zh.wikipedia.org/zh-tw/%E5%8D%9C%E8%88%AB%E6%B5%8E)、華人基督教史人物辭典(http://www.bdcconline.net/en/stories/p/pott-francis-lister-hawks.php)。

34　林語堂著，胡簪雲譯，《信仰之旅》，頁35-36；林語堂著，簡又文譯，〈林語堂自傳〉，頁201。

棒球、踢足球、划船、賽跑，在擁有喬木和大草坪的美麗校園馳騁，培養出結實的胸脯。在大家拚命準備考試時，他卻誘惑別人陪他去蘇州河釣魚。結果他還是像在中學一樣，以第二名畢業——「因為總有一個死讀書的蠢人，把第一名拿去」，而他向來是「不敢為天下先」的[35]。

若范禮文有知，一定會以林語堂為傲。事實上，范禮文的確十分自豪於基督教教育對中國的貢獻：「在1905年以前，中國只有科舉制度，但無有系統的教育，……傳教士不但是中國第一批現代學校的創建者，他們還是引入現代學科的先導，……也是首先鼓勵學生追求真理擴及全世界。」[36] 1927年時，他估計美國各教會在中國的投資（學校、醫院、教堂、土地……）總計八千萬美元，超過美國人在商業上的投資。他認為中國民眾也回報西方——特別是美國——傳教士以十分的善意[37]。如果此說成立，青年林語堂似乎就是教會教育成功的一個樣板。

沒有想到，結果卻大謬不然。

的確，林語堂接受了科學，接受了英文，從體育與課外活動中得到種種好處；唯獨對基督教——傳教士最希望中國人認同的「西方文化核心」——，他竟然由反感而出走，一走就是三十年。這其中到底出了什麼問題？

35　林語堂著，簡又文譯，〈林語堂自傳〉，頁197；林語堂著，胡簪雲譯，《信仰之旅》，頁36；林語堂著，張振玉譯，《八十自敘》，頁49。

36　引自：湯良禮，〈宣教——西方帝國主義的文化膀臂〉，收於：魯珍晞編，王成勉譯，《所傳為何？——基督教在華宣教的檢討》，頁126。

37　A.L. Warnshuis, "Christian Missions and the Situation in China," in *Annals of the American Academy of Political and Social Science*, Vol. 132, "Some Outstanding Problems of American Foreign Policy," July 1927, p. 80.

三、從清教徒到異教徒

從某些方面來看，林語堂的情形並非特例。

1927年時，新教傳教士在中國已建立十六所大學和學院，加上技術學院、神學院和醫學院，總共有大約四千名學生就學。但是，學生對基督教的反應十分冷淡，「歸主」的人數很少，令教會大失所望。曾任燕京大學校長的司徒雷登（John Leighton Stuart）不得不在1934年自我辯護道：西方人在中國所設教會大學，至少在學術水準、師生關係、財務帳目、校園紀律各方面，立下了標竿，盡到了基督徒的責任。至於為什麼中國學生對校園內的宗教聚會興趣缺缺，他認為這是因為學生對「早期傳教士支配下過度刺激行為」的一種反感；此外，中國學生太過關心國家興亡，也是基督教傳教受阻的一個原因[38]。

不過，就林語堂而言，直到從聖約翰畢業為止（1916），他並未對「傳教士支配」有太明顯的反感。從他的幾種自傳看來，他在當時似乎並沒有清楚的民族主義乃至政治意識。誠如他後來所說，「我是在基督教的保護殼中長成的，聖約翰大學是那個殼的骨架……我們搬進一個自己的世界，在理智和審美上和那個滿足而光榮的異教社會斷絕關係。」[39] 那麼，究竟是什麼原因，使他逐漸掙脫那個保護殼、在大學時期開始疏離基督教？

研究中美關係的學者瓦格（Paul A. Verg）曾列舉了洋洋灑灑的原因，說明中國人為什麼會反對基督宗教。他舉的理由多半是政治性的，與基督教

38　瓦格，〈宣教方法與目標之演變〉，收於：魯珍晞編，王成勉譯，《所傳為何？──基督教在華宣教的檢討》，頁37，44。

39　林語堂著，胡簪雲譯，《信仰之旅》，頁41-42。

教義本身不甚相關。例如：傳教士不僅反對孔子，還要將聖經研究、科學訓練、西方歷史知識、現代教育……引入中國，使中國仕紳自始即意識到「基督化」的過程會威脅到他們的地位；而基督宗教傳教對象主要為社會下層，也被認為有引發動亂之虞，使仕紳不安。再者，傳教士利用治外法權包庇罪犯、反對祭祖，他們流露出的文化及種族優越感，讓中國人感到不滿。此外，1890年以來，因外患日亟，中國人雖然開始懷疑儒家，但是基督教並不能提供對抗西方之救國之道，減少了基督教對中國讀書人的吸引力。

在林林總總的原因中，瓦格提及的唯一一項基督教義與中國人心靈的扞格是：長期受儒家影響，中國人沒有「罪」的感覺，不認為「愛神」與「愛己」之間有何緊張衝突，使基督宗教失去著力點。

不管如何，由於長期傳教效果有限，1920年代西方傳教士的宣教策略出現分裂，少數的「社會福音派」意圖改善中國的社會困境(飢饉、疾病、洪水、文盲……)，藉以傳播基督教；大多數人則規避政治、經濟問題，把焦點集中於中國人「屬靈」的層面上。可是不論策略如何不同，兩派傳教都沒有成功[40]。

美國史學家柯保安(Paul Cohen)則認為，中國人反基督宗教的原因是：中國人向來把儒家之外的思想視為「異端」，是以從16世紀以來，基督宗教就被視為邪教。進入現代以後，基督宗教對華傳教事業與西方帝國主義密不可分；再加上西方本身也有反基督宗教的力量，認為它是迷信、不合科學，中國知識分子就更有理由反對它了[41]。

40　瓦格，〈宣教方法與目標之演變〉，頁32-34，40。

41　柯保安，〈中國人反基督教的根源〉，收於：魯珍晞編，王成勉譯，《所傳為何？——基督教在華宣教的檢討》，頁89-98。

　　瓦格和柯保安所討論的，都是中國人爲何會排拒基督宗教。但是他們都沒有談到，何以有的中國人在虔信多年之後，會突然改宗不信？更何況這是一個曾經想當牧師的人？

　　簡單來說，從基督教到反基督教，林語堂的第一度改宗是漸進的，而其主要原因有三重：首先，在聖約翰時，基於科學理性，他開始對神學教條產生懷疑，但在生活上仍維持基督教的戒律。其次，畢業後到北京清華學校任教，受到北京濃郁的傳統中國文化氛圍感染，他才切斷與基督教會聯繫的臍帶。而在筆者看來，更根本的原因在於，這個「山上的孩子」天性不羈，聰明熱情，渾然沒有「原罪感」，強烈牴牾了基督宗教的基本人性假設。這才是他亟於掙脫基督宗教羈絆的深層根源。

(一)神學的框限

　　林語堂當初到聖約翰時，念的就是神學院，因爲他有心想當牧師。

　　身爲八個孩子中的老七，林語堂從小住在教堂改建的房子中。雖然是個頑皮山童，但他對宗教卻出奇地認眞。他喜歡一大早起來，自己讀一章聖經。白天分擔家務、汲水灌園，晚上大家輪流讀聖經(閩南語拼音聖經？)，跪在凳上各自禱告[42]。在10歲以前，他就對上帝和永生問題好奇。人家說上帝無所不在，當他祈禱時，他想像上帝就臨在他的頭頂上。吃飯時他也自問：明明吃的飯是農夫汗水所賜，爲什麼飯前要感謝上帝？他給自己的理由是：正如太平時代老百姓感謝皇帝，上帝保佑風調雨順、國泰民安，當然值得感謝。當口袋空空走在街上時，他也會閉眼祈禱，默默

42　林阿苔、林亞娜著，潘榮蜀譯，《吾家——林語堂女兒的日記》，頁65；林語堂，《八十自敘》，頁24、26。

測試上帝的存在：讓我撿到一角錢，買碗麵吃吧！——可惜願望老是落空[43]。

　　林語堂伶牙俐齒，父親想讓他出鋒頭，所以他十幾歲時就在教堂裡講道多次[44]。念神學院是出於他自己的選擇，父親反倒躊躇猶豫[45]（也許林至誠只把基督教當作出人頭地的跳板，而非以信仰本身為目的？）。儘管林語堂也想當作家，也酷愛英文、數學和幾何[46]，但是由於信教虔誠，他還是以當牧師為第一志願。

　　沒有想到，一到聖約翰，煩瑣的神學竟像狂風暴雨一樣，迅速侵蝕他對基督教的信心。如上所述，林語堂的信仰方式，有很強烈的個人主義傾向，符合新教精神。新教透過信徒自己閱讀聖經、各自禱告，自己內心和上帝無言對話，不太仰賴教會組織、儀式等外在形式。經院哲學的研究進路，更和林語堂與上帝溝通的方式格格不入：「訓詁學對別人的心比對我的心更為適合，因為我要追尋偉大的思想及理想」[47]。

　　神學令他反感的更重要原因，應該是它抵觸了科學理性。林語堂本來就對科技著迷，在聖大圖書館更是閱讀了大量近代生物學書籍：達爾文（C. Darwin）的《物種源起論》、德國生物學家哈克爾（E.H. Haeckel）的《宇宙之謎》、《生物創造史》、《人類的進化》，法國自然科學家拉瑪克（J.B.

43　林語堂著，簡又文譯，〈林語堂自傳〉，頁188-189。
44　林語堂著，胡簪雲譯，《信仰之旅》，頁37。
45　林語堂著，胡簪雲譯，《信仰之旅》，頁39；林語堂著，簡又文譯，〈林語堂自傳〉，頁202。
46　林語堂著，簡又文譯，〈林語堂自傳〉，頁195；林語堂著，張振玉譯，《八十自敘》，頁39。
47　林語堂著，胡簪雲譯，《信仰之旅》，頁38。

Lamarck)的《進化論》……，這些書使他對神學教條起了懷疑[48]。用他的話來說，這是「一顆感受基督教生活之美的心」和「一個總要把一切事情想透徹的頭腦」起了衝突[49]。在神學院念了一年半，他的成績前所未有地低，對他的衝擊可以想見。教神學的主教說：「你不適合當牧師」。於是他離開了神學院，轉念語言學——因爲語言學是一種科學[50]。

在他看來，宗教應該以道德領域爲滿足，不應該越俎代庖，對物理學、地質學、天文學、犯罪學、乃至性與婦女的問題發表意見，以致自曝其短[51]。如果單純地把《舊約》當成猶太文學來讀，倒是好的：〈約伯記〉是戲劇；〈列王記〉是歷史；〈雅歌〉是情歌，而〈創世記〉、〈出埃及記〉則是有趣的神話和傳說。——可惜他的父親對這種詮釋不敢領教[52]，他的神學老師也不會同意。於是他只好和神學教條決裂，大聲宣布：「一切神學的欺騙，對我的智力都是一種侮辱」[53]。

到底有哪些神學議題是他認爲在科學上站不住腳的？首先，是童女生子(virgin birth)和基督肉身復活(resurrection of the flesh)這兩條[54]，它們明顯違背常識。當代教會的差別待遇更讓他不滿：他不明白，爲什麼美國的神學院可以公開討論這些問題、各自提出異議，中國教徒卻非得接受這些教條才能受洗？

---

48 林太乙，《林語堂傳》，頁18-19。
49 Yutang Lin, "The Importance of Living," in Jaroslav Pelikan ed., *The World Treasure of Modern Religious Thought* (Canada: Little & Brown Company, 1990), p. 407.
50 林語堂著，簡又文譯，〈林語堂自傳〉，頁195。
51 Yutang Lin, "The Importance of Living," p. 400.
52 林語堂著，簡又文譯，〈林語堂自傳〉，頁199。
53 林語堂著，胡簪雲譯，《信仰之旅》，頁39。
54 林語堂著，簡又文譯，〈林語堂自傳〉，頁202。

　　其次，神學家將整個信仰架構放在一只蘋果上，更是荒謬。林語堂拿《新約》去質疑《舊約》：如果亞當沒有吃那個蘋果，人就不會有原罪，而救贖（redemption）也就變得沒有必要。可是，在耶穌基督本人的教誨中，何嘗有一言及於原罪和救贖？更不合理的是：蜜月中的亞當和夏娃不過是吃了一只蘋果，上帝就勃然大怒，懲罰他們的子孫世世代代受苦受難；而後來人類謀殺了祂的獨子耶穌、犯了滔天大罪，上帝卻欣然原諒他們。重罰小過，赦免大罪，真真豈有此理[55]！

　　除此之外，基督徒企求個人永生（personal immortality），也是一個問題。盛年的林語堂相信，大多數年過五十的人並不怕死，很多人可以坦然討論自己的墓誌銘和火葬的好處。既然如此，何必讓死後焦慮盤據現世生活？把自己視為生命大河中的一滴水，貢獻所能，冀求種族不朽、事功不朽，豈不比追求個人肉身不朽為明智？至於祈求上帝保佑自己一切順遂，其自私自利就不待言了[56]。

　　令人好奇的是，林語堂所懷疑的教條，都是基督宗教彰明較著的信念，為他素所熟稔，何以從前他未提出異議，這個時候才迸發強烈反彈？

　　筆者推測，除了他上大學之後廣泛瀏覽近代科學新知、強化了實證理性思惟之外，這些反彈也和他入聖大後接觸「聖公會」（Episcopal Church）有關。林語堂自小熟悉的是喀爾文教派（包括長老會在內）[57]，重視實踐，

55　Yutang Lin, "The Importance of Living," p. 408.

56　Yutang Lin, "The Importance of Living," pp. 401-402.

57　歐洲宗教改革之際，抗議教派（Protestantism，亦即本文所謂「新教」或「基督教」）紛起，「喀爾文主義」是其中影響最大的一支。它在神學上主張「預選說」，在生活實踐中強調嚴謹刻苦精神。在它影響所及之地（如：日內瓦、英格蘭、蘇格蘭、荷蘭、麻薩諸塞州），往往建立政教合一的體制，審查、驅逐、懲罰他們認為有罪的人。他們建立的教派包括：「長老會」（Presbyterianism）、浸

強調個人藉由閱讀聖經、心靈直接與神溝通；聖公會則源於英國國教（Anglicanism），除了不承認羅馬教宗之外，它在儀式和教會組織上，是新教裡最接近舊教(天主教)的一支[58]。這麼一來，他愈來愈強烈的懷疑傾向，和初次接觸的煩瑣神學之間，就產生前所未有的張力。換句話說，喀爾文教派習於獨自讀經、祈禱，訴諸個人判斷、超越教會形式，教義因此更深入內心；但是當信徒內心形成對教義獨特的見解時，從教會信條出走的可能性也隨之增加。這或許是林語堂離開神學院的原因之一。

(二)「真正的中國」

北京濃郁的傳統文化氣氛，是林語堂改宗的另一個觸媒。到他大學畢業爲止，林語堂一直生活在中國南方，尤其是深受西方影響的廈門鼓浪嶼和十里洋場上海。1916年他首度前往北方，到北京清華學校中等科教英文。北京的人文風物和南方完全不同：藍色的天空，黃瓦的宮殿，褐赤的廟牆，愉快而安分的人民，令他心頭一震。身處故都，西山臥佛、長城明塚近在咫尺，玉泉噴湧、駝鈴叮噹歷代不變。在那裡，「人何求於上帝？有了生命的恩賜，人在地上還能求什麼？……它是異教的，有異教徒的快樂和滿足。」他赫然發現：這才是「真正的中國」[59]！

儘管幼時家教讓林語堂有儒家經典的根柢，但到了北京，他才發現自己對中國歷史、文學、哲學無知得可怕。他熟悉《舊約》中約書亞的角聲吹倒了耶利哥城，但他竟然到現在才聽說「孟姜女哭倒萬里長城」的故事！

(續)———————

　　信會(Baptism)、公理會(Congregationalism)。

58　布林頓、克里斯多夫、吳爾夫著，劉景輝譯，《西洋文化史》（四）（台北：臺灣學生，1979），頁156。

59　林語堂著，胡簪雲譯，《信仰之旅》，頁41。

這讓他憤怒之至：「我被騙去了民族遺產。這是清教徒教育對一個中國人所做的好事。我決心反抗而沒入我們民族意識的洪流。」[60]

其實，他念的教會中學禁止學生看戲、聽曲，本是基於清教徒（puritans）的慣例，倒不全然是出於對中國文化的歧視。在宗教改革後出現的清教徒，對肉感性、情感性的事物向來否定，相信世人所耽溺的音樂、跳舞、賭博、華服、飲酒、看戲、算命……都是撒旦所喜愛的把戲。在歐洲，宗教法庭和精神警察執行這些禁令，一度壓抑了藝術的發展[61]。而在中國，清教徒教會學校一樣禁止學生接觸民間音樂、戲劇、傳說、神話，卻意外地引起林語堂民族主義的反彈。

就這樣地，基督教與中國文化，在他心中開始此消彼長。為了洗雪恥辱，他看《紅樓夢》學北京話，到琉璃廠逛舊書鋪，拚命吸收國學知識[62]，以彌補過去學習上的不足。弔詭的是，他後來回想，完全西化的教育，在某個程度上對他的國學也有好處。如果不是維蘇威火山熔岩的爆發、覆蓋，龐貝城焉得完整保存？如果沒有西化教育的遮斷，他現在接觸中國文化，也無法有如小孩發現新天地一般處處充滿驚奇[63]。

話又說回來，雖然基督教對他的影響降低了，他的中國文化知識也增加了，但不意味著他在情感上就認同中國傳統。那時新文化運動正在北京轟轟烈烈展開，新舊兩派劍拔弩張，誓不兩立，而他是站在反傳統的好友胡適那一邊的[64]。

---

60 林語堂著，胡簪雲譯，《信仰之旅》，頁43。

61 布林頓、克里斯多夫、吳爾夫著，劉景輝譯，《西洋文化史》（四），頁168，177。

62 林語堂著，張振玉譯，《八十自敘》，頁50。

63 Yutang Lin, "The Importance of Living," p. 407.

64 林語堂著，胡簪雲譯，《信仰之旅》，頁51-52。

不過，這段時間，他也大量閱讀辜鴻銘(1857-1928)的著作。這位曾留學於愛丁堡、萊比錫、巴黎等大學的南洋華僑兼滿清遺老，受過安諾德(Matthew Arnold)、卡萊爾(Thomas Carlyle)、羅斯金(John Ruskin)、愛默生(R.W. Emerson)、歌德(J.W. von Goethe)、席勒的陶冶，一方面娶妾、逛窯子、吸鴉片，另一方面則以創造性的哲學見解，對西方世界介紹儒家經典。辜鴻銘的才華，讓林語堂感到敬畏：「辜鴻銘的翻譯是真正的天啟」[65]。辜鴻銘對西方嬉笑怒罵，批評白人帝國主義者武力侵略中國，抨擊傳教士(特別是耶穌會士)為虎作倀，給青年林語堂很大的刺激。在反傳統的新文化運動正如火如荼之際，辜鴻銘對中國文化無與倫比的信心，更令林語堂目瞪口呆：

> 今天世界真正的動亂不在中國——雖然中國忍受它的影響——而是在歐洲及美洲。……如果美國能學習中國文化，將會獲得深度；英國人將會獲得寬大；德國人將會獲得單純。而所有美國人、英國人、德國人，由於學習中國文化，研究中國的書籍和文字，將得到一種精細的心靈的性質。我放肆地說，在我看來，他們通常都沒有達到這樣卓越的程度。[66]

我們可以說，林語堂後來所做的事——「向中國人介紹西方文化，向西方人介紹中國文化」——即是踵繼辜鴻銘的腳蹤；他以英文撰寫《吾國與吾民》(*My Country and My People*)，和辜鴻銘之寫作《中國人的精神》(*Spirit*

---

65 林語堂著，胡簪雲譯，《信仰之旅》，頁61。
66 林語堂著，胡簪雲譯，《信仰之旅》，頁64，66。

of Chinese People）更是異曲同工。但是，林語堂一輩子也沒有成爲一個目空一切的中國文化沙文主義者，也從不曾像辜鴻銘那般崇拜儒家。誠如林語堂所說，辜鴻銘的作品在他生命中所扮演的角色是：「幫助我解纜離開我的停泊處，而把我推進懷疑的海中」[67]。

的確，要脫離根深柢固的信仰是很困難的。在清華教書，別的同事星期日去嫖妓，而他卻遵守清教徒戒律，守身如玉，還帶了一班主日學，引起同仁譏嘲。他主持耶誕節晚會時，儘管自己已不再相信東方三博士朝拜、天使夜半唱歌的故事，卻還是不能免俗地向年輕人照本宣科[68]。他雖然理智上無法再接受基督教教條，但情感上卻難以割捨。令他放不下的，有愛，也有懼：對全知全能上帝的依戀，使他快樂平和；若一旦捨棄來自天父的愛，他怕自己將有如煢煢孤兒，獨自面對不可測的世界[69]。

在他徬徨不已的時候，清華同事劉大鈞的一席話，切斷了他與基督教的最後一線聯繫。

> 「如果沒有上帝，大家就不會做好事，天下豈不大亂？」
> 「爲什麼呢？」劉先生答：「我們還是可以做好人呀！做好人本來就是人的本分。」[70]

對呀，就是這麼簡單！

---

67 林語堂著，胡簪雲譯，《信仰之旅》，頁64，69。

68 林語堂著，簡又文譯，〈林語堂自傳〉，頁203；林語堂著，胡簪雲譯，《信仰之旅》，頁50。

69 Yutang Lin, "The Importance of Living," p. 409.

70 Yutang Lin, "The Importance of Living," p. 409.

人既生爲人，就該做好人，不是因爲那些複雜的假設——原
罪、救贖、十字架、天堂、天上第三者的存在——才去當好人。
人做好事乃是天經地義，不用再加上一大堆威脅利誘。如果愛
人只是爲了取悅上帝、好讓自己上天堂，那就不是眞愛。同樣
的道理，如果傳教士來到中國，不因爲中國人是「人」而愛他
們，而是覺得中國人可憐、要把中國人從地獄中救出來、好讓
自己對上帝有所交代，這樣的傳教士應該滾出去，因爲他們對
基督教、對中國都沒有好處。[71]

林語堂突然感到如釋重負。

(三)原罪感之闕如

　　讀神學而產生對教條的反感，加上到北京接觸到中國文化氛圍，是林
語堂自己指出的兩個離開教會的理由。在筆者看來，除此之外，林語堂之
放棄基督教，可能還有另一個深層原因：他沒有「原罪感」(the consciousness
of sin)[72]，牴觸了基督宗教的基本人性假設。當然，誠如瓦格所說，這是
中國人心態與基督宗教的重大扞格之處，並不稀奇，但是林語堂的例子仍
有其特殊性。

　　原罪感對基督教有多重要？念過神學的林語堂應該很清楚。基督教出
現於上古世界崩潰之際，所以有一種著重來世的傾向，希望脫離這個腐
敗、混亂、滅亡中的世界，而到另一個世界去。因此：

71　Yutang Lin, "The Importance of Living," p. 409；林語堂著，簡又文譯，〈林語堂
　　自傳〉，頁203。

72　Yutang Lin, "The Importance of Living," p. 408.

> 罪惡仍是今日通行的基督教義的根本理論。教士在講道的時
> 候，第一步是使人體會到罪惡的存在，以及人類本性的不
> 良……總之，如果你不先使一個人相信他是罪人，你便不能勸
> 誘他做基督徒。[73]

基督教要人自認為罪人，要人相信今生的享樂是罪惡，刻苦才是美
德；而且，人的罪惡只能靠一種外在的偉大力量來救贖，無法自救。

罪惡感在基督教神學中占了這麼重要的地位，可是林語堂卻偏偏沒有
罪惡感！小時候在父親教導下讀四書，他和一般中國人一樣，都受到孟子
性善說的潛移默化，對於人性的正向潛能抱著信心。

不過，他並不是一個單純的性善論者，只看到人性光輝。相反的，他
的真正特殊之處在於：他承認人性的弱點，可是他不但不加以譴責，反而
大聲歌頌這些弱點：「如果人類的心靈都是高貴的，那麼我們將變成完全
合理的動物，沒有罪惡沒有弱點，也沒有錯誤的行為。如果真是這樣的話，
這世界將變成一個多麼乏味的世界！」[74]

這種對人性缺失的寬容與諒解，與他大學後吸收的生物學、生物化學
新知有關。達爾文的進化論，明明白白告訴我們「人類是動物」；而生理
學家更告訴我們，人的身體是一架精巧神祕的機器。因此，一向以智能為
傲的知識階級，應該老老實實地承認：除了道德、理智之外，動物性官能
與欲求也是人不可或缺的一部分[75]。

後來他把生物學上的知識和他對傳統中國文化的理解結合起來，稱之

73　林語堂，《生活的藝術》（原出版於1937）（台北：大方，1975），頁17。
74　林語堂，《生活的藝術》，頁51。
75　林語堂，《生活的藝術》，頁23-38。

爲「合理的自然主義」（reasonable naturalism），也就是理解自然，並與自然和諧相處。他認爲傳統中國人了解這個道理，所以中國人的人生態度就是「做合情近理的人」：

> 人類是介乎天地之間，介乎理想主義和現實主義之間，介乎崇高的理想與卑鄙的情欲之間。這樣的介乎中間，便是人類天性的本質；渴求智識和渴求清水，喜歡一個好的思想和喜愛一盤美味的筍炒肉，吟哦一句美麗的詩詞和嚮慕一個美麗的女人，這些都是人之常情。[76]
> 這種講究合情合理的態度，形成一種寬恕的哲學，在法律、道德、政治上容忍錯誤、不爲已甚。只要自己光明磊落，無愧於心，通情達理的老天爺自會讓壞人惡有惡報。……儒、道哲學都有這種「合理的自然主義」，使中國人在塵世中心滿意足，代代繁衍子孫，不必另求永生。[77]

但是，又是什麼因素，使得這種「合理的自然主義」對一個克制身體欲求的清教徒有吸引力？或者說，是什麼原因，使得林語堂會走到他的信仰的對立面去？

這得從喀爾文教派的「預選說」（predestination)說起。清教徒是喀爾文教派的一支，有嚴格的制欲色彩。他們相信：人的靈魂是否能夠得救，全知全能的上帝在創世之前就已做了決定，絕非渺小的個人可以憑藉祈

---

76 林語堂，《生活的藝術》，頁20。
77 林語堂，《生活的藝術》，頁21-22。

禱、善功所能改變。不過，人雖然不能改變自己的命運，但不能因此而自暴自棄；相反地，要盡其所能、「有系統地克己」，以說服自己與他人：「我就是上帝的選民」。因此他們冷靜節制，壓抑享樂，辛勤工作，使俗世生活全面規律化、合理化，以累積財富、追求成功。清教徒這種特殊的宗教倫理，被社會學家韋伯(Max Weber)視爲西方近代「資本主義精神」的源頭[78]。

　　不過，在林語堂對童年的回憶中，10歲離家上學之前，我們看不到嚴峻的「預選說」的影子。他繼承父親浪漫不羈、聰明幽默、多情多淚的性情，也得到父母、兄弟、姊妹們充分的愛：「我們是在一個虔誠、相愛、和諧而有良好工作秩序的家庭中長成」[79]。的確，父親希望他「讀書成名」，除了不脫中國科舉思惟之外，也許還有一些清教徒重視教育、追求成功、以證明自己爲「上帝選民」的痕跡。但是整體而言，由於「耶儒合一」的林牧師對基督教神學的掌握有限，他似乎並沒有在孩子心目中灌輸「原罪」的觀念。

　　林語堂說他是天生的「伊比鳩魯派的信徒」（享樂主義者），享受美食最能給他無上的快樂；可惜家境貧窮，他童年最奢侈的願望不過是麵館裡的一碗素麵[80]。但在另一個方面，他比一般孩子——更不用說是典型清教徒——得到更多的縱容。他和性格單純、無邪的母親極爲親密，習慣和母親一起睡，玩母親的乳房，直到10歲爲止。他甚至透露，他到婚前都還是

78　Max Weber著，張漢裕譯，《基督新教的倫理與資本主義的精神》（台北：協志，1983），頁44-58。

79　林語堂著，簡又文譯，〈林語堂自傳〉，頁187；林語堂著，胡簪雲譯，《信仰之旅》，頁28。

80　林語堂著，簡又文譯，〈林語堂自傳〉，頁188。

個處男，但在結婚的前夜，他要母親和他同睡，以滿足那「無法言明的願望」[81]。—— 對「性」懷有極大戒懼的西方清教徒，恐怕很難想像，一個長老會牧師會容許成年兒子與母親親暱到這種程度[82]。

在山裡成長，似乎使幼年林語堂想像山是上帝的化身。「我們那兒的山令人敬，令人怕，令人感動，能夠誘惑人。峰外有峰，重重疊疊，神祕難測，龐大之至，簡直無法捉摸。」[83] 他的宗教感，與其說是道德經驗，不如說是從大自然中得到的美感經驗。

他喜愛大自然，相信上帝所創造的這個星球即是樂園。青山、花朵、游魚、微風、松濤、湖光……比珠玉之門的天堂更值得流連[84]。跪在教堂中無聲祈禱，仰望鑲嵌彩色玻璃窗戶，對他而言有如遠眺夕陽西下，沒入山林，美景無限，令人敬畏[85]。可是，一旦他像西方浪漫主義者一般，將「自然」(nature)看成善的來源，而不是如中古基督宗教那樣，視「自然」爲含有異端邪惡色彩；那麼下一步，也就很容易正面肯定「人性」(human nature)中的「自然」成分(亦即人的動物性層面)[86]，而成爲他所說的「（合

81　林語堂著，張振玉譯，《八十自敘》，頁59。

82　林語堂的妻子廖翠鳳出身廈門鼓浪嶼大戶人家，父親是錢莊老闆。她少女時期所受的嚴屬基督教戒律，就比較接近典型的西方清教徒：人是罪惡的，耶穌洗清我們的罪，信主才能上天堂。她很正經，很嚴肅，和女伴見面就彼此訴苦：「我很節省」，「我從不出去玩」，「我吃的是殘羹剩飯」，以表示自己的虔誠和美德。而且，因爲篤信基督教，她們有高人一等的優越感，因爲「主愛我」(不愛你)。見：林太乙，《林語堂傳》，頁136。

83　林語堂著，張振玉譯，《八十自敘》，頁18。

84　林語堂，《生活的藝術》，頁231。

85　Yutang Lin, "The Importance of Living," p. 400.

86　Northrop Frye, "The Romantic Myth," in *A Study of English Romanticism* (New York: Random House, 1968), pp. 8, 17.

理的)自然主義者」。

　　用美國心理學家威廉·詹姆斯的話來說，林語堂是屬於生來就有「健
全心態」(healthy-mindedness)的人，這種人像孩子一般樂觀，有「天藍色
的靈魂」；「神對他們而言是仁慈而美麗的化身。他們從浪漫、和諧的大自
然中認出神的屬性，而不是從人類紊亂的世界中認識祂。」[87] 相對的，「生
病的靈魂」(sick soul)則會誇大邪惡的力量，認為邪惡不會因為改變環境
或自我修正而消失，必須有賴超自然來補救。基督新教即是由此種全然悲
觀的心靈所建立[88]。

　　這麼一來，我們可以說，林語堂的先天氣質與他的後天信仰格格不入。
這二者的衝突在「耶儒合一」的童年時期還不明顯，然而他愈了解基督教神
學，其鴻溝就愈大。「我覺得我差不多是一個不比大家差的好人。如果上帝
能愛我，有像我的母親愛我的一半那樣，那麼他一定不會把我送入地獄的。
如果我不上天堂，那麼世界一定是該滅亡了。」[89] 因為抗拒原罪說，林語
堂會在信仰基督教二十多年之後，離開基督教會，其來有自。

　　就這樣，林語堂成了一個「異教徒」(pagan)。他知道，如果說「基督
徒」是「上帝的孩子」，那麼「異教徒」就有如「孤兒」，但也因此而擁有
精神的獨立。雖然他脫離基督教會，但他仍深信《新約》中耶穌的「山上
聖訓」。他也不是「反宗教」(irreligious)，因為他依然敬畏生命。

87　威廉·詹姆斯著，蔡怡佳、劉宏信譯，《宗教經驗的種種》，頁100。

88　威廉·詹姆斯著，蔡怡佳、劉宏信譯，《宗教經驗的種種》，頁166。根據詹姆
　　斯的說法，1850年以來，基督教中的自由主義不再強調罪惡意識，忽視死後永
　　罰，堅信人的尊嚴甚於人的邪惡與墮落。進化論更加強此一趨勢(頁110-111)。
　　林語堂透過閱讀英文書籍可能接觸過這些觀點，只是在華傳教士不願在原始教
　　條上放鬆。

89　林太乙，《林語堂傳》，頁143。

　　既然如此，當一個中國異教徒究竟意味著什麼？──是對自然敬畏，而安於塵世的生活；是對此生有深刻的悲哀，可是能夠欣悅地面對。在他看來，所有中國人都相信有某種「上帝」，亦即所謂「造物」，但中國人對祂存而不論、敬而遠之。他們更在意的是天地之大美、人性之尊嚴，而在面對生死時，他們甘之如飴，一如領受徐徐清風、朗朗山月一般豁達坦然[90]。

四、20世紀道家

　　接下來的問題是：放棄基督教後的林語堂，爲什麼會成爲一個道家？身爲現代道家，他在生活中如何表現信仰？而這種信仰放在烽火連天的20世紀上半葉，又有何種意味？

　　社會學家洛夫蘭德(John Lofland)曾提出皈依／改宗的七個階段／要件，包括：(1)持續緊張的經驗；(2)個人有以宗教來解決問題的傾向；(3)視自己爲宗教的追尋者(religious seeker)；(4)在生命的轉折點遇到一個宗教團體；(5)與該宗教團體建立網絡；(6)周遭沒有對該宗教團體的負面阻力；(7)與該宗教團體展開密集的互動[91]。就林語堂來說，前三項是成立的，後四項則不盡然符合。和一般信眾不同，知識分子的宗教認同，與其說是仰賴人際網絡，不如說是充滿掙扎的「自我指導」的歷程[92]。

　　筆者以爲：林語堂成爲道家，除了天性相近之外，還有時勢的因緣際會，以及他對儒釋道三家的比較選擇。他嚮往蘇東坡行雲流水、揮灑自如

90　Yutang Lin, "The Importance of Living," pp. 401, 404, 410.

91　John Lofland, *Doomsday Cult: A Study of Conversion, Proselytisation, and Maintenance of Faith.* (New York: Irvington Publishers, 1981), pp. 29-63.

92　梁麗萍，《中國人的宗教心理》，頁194。

的生命風格，相隔一千年，他也在文字與居家生活中展現現代道家風貌。沒有煉丹求仙，卻也一樣恬澹自適。只是，大戰頻仍的20世紀比王安石變法時代詭譎，林語堂的腳蹤也比蘇東坡來得遼闊；這位現代的「快活才子」，終究在現實環境中左支右絀。

(一)文化、政治、文學、信仰的連動

林語堂在41歲時說：「在本性上，如果不是在確信上，我是個無政府主義者，或道家。」[93]既然天性如此，成為道家似乎是理所當然。但進一步檢視當年史料，我們發現這個轉折絕非天經地義。他的數篇自傳皆寫於40歲之後，對於28歲至40歲之間的思想劇烈轉折略而不提。正因為跳過了這一段，才給人水到渠成的錯覺。其實，他不是立即由耶轉道，而是花了十餘年時間才慢慢確定道家認同。

更有意思的是，他的信仰改宗，與他的文化改宗、政治改宗密不可分。在那十幾年，他由力倡歐化變為肯定傳統，由自由派變為左派、再變回自由派，最後才成為一個道家。可以說，他的文化主張影響了政治立場，政治立場又影響了文學風格，而文學風格最後左右了他的宗教選擇。是政治、文化、文學、宗教四者間的連動，形塑了「非基督徒時期」的林語堂。

1919年林語堂得到清華半官費獎學金，帶著新婚妻子廖翠鳳赴哈佛留學，在比較文學研究所讀書。讀了一年，清華獎學金突然取消，他轉往法國打工，教導擔任歐戰軍伕的華工讀書識字。存了一些錢以後，他到德國耶那大學(Jena University)修課，原因是戰敗後德國馬克貶值，在那裡生活比較便宜。1922年取得哈佛碩士學位後，他進入萊比錫大學就讀博士班，

---

93 林語堂著，簡又文譯，〈林語堂自傳〉，頁211。

回到語言學專業，論文寫的是《古代中國語音學》[94]。從美國、法國到德國，林語堂總共在外遊學四年。因爲基督教家庭背景，在中國時，這對年輕夫妻比一般人都接觸更多西方事物。然而一旦眞正來到西方，文化差異立刻使兩人窘態畢露[95]。這段期間，歐戰剛剛結束，巴黎和會風風雨雨，德意志帝國解體，威瑪共和岌岌可危，但林語堂此時埋首課業，對國際局勢似乎十分隔閡，對西方文明內部的問題也無心思考。

可是，就像一般留學生一樣，1923年學成回到祖國，林語堂又面臨另一種文化衝擊。全國不分南北，混戰不斷。北京，這個「眞正的中國」，正被軍閥輪流掌控；哈德門外揚起的，是一種混合了牛筋、破鞋、古董、曲本、驢屎、馬尿、塵埃的「土氣」。這種土氣隨風襲入鼻孔，使他頓覺1924年的中國首都，儘管點綴著法國麵包房和潔淨的東交民巷，還是比西方落後一千年。他說：

> 我覺得凡留美留歐新回國的人，特別是那些有高尚理想者，不可不到哈德門外一走，領略領略此土氣之意味及其勢力之雄大，使他對於他在外國時想到的一切理想計畫稍有戒心，不要把在中國做事看得太容易。[96]

94　林太乙，《林語堂傳》，頁50-54。

95　例如：吃西餐時，他總弄不清楚該用哪個勺兒喝湯，用哪支叉子吃魚。照顧他們的哈佛大學教授夫人（威爾遜〔W. Wilson〕總統之女）來訪，林語堂聽見按鈴趕快打掃，可是已經來不及了——客人還是撞見一隻死老鼠躺在廚房角落裡。還有，他們應邀去教授家吃飯，進去後才發現記錯時間；兩人不知該早告辭，傻乎乎繼續坐下去，害得主人只好草草備餐打發他們。——事後回想，廖翠鳳窘得兩頰發燙。見：林語堂著，張振玉譯，《八十自敘》，頁71-72；林太乙，《林語堂傳》，頁49。

96　林語堂，〈論土氣〉，收於：氏著，《剪拂集》（原出版於1928）（上海：上海書

這個感想，和他當年初由上海抵達北京時的印象（「有異教徒的快樂與滿足」），可謂差了十萬八千里！留洋鍍金回來的優越感，已經取代了從前鄉下人進京的膜拜心理。

他在北大擔任英文教席，也在北京女子師範大學兼課，認識了魯迅、周作人、錢玄同、徐志摩、劉半農、郁達夫等人，共同創辦《語絲》雜誌。這個時期，他年輕氣盛，憤世嫉俗，認為中國人是「根本敗類」，只有「精神歐化」才能帶來民族復興：

> 今日中國政象之混亂，全在我老大帝國國民癖氣太重所致，若惰性，若奴氣，若安命，若中庸，若識時務，若無理想，若無熱狂，皆是老大帝國國民癖氣……欲對此下一對症之針砭，則弟以為唯有爽爽快快講歐化之一法而已……
>
> 三十年前中國人始承認有科學輸入之必要，二十年前始承認政治政體有歐化之必要，十年前始承認文學思想有歐化之必要。精神之歐化乃最難辦到的一步，且必為「愛國」者所詆誣反對；然非此一步辦到，昏憒卑怯之民族仍是昏憒卑怯之民族而已。[97]

林語堂此時的激烈主張，符合五四新文化運動的邏輯：為了救國，必須斷然拋棄傳統文化，而非保存傳統文化[98]。他甚至認為，中國唯一的偉人孫

（續）――――――――――――――――

店，1983），頁142。

97 林語堂，〈給玄同先生的信〉，收於：氏著，《剪拂集》，頁11，13。

98 只是，姑不論「精神歐化」可不可行，單就他所提倡的「非中庸」、「非樂天知命」、「不讓主義」、「不悲觀」、「穿孫中山式之洋服」……是否即可代表「精神歐化」，就大有商榷餘地。

林語堂早年與自由左派人士時相過從。這是(右起)魯迅、林語堂、蔡元培
(前立者)、宋慶齡、蕭伯納(Bernard Shaw)等人在1933年的合影。(圖片
提供:林太乙,《林語堂傳》,聯經,1989)

中山就是「三分中國人,七分洋鬼子」,而將來的偉人,也必然是七成或
十足的洋鬼子[99]──而他似乎也是這麼看待自己。

　　文化態度上的天真決絕,與他在政治立場的激進相呼應。1925年上海
英國租界發生英警殺人的「五卅慘案」,全國學生罷課,次年北京學生也
舉行請願示威,要求關稅自主,對外國通牒採取強硬立場。不料段祺瑞政
府有備而來,槍殺了林語堂在女師大的兩位學生,並打傷五十餘人。這個

99　林語堂,〈給玄同先生的信〉,頁9。

「三一八事件」對林語堂刺激很深：「這是我有生以來最哀慟的一種經驗」，因爲這兩位女生代眾人而死，爲國遭難[100]。原本持自由主義立場的他，因這個事件而變爲激進左傾，不再堅持「費厄潑賴」（fair play）精神，而開始響應魯迅，要打落水狗[101]。這麼一來，他被北洋政府通緝，逃到南方，暫時棲身於廈門大學。

他的激進，不僅表現在激烈批評北洋政府、用竹竿磚石和警察打架上，也表現在1927年加入國民黨左翼、擔任武漢革命政府外交部長陳友仁的祕書上。只是，眼看「一個不貪污，不愛錢，不騙人，不說空話的政府，登時，即刻，幾乎就要實現」，沒有想到，結果還是南柯一夢[102]。於是，才半年時間，他就厭煩那些「革命家」了。

林語堂的左傾，可能是受孫中山「聯俄容共」政策的影響；但誠如他自己所說，他天生是草食動物，不是肉食動物，善於治己，不善於治人[103]，自然更不願受制於人。即令他有愛國熱情，痛恨腐敗政權，但左翼革命所蘊含的集體主義傾向，根本不是他所能接受的。所以，他到上海去，開始專業作家的生涯，又回到了自由主義的立場。

可是，左傾的武漢政權固然可厭，北伐成功以後的國民黨右翼政權更爲可恨。他們以反共爲名箝制言論思想；相對而言，軍閥時代反倒比較能暢所欲言。對比之下，兩年前北京熱血沸騰的場景恍如隔世，現在的他只剩下「太平人的寂寞與悲哀」。囿於現實，他的夢想從濟世救國轉爲桃源避秦：「我現在不做大夢，不希望有全國太平的天下，只希望國中有小小

<hr>

100 林語堂，〈悼劉和珍楊德群女士〉，收於：氏著，《剪拂集》，頁14。
101 林太乙，《林語堂傳》，頁66。
102 林語堂，〈新年之夢──中國之夢〉，見：林太乙，《林語堂傳》，頁123。
103 林語堂著，簡又文譯，〈林語堂自傳〉，頁211。

一片不打仗，無苛稅，換門牌不要錢，人民不必跑入租界而可以安居樂業的乾淨土……」[104] 政治立場既轉爲犬儒，他的寫作策略也從直攖其鋒、力批逆鱗，轉爲謔而不虐、點到爲止。也就是說，剛剛足夠暗示思想，又能避免牢獄之災。就這樣，拜國民黨箝制言論之賜，林語堂發展出他的「幽默文學」與「性靈文學」來[105]。

他說：所謂「幽默」，是一種從容不迫的達觀態度，在發現人的愚笨、自大、矛盾、偏執之際，付諸深遠超脫的微笑。它與「諷刺」相近，卻沒有其酸辣意味。欲求幽默，必先有深遠之心境，而帶一點我佛慈悲之念頭。然後文章火氣不太盛，笑中帶淚，淚中帶笑，使讀者得淡然之味。根據這個標準，老子、孔子、莊生、陶潛，乃至性靈小品、戲曲小說之中，都可以發現中國式之幽默[106]。

而所謂「性靈」，即是個性。「性靈文學」努力追求文體與思想的解放，直抒胸臆，發揮己見，眞喜眞惡，悉數道出，絕不肯出賣靈魂，依傍他人。即使瑕瑜互見，得罪聖賢，爲世俗所笑，亦在所不計。他在袁中郎、袁子才、李笠翁、金聖嘆、李卓吾身上，看到這種典型[107]；而這種類似克羅齊（B. Croce, 1866-1952）「表現說」，肯定個性、自由的中國文人類型，更可上溯到蘇東坡、陶潛、乃至莊子[108]。

總而言之，從精神歐化、政治激進，轉變爲文學上歌頌「幽默」「性

---

104 林語堂，〈新年之夢──中國之夢〉，頁123-124。
105 林太乙，《林語堂傳》，頁95。林語堂的幽默文學多發表於《論語》雜誌，性靈文學則多發表於《人間世》雜誌。
106 林語堂，〈論幽默〉，收於：正中書局編，《回顧林語堂──林語堂百年紀念文集》（以下簡稱《回顧林語堂》）（台北：正中，1994），頁173。
107 林語堂，〈論性靈〉，收於：正中書局編，《回顧林語堂》，頁185-186。
108 陳平原，〈林語堂東西綜合的審美理想〉，頁312。

靈」、政治上傾向自由主義，這麼一來，林語堂已經非常逼近道家。

他嘗試著去肯定中國文化的某些面向，而一個偶然的機緣，更使他對中國文化全面重估。1931年他應邀到英國演講，題目是〈中國文化之精神〉。有趣的是，當年他從海外歸來，對國內空氣萬般不耐。如今再次出國，面對西方聽眾，他的心情卻有了奇妙的變化。因為，這個自由主義者，一向也是愛國主義者。為了替國家「爭面子」，他在國外轉而為中國傳統文化辯護。當年他怒斥國人之「老大帝國人民習氣」，包括「惰性、奴氣、敷衍、安命、中庸、識時務、無理想、無熱狂」等；而今看來，正是這些特色，成就了老成溫厚、和平堅忍的中國文化精神，其淵源則是中國人之「人文主義」（humanism）[109]。他自思：

> 東方文明，余素抨擊最烈，至今仍主張非根本改革國民懦弱委頓之根性，優柔寡斷之風度，敷衍逶迤之哲學，而易以西方勵進奮鬥之精神不可。然一到外國，不期然引起心理作用，昔之抨擊者一變而為宣傳，宛然以我國之榮辱為個人之榮辱，處處願為此東亞病夫做辯護，幾淪為通常外交隨員。事後思之，不覺一笑。[110]

只是，他返國後又起異樣感觸，覺得這個東方美人「遠視固體態苗條，近睹則百孔千瘡」。尤其是在九一八事變日軍侵占東北、國民政府卻聲聲主張「先安內再攘外」之際，他要國內讀者不要把他在國外的演講詞太當

---

109 林語堂，〈中國文化之精神〉，收於：正中書局編，《回顧林語堂》，頁150。
110 林語堂，〈中國文化之精神〉，頁146。

眞:「和平忍耐諸美德，本爲東方精神所寄託，然今日環境不同，試問和平忍耐，足以救國乎，抑適足以爲亡國之禍根乎？」[111]

可是沒有多久，當他應賽珍珠(Pearl Buck, 1892-1973)之邀，以英文寫作《吾國與吾民》(1935)時，面對西方讀者，他又忍不住以國家之榮辱爲個人之榮辱、處處爲此東亞病夫辯護了。他在《吾國與吾民》中所述中國人的性格，除了「忍耐，無可無不可，老猾俏皮」是惡德之外，他更推崇國人「圓熟、和平、知足、幽默」等特性，並肯定此性格背後的人文主義及中庸之道[112]。結果此書一炮而紅，使他從一個上海文人躍居國際知名作家，並於41歲時全家赴美發展。

1937年他再接再厲，寫成《生活的藝術》(The Importance of Living)，鼓吹中國文人的「閒適哲學」，展現一個「明知此生有涯，但是短暫生命未始沒有它的尊嚴」的民族所看到的人生悲哀、美麗、恐懼與喜樂[113]。此書更爲轟動，被美國「每月讀書會」(Book of the Month Club)選爲推薦書，確立了他在西方文壇的地位，他也從此羈旅海外三十年。弔詭的是，這個曾經主張「精神歐化」的人也就此定型，成爲中國傳統──特別是道家生活情調──的主要代言人[114]。這些轉折，恐怕連上帝也會失笑。

---

111 林語堂，〈中國文化之精神〉，頁147。

112 林語堂，《吾國與吾民》（原出版於1935）（台北：輔新，1989）。

113 林語堂，《生活的藝術》，頁1。

114 除了《吾國與吾民》、《生活的藝術》之外，林語堂還以英文寫了其他著作來宏揚道家精神。《蘇東坡傳》讚賞曠世奇才蘇東坡「骨子裡是一純然道家」，懂得盡情享受生活。小說《京華煙雲》呈現儒道對比，《風聲鶴唳》呈現佛道對比，而《唐人街》則是道家人生態度與西方文化的對比。見：陳平原，〈林語堂東西綜合的審美理想〉，頁313。

(二)道家思想與實踐

　　林語堂成爲道家，除了因緣際會、身不由己的時勢因素之外，也有他個人對中國精神傳統的比較與選擇。或許由於基督教背景隱隱作祟，他對佛教充滿敵意，理解也相當有限。除了提及佛教思想影響宋明理學、滲透文學作品之外，他以相當輕佻的口吻，暗示當代佛教僧尼淫亂、大寺院收入可觀[115]。爲此太虛法師相當不悅，曾命印順法師爲文駁斥。

　　至於儒家和道家，他做了簡單的二分法：儒家代表城市哲學、古典主義，是中國人的工作姿態；而道家則代表田野哲學、浪漫主義，是中國人的遊戲姿態[116]。——而他當然是同情道家的。早在1928年，他就曾以〈子見南子〉獨幕劇引起軒然大波。該劇描述不同於周公之禮的「南子之禮」——男女共學、肯定情欲，結果惹得孔氏家族集體抗議。他能欣賞孔子的幽默、孟子的「情智勇」，和儒家通情達理、不走極端的中庸之道[117]，但是一說到程朱理學，他就猛烈撻伐，因爲它是「最不科學的哲學」，甚至「不是哲學」[118]。

　　道家重返自然、崇拜純樸，最讓林語堂心儀。不論是發現自我的莊子，

---

115 林語堂，《吾國與吾民》，頁137-140。

116 林語堂，《吾國與吾民》，頁125-127。

117 林語堂，〈論孔子的幽默〉，收於：氏著，《論孔子的幽默》（台北：金蘭，1984），頁47-52；林語堂，《生活的藝術》，頁89、99。

118 林語堂，《吾國與吾民》，頁97。他認爲宋儒受佛學影響，曲解儒道，失去強哉矯活潑潑的精神。他們將「格物致知」轉爲「窮理讀書」，使科學格物不得其門而入；他們引入禪宗「明心見性」，使儒家由動轉靜；而「人欲淨盡，天理流行」之說，則導致宋儒戒愼恐懼，懦弱無能。在林語堂看來，這些理障使中國難以應付今日「動」的世界。見：林語堂，〈論東西思想法之不同〉，收於：正中書局編，《回顧林語堂》，頁139-142。

或玩世、愚鈍、潛隱的老子,都被他推為「最會享受人生」的人[119]。更不用說,他所熱愛的「樂天才子」蘇東坡,「為人父兄夫君頗有儒家的風範,骨子裡卻是道教徒,討厭一切虛偽和欺騙」[120]。除了老莊合乎「幽默」、「性靈」的要素之外,我們也可以從他過去的成長背景中看出,他之所以喜愛道家──以及某種程度上的道教──的端倪。效法自然的道家,符合這個「山上的孩子」的自由本性;道教重視形軀我,又強調放逸,呼應了他反喀爾文新教的叛逆心理;而且,在這個科技崇拜者看來,道家哲學是合乎科學的[121]。

不過,林語堂並非透過深入研究而受道家影響;他似乎是先有某種氣質,後來才找到「道家」這個標籤為自己定位。因此嚴格來說,此一時期林語堂對諸家哲學的理解顯得膚淺。何況為求讓西方讀者容易接受,他必須以俏皮風格包裝內容,難免譁眾取寵之嫌,所以我們很難從理論中揣測他的道家信仰深度。從他的生活態度,反倒比較可以看出他如何實踐道家信念。

《生活的藝術》中閒適過活的中國文人,種樹插花、品酒喝茶、享受大自然;而20世紀遊走東西的林語堂,則是喝茶抽煙、愛吃消夜、每天散步、喜愛旅行、蒐集唱片、愛看電影、不用牙膏、抗拒理髮……,他的癖好平凡得可以[122]。他為了抗議喀爾文派而強調人的動物性,但是落實在生活中,他所放縱的感官實在非常有限。我們發現,他最特殊的享受似乎和腳有關:在紐約釣魚時,用兩根趾頭夾住蚌蛤,給他難以言喻的快感:「我

---

119 林語堂,《吾國與吾民》,頁126;林語堂,《生活的藝術》,頁86-95。
120 林語堂著,宋碧雲譯,《蘇東坡傳》(台北:遠景,1997),頁7。
121 林阿苔、林亞娜著,潘榮蜀譯,《吾家──林語堂女兒的日記》,頁66。
122 林阿苔、林亞娜著,潘榮蜀譯,《吾家──林語堂女兒的日記》,頁22-29。

林語堂一家甜蜜合影。小女兒林相如(前排左)坐在母親廖翠鳳懷裡，老二林太乙(前排中)與老大林如斯(前排右)依偎著父親林語堂。(圖片提供：林太乙，《林語堂傳》，聯經，1989)

的靈魂在泥土沙粒中蠕動時，感到很舒服。」可是另一方面，他每次散步回來必定洗腳，每天洗三四次，號稱他的腳是「世界上最清潔的」，連羅斯福(F.D. Roosevelt)、希特勒(A. Hitler)、墨索里尼(B. Mussolini)都比不上[123]。——那雙既愛在泥裡蠕動、又怕被泥土弄髒的腳，似乎透露了他內心世界的一些消息。

像蘇東坡一樣，他能過富貴的日子，也能安於簡樸。不管名聲多高，他總沒有失去自己。在上海的時候，他因編撰《開明英文讀本》、創辦雜誌成功而收入豐厚，使家人可以過優渥的生活。住宅三面都有美麗的花園，花園四周環繞著四十多棵白楊樹，園裡桃花、玫瑰、荷花、菊花依序盛開。最盛的時候，家裡雇用了黃包車夫、保母、聽差、廚子、洗衣婦等六名傭人。

可是到紐約以後，他們一家租住中央公園西邊的舊公寓，不再有傭

---

123 林阿苔、林亞娜著，潘榮蜀譯，《吾家——林語堂女兒的日記》，頁3。

人，一切自己來，他最拿手的是學擦鞋童把鞋子擦得雪亮[124]。爲了發明、製造中文打字機，他欠了一大筆債，太太常常煩惱嘮叨，他只是學蘇東坡一般微笑接受。他喜歡法國南部海岸風光，因爲這裡可以與自然接近，生活費也比美國便宜。住在坎城時，太太在陽台上種馬鈴薯，夫妻倆穿著便衣，手拉手上街買菜，簡樸得像小孩子一樣，誰也不知道這個挽著菜籃的中國人是個大作家[125]。

　　他有豐富溫暖的家庭生活，雖然妻子廖翠鳳不是他的最愛。——他終生摯愛的是大學戀人陳錦端，但因女方家庭反對而無法結合。廖翠鳳拘謹實際，只有中學學歷，與這個自由不羈的語言學博士相去甚遠，更不是他所嚮往的陳芸、李香君典型。她做事井井有條，衣裳穿得齊齊整整，每週上教堂做禮拜，吃肉也揀切得周正的肉塊。而他則是遊戲人間，不做禮拜，痛恨各種約束他的領帶、腰帶、鞋帶，專愛啃翅膀、脖子、雞肫，兩人性情有天壤之別。但廖翠鳳的好處是豐腴端莊，做得一手好菜，把三個女兒教得規矩可愛，又能管住一家人，不在林語堂寫作時吵他。「她照顧他肉體的一切需要，但是管不了他的思想」（林太乙語），所以他們互相忍讓、互相妥協。她就像抓住氣球的墜頭，防止他亂飄闖禍，而他也對她極爲忠實[126]。

　　也許因爲家有這樣的賢妻良母，所以林語堂對那些追求平等、獨立、自由，否定母性、妻性的摩登女子不以爲然。他認爲，中國女性在家並不受委屈，因爲她們善於利用婚姻來掌握權力。在他看來，女性調治羹湯比

124　林阿苕、林亞娜著，潘榮蜀譯，《吾家——林語堂女兒的日記》，頁161-171；
　　　林太乙，《林家次女》（台北：九歌，1996），頁76，99。
125　林太乙，《林語堂傳》，頁244，281-282。
126　林太乙，《林語堂傳》，頁48；林語堂著，張振玉譯，《八十自敘》，頁5，59。

作詩更爲有益；一位典型的女性，該是一位智慧仁慈而堅定的母親，而其
眞正的傑作乃是雪白肥胖的小寶寶[127]。——所以，這個男性道家信徒，恐
怕並不樂見一位女性道家的出現！

　　林語堂最精彩的人生角色，或許是扮演一個「大哥哥」一樣的父親，
而從這裡也似乎最能看出他的道家色彩。他極疼愛三個女兒(也許爲了彌
補林至誠當年的重男輕女？)，從小教導她們睜大眼睛，探索這個不可思
議的美麗世界。他們晚上就著光觀察蜘蛛網，躺在長江船上數滿天星星，
下雨天打赤腳在小溪急流中放紙船，還在上海的花園中種稻子，好讓孩子
從稻子的生長中看到造物主的神祕[128]。

　　他倜儻不羈，我行我素，拿報紙伸手到火車車窗外、讓風把紙撕裂，
要孩子也跟著玩。爲了讓女兒什麼都見識，他甚至帶著妻女去飯館召妓！
忍驚受怕爬上維蘇威火山口，去看煉獄般的熔岩景象，也是他的自然教育
的一部分[129]。孩子本身的天眞爛漫，對他而言更是生命的奇蹟。小女兒相
如7歲生日時，他清早起來，到廚房用糖霜在蛋糕上寫小壽星的名字，高
興得像孩子一樣。當孩子唱起「生日快樂」，他突然流淚，爲她們甜美的
歌聲感動得不能自已[130]。

　　因爲太愛孩子的天眞爛漫(或者太喜歡在陪伴孩子時重溫童年？)，女
兒們長大後，他想從中國領養另一個女孩，但廖翠鳳反對：那個女孩不是

---

127 林語堂，《吾國與吾民》，頁159-163。
128 林太乙，《林語堂傳》，頁148-149。林阿苔、林亞娜著，潘榮蜀譯，《吾家——
　　林語堂女兒的日記》，頁25-26，170。
129 林太乙，《林家次女》，頁38-40。
130 林太乙，《林語堂傳》，頁170。

她生的，她不要。這對林語堂是個很大的打擊[131]。後來當了外公，他一樣疼愛孫兒孫女。他把自己幼年照片和兩個孫子照片拼在一起，洗出一張「三個小孩」的照片。三人一黨，把鞋放在飯桌上，躲進藏衣室咯咯笑，共同對付廖翠鳳那個「大人」[132]。誠如他自言：「理想的人並不是完美的人，而只是一個令人喜愛而通情達理的人，而他也不過盡力做那麼樣的一個人罷了。」[133]

林語堂享受讀書之樂，但不信任學校教育。他們在歐美不斷搬家，耽誤了孩子課業，他也不以為意。次女太乙以優異成績自高中畢業後，他竟然認為她不必上大學，直接入社會學習就好！但他每天花一小時和她們講學問，堅持在國外給她們中文教育。

他教什麼呢？寫作文，學書法，讀唐詩、《聊齋》、《今古奇觀》、《冰瑩自傳》、《沈從文自傳》、朱子〈治家格言〉、《莊子》、《西廂》、《宇宙風》、當天報紙！英文不教名家作品，只與她們念晚報上的羅斯福總統夫人每日記錄。出門、走路、看戲，走到哪裡都亂看亂學。他自豪地說：「她們所學不是文學，而是文學所取材的人生。不把讀書時間與不讀書時間分開，也是我的目的。宇宙就是一本大書，讓她們去念。」

不過，他說得一派輕鬆，孩子的感受卻不是這麼一回事。林太乙說：放學後再上中文課是很辛苦的，她寧願在廚房裡做甜餅，也不願意看字典查生字。可是功課若沒做好，爸爸會一臉不高興，罵她們在做白日夢。所以，「我是為爸爸而攻讀中文的，不是為自己」，因為「我對爸爸這個大人懷了一點稚氣的憐憫之心」[134]。

131　林太乙，《林語堂傳》，頁221。
132　林太乙，《林語堂傳》，頁260。
133　林語堂著，張振玉譯，《八十自敘》，頁49。
134　林太乙，《林家次女》，頁114-120。

　　在今天看來，林語堂的居家情調溫暖天真，與一般中產階級的生活理想相去不遠。可是在那個烽火連天的時代，這種生活毋寧太過奢侈。因此1930年代的左派作家胡風便痛斥他「忘記了在食不果腹衣不蔽體的人們中間讚美個性是怎樣一個絕大的『幽默』，忘記了大多數人的個性之多樣的發展只有在爭得了一定的前提條件以後」[135]。大陸文學評論家陳平原，在1980年代也對他頗不以為然：「林語堂缺乏儒家以天下為己任的社會責任感，也沒有佛家苦海慈航普渡眾生的大慈大悲心，倒是道家任自然、求安逸、享受每一刻時光是性之所近，真正了然於心。」[136]

　　筆者以為這些說法流於過苛。首先，時間與空間的差距會影響我們對他的觀感。在1930年代與1980年代的中國看來，林語堂是不負責任、自私自利的資產階級個人主義者；而時移勢易，在共產主義破產，生活水準普遍提高的21世紀看來，林語堂的道家生活方式，名正言順，合乎人性，並沒有太多值得詬病之處。

　　其次，即使放在那個年代來看，林語堂也有他的苦衷。他有大慈大悲心，也有社會責任感，只不過表達的方式比較不同。「哲學以個人為開端，亦以個人為依歸。個人便是人生的最後事實。他自己本身即是目的，而絕不是人類心智創造物的工具」[137]。在中國，他以性靈文學逃避政治壓力，強調個性、自由；而在西方，則以老莊曠逸對治西方現代資本主義、工業文明對人的牢籠。對於不分東西、鋪天蓋地而來的共產主義，他也有本能的抗拒。因為，在共產主義之下，沒有人類、沒有個人，只有階級；沒有觀念偏見或癖嗜，只有意識型態和階級思想；沒有個性，只有盲目的力量，

---

135 胡風，〈林語堂論〉，頁252。
136 陳平原，〈林語堂東西綜合的審美理想〉，頁313。
137 林語堂，《吾國與吾民》，頁80。

大家熱烈地向著螞蟻的模範前進[138]。而這些都是他難以忍受的。

說林語堂自私自利、置苦難同胞於不顧，並不公平。他是個自由主義者，但他愛國不落人後。自由主義的立場，使他厭惡北伐後國民黨的統治，嘲笑蔣介石的新生活運動太「幽默」；而因為愛國心切，他不贊成蔣介石之「先安內而後攘外」政策，而主張抗日優先。弔詭的是，正因為如此，當1937年抗戰開始，他大為振奮，轉而積極支持蔣介石，稱讚蔣為偉大領袖。他義務為中國(也就是國民政府)做海外宣傳，在《時代週刊》寫〈日本征服不了中國〉，廖翠鳳則擔任紐約中國婦女戰時救濟會會長，為國內難民孤兒努力募捐。

1939年國難方殷，他帶著全家人回國，也把積蓄都存在中國銀行(後來這些錢全部化為烏有)[139]。可是重慶空襲不斷，文人無法有所作為，他認為在國外為國家宣傳，比在國內跑警報有貢獻，所以次年才又全家返回紐約。返美之後，他繼續文章報國，批評美國的姑息、孤立政策，也上書蔣委員長提出外交建議[140]。1943年他出版《啼笑皆非》(*Between Tears and Laughter*)，盱衡世局，批判西方的強權政治、物質主義、自然主義，期待亞洲復興。1944年又出版《枕戈待旦》(*The Vigil of a Nation*)，批評共黨，揭露國共關係真相，因而飽受美國左派、自由派攻擊。

我們要怎麼解釋，一個自由派最後竟向右派威權靠攏？筆者以為，這是因為：在左右兩極對立的時代，不願受集體約制的自由主義者，能選擇的餘裕十分有限。在右派獨裁與共產主義之間做取捨，兩害相權取其輕，自由主義者(包括胡適)只能站在右派獨裁政權那一邊。因為，只要不批評

138　林語堂，《生活的藝術》，頁80。

139　林太乙，《林語堂傳》，頁188。

140　林太乙，《林家次女》，頁200-207。

政治，自由主義者還能在右派政權下維持一個「自為的世俗空間」；共產極權主義的控制卻是水銀瀉地，無孔不入，意識型態不僅盤據公共生活，也把私領域壓縮到零，而自由主義者也會淪為階級敵人、牛鬼蛇神。所以，他從抨擊蔣介石轉為支持蔣介石，或許有其不得已的苦衷。

　　總之，面對混亂的20世紀前半葉，不論在中國或是西方，林語堂的道家式「生活風格」（lifestyle）都是一種抗議的姿態，用以爭取個人在集體化社會的喘息空間。也可以說，他是以道家式的生活哲學尋找亂世中的安身立命之道。

　　不過，他顯然沒有找到。——最清楚的證據是：1958年，林語堂63歲，在美國再度皈依基督教。

五、回歸精神原鄉

　　在出走三十年之後，林語堂二度改宗的原因何在？基督教重新吸引他的因素是什麼？

　　筆者以為，林語堂會回到基督宗教，有內在因素，也有外在刺激。內在的因素是喀爾文主義的持續影響，外在的刺激則是擔任南洋大學校長時的挫折。除了個人遭遇之外，他對20世紀整體世局發展的憂慮，也使他既有的科學與人文主義信念動搖。恰好在此時他碰到了一個好牧師，因緣際會，終於使他放下對教會的疑慮，重新皈依。換言之，洛夫蘭德所提改宗七要件之說中的前三項對林語堂依然成立，所不同的是多了第四項：在生命的轉捩點遇到一個宗教團體，使他晚年重回基督教的懷抱。

(一)喀爾文的印記

　　二度改宗之後的林語堂，寫了《信仰之旅》(*From Pagan to Christian*, 1959)，記錄他的心路歷程。談到改宗原因，他提到的主要是對20世紀思潮的疑惑，而鮮少涉及他私人的生活變化。但是，如果不對後者有所了解，我們很難掌握他改宗的契機。

　　林語堂會在六十多歲再度改宗，在此之前即有跡可循。他在41歲的時候已經說過，他厭惡教條，但並未眞正離開基督教。第一度改宗時，他沒有發生像托爾斯泰(L.N. Tolstoy, 1828-1890)一樣激烈的內心衝突。每一個階段他都自覺是個完整的基督徒，只是每一階段都比前一階段有更明顯的自由傾向，與教條漸行漸遠。但是他隨時都能回到〈山上聖訓〉耶穌的訓誨：「你想野地裡的百合怎麼長起來？……」這般詩意，對他而言一直眞實無比。類似的訓誨，和身爲基督徒的內在生命意識(consciousness of the inner Christian life)，給他莫大的力量[141]。在海外時，他曾和大女兒如斯談起宗教。如斯說：「世上是沒有上帝的」，而他卻認爲這麼說太武斷。他說：科學無法回答「生命從何而起」這樣的問題，我們只能稱這個神祕爲「上帝」，一如道家稱之爲「道」[142]。由此可見，他雖然與「教會」的關係斷絕，但與「上帝」還維持著神祕的聯繫。

　　不只如此。他雖然號稱痛恨喀爾文主義，但事實上，接不接受喀爾文的「直接教義」是一回事，受不受它的「間接教義」影響又是另外一回事。

141　Yutang Lin, "The Importance of Living," p. 407.

142　林阿苔、林亞娜著，潘榮蜀譯，《吾家──林語堂女兒的日記》，頁66。旅歐期間，他們一家曾去比利時修道院，拜訪成爲神父的前內閣總理陸徵祥，也經常去看教堂。他說，一到歐洲，他就變成宗教家了。見：前引書，頁129，135。

事實上，清教徒教養長期潛移默化，在他的實際生活中留下不可磨滅的印記。比方說，喀爾文派要求信徒的不是個別的善行，而是成為完整體系的道德生活[143]，那個給他「父親式影響」的聖大校長卜舫濟，就有清教徒的特色：態度嚴肅，信仰虔誠，重視社會服務，生活簡樸而思想高尚[144]。

與林氏相交數十年的小說家徐訏也提醒讀者：讀林氏之文，往往誤以為他是一個不拘形骸、放浪隨便、自然任性的人，其實他的生活井井有條、非常有規律，簡直到了拘謹嚴肅的地步。「文章可幽默，做事須認真」，正是林語堂的信條[145]。他在上海創辦《論語》旬刊、《人間世》半月刊時，選擇稿件一絲不苟，讀者來信慎重作覆，拉稿勤又不惜下工夫。《論語》銷路最好時，他每期寫兩篇小品文，每星期辦公六天，每天花四小時在看稿和寫信，可見其勤慎之一斑[146]。在家裡他每日比孩子早起，在書房看書寫作，一直到下午兩點。他的書桌永遠整潔，寫作的時候關上房門，全家肅靜，沒有人敢去吵他。下午休息散步，晚上又工作到子夜之後，要廖翠鳳催他才肯上床睡覺[147]。

喀爾文主義不僅影響他的工作倫理，也似乎影響他對金錢的態度。他收入較同儕高，也很在意金錢。在林太乙為父親所作傳記中，幾乎每個階段都有詳細的家庭收支記錄。賽珍珠夫婦提攜他進入國際文壇，但1952年他因對方剋扣版稅而與他們鬧翻。而後來南洋大學的糾紛，與金錢亦不無

---

143 Max Weber著，張漢裕譯，《基督新教的倫理與資本主義的精神》，頁57。

144 布林頓、克里斯多夫、吳爾夫著，劉景輝譯，《西洋文化史》（四），頁170。

145 徐訏，〈追思林語堂先生〉，收於：子通編，《林語堂評說七十年》，頁137。

146 佚名，〈林語堂小傳〉，收於：林語堂，《生活的藝術》，頁9。

147 林太乙，《林語堂傳》，頁142；林阿苔、林亞娜著，潘榮嵩譯，《吾家——林語堂女兒的日記》，頁23。

關係。當然，這可能是諸多因素造成的，包括：自幼窮苦，二姊因無錢上大學，抑鬱而終；大學時代由於家境懸殊，使他無法與陳錦端結合；後來娶了錢莊女兒廖翠鳳，岳家常以金錢來衡量女婿成就。……這些因素，都足以使林語堂明白金錢的重要。再說，他以稿費養五口之家，十分不易，錙銖必較在所難免，更何況後來林家、廖家兩大家族約有五十人，大部分生活費都要仰賴他賙濟[148]。種種原因，都使得他不得不看重金錢。除此之外，喀爾文主義「爲證明自己是上帝選民而努力賺錢」的態度，對他也應有若干影響[149]。他在〈做人與做文〉中，開宗明義反對「文人應窮」之說，並主張文人亦應規規矩矩做人，文人若干惡習，如：寒、懶、借錢不還，他都不贊成[150]。這裡頗可看出他很不「道家」的一面。

　　除了生活態度、工作倫理、金錢觀念之外，喀爾文派對他的另一個影響，是深沉的孤獨感。「一切宗教都必須克服靈魂孤獨的問題……」[151]喀爾文派相信上帝在恆遠以前已經決定每個人得救與否，不會受到人類的影響而改變決定。《新約》中那個歡喜接納罪人悔改、有人情味而易於理解的上帝已經消失；取而代之的是一個超越的存在者，超過了人類所能理解的範圍之內，用祂極不可思議的旨命，在亙古以前就決定了個人的命運，並且支配了宇宙最細微的末節。韋伯說：這種教義，「以如此悲壯的不近人情」，在信徒心中產生了空前的孤獨感。因爲，沒有人能幫得了他：牧師不能，聖禮不能，教會不能，甚至連耶穌基督也不能——因爲基督只爲

148　林太乙，《林家次女》，頁147。

149　不過，即便他如此小心經營，他的存款也多次化爲烏有。他曾爲了發明打字機傾家蕩產，後來又遭到中國銀行破產、共同基金倒閉的厄運。

150　林語堂，〈做人與做文〉，收於：正中書局編，《回顧林語堂》，頁199-201。

151　林語堂著，胡簪雲譯，《信仰之旅》，頁20。

選民而死，未受上帝垂青者無法得到救贖。要得到救恩就必須加入教會，但加入教會也未必就能夠得救。總之，喀爾文教徒與上帝的溝通，是在深深的心靈孤獨中進行的[152]。那個清早起來自己讀聖經、凝望大山上白雲湧動的幼年山童，應該知道這種孤獨感。活潑熱鬧的道家中年，或許讓他暫時忘了寂寞。但是1954至55年間擔任新加坡南洋大學校長半年，乘興而去、鎩羽而歸，重新喚醒了他的孤獨感。

南洋大學的建立，曾為當地僑界一大盛事。為了讓中華文化在南洋生根播種，當地華人不分貧富，熱烈捐款，連三輪車夫、計程車司機都參加義踏、義駛。他們敦請學貫中西、名滿天下的林語堂擔任首屆校長，林語堂也欣然就任。這本是美事一椿，何以會鬧到不歡而散？

原因有幾個。首先，林語堂高估了自己的能力——他本來就不適合從事行政工作。早在1920年代擔任外交部祕書，他就發現自己只能自治，不能治人。1948年他應邀擔任國府駐聯合國教科文組織的美術與文學組主任，整天開會、寫備忘錄、應付人事問題、準時上下班，不到一年他就吃不消[153]。既然他不適合當「行動人」，卻貿然當起大學校長，當然會自討苦吃[154]。

再者，英國統治下的星馬地區政治情勢複雜，遠超過他的想像。在林語堂看來，共產黨苦心積慮想毀了南洋大學，他希望南洋大學能遏阻共黨勢力在東南亞滲透，因此主張校長握有唯一的行政職權，教授則享有絕對的思想自由，而且董事會應分二階段籌集六百六十萬美元，才能建立一所精神、物質均臻一流的大學。可是，他心目中的「自由大學」，卻被當地

---

152 Max Weber著，張漢裕譯，《基督新教的倫理與資本主義的精神》，頁47-49。
153 林太乙，《林語堂傳》，頁242。
154 徐訏，〈追思林語堂先生〉，頁149。他不讓女兒太乙念大學，自己卻去當大學校長，是另一個矛盾。

報紙譏爲「反共大學」；華僑地主則乘機炒地皮、包工程，不與他事先磋商。最令他懊惱的是，僑領陳六使態度曖昧，不願承擔原先答應的捐款，甚至最後杯葛林語堂所提預算，向他攤牌，逼他辭職[155]。

南大風波的是是非非，眾說紛紜。在董事會看來，問題出在林語堂所要求的薪金過高，不是私立的南大所能負擔[156]。徐訏則認爲，林語堂抵達當地未去拜訪僑領李光前（《南洋商報》老闆、陳嘉庚女婿），又以自己的女兒、女婿爲學校祕書，令當地人不諒解。經過談判力爭，最後林語堂與十一位教職員同時辭職，陳六使自掏腰包付了十萬美元的退職金，這件事又讓人覺得林氏貪財[157]。

在眾多說法中，錢穆的看法也許比較持平。錢穆曾被林語堂邀請到南大任教，他雖然婉拒，但自此對南大的發展狀況一直很關切。他感慨：林語堂所懸大學理想太高，但所需資金非當地華僑一時所能籌集。兩方欠缺溝通了解，以致兩敗俱傷，令人惋惜[158]。──換言之，他並不認爲林語堂的頓挫和共產黨的破壞有關。

林太乙說，南大事件使得母親變得神經衰弱，但父親並沒有因爲這個不愉快感到氣餒；他年紀愈大，對社會上的欺詐、虛僞看得愈淡漠。可是，她還是感覺出父親有一股很深的寂寞感：

---

155 林語堂，〈共匪怎樣毀了南洋大學〉，南洋大學校友業餘網站（http://www.geocities.com/nandazhan/lishi/yutang02.htm）。

156 趙世洵，〈悼念林語堂先生〉，《大成》，30期（1976年5月），頁17。

157 徐訏，〈追思林語堂先生〉，頁150-151。

158 錢胡美琦，〈憶認識林語堂先生的經過〉，收於：正中書局編，《回顧林語堂》，頁104-105。

> 父親雖然如此隨和，在他心靈深處還有個我們碰不著的地方。
> 那也許是因爲他是天才，天才要有天才伴，而我們僅是普通
> 人。有時我甚至感到我們的家庭快樂是他任導演創造出來的
> 戲。他有時居然會說他感到寂寞，因爲沒有人愛他，令我們聽
> 了莫名其妙。[159]

這個寂寞感，不只來自個人生命的頓挫，也來自身處20世紀的孤獨。他心靈深處那個別人碰不著的地方，也許只有上帝能懂。

(二)「大光的威嚴」

從二戰期間開始，林語堂就對西方當代思潮有極深反感。在《啼笑皆非》中，他爲英美重歐輕亞的戰略感到悲憤，因爲其中反映出西方強權政治的存在。他認爲，強權政治之所以存在，其病源在於物質主義。而物質主義之出現，又和歐西百年來學術思想上之自然主義、科學主義有關[160]。

和年輕時代不同，他不再一味推崇「自然主義」；相反地，現在他認爲：將深山野林、弱肉強食視爲自然，就難免把人類互相屠殺看成理所當然[161]。他不只開始對「自然」有所保留，這個素來崇拜科學的人，也愈來愈知道科學「知其然、不知其所以然」的限制。他更反對學者將自然科學觀念胡亂套用於社會人事上，鼓動政客操弄世界(如達爾文物競天擇說、地緣政治說)。

但是，他還有一線希望：他相信新的科學——如相對論、場論——的

---

159 林太乙，《林語堂傳》，頁285。
160 林語堂，《啼笑皆非》(台北：遠景，1979)，頁2。
161 林語堂，《啼笑皆非》，頁178。

出現，可以摧毀既有物質主義，重建精神與物質的平衡，使人道主義超越自然主義之上；而他也相信，莊子的齊物論與愛因斯坦（A. Einstein）的相對論可以互通，老子的「柔弱勝剛強」可以取代強權政治。在書中他提到了耶穌，但未以耶穌為唯一依歸，重點是在耶穌與老子的共同點（他們正巧都是亞洲人）——他以為老子的「既已為人，己愈有；既已與人，己愈多」，「受國之垢，是為社稷主。受國不祥，是為天下主」與耶穌行誼有相通之處[162]。

　　十五年後，在《信仰之旅》中，他再度重申對物質主義、科學主義的質疑。從笛卡兒（R. Descartes）到馬克斯（K. Marx）、達爾文、佛洛伊德（S. Freud），從物理學到化學，他們以唯物方式解釋宇宙，結果是把上帝趕出宇宙[163]。更要命的是，社會科學也助紂為虐。「今天道德信念的消失，不是因為自然科學的進步，而是因為社會科學模仿自然科學，躲在客觀性的堡壘後，把路帶到價值的虛無上去。」其結果是令我們生活在一個沒有信仰、道德的犬儒主義的世界，所有人都要為人類理想的崩潰付出代價[164]。

　　很自然地，他也反對硬拉科學來合理化宗教。因為，宗教是人透過他的道德性對宇宙的完全反應；不是「非理性」，而是「高級的理性」；這種知識所不及的區域，有時反倒會成為人類知識與道德意識最有意義的區域[165]。相對於他年輕時以科學立場質疑宗教，老年的他有了大逆轉。

　　既然科學的限制性很大，哪個精神傳統才能對症下藥、在20世紀救世濟人？他再度回去看儒、釋、道三家。比起《吾國與吾民》時代，他對三

162　林語堂，《啼笑皆非》，頁2，211-218，221-222。

163　林語堂著，胡簪雲譯，《信仰之旅》，頁203-222。

164　林語堂著，胡簪雲譯，《信仰之旅》，頁228，242。

165　林語堂著，胡簪雲譯，《信仰之旅》，頁183，202。

家的理解更爲深入。

　　他不改對佛教的反感：他認爲，佛教最奇怪的是它的「業」的觀念（他把它理解爲「罪」）；他也堅持，任何宗教爲來世而否定現世，都會妨礙它與近代青年的意識接觸[166]。至於儒家，他給予它道家化的詮釋──既然理學家能透過佛教眼光看孔子，爲什麼他不能用道家的眼光看孔子[167]？──其實，與其說林語堂是以「道家」眼光看孔子，不如說他是透過「基督化的道家」眼光來評估儒家。他一方面看到儒道之間有相似性(二者都主張完成天性、實現人的自我)[168]，但另一方面他仍認爲儒家太理性。他認爲，孔子對上帝及上帝意旨的關心，和他對宇宙的靈性性質的看法，已被一般儒家的實證主義所蒙蔽。相對的，道家反而比較可欣賞孔子對於死、上帝、上帝意旨及人的靈性等問題[169]。因此，「中國有幸，中國人有一半時間是道家」[170]。

　　不用說，在儒釋道三家中，他還是最欣賞道家。他視莊子爲中國最有深度的哲學家、最重要的作家，惟蘇東坡可以與之比擬。特殊的是，他以巴斯卡(Pascal)解莊，認爲莊子勇於和別人不敢接觸的問題纏鬥，如靈性、永生、存在、知識的性質等問題。現在，他更努力地尋求道家與基督教的互通點：在他眼中，老子的「柔弱勝剛強」、「善者吾善之；不善者，吾亦善之」固然與基督教相似[171]，莊子的「齊物論」也被他拿來和基督教比附。

166　林語堂著，胡簪雲譯，《信仰之旅》，頁180。
167　林語堂著，胡簪雲譯，《信仰之旅》，頁79。
168　林語堂著，胡簪雲譯，《信仰之旅》，頁94。
169　林語堂著，胡簪雲譯，《信仰之旅》，頁79。
170　林語堂著，胡簪雲譯，《信仰之旅》，頁113。
171　林語堂著，胡簪雲譯，《信仰之旅》，頁133。

他認為，「齊物論」主張知識有限、標準相對、萬物齊一，就像萬有的最後原理在上帝的統一中消失[172]。莊子所謂「生者死之徒、死者生之始」，也和聖保羅(St. Paul)的教訓一致。他甚至下了一個結論：「莊子事實上是相信上帝的無所不在」[173]。

可是，走過千山萬水，畢竟還是基督教義讓他最為感動。耶穌的教訓簡明純潔得無以復加，雖然沒有孔子的自制、佛的心智分析、或莊子的神祕主義，但耶穌的世界包含有力量及光的明朗。在別人推理的地方，耶穌施教；在別人施教的地方，耶穌命令。祂沒有信條，沒有儀式，只教人要愛上帝，並彼此相愛[174]，告訴人天國在你心中，溫柔及謙卑的人將承受祝福[175]。祂的教誨是如此悲憫：「天父，寬宥他們，因為他們不知道自己在做什麼。」又如此微妙：「你只要如此對待我這些兄弟中最卑微的人，你就等於如此對待我。」相較之下，儒家太重實際，妨礙對人生及宇宙性質的進一步省察。而佛教除禪宗外，智識多過神祕。惟有莊子的道家，最直接有助於靈性的解放，老子和耶穌在精神上更可謂兄弟，但耶穌能為門徒洗腳，老子則無[176]。

雖然重新肯定基督教的教義，但林語堂仍不接受原罪觀念，也依然厭惡神學。既然耶穌說「天國在你心中」，何以喀爾文又說人「完全墮落」？他寧願在大溪地和一個半裸的少女同吃香蕉，也不要罪惡感的干擾——而他相信這是許多近代人的感覺。總之，「我信耶穌，但反對加(喀)爾

---

172 林語堂著，胡簪雲譯，《信仰之旅》，頁146。
173 林語堂著，胡簪雲譯，《信仰之旅》，頁149-150。
174 林語堂著，胡簪雲譯，《信仰之旅》，頁235。
175 林語堂著，胡簪雲譯，《信仰之旅》，頁239。
176 林語堂著，胡簪雲譯，《信仰之旅》，頁236-237。

文」[177]。如果免除喀爾文的干擾，他還是眞誠地信仰耶穌。

　　經過這麼多年的反思，他已經愈來愈接近他當年一度背棄的基督教會。現在只差一個好牧師，一間不會讓他如坐針氈的教堂，讓他歡喜聆聽講道，就能讓他心平氣和、心甘情願地回到基督教去。

　　很幸運地，他遇到了。這個牧師就是紐約的利達博士（Rev. Dr. David Haxton Carswell Read, 1910-2001）。利達出生於蘇格蘭，自愛丁堡大學畢業，二次大戰期間曾任英國軍中牧師，在諾曼地爲德軍俘虜五年。他曾寫過三十本書，在國家廣播電台講壇（National Radio Pulpit）主講二十五年，長期主持紐約麥迪生大道長老會（Madison Avenue Presbyterian Church）（1956-1989），備受會眾愛戴。他相信，「講道最大的罪惡，就是沉悶」；好的講道者應該一手持聖經，一手拿著當天晨報，好讓講道活潑生動。因此他的講道大量引用各種題材，從蛋頭先生（Humpty Dumpty）、約翰生（Samuel Johnson）、莎士比亞（W. Shakespeare），到愛麗絲夢遊仙境、007情報員……，不一而足，努力幫助聽眾從聖經觀點去和當代問題奮鬥[178]。

　　不同於許多牧師用憤怒的語氣宣講上帝的刑罰，利達牧師的長老會像林語堂童年時父親的教會一樣，使他可以感受到人心中的神性與耶穌對世人的寬容。「被容許走到上帝的面前，像我常常想崇拜他一樣來崇拜他，是一種如何萬慮皆釋的輕鬆的感覺！」[179]

　　他直言，中國從來沒有人因教義而信基督教；中國人信教，都是和某些遵守耶穌「彼此相愛」教訓的基督徒有親密接觸才信的。像他在尋源中

---

177 林語堂著，胡簪雲譯，《信仰之旅》，頁179-180。
178 見：http://www.mapc.com/html/02_pastors/02b_pastors-read.htm以及http://www.wfn.org/2001/02/msg00032.html
179 林語堂著，胡簪雲譯，《信仰之旅》，頁249。

學的師母畢牧師夫人，如今高齡九十，在半世紀的分離之後，看到他仍能親切地喚出他的乳名。每次接近這位偉大的婦人，他都感受到站在眞正基督教精神的面前。換言之，「基督徒產生基督徒，而基督教神學則不能」[180]。他之回到基督教會，與天堂、地獄沒有關係，而是他的道德直覺使然[181]。

基督徒林語堂的證言，呼應了非基督徒陳獨秀的看法。1920年時，陳獨秀在《新青年》中發表〈基督教與中國人〉一文時說：基督教的創世說、三位一體說和各種靈異，大半都是古代的傳說、附會，不足採信。眞正重要的，是耶穌的偉大人格，包括他崇高的犧牲精神，偉大的寬恕精神，和平等的博愛精神[182]。陳獨秀雖然反儒家，但這種想法其實反映了儒家人文主義的影響。林語堂亦何嘗不然？

總而言之，越過了教會與神學的障礙，他的上帝，終於再度向他伸出手，撫慰他內心那塊無人可以觸及的禁地。如果他懷疑沒有人愛他，那麼至少神愛他——而這個神，是道家之「道」與基督教之「耶穌」（或許還加上儒家之「天」）的混合體。

宗教社會學者周凱蒂認爲，西方「改宗」學說立基於基督教傳統，特別強調「突然、戲劇性的轉向」以及「排他性」；但在中國／台灣文化脈絡裡，「改宗」往往是一種漸進過程，而且只是在原本世界觀上有所「添加」（add-on），而未必表現成戲劇的轉捩點及排他性行爲[183]。身爲一個基

180　林語堂著，胡簪雲譯，《信仰之旅》，頁243-246。

181　林語堂著，胡簪雲譯，《信仰之旅》，頁75。

182　陳獨秀，〈基督教與中國人〉，收於：魯珍晞編，王成勉譯，《所傳爲何？——基督教在華宣教的檢討》，頁112-113。

183　周凱蒂，〈「改宗」概念的考察與重建：一個台灣宗教社會學的反省〉（台灣社會學會年會論文，2006），頁6（http://soc.thu.edu.tw/2006TSAconference/_notes/2006TSApaper/4-4.pdf）。

督徒，林語堂改宗歷程曲折反覆，而畢
竟不免於此一「中國特色」，值得我們
玩味。

(三)奧德賽的終點

　　回歸精神的原鄉之後，林語堂真的
得到心靈的安頓，可以自在地面對生命
的起落嗎？

　　在二度改宗前，林語堂曾與次女太
乙有過一段花園中的對話。

　　女兒問：「人死後還有沒有生命？」

　　父親堅決地回答：「沒有。你看這
花園裡處處都是生命，大自然是大量生
產的。有生必有死，那是自然的循環。
人與蜂有什麼分別？」

　　女兒疑惑：「人生既然這麼短暫，
那麼，活在世界上有什麼意思？」

　　父親的想法理智而豁達：「我向來

林語堂的幽默大師形象，只是他複
雜的內心世界的一個面向。（圖片
提供：林太乙，《林語堂傳》，聯
經，1989）

認為生命的目的是要真正享受人生。我們知道終必一死，終於會像燭光一
樣熄滅，是非常好的事。這使我們冷靜，而又有點憂鬱；不少人並因之使
生命富於詩意。但是最重要的是：我們雖然知道生命有限，但仍能決心明
智地、誠實地生活。」[184]

---

184 林太乙，《林語堂傳》，頁244。

在陽明山上的林語堂故居，兼有中國與西班牙建築風格。這裡群山環繞，可以遠眺台北盆地。（李淑珍攝）

換言之，林語堂需要上帝的愛，但是對於生死問題，他的想法還是道家式的。二度改宗之後，這種人生態度似乎並沒有改變。他向來喜歡稱頌中國文化有圓熟的「早秋精神」，80歲時回顧一生，他也主張以「早秋精神」面對個人的老去：

> 在安然輕鬆的進入老年之時，也有一種美……這時，青春的天真成了記憶，夏日茂盛的回音，在空中還隱約可聞；這時看人生，不是如何發展，而是如何真正生活；不是如何奮鬥操勞，而是如何享受自己主有的那寶貴的剎那；不是如何虛擲精力，

> 而是如何儲存這股精力以備寒冬之用。……因爲是早秋的精神
> 之歌，所以有寧靜，有智慧，有成熟的精神，向憂愁微笑，向歡
> 樂爽快的微風讚美。[185]

以安時處順的態度面對衰老與死亡，林語堂在文字中顯得睿智而成熟，符合讀者對「幽默大師」的期待。不過，這和實際的情形有點距離。當眞正的考驗降臨，不論是道家或基督教信念，都顯得無能爲力。

羈旅西方三十多年，林語堂愈老愈懷念東方。老夫妻帶著二十幾箱書，先到香港與女兒、外孫同住一段時日，1966年再赴台灣定居。雖然初次來到台灣，他卻有奇妙的回鄉感受。這裡到處都是講閩南語的鄉親，陽明山重巒疊翠有如夢寐中的童年。在這裡，他得到蔣介石禮遇，獲贈仰德大道居所，廣受文人圈歡迎。

他重新開始中文寫作，維持1930年代的幽默小品風格。雖然他鮮少批評國民黨的白色恐怖，但他的筆墨官司還是不少。談〈尼姑思凡〉引起佛教界不快，〈平心論高鶚〉討論《紅樓夢》後四十回作者問題、主張蘇軾與堂妹小二娘有戀情，也都曾引起風波。「在台灣寫文章眞不容易，我不敢輕鬆」，他感嘆[186]。但他記述來台二十四件快事，仍是一派道家風格：

> 華氏表九十五度，赤膊赤腳，關起門來，學顧千里裸體讀經，
> 不亦快哉！
> 到電影院坐下，聽見隔座女郎說起鄉音，如回故鄉。不亦快哉！

---

185 林語堂著，張振玉譯，《八十自敘》，頁127-128。
186 林太乙，《林語堂傳》，頁317。

無意中傷及思凡的尼姑。看見一群和尚起來替尼姑打抱不平，
聲淚俱下。不亦快哉！

黃昏時候，工作完，飯罷，既吃西瓜，一人坐在陽台上獨自乘
涼，口銜煙斗，若吃煙，若不吃煙。看前山慢慢沉入夜色的朦
朧裡，下面天母燈光閃爍，清風徐來，若有所思，若無所思。
不亦快哉！

看電視兒童合唱。見一小孩特別起勁，張口大唱，又伸手挖鼻
子，逍遙自在。不亦快哉！[187]

　　寫作之餘，工程艱巨的《當代漢英辭典》也在1967年開始編纂。這是
他畢生的抱負，雖然年逾七十，他還是勤勤懇懇，全力以赴。五年下來，
因為工作太累，他在1971年出現中風初期徵兆。可是，他很快復元，也順
利完成了辭典編輯。大功告成，他喘一口氣，準備帶妻子到歐洲旅行。可
是就在此時傳來噩耗——48歲的長女如斯，在故宮博物院辦公室裡上吊自
殺了。

　　林如斯長得像父親，在父母親寶愛呵護下長大，是一個動不動就走路
跌跤、一跌就坐在地板上咯咯笑五分鐘的開朗少女，會讀書也愛打扮，喜
歡種花也會幫忙照顧妹妹[188]。她像父親一樣愛國，在紐約上完中學後，心
繫抗戰中的祖國，返國在昆明軍醫署工作。在那裡她認識了一位醫生，與
他回美國打算結婚。不料就在訂婚宴的前夕，準新娘竟然與一位美國浪子
私奔，使全家如遭青天霹靂。林語堂傷心不已，更多的是不捨：「憨囡仔，

---

187 林語堂，〈來台二十四件快事〉，收於：氏著，《無所不談合集》（台北：台灣開
　　明書店，1975），頁656。

188 林阿苔、林亞娜著，潘榮蜀譯，《吾家——林語堂女兒的日記》，頁8-9。

怎麼做得出這樣的事來？」「我現在比以前更加疼她。我捨不得。」

　　如斯跟著夫婿經常遷居，過著不安定的生活，十年後終告仳離(那也正是林語堂離開南大的時候)。始亂終棄的婚姻，使如斯受創極深，再也沒有辦法振作起來。林語堂夫婦遷居台灣後，她也到故宮博物院擔任英文祕書、編輯，但是精神狀況起起伏伏。不論父親如何鼓勵她培養興趣，對世界好奇，她總是提不起勁。也許因為如斯不相信上帝存在，所以林語堂沒有鼓勵她去信教，而是以道家思惟勸她轉移憂傷。可是，道家要人忠於自我感受，如斯也只是把內心世界如實地表現出來。對林語堂而言，道家姿態是一種面對外在壓力的抗議；可是，如斯的壓力來自內心，她能逃到哪裡去？——自殺前她留了遺書給父母：「對不起，我實在活不下去了，我的心力耗盡了。我非常愛你們。」[189]

　　愛女之死，掏空了林語堂的心靈。他這輩子最傷心的事，都與女性有關。他最親的二姊美宮英年早逝；他最愛的女子陳錦端無法與他結合；而現在，他垂垂老矣，又遭逢心愛的女兒親手結束自己的生命。那個誠懇、風趣、樂觀、童心未泯的「現實主義的理想家」，從此變成一個空殼子。喪事辦完，一家淒風苦雨，太乙又問了：「人生什麼意思？」父親的回答還是：「活著要快樂」，可是再也說不下去[190]。

　　林語堂失女之痛如是強烈，並不令人意外。據研究，自殺是最困難的喪親危機，親人自殺引發的創痛極具破壞性，足以癱瘓遺族人生。生者不是懷疑自己導致了悲劇，就是自責何以未能事先防範；壓抑、尋找、怪罪、憂鬱、絕望、孤獨……等負面情緒，可能籠罩自殺者遺族長達二十五年[191]。

189　林太乙，《林語堂傳》，頁225-226，280，325。

190　林太乙，《林語堂傳》，頁337-338。

191　見：呂欣芹，〈說輕生太沉重——自殺者遺族的悲傷與調適歷程〉，《生命教育

我們不知道，在這樣的關口，是上帝還是心理醫生，更能幫得上忙？

「死別」這一關還沒有過完，接下來的考驗，是他自己的老病侵尋。他的記憶力開始衰退，燦亮的眼睛顯得遲鈍，對新事物不再那麼興致勃勃，變得經常流淚。

> 遇到風和日麗的氣候，他掉眼淚，聽見山上鳥聲，他掉眼淚。
> 這個世界太美了，他怎麼捨得走？[192]

聖誕節快到了，女兒陪他去逛百貨公司。裝飾品琳瑯滿目，聖誕頌歌溫馨響起，他在櫃台上抓起一串假珍珠鍊子，竟然泣不成聲[193]。在教堂聽禮拜，他也常在牧師講道時潸然淚下[194]。不久之後他坐上輪椅，一天比一天消瘦，身體功能逐漸喪失。有時他睡覺會從床上摔下，自己爬不起來，又不願麻煩次日要上班的女兒，他就靜靜躺在地上到天亮[195]。他已經不能走路了，還想去廈門探望舊情人陳錦端，但被廖翠鳳阻止[196]。數月之後，他在香港倒下。醫生進行搶救，他的心臟停了又跳，跳了又停，一連九次，才終於放棄生命[197]。

道家的敏感性靈，與喀爾文派的孤獨，可是他最後的心境？我們隱隱

（續）────────────
　　半年刊》，2期（2007年7月），頁79-80。
192 林太乙，《林語堂傳》，頁349。
193 林太乙，《林語堂傳》，頁349。
194 錢穆，〈懷念老友林語堂〉，收於：氏著，《錢賓四先生全集》（51）（台北：聯經，1998），頁444。
195 林太乙，《林語堂傳》，頁349-350。
196 林太乙，《林語堂傳》，頁29。
197 林太乙，《林語堂傳》，頁350-351。

然覺得，他的肉體已經結束，但他的精神旅程還沒有找到最後的安頓。

「死生亦大矣」。雖然林語堂長期以道家自命，但是他的生死觀似乎難以企及莊子的曠達。在理念上，他可以充分認同莊子的看法：形軀之我適然而生，必然而死，與萬物之成毀無殊，且與萬物相互流轉變易。如《莊子・大宗師》所云：

> 浸假而化予之左臂以爲雞，予因以求時夜。浸假而化予之右臂以爲彈，予因以求鴞炙……安時而處順，哀樂不能入也。此古之所謂縣解也。

儘管如此，在實際上，除了追求精神自由，林語堂也相當肯定身體層面上的安樂適意。換言之，在某種程度上，他將「形軀」等同於「自我」，而非「對自我之負擔與限制」。因此，一旦形軀衰病、消亡，人生意義也就無所依託。就「耽戀現世」這一點而言，他接近企求長生的「道教」，而非超然物外的「道家」，死亡遂變得難以忍受。

他曾歌頌老年的「早秋精神」，其曠達知命的態度，和「大塊載我以形，勞我以生，佚我以老，息我以死」（《莊子・大宗師》）異曲同工。但是，「早秋」畢竟不是「嚴冬」；「迎接老年到來」畢竟和「直接面對死神」有所不同。更何況，即便能接受人自幼而老的自然時序變化，但目睹子女在人生的盛夏突然從枝頭直直墜下，又是完全不同的一回事。晚年的林語堂因愛女之死而失去了文章中的從容與智慧，我們只有無限同情，不忍苛責。

如果道家哲學愛莫能助，那麼，基督宗教的生死觀，爲什麼也似乎不能給林語堂足夠的精神資源面對死亡？

　　耶穌曾說:「復活在我,生命也在我。信我的人雖然死了,也必復活;凡活著信我的人必永遠不死。」[198] 可是根據《新約》,當面對自己的死亡時,耶穌也曾有強烈的憂愁與掙扎[199]。但祂畢竟選擇順服神的旨意,被釘上十字架,好讓人藉著祂到神那裡去;而基督徒相信,祂在死後三天復活,證明了神的愛可以克服死亡,而人的原罪,也可以通過神之子耶穌的犧牲得到救贖:「神愛世人,甚至將祂的獨子賜給他們,叫一切信祂的,不致滅亡,反得永生。」[200] 凡夫俗子只要相信上帝,死後接受審判,經過煉獄懲罰、滌淨罪惡之後,即可進入天國,享有永生。——這個信念,誠然能緩解人對死亡的畏懼與哀傷。

　　晚年的林語堂的確回歸上帝懷抱,不過,基督宗教能令他產生共鳴的,毋寧是「偉大的人格典範」,而不是神學——包括原罪、救贖、地獄、天國……。既然沒有死後世界可言,則人仍必須硬挺挺地自行面對「人死如燈滅」的現實。如台灣作家鍾理和所云:殘酷無情的現代科學教育,不讓人有任何幻想,亮晃晃地把人的物質性限制照得無所遁形:物質不生不滅,而靈魂並不存在;人死後解體,還原於它原來的基本元素——「鐵還於鐵,磷還於磷,如此而已。此外,什麼也沒有!沒有!」[201] 現代科

198《新約·約翰福音》,11:25-26。

199 以下幾段文字,可以顯現耶穌的掙扎:根據《新約·路加福音》(22:42-43),耶穌殉難前在客西馬尼祈禱,極其傷痛,汗珠如大血點滴在地上。《新約·約翰福音》(12:27)記載他在耶路撒冷對百姓最後的話語:「我現在心裡憂愁,我說什麼才好呢?父啊,救我脫離這時候;但我原是為這時候來的。」此外,《新約·馬太福音》(27:46)及《新約·馬可福音》(15:33)均記錄:耶穌在十字架上曾大喊:「我的神!我的神!為什麼離棄我!」不過,《新約·約翰福音》(19:30)則謂:耶穌最後說的是:「成了!」

200《新約·約翰福音》,3:16。

201 這是亦曾痛失愛子的鍾理和(1915-1960)的感嘆,而他對兒子復活的期盼也只

學「除魅」效果對知識分子特別明顯，自幼受科學理性薰陶的林語堂，後來雖然對科學主義有所懷疑，但是他仍堅信人死後沒有生命。那麼，在面對親人及自身死亡時，基督宗教的安定力量就難免減弱。

當然，有的現代基督徒仍能在「死後世界並不存在」的前提下，找到人、神合一之道。面對死亡所帶來的危疑震撼，我們深感痛苦、軟弱，也因此能對他人之苦痛感同身受，打破人、我藩籬，學習用神的眼光來看世界。虔誠的基督徒甚至認爲，意外、痛苦、死亡，都是神賜予人的禮物，讓我們放下自以爲能掌控一切的傲慢，謙卑地體認人的有限。而如果能效法耶穌大愛，爲世人捨生，激發世人追隨，如同一粒麥子落地，結出眾多子粒，則死亡所具有的意義，更是無窮深遠[202]。——只是，這一切談何容易！「死亡」是林語堂最後也最艱巨的挑戰。而同樣留戀現世、耽溺形軀生活、懷疑死後生命的我們，又何嘗能夠豁免？

六、結論：見山不是山，見山又是山？

林語堂在《信仰之旅》中說：

> 我獲得宗教走的是一條難路，而我以爲這是唯一的路；我覺得沒有其他的路是更妥當的。因爲宗教始終是個人面對那個令人震驚的天，是一件他和上帝之間的事；它是一種從個人內心生

（續）

　　能寄寓於小說中。見：鍾理和，〈復活〉，收於：氏著，《鍾理和集》（台北：前衛，1991），頁180。

202 參見：高敏雄，〈盧雲的靈修生死觀初探〉（http://10.0.0.14:8080/dspace/handle/987654321/488）。

發出來的東西,不能由任何人來「給予」。[203]

　　這一條路的確很曲折。出身於閩南長老會牧師家庭的他,接受了相當完整的教會學校教育,也對西方科學文明充滿嚮往,但在上海就讀聖約翰大學時,卻對基督教神學產生懷疑疏離。他轉而努力惡補傳統中國國學知識,對道家思想產生共鳴,以追求內在自由的方式,反抗神學教條與政治威權,更向西方讀者大力推薦「異教徒」式道家審美生活態度。可是,到了晚年,因為無可言宣的孤獨感,他又回歸精神的原鄉,重新肯定耶穌「大光的威嚴」──儘管他還是不能接受原罪、永生、救贖觀念。他的「二度改宗」歷程,和禪宗由「見山是山」、「見山不是山」轉到「見山又是山」的三重境界,可謂異曲同工。而他的種種「矛盾」,就是他「二度改宗」過程所留下的生命積澱。

　　就文化上看,林氏的改宗經驗說明了基督教在中國傳教所遭遇的困境。基督宗教在19世紀中葉隨著西方武力第三度進駐中國,企圖以科學文明輔助傳教;不料,科學比神學更有說服力,而其帝國主義色彩也易激起民族主義的反彈。除非傳道士能以博愛、犧牲、寬容的人格感動信徒,否則基督宗教很難真正深入華人文化。

　　就個人而言,二度改宗反映了林氏個人樂觀天性與喀爾文教派原罪意識的衝突,他必須通過漫長的追尋才能找到妥協之道。他在道家與基督教二者間擺盪,在東西文化之間徘徊,長期維持自我分裂的狀態,但也賦予此二重信仰、二個文化新的內涵。

　　林氏是20世紀少數真正有資格自詡為「兩腳踏中西文化,一心評宇宙

---

203 林語堂著,胡簪雲譯,《信仰之旅》,頁20。

文章」的中國人。要探討一個具有民族主義、又四海爲家的現代求道者的改宗歷程，很難只聚焦於宗教上，而必須涉及他在文化、政治、文學上的態度，才能較完整地看出他如何做生命抉擇。我們可以發現，他在政治、文化的立場上，也和宗教一樣善變。這樣多變的四重奏，難免出現雜音、走調，未必總是協調一致。而他所遭遇最主要的困難，在於如何在一個強調集體主義的時代堅持個人內在的自由。只是，面對時代風雨摧折，這個「個人」畢竟還是脆弱的。

　　整體而言，儘管經歷了兩度改宗，我們很難說林語堂眞正找到了安身立命之道。從前存在的問題，現在依然存在：他的道家、詩人氣質，沒有眞正離去。在面對個人生命巨大關口時，理智上圓融的解答未必能撫平感情上的創痛。失女之痛難以平復，這個「幽默大師」的晚年光景令人感傷。他的世俗性生命情調最接近現代人，而他走不出困境的狀況，也讓同爲凡人的我們感同身受。

（本文曾發表於黃興濤主編，《新史學》，第3卷，北京：中華書局，2009）

第五章

徐復觀在台灣
——兩岸文化的激盪與交融

一、前言：大陸／台灣，1949

(一)楔子

下一頁的照片約莫攝於1948、1949年之交。45歲的徐復觀（1904-1982）穿著中山裝，坐在照片中央。他一手抱著1歲大的女娃梓琴，另一手攬著6歲的均琴，身後站的是12歲的武軍。緊張的氣氛瀰漫四周，幾個孩子——包括1歲娃娃在內——都顯得異常警戒。大家緊抿著唇，瞪視前方，好像某個看不見的敵人正在逼近。相形之下，身為父親的徐復觀，臉上浮現了平靜的悲哀。——因為，那一場仗，他已經輸了。

這幀照片，可能是徐復觀離開中國大陸之前最後幾張留影之一。一向脾氣火爆、直話直說的他，在照片中透露了同儕所不熟悉的深沉。

變化，來得太大、太急。不是嗎？身為南京政府聯合祕書處副祕書長、專責蒐集中共情報，眼睜睜看著內戰戰火四處延燒，從遼瀋會戰、徐蚌會戰到平津會戰，國民黨軍隊兵敗如山倒，他卻束手無策。

徐復觀與子女武軍、均琴、梓琴的合照（1948至1949年之間）。國民政府在國共內戰中兵敗如山倒，徐復觀臉上浮現難言的悲哀。（圖片提供：曹永洋編，《徐復觀家書精選》〔台北：學生，1993〕，頁53）

其實，早自1941年起，對時代暴風雨的預感，就壓得他喘不過氣來 [1]。在過去八年內，他退隱不成，還因緣際會被最高元首不次拔擢。可是，在人人嫉羨的位置上，他卻明瞭了一切努力的無望。如今，該來的還是來了。

攝影家卡蒂埃—布列松（Henri Cartier-Bresson）鏡頭下的人間異象，此時正在中國大陸上演。千千萬萬難民湧向上海，露宿街頭，靠拾取幾塊柴炭、幾口餿飯，在寒風中活一天算一天。國民政府的金圓券垮了，大家拚命蒐羅金飾準備逃難。流浪童屍和死狗死貓一同棄置街頭，沒有人有閒情逸致多看一眼。只有北京市民顯得泰然自若：儘管城牆外炮火激烈，他們照樣遛鳥喝茶，慢悠悠過日子。這個古城對改朝換代早就司空見慣，青天白日換成五星旗，也沒什麼了不起。

這個時候，海峽對岸的台灣，也遭遇前所未有的衝擊。從1946到1952，它的人口驟然增加了一百多萬。光是1949年，就有七十二萬人──包括國

1　徐復觀，〈我的教書生活〉，收於：蕭欣義編，《徐復觀文錄選粹》（以下簡稱《文錄選粹》）（台北：臺灣學生，1980），頁304。

民黨軍隊、官員、富商、地主、小販、學生……——，從上海、福州、廈門、廣州和香港等港口，湧入這個人口不過六百多萬的小島。才在兩年前經歷過二二八血腥鎮壓的台灣人，敢怒不敢言，看著大批難民強占寺廟、學校、公家建築，甚至連空置民房、荒塚墓地也不放過。1949年1月間，盛產稻米的島嶼米價暴漲：一大斗米十天之內從台幣兩萬元漲到兩萬六千元。到了2月中，台東更傳出一斗八萬元的天價。由於陷於內戰的國民政府赤字嚴重，貨幣供給額無限制增加，1945至1949年間，台灣的蠆售物價指數上漲超過一萬倍[2]。

　　5月間，身兼台灣省主席、台灣省警備總司令的陳誠，宣布了戒嚴令。島上偵騎四出，打著「錯百不可漏一」的口號，到處搜捕「匪諜」。在大陸難以推動的「三七五減租」，開始在台灣雷厲風行，使本省地主大受打擊。6月間又來了幣制改革，舊台幣四萬元折合新台幣一元，幾乎所有台灣人的積蓄都被剝個精光[3]。12月底，台灣開始徵兵[4]。第二次世界大戰結束才四年，戰爭的夢魘似乎又迫人而來。

(二)徐復觀的抉擇

> 我之所以拿起筆來寫文章，只因身經鉅變，不僅親眼看到許多
> 自以為是尊榮、偉大、驕傲、光輝的東西，一轉眼間便都跌得
> 雲散煙消，有同鼠肝蟲臂。並且還親眼看到無數的純樸無知的
> 鄉農村姬，無數的天真無邪的少女青年，有的根本不知今是何

2　吳聰敏，〈台灣經濟發展史〉(http://ceiba.cc.ntu.edu.tw/tmwu/TEH2001.pdf)，頁8。

3　吳濁流著，鍾肇政譯，《台灣連翹》（台北：台灣文學，1987），頁248-255。

4　中國時報，《台灣：戰後五十年》（台北：時報，1995），頁38-39。

徐復觀(右一)因為對中共的犀利觀察而受蔣介石(坐者)不次拔擢,但來台後國民黨的威權統治也成為他大力批判的對象。(圖片提供:唐縱,《唐縱失落在大陸的日記》〔台北:傳記文學,1998〕)

世,有的還未向這世界睜開眼睛;也都在一夜之間,變成待罪的羔羊,被交付末日的審判……而我的親友,家園,山河,大地,也都在一夜之間,永成隔世……5

世變滔滔,徐復觀和那一代中國人在驚濤駭浪之中飄搖。是走?是留?許

5　徐復觀,〈自序〉,《學術與政治之間》(台北:臺灣學生,1980),頁xi。

多人面臨生死交關的抉擇。

　　徐復觀出身於湖北鄉下貧苦耕讀家庭，脾氣火爆，才華早發，卻自稱素無大志，任天而動。25歲以前他受的是傳統國學教育，就讀師範，當過小學校長，但在北伐革命的風潮中把線裝書一古腦拋開，轉而服膺魯迅、馬克斯，後來赴日就讀陸軍士官學校，返國當了軍人，在白崇禧、黃紹竑、陳誠手下都做過事。抗戰末期，他奉命到延安擔任聯絡參謀，對中共的組織、策略提出觀察洞見，因而為蔣介石不次拔擢，成為親信參謀。他對社會主義懷有同情，但不能原諒中共土改之殘暴無人性。他感激蔣氏知遇之恩，但又對國民黨高層之腐化深感痛心。

　　在危疑震撼的1949年，徐復觀當然非走不可。身為蔣介石的親信，留在大陸是死路一條。1949年4月共產黨占領南京之前幾個月，他仍奮力想要「興師勤王」，聯合國民黨內中壯階層擁護蔣氏。即使在攜眷廣州準備逃難之際，他還是拗不過下野的蔣介石的召喚，到溪口共謀力挽狂瀾[6]。這樣的人，一旦落入共產黨的手中，還會有什麼好下場？

　　可是，話又說回來，黨派屬性並不是徐復觀離開大陸的唯一理由。最明顯的是，他逃到台灣沒多久，就退出了國民黨。

　　再說，雖然他反對共產黨的階級鬥爭，但他心裡很明白，「我們這一代的良心血性之士，多半在共產黨內」[7]。直到1970年代以前，私底下他對毛澤東一直懷有好感。而他向蔣介石再三提出的建言——進行土地改革，把黨改造成以自耕農及工人為基礎的政黨——和中共的制勝策略可謂

6　徐復觀，〈垃圾箱外〉，收於：氏著，《徐復觀雜文——憶往事》（台北：時報，1980），頁42-43。

7　李怡訪問，〈徐復觀談中共政局〉，收於：氏著，《徐復觀最後雜文》（以下簡稱《最後雜文》）（台北：時報，1984），頁405。

異曲同工[8]。儘管他一直對蔣介石的知遇深懷感激，但是在社會和政治理想上，他毋寧更認同有社會主義信仰的共產黨，而非帶著法西斯色彩的國民黨。這麼一來，他離開大陸的原因又變得撲朔迷離了。

　　徐復觀的例子說明了：1949年衝擊許多中國人的巨大變局，遠比「國民黨vs.共產黨」的兩極對立要來得複雜。徐復觀不願接受共黨統治而逃離大陸，到了台灣之後卻又和國民黨疏遠，因為他是個中國民族主義者（nationalist），而不只是個中國國民黨員（Nationalist）。他一度希望「由救國民黨來救中國」，整個「中國」──而不是「國民黨」──才是他最高的忠誠所寄。而他所謂「中國」，又是以勞苦大眾為實體，而非只以少數菁英為代表。在他心目中，解決現代中國種種糾結的出路，在於民主主義與社會主義的融合[9]。然而，在1949年這個轉捩點上，兩個黨都讓他失望了。

　　徐復觀並不是那一代人的特例。大陸時期的國民黨成員駁雜、組織鬆散[10]，在它逃到台灣的黨員中，除了正統的法西斯主義者之外，還包括了自由主義者如雷震、殷海光、張佛泉，無政府主義者如李石曾、吳稚暉，乃至托洛斯基派如嚴靈峰等人。1949年的變局令那一代流亡知識分子創巨痛深。他們不見得與國民黨當局同調，但都想尋找一個可以取代馬克斯主義的道路，在未來付諸實踐。可是這個新的文化與政治願景究竟是什麼？他們並沒有共識。

　　在馬克斯主義、自由主義、保守主義等意識型態壁壘分明的時代，徐

8　徐復觀，〈垃圾箱外〉，頁36。

9　徐復觀，〈熊十力先生之志事〉，收於：氏著，《徐復觀雜文──憶往事》，頁224。

10　Lloyd E. Eastman, *The Abortive Revolution: China under Nationalist Rule, 1927-1937* (Boston: Harvard University, 1990), p. 2.

復觀的立場顯得中庸、折衷。早在1944年，他就曾謁見大儒熊十力，開啟他生命的新機，埋下他後來由政返學、回歸中國文化的弘願。離開中國大陸之後，徐復觀不僅放棄了國民黨員身分，也捨下了原有的軍事、政治生涯。他脫胎換骨，成功轉型為政治文化評論家兼思想史學者。支持他脫胎換骨的，正是對儒家不落窠臼的詮釋，和近乎宗教般的信仰。儒家信念使他在政治上主張自由民主，在經濟上支持社會主義，在文化上則傾向於保守主義。但也因為如此，他成為四面不靠岸的一隻孤舟[11]。

徐復觀在台灣二十年期間（1949-1969），除了在省立農學院、東海大學中文系任教之外，更重要的是創辦了《民主評論》雜誌，矢志要結合儒家文化與民主政治，為中國人找出一條坦蕩大路。他相信以儒家、道家思想為內涵，以廣大農民社會為主體的中國文化，不能因為專制政治的存在就被全盤抹殺。在「白色恐怖」籠罩的「文化沙漠」裡，他感憤直書，到處樹敵。追求民主而譏詆儒家的殷海光、胡適，推崇中國文化而一併肯定傳統政治的錢穆，乃至在他眼中既不民主又不真心尊重儒家文化的國民黨，都成了他撻伐的對象。

除此之外，他認為文史學界裡的乾嘉考據遺風脫離時代，不識大體；年輕一代則高喊「全盤西化」、「現代主義」，迷失了民族文化的方向。他承認中國文化未開出民主與科學，但它並不反科學，且含有可與現代民主相容的民本根源。另一方面，他更積極發掘中國文化在道德與藝術上對世界文化的重大貢獻。《學術與政治之間》、《中國人性論史——先秦篇》及

11　他說：「凡是真正的儒家，都不能為一般人所了解，而常成為四面不靠岸的一隻孤獨的船」，因為，一個真正儒者的心靈，只能屬於人類，只能屬於自己的族類，而不屬於任何的黨。見：徐復觀，〈悼念熊十力先生〉，《文錄選粹》，頁342。

《中國藝術精神》等著作，凝結了他努力耕耘的心血。

可是，在台灣待了二十年，徐復觀的努力似乎徒勞無功，其他外省知識分子的聲音也在「白色恐怖」中暗啞。因為，仗恃著冷戰時代美國的支持，國民政府以威權統治與經濟奇蹟鞏固了遷台後的政局，壓制了其他政治與文化的可能性。時至今日，台灣對這群流亡知識分子的理解，也簡化為「外省人＝國民黨＝威權體制＝大中國沙文主義」，很少有人願意正視他們的歷史意義。身為流亡知識分子的一員，徐復觀在台灣思想史上的貢獻，也隨著台灣本土意識的高漲而湮滅不彰。即使隨著國學、新儒學在中國大陸重新受重視，兩岸學者對徐復觀的討論，也大都從思想、哲學層面出發，思考他在中國儒學傳統中的意義，而忽略了激發他的思想的具體時空。

為彌補這一方面的不足，這一篇論文將從台灣思想史的脈絡為徐復觀定位，藉由探討徐先生及他那一代「外省知識分子」在台灣的活動[12]，希望從另一個角度思考徐復觀與新儒家在20世紀台灣／中國文化中的意義。

12　本文所謂「外省知識分子」或「流亡知識分子」，主要指國府遷台（1949）前後，從大陸流亡到台灣（乃至香港和歐美），以文字、言論關懷「自由中國」公共議題的「公共知識分子」（public intellectuals）。他們的年紀橫跨二代，以離開大陸前即已成熟的中壯年人為主，但也包括在大陸度過青少年時期的下一代。徐復觀認為「所謂知識分子，必須是對現行社會體制，做徹底批評的人」（徐復觀，〈生活環境與知識發展的性格〉，收於：氏著，《徐復觀文存》〔台北：臺灣學生，1981〕，頁183）。與安於現狀、埋首書齋的學者有所差別，自然更與政府官僚不同。但筆者以為可以使用較為寬泛的標準，將「不那麼批判社會現行體制」、但仍關心公共議題的學者、官員、藝術家等也包括在內。由於本文環繞徐復觀及與他交流、交鋒的思想陣營做討論，勢必掛一漏萬，不足以涵蓋當時所有外省知識分子。而本文對「外省知識分子在台灣思想史上的意義」的結論，也勢必帶有濃厚的嘗試性質，還有待方家的指正補充。

二、三個方向的反省

　　1949年以後流亡港台的知識分子，在家國喪亡的巨大創痛中，展開政治和文化上的大反省。但是反省的方向，卻南轅北轍。以國民黨的「革命實踐研究院」、《自由中國》的自由主義者、《民主評論》的現代儒家爲代表，三個陣營分別提出了不同的「建國方略」。

　　在大陸失敗的前車之鑑，使得國民黨終於採行土地改革，爲往後台灣經濟起飛奠下基礎；但是它在政治上的緊縮政策，卻造成了比大陸時期更法西斯的「白色恐怖」。1950年代初期重新改組以後，國民黨以「反共」爲名，迫害異議分子，對民眾生活進行嚴密的監控。由蔣經國領導的五大情治系統──國家安全局、軍事情報局、調查局、警備總部、國防部總政戰部──滲透到社會各個角落，而「中國青年反共救國團」則專門針對在學青年進行思想控制。在「保密防諜，人人有責」的口號下，「安全」成了第一考慮，大家互不信任，不敢講眞話，人與人間的團結幾乎全部瓦解[13]。

　　相對的，雷震領導的《自由中國》與徐復觀創辦的《民主評論》，希望在民主自由的前提下建立合理的制度。不過，二者雖然政治主張相同，在願景、策略、經濟主張、文化立場、哲學思考上，卻漸行漸遠。徐復觀非常清楚地意識到這些差別：

13　殷海光，〈政治的神經衰弱症〉，收於：林正弘編，《殷海光全集：政治與社會（下）》（台北：桂冠，1990），頁602。

《民主評論》開始是多寄希望於國民黨內部的反省、革新，《自由中國》則多寄希望於社會一般人士的奮起、團結。

《民主評論》是側重在使民主自由建立在中國文化的基礎之上，不認為自由即是純個人主義的自由，也不一概排斥社會主義。《自由中國》則側重在「民權清單」，守住純個人主義的傳統，更徹底排斥社會主義的觀念。

《民主評論》希望由中國文化的反省、澄清，以把握其精神及長短之所在，開中西文化融通之路。《自由中國》則徹底反對中國文化，反對西方文化中的理性主義，堅持經驗論的立場。

《民主評論》重視道德的意義，《自由中國》則有些人否認有所謂道德問題。[14]

　　綜合來說，《自由中國》的「自由主義者」，在政治上追求民主自由，在經濟上主張自由市場，在文化上則否定中國傳統有積極的現代意義。《民主評論》的「文化保守主義者」，在政治上也追求民主自由，和《自由中國》相同；不同的是，在經濟上他們主張社會主義，而在文化上則努力反省中國傳統，希望民主政治能在中國文化的根柢上立基。相對而言，國民黨在政治上屬行黨國合一的威權統治，濫用情治機關鎮壓異己；在經濟上透過美援支持，推動市場制與計畫制混合的經濟體系；而在文化上，則以「法家化的儒家」來證明它繼承中國文化道統。

14　徐復觀，〈在非常變局下中國知識分子的悲劇命運〉，《中國思想史論集》（台北：臺灣學生，1993），頁276。

1949年後流亡知識分子提出的三種建國方略

	政治體制	經濟主張	文化立場
國民黨 （革命實踐研究院）	威權統治	混合經濟	法家化儒家，以繼承中國道統自居
自由主義者 （《自由中國》）	自由民主	自由市場	追求西化，否定中國傳統
文化保守主義者／現代儒家 （《民主評論》）	自由民主	社會主義	反省中國傳統，使與民主政治接軌

　　乍看之下，這三個陣營是針對1949年的巨變而出現，但放在百年來中國思想史的脈絡來觀察，這些分歧是延續五四運動──乃至鴉片戰爭──以來，中國知識分子面對民族危亡所產生的一連串回應，只不過將爭議、實踐的場域移到台灣。而若從世界史的角度來看，近百年來在台灣、在中國所發生的許多爭議，實為近代西方崛起、勢力凌駕全球之後，非西方世界知識分子在「西化」、「近代化」的衝擊下反省之一環。而近代西方文化隨著「全球化」加速而影響益發深遠，這些爭議更是方興未艾。在這篇論文裡，筆者將把焦點放在台灣的歷史脈絡上，最後再回來看徐復觀那一代人的努力對中國及世界有何意涵。

　　　　　　　※　　　　　　　※　　　　　　　※

　　在以上三個陣營中，1960年雷震因聯合本省人組織反對黨而被捕，《自由中國》關閉，自由主義者的火炬轉由《文星》接續，但這個雜誌也在1965年被禁。而《民主評論》的政治理想早在1953至54年就已破滅，此後只談文化問題；它慘澹經營到1966年，也告結束[15]。很明顯的，在這三股力量

15　徐復觀，〈在非常變局下中國知識分子的悲劇命運〉，頁276。繼《民主評論》

中，是國民黨主導了台灣1950、1960年代的政治發展。可是，筆者以爲，除了國民黨的威權體制之外，即使是自由主義與文化保守主義兩個陣營，仍在台灣史上留下了不可磨滅的影響；而身爲文化保守主義一員的新儒家徐復觀，也以獨特的方式在台灣留下痕跡。

問題是，國民黨政經菁英可以爲他們所開創的台灣「經濟奇蹟」自豪；可是，就徐復觀等公共知識分子而言，很難說對此有多少貢獻。而且，徐復觀雖在「白色恐怖」最窒人的1950至60年代多次挺身力抗國民黨，但在台灣民主運動出現突破的1970至80年代，他已被逐出島嶼；在台灣民主化的功德簿上，多半不會記上他這麼一筆。

此外，儘管若干本省知識分子敬重徐氏不畏權威的勇氣，但是對他念念不忘的儒家立場，卻不以爲然。即使徐復觀對儒家做了新的詮釋，但人們還是認爲儒家在政治、社會等公領域的主張落伍；急速的工業化與都市化改變了台灣的家庭與個人生活型態，更使人懷疑儒家在私領域內的價值觀。雖然不少外國學者將台灣的經濟成就歸功於它保存的儒家傳統，但是身爲當代新儒家在台灣最活躍的一員的徐復觀，卻感嘆他是爲儒家披麻帶孝的最後一位孝子[16]。既然如此，我們該如何評價他在台灣文化史的地位？

筆者以爲，分屬三個不同陣營的外省流亡知識分子，在1950至60年代「不期然」繼承了台灣過去數百年特殊的文化發展，使得這個島嶼更「中國」，也更「現代化」[17]。新儒家徐復觀在台灣的意義，要放在這個脈絡中

（續）————————————————

　　之後，台灣的文化保守主義陣營，以胡秋原的《中華雜誌》爲代表（徐復觀也經常投稿該刊），但其基調遠較《民主評論》爲激越。

16　徐復觀，〈無慚尺布裹頭歸〉，收於：蕭欣義編，《文錄選粹》，頁333。

17　筆者以「不期然」形容這種繼承關係，因爲這一批外省知識分子的思考範疇仍是中國，他們對台灣史的了解非常有限，也並未意識到自己在台灣思想史上具有承先啟後的意義。

來理解。徐復觀在台灣的努力功敗垂成，在某種程度上也象徵了台灣的「中國傳統」與「現代性」欠缺充足的反省與有機的結合。21世紀初台灣出現的「去中國化」危機和政治社會失序現象，未嘗不可從那個時代找到線索。

以下我們就從「台灣與中華文化的關係」及「台灣與歐美／日本的關係」這兩個背景，來探討外省知識分子——以及徐復觀——對台灣可能的影響。

三、台灣的中華文化傳統

「中國」、「中國文化」不是一個整齊畫一、一成不變的實體，1949年進入台灣的「中國經驗」，究竟內涵如何，也有待分析、釐清。譬如說，以「中華民國中央政府」姿態自恃的國民黨政權，和明鄭遺民、滿清邊吏，乃至陳儀時代的長官公署，有何差別？隨同此一政府來台的一百多萬軍民，帶著台灣居民所不熟悉的辛亥革命、軍閥割據、五四運動、抗戰剿共……等等記憶湧入這個島嶼，如何強力模塑了台灣對大陸的想像？而流亡知識分子，又在這個大規模的文化交會、碰撞中，扮演了什麼角色？

要回答這些問題，我們必須先回溯台灣史上的中華文化傳統。

(一)漢人文化的繼承、轉變與挫折

台灣原為南島語族的故鄉。不過，在荷蘭(1624-1662)、西班牙(1626-1642)統治之前，漢人已開始移入這個島嶼。明鄭以後漢人更一波波湧入，改變了台灣的社會與文化。

和荷據、明鄭(1662-1683)與清代(1683-1895)移民相比，在人口組成方面，1949年前後一百餘萬外省人入台，不只人數空前，而且來自中國四

貞節牌坊的樹立，顯示清末台灣文化價值與中國本部日益相似。圖為光緒年間建立的「黃氏節孝坊」。（在台北二二八公園內，李淑珍攝）

面八方、從上到下各個社會階層，不限於閩粵底層社會人口。就遷徙動機而言，荷據、清代移民冒險渡過黑水溝，是爲了餬口謀生，出於經濟因素；而1949年的外省人卻和明鄭時代相似，同是流亡海隅、企圖反攻的政治難民。

值得我們比較的，不只是移民社會的人口組成與遷徙動機，而且也包括他們與中國本部的關係。鄭成功一心反清復明，金陵兵敗後退居台灣，在這裡設六部、建孔廟、行科舉，意圖在小島另闢中原，自居「核心」。可是一旦清朝擊敗明鄭，近兩百年的統治下，台灣只是帝國的「邊陲」。清廷對台灣消極管理，吏治敗壞；百姓也民變不斷，械鬥風行。

　　一直到清末，隨著經濟繁榮、居民融合，台灣才逐漸改變邊疆社會強悍性格，濡染文風。書院制度建立，科舉考試受重視，移民子孫不再回唐山祖籍「落葉歸根」，而在台灣「落地生根」。這個過程，稱爲「內地化」也罷，「土著化」也罷[18]，都顯示台灣社會與中國本部愈來愈相似，而這個融合的過程是民間自發的，不是自上而下的強制措施。

18　史學家李國祁稱之爲「內地化」，人類學家陳其南則稱之爲「土著化」。見：陳其南，《台灣的傳統中國社會》（台北：允晨，1987），頁153-182。

　　大約同一個時期，日本覬覦台灣，引發牡丹社事件(1874)，加上中法戰爭中法國艦隊封鎖台灣(1884)，清廷中央才憬悟到台灣在國際地緣政治的重要性，積極擘畫，其時中國自強運動已經進行三十年。經過沈葆楨、劉銘傳等人的努力，台灣的洋務建設急起直追，後來居上，成為二十三省中的模範[19]。但不旋踵，台灣又在馬關條約中割讓日本(1895)，全島「哭聲震天」也無力挽回，再度凸顯了台灣在中國帝國體系中可有可無的「邊陲」地位。

　　日本統治期間，由於輕蔑台人，不認為台人有資格與日人並駕齊驅，並未積極進行「同化」運動。直到盧溝橋事變(1937)、珍珠港事變(1941)相繼爆發，日本侵略戰場從中國擴及太平洋，為了更有效動員殖民地人民，才開始「皇民化」，改姓名、推動神道、獎勵國語(日語)家庭、鼓勵台灣青年加入志願軍。和在朝鮮進行的「皇民化」運動相比，日本人推動台灣「皇民化」的方式以獎勵居多，強制性較小。根據學者周婉窈推斷，整體而言，「皇民化」運動未曾達到改造台灣人為日本人的終極目標，但是台灣人的「中國性」卻減少了，尤以青少年為然[20]。

　　不過，日治時期台灣人的「中國性」到底減少到什麼程度，卻有待說明。我們可以從1945年前儒學在台灣的狀況，來考察這個現象。清代台灣的書院，著錄於連雅堂《台灣通史》者有二十三所，教育內容是「敦實行、正文體、崇詩學、習舉業」。至於較不正式的私塾，根據日本人的統計，1901年時，全台有1127個傳統中國書房、義塾，學生人數為17066人。書

19　郭廷以，《近代中國史綱》(台北：北一，1980)，頁259。

20　周婉窈，〈從比較的觀點看台灣與韓國的皇民化運動(1937-1945)〉，收於：張炎憲、李筱峰、戴寶村編，《台灣史論文精選》(下)(台北：玉山社，1996)，頁191。

以地主林獻堂、醫生蔣渭水（前排右四、右五）為首的「台灣文化協會」，是日治時代台灣知識分子推動政治、文化啟蒙的主要團體。

房以台語教授漢文，高級者專注於經史文章及詩詞，初級者則以淺顯的書文背誦及習字為主[21]。由於日本加強推動「公學校」教育，到1939年時全台書房僅存十七所，學生數932人。在1943年日本總督頒布廢止私塾令之後，更是完全停辦[22]。此外，日治時期，台人「詩社」林立，以寄黍離之思；可是時日既久，不少「墮落的詩人」轉而歌頌日本總督，贈詩鶯鶯燕燕，成為有識之士的笑柄[23]。可以說，以仕紳文人為主要載體的漢人傳統菁英文化，在日治時期的確已經逐漸式微。

但是，我們也不可以太過誇大日治時期台灣人「中國性」的失落。受到大陸五四運動影響，以地主、醫生、記者為主體的「台灣文化協會」，也透過講演、講習會推動「文化啟蒙」。但是相對於大陸五四的激烈反傳統，「台灣文化協會」所主張的是溫和的改良主義。它打破迷信陋習、促進農工階層覺醒、引發台灣的新舊文學之爭，但是基於他們抗日的民族主義立場，整體而言，它鮮少對中國文化核心──儒家──的基本價值發出

21　盛清沂、王詩琅、高樹藩，《台灣史》（台北：眾文，1979），頁313-315。

22　盛清沂、王詩琅、高樹藩，《台灣史》，頁605-606。

23　葉榮鐘，〈墮落的詩人〉，收於：氏著，《台灣人物群像》（台北：時報，1995），頁48。

質疑。「文協」領袖——也是台灣民族運動領袖——林獻堂一生不忮不求，
庸言庸行，中心思想不脫儒教傳統的讀書人風範[24]，正可以說明這種情形。
總之，日治末期，台灣人的「中國性」降低了，但卻不至於激烈反對中國
文化傳統[25]。

　　可是，與中國短暫的統一（1945-49），卻帶給台灣人無限的創痛。光
復之後，在台人熱烈期盼中到來的陳儀政府，只看到台灣的東洋色彩，把
台灣人看成日本「奴化」教育下的劣等國民。於是台灣此一階段的「低中
國性」，和新來的、集負面「中國性」之大成的陳儀政府格格不入，劇烈
摩擦，最後終於導致「二二八」悲劇[26]。

　　「二二八事件」徹底改變了台灣知識階層對中國文化的態度。台獨運
動先驅彭明敏的父親彭清靠僥倖逃過一死，自此以身上的華人血統為恥，

24　葉榮鐘，〈林獻堂先生簡歷〉，收於：氏著，《台灣人物群像》，頁23。

25　從1921年革命家蔣渭水——文協的另一個領袖——對台灣島所開的〈臨床講
　　義〉（診斷書）中，我們可以看到台灣的「中國性」同時具有正面與負面的意涵。
　　蔣渭水認為，台灣「明顯地具有黃帝、周公、孔子、孟子等血統」，是聖賢後
　　裔，素質強健，天資聰穎。它在鄭成功時代「身體強壯，頭腦明晰，意志堅強，
　　品性高尚」；可是，入清二百年以來受政策毒害，「身體逐漸衰弱，意志薄弱，
　　品性卑劣，節操低下」。蔣氏形容當代台灣「道德頹廢，人心澆離，物欲旺盛，
　　精神生活貧瘠」，是「世界文化的低能兒」，而其病因在於「智識的營養不良」。
　　他開出的處方則是「最大量」的學校教育，「最大量」的補習教育，「最大量」
　　的幼稚園、圖書館、讀報社……。見：蔣渭水，〈臨床講義〉，引自林柏維，《台
　　灣文化協會滄桑》（台北：台原，1993），頁98-99。
　　姑不論蔣渭水所指出的「病因」是否正確，如果台灣的「中國性」本身即是瑜
　　瑕互見，那麼日據時期的「相對低中國性」也就有複雜的意味。我們可以說，
　　在日本高壓統治之下，周孔之道雖然不復為時代主流，但是中華文化中的惡質
　　因子也相當程度地被滌除了。文協諸君子對前者可能不以為然，不過顯然不會
　　反對後者。

26　周婉窈，〈從比較的觀點看台灣與韓國的皇民化運動(1937-1945)〉，頁191。

「台灣文化協會」健將莊垂勝(前中)、葉榮鐘(前右三)在光復後分任台中圖書館館長、採編部長，熱情推動文化志業，卻在「二二八事件」中去職，此後一生沈埋。不過，莊垂勝對儒家的信仰老而彌篤，使他成為本省知識分子中的異數。(圖片提供：葉榮鐘，《台灣人物群像》〔時報文化，1995〕，封面)

要子孫代代和外國人通婚，直到再也不能宣稱自己是華人爲止[27]！雖然傳統漢文化的道德主義(moralism)、世俗主義(secularism)、家族主義、祖先崇拜等等價值觀，依舊是台灣社會大眾的「集體無意識」(collective unconsciousness)，百姓日用而不知，可是在「意識」的層面卻不盡然。特別是就本省知識分子而言，以儒家價值觀爲核心的傳統中國文化受到強烈的質疑。除了極少數例外(如徐復觀的好友莊垂勝)，大多數人否定中國文

27　彭明敏著，林美惠譯，《自由的滋味》(台北：前衛，1995)，頁80。

化有任何正面價值。

(二)國府遷台：「再中國化」

在這種情形下，1949年，外省人帶著原有「核心」(中華民國)的價值觀來到「邊陲」，企圖使「邊陲」(台灣)成爲「核心」，而他們也自然被新興「核心」(中華人民共和國)視爲「敵體」。台灣與「眞實中國」的政治關係再度分離，可是，隨著外省人大批逃到台灣，「想像中國」──傳統中國與中華民國──卻在台灣扎下更深的根。

以下我們就國民政府官方、自由主義者、文化保守主義者等三個陣營，分別說明外省知識分子對台灣的影響。

台灣的中國「小傳統」(歲時節慶、風俗習慣)，在日據時代後期「皇民化」政策壓抑下雖然暫時蟄伏，但根基依然穩固，「二二八」事件也沒有改變這一點。外省人的移入，加強了中國「小傳統」在台灣的延續。而就中國的「大傳統」來說，隨著大學相關系所的設立，中國文學、歷史、哲學的現代學術研究得以在台灣生根，超越了清代邊陲和日本殖民地時期[28]。

28　以現代人文及社會科學方式審視中國文化，在日治時期的台灣只能算是開始萌芽。1911年梁任公遊台灣，勸告抗日領袖林獻堂、林幼春叔姪「不可以文人終身」，必須努力研究政治經濟及社會思想等學問。台灣的智識階級自此才知道在四書五經之外仍有學問，一時之間「主義、思想、目的、計畫」等前所未有的新名詞大大流行(葉榮鐘、蔡培火、吳三連、陳逢源、林柏壽，《台灣民族運動史》〔台北：學海，1979〕，頁10-13)。其後台灣學生更進一步留學日本，吸收政治、法律、經濟、教育、醫學、藝術⋯⋯等最新思潮，可是由於日本統治時期長期禁絕中國語言和文化，他們的現代學問很難和中國文化結合。1920至30年代林獻堂領導的「台灣文化協會」，曾舉辦夏季學校，所開課程包括「宗教」、「哲學」、「憲法」、「科學概論」、「經濟思想史」、「社會學」、「資本主義的功過」⋯⋯等，其中也有林幼春講授的「中國古代文明史」「中國學術概論」，

在語文政策上，北京話成為官定國家語言，白話中文則是通用書寫文體。大陸採用簡體字，台灣則使用繁體中文，和古典中國文化一息相通。可是另一方面，強制性的國語政策，迫使台灣人切斷日文和母語(閩南語、客家話、原住民語)的使用，使受日本教育的台籍知識分子無法在公共事務上發言，它引起的反感至今仍餘波蕩漾。

除此之外，國民黨在各級學校加強「三民主義」黨化教育，以推動官方意識型態。1960年代中期，為了抗衡中國大陸文化大革命的浪潮，國府積極推動「中華文化復興運動」和官方儒學，以示代表傳統中國文化的正統。可是，國民黨所推崇的儒家思想，毋寧是為專制張目的「法家化儒家」。當《自由中國》推出一系列質疑當局的文字時，政治大學中文系主任高明引用「孔子誅少正卯」的可疑典故，鼓動國民黨鎮壓異己，就是一例[29]。

如果說國民黨繼承了某些中國傳統的惡質面向，自上而下、強制性地將台灣民眾重新納入中國的論述、思惟中，那麼文化保守主義者與自由主義者也在不同層面上推動了台灣的「再中國化」。只是前者是要將中國文化刮垢磨光，存取其美善的一面，以與現代生活重新做合理的銜接；而後者卻是繼承了近代中國五四運動的精神，要將中國傳統文化全盤打倒。

(三)儒家傳統的超越：徐復觀的「人性主義」與「儒家民主」

先看文化保守主義陣營。

第一代新儒家興起於近代中國精神危機(道德迷失、存在迷失、形上

(續)────────────────

從現代角度討論中國文化。但是夏季學校只為期二週，前後也不過舉辦三屆，成效有限自不待言(葉榮鐘等，《台灣民族運動史》，頁300)。

29　此事見：徐復觀，〈一個歷史故事的形成及其演進──論孔子誅少正卯〉，收於：氏著，《中國思想史論集》，頁119。

迷失）之中[30]，這精神危機在1949年的巨變中加深加劇，促使第二代新儒家深入體證中國傳統的精神道德，追求生命的意義。新儒家以宗教性的超越情感來體認中國文化，這是1949年之前的台灣所未曾出現的。根據學者陳昭瑛的研究，明清兩代台灣儒學是朱子閩學在台的一個支脈，並未發展成具有原創性的學派。日據初期儒生曾參與抗日，並以詩學、史學延續南明實學，理學傳統相對衰微[31]。新儒家引進陸王學統，並有系統地與西方對話，是台灣儒學前所未見的發展。

　　我們且以徐復觀為例。原本性情就衝動、褊急的徐復觀，來台之初更是難以相與。為了追求鎮定生命、收攝心神的力量，他從儒家資源中得到最多啟發。元代許衡在亂世旅次中不食無主之梨，因為「梨無主，吾心獨無主乎？」使他無限感動[32]。在探討《論語》中的「仁」時，他從「仁者人也」──一個人面對自己而要求自己能真正成為一個人──領悟到，孔子通過人生的自覺自反，將周公禮樂的「外在底人文主義」轉化為「內在底道德底人文主義」，使基於對己的責任感而來的無限向上之心，和基於對人的責任感而來的對人之愛，渾融為一[33]。而他自己也透過內在生命的反省，突破了外在憂患的考驗。

30　張灝，〈新儒家與當代中國的思想危機〉，收於：氏著，《幽暗意識與民主傳統》，頁88。

31　陳昭瑛，〈儒學在台灣的移植與發展：從明鄭至日據時代〉，收於：氏著，《台灣儒學──起源、發展與轉化》（台北：正中書局，2000），頁3，37。

32　徐復觀，〈理與勢〉，收於：氏著，《學術與政治之間》，頁149。此外，易經「坎」「困」兩卦，也讓他看到古人如何在危難之中神閒氣定、舉措不失其常（徐復觀，〈古人在危難中的智慧〉，收於：黎漢基、李明輝編，《徐復觀雜文補編》第六冊〔台北：中研院文哲所，2001〕，頁184-189）。

33　徐復觀，〈釋「論語」的「仁」〉，收於：氏著，《學術與政治之間》，頁309，312。

　　從1950年代中期開始，徐復觀喜歡自稱是一個「人性主義者」，視《中庸》「天命之謂性，率性之謂道，修道之謂教」三句話爲儒學總綱領。「人性」爲天之所命，並與天同質，與萬物平等，人與人之間也徹底平等，可以共喻共信。天的無限價值，即具備於「人性」中，人可以在生命自身，及生命活動之現世，認取究極價值，不須假借宗教外力[34]。

　　對他而言，民主政治的成立，也是基於人類理性的覺醒，相信人類有共同的理性和平等的人格[35]。這樣的一種政治型態，吻合了他對儒家人性論的理解，以及一個「農村的兒子」對「愚而神」的同胞的愛。和唐君毅、牟宗三相比，徐復觀更篤信民主政治本身所蘊含的價值：唐君毅認爲自由權利必須依託於其他文化活動才有意義；而徐復觀相信，以社會中各個人的立場來爭取自由權利，其本身即是一絕大的文化價值，不須成爲其他文化活動的附庸[36]。

　　在對儒家的反省方面，他肯定儒家「德治」思想在減低專制政治毒害的用心，但是他也指出，「德治」思想無法客觀化，成爲政治設施，不能使傳統中國脫離治亂循環[37]。加上傳統科考與現代官場使天下英雄盡入彀中，士大夫階層日趨卑賤，缺乏政治之外的獨立性。如果不是與西方接觸，使「民主」與「科學」傳入中國，單靠中國文化，無法解開這些歷史的死結[38]。

34　徐復觀，《中國人性論史——先秦篇》（台北：臺灣商務，1990），頁165，117-121。

35　徐復觀，〈中國政治問題的兩個層次〉，收於：氏著，《學術與政治之間》，頁37。

36　徐復觀，〈從現實中守住人類平等自由的理想〉，收於：氏著，《學術與政治之間》，頁273。

37　徐復觀，〈儒家政治思想的構造及其轉進〉，收於：氏著，《學術與政治之間》，頁54。

38　徐復觀，〈中國知識分子的歷史性格及其歷史的命運〉，收於：氏著，《學術與政治之間》，頁186-192。

不過,話又說回來,民主政治也有缺失,有賴儒家思想補其不足。因為,西方近代民主政治以「我的自覺」為開端,爭取個人權利,限制統治者權力。但是它是靠互相限制之勢逼成,而非來自道德自覺,畢竟安放不牢,而這裡正是儒家「德」「禮」思想可以著力之處[39](見第六章)。

徐復觀在某些議題上的努力,和日治時期台灣思想界的主張,若合符節。儒家民本思想,曾是1920至30年代台灣啓蒙人物用以支持民主、批判軍國主義、抨擊當局剝削農民的傳統思想資源。早在1923年,《台灣民報》一篇名為〈要至誠發露天性〉的社論中,即已引《中庸》「天命之謂性」

1977年農曆除夕,(左起)牟宗三、徐復觀、唐君毅在唐家合影。背後的春聯寫的是:「古往今來神人共歲,天長地久物我同春」。(圖片提供:徐復觀,《論戰與譯述》〔台北:志文,1982〕)

一語,闡發地球上不分人種、民族、貴賤、強弱,眾人生而平等的道理。而從儒家平等觀念匯通馬克斯主義,並實際投身社會運動,也在王敏川(1889-1942)這樣的知識分子身上有過先例[40]。由此觀之,儒家傳統經過了創造性的詮釋,可以活潑潑地回應現代世界,新儒家只是其中一例。

總之,在「內聖」之學方面,新儒家超越了清代台灣書院「崇詩學,

39　徐復觀,〈儒家政治思想的構造及其轉進〉,頁53-54。

40　參考:陳昭瑛,〈啟蒙、解放與傳統:論二〇年代台灣知識分子的文化省思〉,收於:氏著,《台灣與傳統文化》(台北:台灣書店,1999),頁180-188。

習學業」的範疇，將日治時期萌芽的中西
對話發揚光大，上承陸王學統，融會西方
理想主義，對治近代中國的精神危機。在
「外王」之學方面，徐復觀力求將儒家的
政治思想刮垢磨光、去蕪存菁，以與現代
民主政治接榫，重新建構更合理的華人公
共領域生活。他們對儒學在台灣──乃至
整個中國──的延續，實有深化、昇華的
重大貢獻。

陷入沈思中的殷海光。(圖片
提供：財團法人紀念殷海光
先生學術基金會)

(四)五四再現

只是，在現實上，新儒家的影響力，
還是不及懷抱「五四運動」反傳統精神的
流亡自由主義者(如：胡適、雷震、殷海光、李敖)。原因何在？

基於對國家社會「不容自已」的責任感(也在某種程度內仗著蔣介石
過去對他的信任)，徐復觀對蔣介石犯顏直諫，對救國團不假辭色[41]，更反
對國民黨抹殺國家的客觀獨立性，將「以黨建國」解釋為「以黨化國」[42]。
他的道德勇氣的確贏得了本省人士的悄悄喝采。可是，由於《民主評論》雜
誌財務難以自立，徐復觀必須求助於他所不斷批評的國民黨，使他難以向

---

41 徐復觀，〈我所了解的蔣總統的一面〉，收於：蕭欣義編，《儒家政治思想與民
　　主自由人權》(台北：臺灣學生，1988)。徐復觀，〈青年反共救國團的健全發
　　展的商榷〉，收於：黎漢基、李明輝編，《徐復觀雜文補編》第六冊，頁100-108。

42 徐復觀，〈黨與「黨化」〉，收於：黎漢基、李明輝編，《徐復觀雜文補編》第六
　　冊，頁55。

大眾澄清他的立場。

更重要的原因是，在國民黨以繼承「道統」自居的情形下，讀者很難區分國民黨和新儒家對中國傳統的「選擇性繼承」有何不同。所以，《自由中國》在攻擊國民黨之餘，也連帶把新儒家及傳統中國文化一竿子打倒。自由主義者殷海光在追念五四運動時就說：

> 復古主義者在情緒上厭惡五四。他們擺出衛道的神氣來製造五四的罪狀。這正符合現實權力的需要。復古主義者又想藉現實權力以行其「道」。二者相遇，如魚得水，合力摧毀五四的根苗……[43]

本省人士在「二二八」及白色恐怖之下如驚弓之鳥，流亡自由主義者的思惟方式更能引起他們的回響，所以反傳統的《自由中國》的銷售量遠較《民主評論》爲多（尤其是在1956年出版批判蔣介石與國民黨的《祝壽專號》之後）。雖然像莊垂勝那樣日治時期的「民族派」，從前以中國文化爲抗日思想依據，現在也擁護徐復觀繼承傳統的立場；但是他的兒子林莊生，卻以《自由中國》爲苦悶的1950年代唯一的精神食糧[44]。徐復觀因爲爭取民主而遭國民黨官方打壓，又因堅持民族主義受到自由主義陣營誤解，內心的孤獨感可以想見[45]。

43　殷海光，〈重整五四精神〉，收於：林正弘編，《殷海光全集——政治與社會（下）》，頁456。

44　林莊生，《懷樹又懷人：我的父親莊垂勝、他的朋友及那個時代》（台北：自立晚報，1992），頁92，198。

45　他曾有感而發：「現實政治上的壓力，在形式上很重，而在精神上卻很輕。社

　　弔詭的是，儘管外省自由主義者以「反中國傳統」姿態贏得大多數讀者的支持，《自由中國》（以及後來的《文星》雜誌）所代表的反傳統自由主義者，同樣在台灣之「再中國化」過程中扮演了重要的角色。

　　因為，大陸變色之後，退居小島的流亡知識分子不由自主地回到中國現代文化的原點——五四運動，沸沸揚揚爭辯「中國」（包括台灣）在共產革命之外的其他可能出路。他們討論的主題——儒家和民主是否抵觸，儒家和科學是否相容，全盤現代化是否可能……——也大都不脫五四餘韻。自由主義者可能沒有自覺到：他們力反中國傳統，但是「反傳統的五四」本身已成為一種「現代中國傳統」；他們把五四傳統帶到台灣，並和文化保守主義者激烈爭論，儘管在思想上的原創力有限，但與20世紀前半葉大陸隔閡甚久的台灣，卻因此而有機會熟悉現代中國的保守主義與自由主義論述，拉近了台灣和「中華民國」的距離。

　　總而言之，從中華文化在台灣的起伏發展來看，流亡台灣的國民黨、新儒家、自由主義者，分別在不同層面上使經歷日本五十年統治的島嶼「再中國化」。首先，國民黨的教育及語文政策，使中文、國語、中國史地……成為每一個國民必備的基礎文化素養。其次，文化保守主義者如徐復觀等人，則從內聖外王兩方面，賦予儒家新的時代意義。至於在思想上影響一般知識階級最大的自由主義者，則把「反傳統的五四傳統」帶到台灣，得到「二二八」之後厭惡中國文化的本省人士共鳴。今日「廣義台灣文化」所以有別於文化大革命後的大陸，在某些方面或許要歸功於這三個陣營所

（續）───────────────

　　會風氣的壓力，在形式上似乎很輕，而在精神上卻很重。一個人的生命，若非不幸而完全沉浸在這種時代感觸之中，無法自拔，誰又肯冒雙重的壓力，以自甘孤立於寂天寞地之中，而可不懼、不悔、不悶？」見：徐復觀，〈自序〉，《學術與政治之間》，頁vii。

帶來的那個「文化中國」的想像。徐復觀的生命旅程，正可以讓我們思索：中國對台灣的意義何在，台灣對中國的意義又何在。

四、近代西方文化的光與影

那麼，這群外省知識分子又在何種層面使台灣更「現代化」和「西化」？同樣的，讓我們先回溯台灣對外關係的歷史。

(一)西潮迭起：荷據到日治

17世紀以降，世界進入海權時代，仍處於原住民部落林立狀態的台灣，突然被迫躍上國際舞台。明朝末年，由於政府實施海禁，台灣成為倭寇與中國海盜的巢穴，他們據此劫掠大陸東南沿海，並通商南洋與日本，以中國的絲綢、茶葉、瓷器，和台灣的鹿皮，交換日本的刀劍、織物，和由中南美洲流入菲律賓的白銀。

荷蘭、西班牙統治時期，台灣一變而為歐洲勢力在遠東的貿易轉口站。除了持續上述商品的交易之外，荷蘭從大陸招徠漢人當佃農，種植蔗糖以供外銷，開啟台灣農業的商業化經營。這兩個西方國家還分別引進基督教與天主教，向原住民積極傳教。可是，由於商業動機大於領土動機，他們駐紮在台灣的兵力和行政人員都非常有限，留下的影響也不深。

鄭成功驅逐荷蘭人以後，漢人進一步壓迫原住民，在島上建立了以中國文化為主體的社會，並持續以對外貿易支持其政權。不過，清廷攻下台灣之後，台灣的對外接觸中斷了近兩百年。和明代一樣，清廷不熱中海外事業，台灣只能對大陸進行國內交易。

19世紀西方新帝國主義崛起，隨著大陸在鴉片戰爭後被迫開放，台灣

「國語學校」──日本在台所建第一所新式學校──的早操。日本殖民統治壓迫台灣百姓，但也奠立了台灣現代化的基礎。（圖片提供：台北市立教育大學校史網http://archive.tmue.edu.tw/front/bin/ptdetail.phtml?Part=right02）

也在天津條約後開港（1860）。此時歐洲工業革命風起雲湧，火車、電信的發展更使資訊流通，國力倍增，而台灣的交通依然要靠步行與牛車。然而，乘著這一波風潮，台灣也出現了某種經濟繁榮，茶葉、糖、樟腦的出口為外商賺取了大量利潤，而進口的貨品卻以鴉片為大宗[46]。除了外商，西方博物學家也來台收集動植物標本，長老教會傳教士則透過教育、醫療，戮力要把「偶像崇拜」的漢人轉化為基督徒。但是整體而言，這個時期西方勢力對台灣的影響依然有限，鮮少動搖仕紳階層傳統儒家理念[47]。

　　清末劉銘傳在台灣推動建設，局部引進鐵路、電報、自來水、電燈，帶給台灣居民第一度「現代化」的震撼。更大的震撼，則是來自割台後日

46　天下雜誌編，《發現台灣》（台北：天下，1992），頁158-168。

47　號稱為「台灣史上第一位思想家」的李春生，是深受基督教影響的富商。可是一般而言，此一時期教士在台傳教受到仕紳及庶民階級的極大抗拒，儒士對歐西文化所知不多，興趣闕如。例如：1866年英國水手、商人、冒險家必麒麟（W. A. Pickering）在嘉義拜訪一位秀才，這位秀才不認為蒸汽機的發明有什麼了不起，並且私下懷疑會講官話、能引四書五經的必麒麟不是「人」，只是個「聰明的蠻子」。見：必麒麟著，陳逸君譯，《歷險福爾摩沙》（台北：原民文化，2000），頁143-144。

本人的全面改造。一方面，清查土地戶口、建立公醫制度、統一貨幣、推動初等義務教育……等「現代化」的建設如火如荼；另一方面，總督獨裁、警察國家、軍國主義、財閥壟斷、差別待遇……等殖民者的壓迫也無孔不入。

乍看之下，日本對台灣影響極大，深究其實，日本文化獨一無二的特質——如神道教、武士道、敬業精神……——卻如船過水無痕，幾乎不留痕跡。影響台灣的，是上述透過日本代理引進的「現代西方」制度；而且，日本所有在台現代化建設只是「手段」，服務殖民母國利益才是其最終「目的」[48]。可以說，台灣雖然在17世紀及19世紀下半葉以後進入所謂「世界體系」，開展國際貿易，但它所扮演的基本上仍是依賴性的「邊陲」或「半邊陲」的角色，提供原料和半成品給歐美／日本市場，被動接受所謂「先進國家」對它的政治、經濟、文化殖民。

第一次世界大戰之後，民族自決與自由民主思潮澎湃全球，台灣也在日治時期初次經歷西方現代政治社會運動的洗禮。徐復觀的台籍友人張深切回憶：民國以前，台灣人對中國的傳統倫理觀念、風俗習慣、衣食住行，都還懷有勝過日本的優越感。可是日本的「科學文化」突飛猛進，使得台灣人不得不承認落伍。「日本剛吸收了西洋文化，怎能進步得那麼神速？非到日本去看看不可，非到日本去向他們學習不可」，成了台灣知識分子

48　例如：日本在台一方面推動初等義務教育，培養較有生產力的技術性勞動人口；另一方面則漠視台人的中等、高等教育，禁止研讀文、法科，壓抑被殖民者對不公平待遇的批判。台灣經濟走向也必須依照日本需求發展：早期日本需要糖、米，故鼓勵台灣生產糖、米。晚期日本工業飽和，才將日本淘汰的工業設施移到台灣。

普遍的想法[49]。或者說，「到日本本土學習西方文化，再以西方現代思潮爲根據，回頭向台灣總督府施加輿論壓力」，是當時台灣民族／民主／社會運動者的主要策略。

　　於是我們看到，林獻堂率領留日學生進行了長達十餘年的「台灣議會請願運動」（1921-1934）。社會主義、共產主義也從日本傳到台灣，推動農民、勞工運動。台灣人在這段期間有了第一次的政黨經驗（台灣民眾黨，1927-1931），也初嘗有限的地方自治滋味（第一次市議會及街庄議會選舉，1935）。

　　這麼說來，台灣在日治時期已經相當「西化」、「現代化」了嗎？

　　一般而言，「現代化」（modernization）亦即是韋伯所謂「世俗化」（secularization）、「理性化」（rationalization）的過程。由於「現代化」最早發生於西方，因之當它向世界各地擴散時，其過程亦常被等同於「西化」（westernization）。可是，根據美國政治學者杭亭頓（Samuel Huntington, 1927-2008）的說法，「西方文明」與「現代化」不可混爲一談。

　　「西方文明」包括了希臘羅馬遺產、基督教、歐洲語言、政教二元發展、法治、社會多元、代議制、以及最重要的個人主義等等特徵，都是在西方尚未「現代化」以前即已出現的特色，也是其他文化難以模仿的。相對的，「現代化」是指工業化、都市化、識字率提高、教育普及、財富增加、職業結構複雜……等近代出現的現象。雖然歐洲最早開始這樣的「現代化」，但是「現代化」並非西方專利，許多文明也可以達到這些目標。換言之，「西化」要比「現代化」困難；「現代化」的地區未必就是「西

49　張深切，《里程碑》（台北：文經社，1998），頁119-120。

化」的地區[50]。以這個標準來看，日本人在台灣推動的措施，以「現代化」為主，零星的「西化」則是不得已而為之。

台灣知識分子對此時期的「現代化」或「西化」有何感想？一般而言，他們對透過日本移入的「西化」與「現代化」似乎都頗為歡迎。自覺落後的焦慮感，使得他們在討論「世界潮流」時，往往直接肯定「現代化」科學、理性的一面，而忽略「現代性」背後隱藏的資本主義與殖民主義思惟[51]。當然，他們之中也有人關注種族、階級、性別等議題，但大都是移植「現代西方之『反現代』思潮」（包括民族主義、社會主義、女性主義），而鮮少獨立思考「現代化」可能帶來的弊病，以及在漢人文化傳統地區推動「西化」的可行性。

不過，如上文所述，由於當時台灣知識分子對中國傳統文化的情感仍相當深厚，所以1920至30年代台灣並未出現極端的「全盤西化」論者；主張對台灣固有文化刮垢磨光、再吸收外來優秀文化的「文化調和論」，是當時處理新舊思想問題的基調[52]。

(二)冷戰下的美國附庸：「西化」乎，「現代化」乎？

國府遷台後，1950至60年代左右台灣的外國勢力是美國。自韓戰爆發起，美國全力圍堵共產主義勢力，台灣正是其全球戰略中的一環。一如1950年代蘇聯之於中國大陸，從1951到1965年，美國投入大量金錢協助台灣，

50　杭亭頓著，黃裕美譯，《文明衝突與世界秩序的重建》（台北：聯經，1997），頁76-77。

51　陳芳明，〈現代性與日據台灣第一代作家〉，「文化場域與教育視界：晚清──四〇年代」國際學術研討會（2002），論文抽印本，頁3。

52　陳昭瑛，〈啟蒙、解放與傳統：論二〇年代台灣知識分子的文化省思〉，頁157-159。

每年金額約占遠東地區美援的15%到25%。這些金錢被用來支持國民政府加強軍備、實施經建計畫、提倡科學教育、從事土地改革……。因為運用得當，台灣成為落後地區中最早經濟獨立、結束美援的「模範生」[53]。和日本殖民政府一樣，美國在台灣也以「現代化先知」的角色出現，只不過它的殖民是隱性的，它所企圖引進的「西方」模式，不是日本所模仿的普魯士式的中央集權，而是英美的民主政治與自由市場。

美國勢力無遠弗屆，也表現在台灣基督宗教人口大增之上。本來，基督宗教在中國的傳播一直十分困難；一神信仰的排他性，傳統儒家的不可知論，加上帝國主義侵略下教案頻傳，都使得國人相當排斥這個宗教。因此1949年之前信奉基督宗教的中國人口，只占全人口的九十分之一。無神論的中共建政之後，更不允許宗教組織存在，許多在大陸工作的美國傳教士只得轉往台灣。

不過，「失之東隅，收之桑榆」，原本對基督宗教有所保留的外省人，在1949年的家國巨變中頓失所依，流亡後轉而向教會尋求慰藉，使台灣的基督教徒人數在1945到1959年之間陡然增加了十倍；從蔣介石、文武官員以下，信眾人口的比例升為全體人口的4%[54]。 當然，除了單純的信仰之外，基督宗教吸引當時人的理由也可能相當功利：國民黨官員希望因此得到美國支持，對抗共產黨；而升斗小民則冀望教會提供救濟品、教育、和通往西方的大門[55]。

---

53 Neil H. Jacoby, *U.S. Aid to Taiwan: A Study of Foreign Aid, Self-help, and Development* (NewYork: Frederick A. Praeger, 1966), p. 11.

54 Hollingtong K. Tong（董顯光）, *Christianity in Taiwan: A History* (Taipei: China Post, 1961), pp. 131-132, 240-241.

55 Nancy Bernkopf Tucker, *Taiwan, Hong Kong and the United States: 1945-1992*

　　在美國的影響下，台灣知識階層普遍崇洋。「來來來，來台大；去去去，去美國」，是家喻戶曉的順口溜。美國流行的風潮，在經過大約七八年的「時差」之後，總會在台灣知識界引起騷動。意識流文學、存在主義、邏輯實證論輪番登場，引領風騷，又在潮水退去後不留痕跡。一般而言，聚居於城市的外省青年對這些潮流特別熱中。

　　在美國的庇蔭之下，國民黨也以「現代化」先驅自居。看在昔日「台灣文化協會」健將莊垂勝眼中，不勝感慨。他向徐復觀說：

> 我們在日治時代，唱平劇，結詩社，寫毛筆字，做一兩件長袍之類；不僅藉以存故國之思，並且大家不言而喻地，表現這才是我們的本來面目……哪裡知道政府大員來台後，有形無形地告訴我們，所謂中國歷史文化，乃至其中的文物衣冠，早經落伍。今日我們的成就和努力的方向是現代化；不取消這些落伍的東西，便不能現代化。我們想，為什麼現代化和中國文化不能並存呢？假使所要的只是現代化，則在我們心目中，日本人究竟比祖國某些先生高明多了。[56]

由此可見，在還未因大陸「文化大革命」而逼出「中華文化復興運動」之前，國民政府曾為追求「現代化」，而顯現輕視中國傳統文化的態度。只不過，國民黨對科技進步、工業發達、財富增加……等「現代化」目標，「雖不能至，心嚮往之」；至於對包括「法治、代議制、個人主義」等元

（續）————————
　（New York: Twayne, 1994）, p. 88.
56　徐復觀，〈一個偉大地中國地台灣人之死〉，收於：氏著，《徐復觀雜文——記所思》（台北：時報，1980），頁146。

素的「西方文明」，則是敬謝不敏。

　　而在自由主義陣營方面，《自由中國》要求民主與科學，並認爲只有拋棄傳統中國文化，民主與科學才能植根。不過，殷海光歡迎「西方文明」的若干面向，但對「現代技術」造成的精神荒原，卻有很大的疑慮[57]。殷海光的學生張灝描述殷海光的心態：

> 他深知一個現代的社會是必須建築在高度的工業技術和經濟組織上，但當他見到工業社會所呈現的精神空虛，道德墮落，他又深致感慨。他也知道一個現代化的人格必須講求效率和進步，但由此造成的機械式的心靈和乾枯的情感，他又深表厭惡。[58]

這樣的「近代化的迷惘」，使殷海光在晚年開始重估中國傳統智慧，但是這時他已被剝奪公開發表言論的機會，對社會的影響力遠不如反傳統時期。

　　比殷海光更激進的是他的另一個學生──李敖(1935-)。桀驁不馴的李敖沿承1930年代大陸社會學家陳序經的看法，要求「全盤西化」（當然也包括「全盤現代化」）。他認爲「傳統派」緊抱「泛祖宗主義」，對新事物淺嘗即止，不肯深入學習，與工業社會經濟背景脫節，而且「不了解文化移植的本質」。他主張，文化具有整體性，移植時不能一廂情願地存菁去蕪，而必得照單全收。不像杭亭頓以高度美化的方式定義西方文明，李敖號稱「文明就是梅毒」(Civilization is syphilization)：除了科學和民主之

57　殷海光，《中國文化的展望》（台北：桂冠，1988），頁401-406。
58　張灝，〈一條沒有走完的路──為紀念先師殷海光先生逝世兩週年而作〉，收於：氏著，《幽暗意識與民主傳統》，頁165。

外，要接受西洋文明，就連梅毒、狐臭、車禍、離婚、大腿舞等現象也得一併笑納[59]。

在這種情形下，莫怪乎徐復觀要感嘆：「台灣在知識分子所集中的城市裡，只有得意忘形的美國主義，潛滋暗長的日本主義；很難找出所謂中國地民族主義。」[60]

(三)徐復觀觀點(1)：中國民族主義

其實，徐復觀對日本與美國，以及它們在台灣所象徵的「殖民式現代化」，都懷有複雜的感受。

對於日本，徐復觀和他的台籍友人(包括莊垂勝、葉榮鐘、張深切、楊逵等人)，都有愛憎交織的情結。他們都在「大正民主」時期留學日本，在那裡受到現代西方思潮——包括社會主義、民族主義、民主主義——的洗禮[61]；終他們一生，日文書籍、媒體提供了他們瞭望世界的窗口。但是，不論是在大陸抑或台灣，他們都飽受日本軍國主義侵略，對日本帝國主義者的殖民壓迫和人身凌辱深惡痛絕[62]。徐復觀對日本文化的極端性格、「好善而不能與人為善」的民族缺點，尤其不敢苟同[63]。

59　李敖，〈給談中西文化的人看看病〉，收於：氏著，《為中國思想趨向求答案》(台北：文星，1965)，頁17-29。

60　徐復觀，〈反極權主義與反殖民主義〉，收於：氏著，《徐復觀雜文——記所思》，頁225。

61　徐復觀，〈我的讀書生活〉，收於蕭欣義編，《文錄選粹》，頁314。葉榮鐘、蔡培火、吳三連、陳逢源、林柏壽，《台灣民族運動史》，頁77。

62　葉榮鐘，〈一段暴風雨時期的生活記錄〉，收於：氏著，《台灣人物群像》，頁383。

63　徐復觀，〈從平劇與歌舞伎座看中日兩國民族性〉、〈向日本人士的諍言〉，均收於：氏著，《學術與政治之間》，頁270-271，284。

　　弔詭的是，在大陸對日抗戰十五年(1931-1945)的國民政府，撤退到台灣之後，雖然在象徵層次上抵制日本，在經濟上卻也有求於戰敗後迅速復甦的敵人。更不用說，由於二二八事件和白色恐怖接踵而至，許多台籍知識分子懷念從前的日本統治(尤其是某種程度的「法治」精神)，有些台灣人甚至因此期待台灣交給日本託管。二者都是徐復觀萬萬不能接受的[64]。

　　徐復觀對美國所象徵的「民主先驅／帝國霸權」雙重角色，一樣愛憎交織。他認為「民族主義」是實施「民主政治」的先決條件，但是在東方卻似乎二者不可得兼。西方人提倡民主政治，厭惡東方的民族主義；而某些東方人則因西方殖民主義者的壓榨而激起民族主義，懷疑民主制度。這麼一來，在東方，一個像徐復觀這樣「追求民主的民族主義者」，不能不深感鬱悶[65]。

　　事實上，徐復觀高估了美國人在海外推動民主的誠意。「民主」的理想，美國人只放在國內實踐，它的外交政策仍以現實的國家利益為考量。因此它在亞洲扶植了許多號稱「反共」的獨裁政權，包括韓國的李承晚、台灣的蔣介石、越南的吳廷琰、以及菲律賓的馬可仕(F.E. Marcos)；也因此，外省知識分子在台灣所推動的民主運動，無法得到太多美國的奧援[66]。

64　徐復觀，〈日本人對台灣的殘夢〉，收於：黎漢基、李明輝編，《徐復觀雜文補編》第三冊，頁71-74。

65　徐復觀，〈東方的憂鬱〉，收於：氏著，《學術與政治之間》，頁221-227；〈反極權主義與反殖民主義〉，頁210-226。

66　美國中央情報局轄下的「亞洲協會」(Asia Foundation)曾大量訂閱《自由中國》，轉贈海外中國僑社。但是雷震被捕時，美國駐台單位雖表示「驚訝」，而無所作為。見：馬之驌，《雷震與蔣介石》(台北：自立晚報，1993)，頁115-124；陳世宏等編，《雷震案史料彙編：國防部檔案選輯》(台北：國史館，2002)，頁226。

徐復觀任教十四年的東海大學文學院，有典雅的中國唐代建築風格。（李淑珍攝）

然而，路思義教堂才是代表東海大學基督教信仰的地標。（李淑珍攝）

　　另一方面，1950至60年代國民政府以美國為靠山、壓抑民主之餘，卻也不斷與美國周旋，以維護其本身利益。美國學者唐耐心（Nancy Tucker）就抱怨，「操縱美國」（manipulation of the United States）向來是國府的基本外交政策；儘管美國在各方面都有壓倒性的優勢，但是國民黨就是有辦法找出漏洞，反將一軍[67]。殷海光也說：「台灣的統治集團固然不成東西，但是他們對別人的要求怪高的。他們為了『對抗共匪』，表面跟美國人敷衍，骨子裡看不起美國人，而且懂得怎樣耍美國人。」[68] 對此，與蔣氏父子同樣是中國民族主義者的徐復觀，也許可以會心一笑。

　　徐復觀任教十四年的東海大學，是由美國及台灣的基督徒所共同創立，他在那裡的經驗，也可以說明他對在台灣的美國人的看法。東海大學原本的理想，是融通中西文化：「求仁與歸主，神聖本同功；勞心更勞力，專業復宏通」[69]。可是，在一份「聯合董事會」的調查報告中（1965），基督徒對於東海教職員之基督徒比例只占38%，不及原來預期的80%，表示極度憂心。徐復觀在東海中文系的教學與研究成績，有目共睹；可是「聯合董事會」卻不滿中文系基督徒教師比例過少，想聘請美國學者來「矯正」這種情形。尤有甚者，「在報告中，充滿了對由大陸來的人們的惡意；公開說大陸和台灣是兩個不同的民族和文化；他們辦大學，只是為了培植台灣人。」徐復觀最後和東海大學決裂，實與此長期衝突有關[70]。

　　整體而言，與其說徐復觀基於民族主義立場排斥美國、日本，不如說

67　Nancy Bernkopf Tucker, *Taiwan, Hong Kong and the United States: 1945-1992*, p. 3.

68　見：林正弘編，《殷海光書信集》（台北：桂冠，1990），頁16。

69　徐復觀與同仁合撰的〈東海大學歌〉。見：黎漢基、李明輝編，《徐復觀雜文補編》第一冊。

70　曹永洋編，《徐復觀家書精選》，頁85。

他更痛心於國人之不能自重：

> 就我在東海大學的觀察；就我與日本朋友交往過的情形；我覺得絕大多數的美國人、日本人，並無意要成為我們的陰影。陰影的形成，乃出於有些中國人的不自重、不自愛、無廉恥之心、無國格人格之念，在鑽洋門路中，在滿足自卑感中，才造成今日的陰影。[71]

因為這個緣故，他在胡適在美宣稱「東方文明靈性不多」時挺身而出，痛斥胡適是「中國人的恥辱，東方人的恥辱」[72]，因此引發綿延數年的「中西文化論戰」，甚至和主張「全盤西化」的李敖對簿公堂。「站在人類共有的人格尊嚴的地平線上，中西文化才可以彼此互相正視，互相了解」，是他的基本立場[73]。可是，這麼簡單的觀點，對大多數華人而言，卻是無比艱難。在當時是如此，在現在也是如此。

(四)徐復觀觀點(2)：中體西用

徐復觀肯定西方現代文化對人類是一種光輝，而不是陰影。自青年時期，他透過日文，大量閱讀西方哲學、史學、文學、藝術、社會思想等書籍，從中領受的生命充實、酣暢感動，不下於讀《論語》、《孟子》、《離騷》、

71　徐復觀，〈西方文化沒有陰影〉，收於：氏著，《徐復觀雜文——記所思》，頁63

72　徐復觀，〈中國人的恥辱，東方人的恥辱〉，收於：氏著，《論戰與譯述》，頁164-170。

73　徐復觀，〈自序〉，《學術與政治之間》，頁vii。

《史記》、杜詩和宋明理學大師的語錄[74]。

不過，正如他「選擇性」地接受中國傳統，他也是「選擇性」地接受西方現代文化。儘管「中體西用」說被「體用合一」論者嘲笑爲邏輯不通，徐復觀卻仍堅持主張「中體西用」。他將文化分爲「無價值觀的，中性的」部門(如純粹科學的知識活動)，以及「帶有價值色彩、形成人生態度」的部門(如宗教、道德、藝術)。他樂觀地認爲，純科學的知識，不會造成不同民族間的衝突，也不會發生文化侵略的問題；文化之間的眞正衝突，是來自價值系統的部門。因此他贊成張之洞「中體西用」之說，以中國的價值系統去接合科學之用[75]。

那麼，支持「中體西用說」的徐復觀是主張「現代化」，而反對「西化」，一如國民黨？——這又不盡然。

其實，徐復觀對「現代性」與「西方文明」各有所肯定，又各有所保留。就較爲「價值中立」的「現代性」而言，他當然希望「理性不足，科學不足」的中國人能建立科學理性，但是對於「理性過剩，科學過剩」的西方現代文明[76]，他也有深刻的批評。

他認爲，西方文化常偏於知性的這一面，對自己生命以外的東西，能夠井井有條地分析、綜合、比較、判斷，但對人的生命自身，則一任其保持原始的混沌狀態。在今日科學與資本主義結合的世界中，此一混沌的原

74　徐復觀，〈西方文化沒有陰影〉，頁59，61。

75　徐復觀，〈反極權主義與反殖民主義〉，頁217-222。如果我們把徐復觀和杭亭頓的說法做一比較，杭亭頓所云其他民族學得來的「現代化」部分，似乎約略等於徐復觀所言「無價值觀的，中性的」部門；而杭亭頓認爲其他民族很難學的「西方文明特色」，大概是徐復觀所云「帶有價值色彩，形成人生態度」的部分。

76　徐復觀，〈回答我的一位學生的信並附記〉，收於：氏著，《徐復觀文存》，頁228。

始本能，受到巨大的機械和功利力量的衝擊和加持，若沒有德性之力將其加以轉化、升進，一旦讓它衝決而出，便有極大的毀滅性力量，最後反而會使整個文明墜入非理性的深淵[77]（見第七章）。

在「有價值色彩」的西方文化部門中，徐復觀最難以接受的是基督宗教。因為他認為：基督宗教的原罪觀念，抵觸儒家的性善論；基督徒有待於上帝與來世，不如孔子教人回歸人間，在現實中認取、實踐人生的理想[78]。不過，和民主制度建立相關的其他西方價值，除了個人主義之外[79]，像法治、社會多元化、代議政治等，徐復觀都十分贊成。

事實上，徐復觀的努力就在於，他將杭亭頓等人認為專屬於西方文明的特色，解釋為具有普遍性的價值，使它跨越文化界限，為各民族所共喻、共享。他更希望透過對中國傳統的重新詮釋，找出中國文化中的普遍性價值，回饋給世界，彌補「西化」「現代化」之不足。

可是，白色恐怖時期，並不容許心平氣和的討論。在強大的政治壓力下，受困的人們往往也互相傾軋，不自覺地成為被利用的工具。撤退來台之後，國民黨不能有效對付彼岸的敵人，反倒回過頭來壓迫島內的異議分子；異議分子無法掙脫國民黨特務的網羅，竟也把敵我分明、你死我活的意識型態對立，拿來做彼此鬥爭的武器，「漢奸」、「共產黨」都是最能聳動視聽的指控。

77　徐復觀，〈毀滅的象徵〉，收於：氏著，《徐復觀文存》，頁265。

78　徐復觀，〈西方文化之重估〉，收於：氏著，《徐復觀文存》，頁28。

79　徐復觀將「個人主義」區分為「理性的，人格的個人主義」與「現實的，動物性的個人主義」二種。前者促成了民主政治，為徐氏所肯定；後者則成為資本主義經濟的基調，為徐氏所質疑。見：徐復觀，〈論自由主義與派生的自由主義〉，收於：黎漢基、李明輝編，《徐復觀雜文補編》第一冊，頁18，28。

　　1950年代末期，徐復觀還能警覺地意識到，他和自由主義者的爭論，可能導致執政者坐收漁利。但是到了改革無望的1960年代，老少兩代外省知識分子在「中西文化論戰」中反目成仇，失去就事論事的理性。長達十年的罵戰，抵消了知識分子的精力和對社會的影響力，他們對威權體制也就更無能為力了[80]。1960年代後期，徐復觀與同事梁容若的衝突、與東海大學的對峙，也夾雜了太多的意氣，而為國民黨特務所乘，導致他1969年黯然離台，轉往香港。

　　今日回顧這段歷史，我們唯有哀矜勿喜。和大陸文革時期相比，台灣的「白色恐怖」只能算是小巫。不管如何，經歷過這個階段的人們如何在艱困環境存活下去？如何競爭有限的資源，並勉力維持人的尊嚴？都值得進一步挖掘。我們必須正視的是他們的生命經驗。

(五)開始的結束，結束的開始

　　中國文化傳統究竟應如何與現代西方文明和平共處，互利互補？──在徐復觀離開台灣後，這個問題仍困擾著島上的人們。

　　在某種意義上，徐復觀的民族主義情操與鄉土情懷一度獲得回應。1971年，中華民國退出聯合國，反帝國主義的保釣運動在美國與日本的留學生社群熱烈展開，島內開始興起強烈的文化尋根熱潮。就連徐復觀壓抑多年的左翼理想，都後繼有人(如他所欣賞的小說家陳映真)[81]。

　　哪裡知道，就在這股尋根熱潮轉向鄉土文學創作時，「中國民族主義」也悄悄向「台灣民族主義」挪移。隨著「鄉土文學論戰」(1977)爆發，台

80　徐復觀，〈對殷海光先生的憶念〉，收於：氏著，《徐復觀雜文──憶往事》，頁178。

81　徐復觀，〈海峽東西第一人〉，收於：氏著，《徐復觀最後雜文》，頁7-11。

灣本土意識正式浮現[82]。不過，雖然本土意識興起，但是後殖民心態依舊不變：1978年美國承認中華人民共和國，與中華民國斷交，可是台灣對美國的政治、經濟、文化依賴，仍然持續不絕。

　　另一方面，外省知識分子功敗垂成的民主運動，開始由本省知識分子接下火炬。反傳統的外省自由主義者李敖，在精神上、物質上，都給了反中國文化的本省異議分子相當大的支持[83]。台灣民主運動發展到後來，竟使政治及文化上「去中國化」成了必然之勢，徐復觀想必痛心萬分，但不會覺得意外。而他若健在，看到民進黨如同當年國民黨一般，以高亢的聲調宣揚「反共」的意識型態，恐怕又會啞然失笑了。──而這些不就證明了：三個陣營的外省知識分子對台灣的影響，至今仍歷歷在目？

82　歷史的弔詭是：徐復觀強烈反對台獨，但他對學生關愛有加，不分省籍一視同仁；而諸多台籍學生一方面感念徐氏教誨，另一方面卻成為台獨運動的健將。參考：蕭欣義，〈良心和勇氣的典範〉；司馬文武，〈吾愛吾師〉；薛順雄，〈寒夜懷師〉。以上文章均收於：曹永洋編，《徐復觀教授紀念文集》。此外，徐復觀提倡「發揚鄉邦的文獻，彰顯鄉邦的山川文物，由此使大家的精神，通過鄉土之愛而與祖國的山河大地，發生特別親切的關聯」，正是目前台灣眾多「地方文史工作室」在從事的工作，只不過他們對「祖國」的定義改變了。參考：徐復觀，〈鄉邦的文獻工作即是復興中華文化的工作〉，收於：氏著，《徐復觀文存》，頁324。

83　基於同樣反對國民黨、追求自由民主的立場，1960年代中期，李敖與台獨先驅彭明敏曾是備受迫害、相濡以沫的患難之交，只是日後李敖被彭明敏等誣為台獨同黨，而有縲紲之災，兩人遂分道揚鑣（李敖，《你所不知道的彭明敏》，收於：氏著，《李敖大全集》第二十冊〔台北：榮泉文化，1995〕，頁10-14）。同樣的，1970年代末期開始崛起的「黨外新生代」，多自年少時代就把李敖視為英雄偶像，也在從事民主運動時得到李敖的幫助。不過，由於李敖反對台獨，使得他與民進黨人最終漸行漸遠（李敖，《冷眼看台灣》，收於：氏著，《李敖大全集》第十三冊，頁187，326；李敖，《鄭南榕研究》，收於：氏著，《李敖大全集》第十三冊，頁35-36，132）。

五、結論：外省知識分子在台灣思想史上的意義

那麼，我們能做什麼結論？

從以上的討論我們可以看出，17世紀以來，台灣「主觀上」的文化認同因政治因素搖擺不定，但是在「客觀上」，它的歷史仍是在中華文化的基底上因革損益。雖然歷經政權變遷，但它倖免於近代中國大規模的戰亂與革命，以較爲穩健緩進的方式變革。而它位居大陸邊緣及西太平洋南北樞紐的地理位置，使它遭遇一波又一波的現代西力衝擊，長期習於對外接觸，不至於激烈排斥或無條件擁抱西方文明。在這樣的背景下，它走出和20世紀中國大陸不同的路，成爲實驗「中國傳統文化現代化」的先鋒。

新儒家徐復觀和他那一代外省知識分子，有相同的問題、不同的答案；他們集體命運相似，但身後則留下深淺不同的影響。整體而言，1950至60年代他們在台灣的行腳，象徵了幾個意義。其一，中國「中原」文化與台灣閩粵地方色彩混合，使台灣的文化自我認同從「邊陲」轉爲「核心」。其二，較爲穩健的中國近代文化——包括保守主義與自由主義——在此進一步發展，有別於同一時期激烈反傳統的大陸。其三，被日本、西方殖民的經驗，又與「新中原」文化在此交會，激出火花。整體而言，因爲外省人的到來，台灣在某些方面變得更「中國」，某些方面則變得更「西化」和「現代化」。

外省知識分子所移入的中國傳統，是民國時期的經驗。面對日治後期「低中國性」、乃至在二二八之後「反中國文化」的本省同胞，三個陣營的外省知識分子以不同方式使台灣「再中國化」：國民黨施予強制性的語言政策與黨化教育，《自由中國》、《文星》示以五四時代的反傳統自由主

義；而徐復觀等人所代表的現代儒家，則爲台灣的漢人文化傳統引進儒家的內在超越性格，並進一步強調了民主政治與儒家傳統的共容性。

至於在接引西方現代文化方面，三個陣營亦各有不同重點。國民黨在日治時期的「現代化」建設基礎上踵事增華，但對於「西方文明」價值則態度曖昧，尤其是其中的民主法治部分。自由主義陣營中，殷海光熱情擁抱「西方文明」，但對「現代化」部分有所保留；李敖則主張全盤西化，甚至包括它的種種負面因子。至於文化保守主義陣營，新儒家徐復觀相信「中體西用」，對「現代化」與「西化」均抱著選擇性的態度。

今日，「全球化」風潮勢不可當，文化間的拼貼、混血的確不可避免；但是，表面上超越疆界的大同理想，其實可能只是方便西方現代文明(特別是資本主義)橫掃全球，通行無阻。因此，我們在接受涵化(acculturation)之際審慎取捨，不全然是出於像徐復觀一般民族主義的情緒，而更是對世界上「文化多樣性」(cultural diversity)的保存珍惜。

只是，徐復觀的「傳統中國文化現代化」、「融通中西文化」的主張，沒有被台灣社會普遍接受。台灣21世紀初所發生的政治社會失序現象，實與囫圇吞棗的「現代化」，半生不熟的「西化」，以及「去中國化」思惟下、不再從意識層次反省中國大傳統之精神及其長短有關。

究其實，民進黨「去中國化」，頂多只能去除外省人帶來的中國「大傳統」和「中原文化」，不能消除在台灣根深柢固的中國「小傳統」和「閩粵地方色彩」。對鄉土歷史、地理、人物的發掘、珍視，固然是當下台灣至爲可貴的文化資產(這也是保存「文化多樣性」的一種方式)。可是，去除了較有反省力、理想性的中國「大傳統」，留下視野較爲局限的中國「小傳統」，再輔以美、日、韓通俗消費文化；在工業化、都市化、家庭組織瀕臨解體的21世紀台灣，這樣的「文化包裹」，要把我們帶向哪裡去？

徐復觀走過的路，如今已荒草沒膝。可是，只要有人繼續走，未必不能盼到柳暗花明。再說，即使絕學難繼，又於徐先生何傷？他已經盡了他的本分，過了興會淋漓的一生。在殷海光眼中，徐復觀是這麼樣的一個人：

> 他凶咆起來像獅虎，馴服起來像綿羊；愛熱鬧起來像馬戲班的主人，孤獨起來像野鶴閒雲；講起理學來是個道學夫子；鬥爭起來是個不折不扣的步兵團長；仁慈起來像春天的風；冷酷起來像秋天的霜。然而他充滿了生命的奮進、鬥氣，一分鐘也不停，一秒鐘也不止。[84]

而徐復觀自己，只會說他是服膺孔子之教，「發憤忘食，樂以忘憂，不知老之將至」；鞠躬盡瘁，死而後已。他的多變與不變，正說明了：外省知識分子對戰後台灣文化影響的複雜性，遠遠超出「白色恐怖」、「經濟奇蹟」之外，還有待我們深入地發掘與探索。

（本文曾發表於《當代》，第198-199期，2004年2-3月）

84　陳鼓應，《殷海光最後的話語》（台北：百傑，1979），頁23。

第六章

《民主評論》的民主想像
——儒家／民主的多重詮釋

一、前言：流亡者的「建國方略」

　　1949年，徐復觀(1904-1982)與百萬軍民自中國大陸倉皇撤退，來到台灣。「周穆王南征，一軍盡化。君子為猿為鶴，小人為蟲為沙」[1]，九死一生之際，政治上與文化思想上的大反省，是流亡海外的中國知識分子最沉痛的課題。

　　中國大陸政權易手，意味著：國民黨之法西斯右翼統治，不能有效因應20世紀上半葉的內憂外患。但是，繼之而起的共產黨政權，更讓他們萬萬難以接受。而如果以上二者都不足取，他們又有什麼更好的「建國(nation-building)方略」？

　　根據徐復觀的觀察，1950年代港台兩地的流亡知識分子，有三種不同

---

[1]　《太平御覽》卷七十四引《抱朴子》言。徐復觀在悼念白崇禧之死時，寫下輓聯：「寂地寞天，堪嘆英雄情不盡。哀猿怨鶴，可憐家國債難償」，君子化為猿鶴、小人為蟲沙，是許多外省人來到台灣時的痛切感慨。見：曹永洋編，《徐復觀家書精選》，頁178-179。

方向的反省：

1. 第一個方向以國民黨「革命實踐研究院」為代表，將大陸淪陷歸咎於人們要求自由民主，使中共乘機坐大，因此它想要以人為中心，形成理論權威，以加強現實政治上的領導。

2. 第二個方向則以雷震所創《自由中國》（以下簡稱《自中》）為典型，繼承五四傳統，堅持民主自由信念，但對中國文化和西方理想主義抱著很大反感。

3. 第三個方向則是徐復觀自己所創辦的《民主評論》（以下簡稱《民評》），他們同樣堅持民主自由，但對五四採取較批判的態度，希望溝通中西文化，使民主自由能得到文化上深厚的基礎。所以他們寧可自居為「人文（人性）主義者」、「理想主義者」，而不以「自由主義者」為滿足。[2]

　　由於反共立場相同，這三個陣營最初都得到國民黨的支持。但是不久之後，《自中》與《民評》就開始批判國民黨，而「自由主義者」與「人文理想主義者」也相互抨擊。儘管政治高壓的氣氛籠罩，這三個陣營的論戰依然火花四濺。

　　除了以上三方人馬的對立之外，在各個陣營內部，也有明顯的分歧。比方說，《自中》的胡適與殷海光這兩代自由主義者，即有不同的思想風格[3]。而在《民評》內部，錢穆不願加入「新儒家」行列、共同發表〈為中國文化敬告世界人士宣言〉（1958），已成歷史公案；徐復觀與錢穆對「傳統中國有無專制」、「現代中國是否需要民主」意見不同，也廣為人知。但

2　徐復觀，〈三十年來中國的文化思想問題〉，收於：氏著，《學術與政治之間》，頁435-436。

3　張忠棟，《胡適‧雷震‧殷海光》（台北：自立晚報，1990），頁58。

是，他們之間的歧異不只如此。同爲史學家的徐、錢二人如何以不同的態度解讀過去，鮮少被人提及；而徐復觀與唐、牟等哲學家朋友之爭議——包括「民主」之文化價值、學術與政治之關係——，亦罕見學界討論。檢討這些爭議，可以增進我們對當年「文化保守主義」（亦即徐復觀所謂「人文理想主義」）陣營的了解，這是本文的第一個目的。

就對徐復觀個人的研究而言，討論他與《民評》諸君子的思想互動，也有其意義。徐復觀的學問規模，除了來自早年國學基礎、壯年時跨足軍政界、熊十力的啓發之外，在相當程度上，也得力於錢、牟、唐等人的切磋。闡揚儒學、鼓吹民主是他後半生不變的宗旨，他一直關心：政治在人生中扮演何種角色？儒家政治思想特色何在？它與專制政治有何關係？儒家思想如何與民主制度接榫？民主在未來中國社會應扮演何種角色？……他的許多獨到見解，是在與《民評》諸友辯難時激發出來的；而這些辯難，又是在上述「三個方向彼此競爭」的大環境下進行的。如果不將他的思想放回時代脈絡中，就難以掌握其微言大義。因此，本文的第二個目的，即是要還原當年他與錢、唐、牟等人的「對話情境」，以對徐復觀思想有更深刻的理解。

本文的第三個目的，則是嘗試將當年《民評》的論辯，就21世紀的時空衡量其價值。《民評》創刊距今六十年，兩岸已各自有不同發展。中國憑藉經濟實力再度崛起，「儒學」重新被重視，然而「民主」實現之日仍遙不可及。至於眞正嘗到「民主」滋味的台灣，公共事務之討論與公共政策之決定，已與「儒學」渺不相涉。此時重新回顧《民評》對儒家與民主、學術與政治的關係之辯論，當年可謂「在威權時代想像民主」，令人感慨萬千。

如果不釐清《民評》諸君子對一些重大議題的歧異，我們就無法回答：

儘管《民評》以「民主」爲訴求，爲什麼當年一般讀者還是認定，談中國文化就是爲專制政治——也就是國民黨政權——代言？而這一點，在相當程度上決定了《自中》在港台較受歡迎，而《民評》則曲高和寡。再者，如果不探索徐復觀與唐、牟等人對「學術與政治之間」問題的思考，我們也很難回答：台灣既已解嚴二十年，何以現代儒家至今仍無法找到恰當的自我定位？而對這些問題的檢討，也可以幫助我們思索：近二十年來，儒家復興運動雖已在中國大陸萌芽，但儒家對於促成大陸的民主化，是否可能有所貢獻？如果能夠，那又會是以何種方式體現？

　　下文將首先介紹徐復觀等人創辦、支撐《民主評論》長達十七年的艱辛歷程，接下來則分別討論徐復觀與錢穆、唐君毅之歧異。徐、錢之爭的重點在於中國傳統政治的性質，以及民主政治在中國的必要性；徐、唐之爭的主軸則在學術與政治之間的關係，以及民主政治的精神價值。從這些爭論中，我們可以看出徐復觀突出的「常民觀點」，以及他超越儕輩的「民主信念」。這段歷史也證明了：1950年代的華人思想史，在台灣「白色恐怖」、大陸「反右運動」之外，實有更深刻的文化內涵。

二、徐復觀與《民主評論》

　　《民主評論》誕生於烽火連天的1949年。

　　那一年春天，國民政府兵敗如山倒，蔣介石退居溪口，電召徐復觀共商國是。「大陸初告變色，國運空前危殆之際，由於時局的激變，知識分子不能不懷有亡國亡天下之憂」[4]。基於三個理由，徐復觀建議蔣介石支

4　編者，〈回顧與展望〉，《民評》，5卷4期（1954年2月1日），頁52。

持他在香港創辦一份雜誌。其一，是希望在「鬥爭最前線」的香港，以這份雜誌擔當對共產黨「思想鬥爭」的責任，並讓他自己與現實政治保持距離。其二，則是希望透過思想的針砭，督促國民黨員和自由主義者進行反省。其三，則是希望在文化虛脫混亂的時代，奠定文化思想的大方向，作爲未來建國的基礎。蔣介石同意了，提供他港幣九萬元的預算，刊行長達十七年的《民主評論》(1949-1966)於焉啓航 [5]。

《民評》以香港作爲雜誌基地，主要是因爲這個英屬殖民地是「自由世界」與「共產世界」交會的要衝。再者，雖然港英政府對國民政府懷著敵意，但是英國人尊重言論自由，中國人各種不同的政治立場都可以在香港自由發聲 [6]。對退守台灣、亟於擴大影響力的國民黨而言，《民評》只不過是另一個傳聲筒；但在徐復觀等人看來，如何在「*被毀滅的俄頃之前，從文化上撒下使國家得以翻身的種子*」，卻是無比莊嚴的使命 [7]。

1949至50年間，爲了創辦《民評》，徐復觀在港台兩地頻繁往返，甚至一度舉家遷港半年 [8]。他擔任督印人，但自身沒有支領任何薪水 [9]。和他合作的主要同仁是經濟學家張丕介(1905-1970)、史學家錢穆(1895-1990)和哲學家唐君毅(1909-1978)。徐復觀的「吵架朋友」張丕介負責經常性社務，而錢、唐二人則從旁協助。錢、唐、張三人當時也共同創辦「新亞書院」，《民評》與「新亞書院」旨趣相通，主事者也大都與留

---

5 徐復觀，〈「民主評論」結束的話〉，收於：蕭欣義編，《文錄選粹》，頁194-195。

6 張丕介，〈飄零篇〉，《民評》，7卷2期(1956年1月5日)，頁11。

7 徐復觀，〈「民主評論」結束的話〉，頁196。

8 李淑珍訪談徐武軍，1994年3月14日，東海大學。

9 徐復觀，〈三千美金的風波——為「民主評論」事答覆張其昀、錢穆兩先生〉，收於：黎漢基、李明輝編，《徐復觀雜文補編》第二冊，頁183。

一無所有的生命，是彼此容易直感直通的生命。

徐復觀與錢穆(中立者)等人在《民主評論》台灣分社前合影。(圖片提供：徐均琴編，《誰賦齒風七月篇》〔作者自印，2009〕，頁18)

在大陸的哲學家熊十力有師友關係[10]，二者的合作並非偶然。

除了香港設有本部之外，《民評》在台北長安西路也有分社，哲學家牟宗三(1909-1995)、經濟學家戴杜衡(？-1964)和邏輯實證論者殷海光(1919-1969)是台灣的主要撰稿者。在狹窄的日式房子中，棋聲、喧笑終日不絕，晚上大家便一起打地鋪[11]。不論是在香港或在台灣，世局天翻地覆，生活顛沛流離，這群流亡書生互依取暖、相濡以沫──至少暫時如此。

從商業的角度看來，《民主評論》半月刊印刷簡陋、陳義過高，每期五六萬字，完全不譁眾取寵；它之能夠存活十七年，堪稱一項奇蹟。它以追求「國家獨立、政治民主、經濟平等、學術思想自由」為宗旨；闡揚儒家思想的時代意義、對共產主義窮本溯源、引介世界文化思潮，則是它的主要內容[12]。不過，打從創刊開始，它就為稿源不足、發行

10　錢穆與熊氏曾是北大同事，而徐、唐、牟則是熊氏及門弟子。

11　徐復觀，〈如何復活「切中時弊的討論精神」──感謝凌空君的期待〉，收於：黎漢基、李明輝編，《徐復觀雜文補編》第二冊，頁90。徐復觀，〈對殷海光先生的憶念〉，收於：氏著，《徐復觀雜文──憶往事》，頁173。徐復觀，〈三千美金的風波〉，頁183。

12　編者，〈回顧與展望〉，《民主評論》，5卷4期，頁52。

量太小、財務困窘等問題所困擾；只是徐復觀等人仍以「頑固的信念」咬牙硬撐，直到油盡燈枯為止。

　　先看稿源不足的問題。創辦伊始，這份雜誌擁有陣容堅強的作者群：唐君毅以深純之筆發掘中國人文精神，牟宗三質樸堅實地發揮道德的理想主義，史學家錢穆以清靈風格吸引讀者，胡秋原則以〈中國的悲劇〉深刻地做文化上的反省。徐復觀所負責的，主要是政治上的反省，希望把復興大業奠基於民主政治之上。至於對中共現況的批判，除了徐氏本人之外，還加上張丕介、王干一、鄭竹園、金達凱等人[13]。這樣扎實的內容，一度使《自中》相形見絀，使《自中》發行人胡適頗為不滿[14]。

　　可是《民評》的自我要求高，文稿水準不佳者固然不收，為避免政治麻煩而使用筆名的好文章，它也婉謝[15]。除此之外，它在文化上的保守態度，也使原來一些支持者卻步。殷海光就抱怨，《民評》鮮少介紹英美實證主義，卻淨談歐陸哲學、系統哲學、中國文化；戴杜衡則是「一聽到中國舊的語言文字便討厭」，因

《民主評論》書影。（李淑珍攝）

13　徐復觀，〈「民主評論」結束的話〉，頁196。鄭竹園、金達凱等人也是《民評》後期社務的主要負責人。

14　胡適致雷震書，1950年1月9日。轉引自：張忠棟，《胡適・雷震・殷海光》，頁10。

15　張丕介，〈飄零篇〉，頁11。

此，後來他倆都轉向《自中》陣營[16]。

《民評》的第二個困境是銷路太少，而這與雜誌編輯方針有關。目前雖無確切的發行資料，但早在1953年，錢穆就已經爲《民評》在港、台兩地的銷售狀況向徐復觀提出警訊[17]。在香港的作家王聿修也發現，《自中》銷路甚佳，而《民評》在香港的書報攤上根本見不到[18]。要能吸引一般讀者，徐復觀犀利的政論是一張王牌，但最終《民評》還是採取了錢、唐、張等人的編輯路線，「重在積極方面之有所樹立，不重在消極的零碎政治上之事之批評」，寧可強調人性、中國文化性、民主自由，而不以刻薄文章反共[19]。這麼一來，自然很難拓展銷路。

懷抱這樣嚴肅理想的刊物，在商業氣息濃厚的香港勢必曲高和寡。有些讀者抱怨該刊文章理論艱深，不夠深入淺出；該刊缺乏激動人心的時事評論，也令某些人不滿[20]。創刊六週年之後，連牟宗三也認爲《民評》顯

16　徐復觀，〈如何復活「切中時弊的討論精神」〉，頁91。

17　錢穆致徐復觀書，1953年2月17日，1953年2月20日，未出版。

18　王聿修致雷震書，收於：傅正編，《雷震祕藏書信選》（台北：桂冠，1990），頁63。其實，根據《自中》經理馬之驌的說法，即使是《自中》半月刊，在最初兩年，每期也只刊印三千本。實際流通一千五百本。而在流通的一千五百本中，贈閱的份數，還多於訂閱和街頭賣出的份數。這一來是它的理論性太強，二來則是因爲，對它有興趣的外省知識分子及學生都阮囊羞澀。至於一般的社會大眾，對反共抗俄、反攻大陸、實行自由民主、屬行政治革新等議題，大都不感興趣。不過，雖然前三年虧本，但自從1951年刊出〈政府不可誘民入罪〉一文之後，引起本省知識分子和大專學生的注意，《自中》銷路增加，第四年起就開始賺錢，每期可印到五千冊。在1956年刊出諫諍蔣介石的「祝壽專號」之後，更高達每期七、八千冊。見：馬之驌，《雷震與蔣介石》，頁124-125。

19　唐君毅致徐復觀書，1951年7月31日，收於：唐君毅，《唐君毅全集》（卷二十六・書簡）（台北：臺灣學生，1990），頁64-65。

20　編者，〈回顧與展望〉，《民評》，5卷4期，頁52。

得「散而又老大」,「光是些大文章,無點綴陪襯與烘托」,有「隔住之象」;他建議《民評》應該提拔青年,讓雜誌注入新細胞[21]。

儘管如此,狀況似乎一直沒有改善。到了出刊十年時,徐復觀以「孤臣孽子」形容《民評》的處境:大環境日趨「(西方)殖民地化」,中國文化經常橫遭詆毀,他說《民評》所受的委曲、所做的掙扎,是「為了要堂堂正正地做一個中國人所無法避免的委曲,所不能不做的掙扎」[22]。由此也可以看出,讀者對《民評》的反應愈來愈冷淡。

《民評》在香港的銷路不佳,在台灣又如何?當時外省人連餬口都困難,沒有餘錢可以購買雜誌。出了外省人的圈子,台灣讀者對《民評》的反應也不如理想。台灣本地知識分子才經過二二八事件不久,對中國文化普遍抱著冷漠懷疑的態度。再說他們才脫離日本統治數年,中文程度普遍不足,要接受《民評》這樣的雜誌,恐怕相當困難[23]。雖然徐復觀等人融合儒家與民主的努力,的確得到日治時代活躍於「台灣文化協會」的少數本省菁英(如莊垂勝、葉榮鐘、張深切、蔡培火等人)的肯定,但是這些人經歷二二八事件的打擊之後,在1950年代時多已隱居歷史舞台幕後,對輿論影響不大。

相對地,反中國傳統的《自中》(以及1960年代的《文星》)得到台灣年輕一輩更多的青睞。因為他們相信,「傳統中國文化」——特別是儒家

---

21 牟宗三致徐復觀書,1955年5月25日,未出版。

22 徐復觀,〈這是「中國人要堂堂正正作為一個中國人而存在」的象徵——「民主評論」出刊十週年的感念〉,收於:氏著,《徐復觀文存》,頁278。

23 洪炎秋曾戲稱:台灣光復之初,能夠寫流利中文的台灣人只有五個。見:連震東,〈五十年相知成永訣——念炎秋〉,收於:連震東先生紀念集編輯小組編,《連震東先生紀念集》(台北:連戰、方瑀出版,1989),頁402。

思想——是官方的意識型態，是國民黨威權的理論靠山；而《民評》既然宣揚中國傳統，自然也難脫保守反動的嫌疑。

《民評》長期的財務虧損，更令人困擾。徐復觀希望國民黨能夠「由反省而更生」，但事與願違，他反而被看成「拿國民黨的錢罵國民黨」，使得國民黨大員極為不悅[24]。《民評》在發刊兩年之後，就因為繳不出香港政府規定的雜誌登記費一萬港幣，而停刊半年[25]。1956年教育部長張其昀示意《民評》攻擊《自中》，徐復觀卻反其道而行，寫了〈為什麼要反對自由主義？〉。於是原來可獲得的三千美元補助，就此沒有下文[26]。

憤怒又挫折的徐復觀幾度想要放棄，但是錢穆和唐君毅都力勸他忍辱負重、顧全大局[27]。對徐復觀而言，要一再向他所不屑為伍的國民黨低頭要錢，是極大的羞辱；但對許多國民黨高官來說，這一份他們補助的刊物總是炮口朝內，簡直豈有此理！（其實徐復觀已經很節制了，凡是真正言詞激烈的批判，他往往投稿給其他更為獨立的刊物，而不在《民評》上發表。）

為了要湊齊每個月四千港幣左右的預算（後來縮減為兩千港幣），徐復觀必須要和總統府、教育部、國民黨中央黨部第四組和第六組（分別負責宣傳和情報工作）不斷打交道。有很長一段時間，國民政府是以「匯差」的方式，提供「惠而不費」的協助[28]。當徐復觀得不到國民黨奧援時，錢

24　徐復觀，〈「民主評論」結束的話〉，頁196。

25　編者，〈復刊詞〉，《民評》，3卷1期（1951年12月10日）。

26　徐復觀，〈三千美金的風波〉，頁180。

27　錢穆致徐復觀書，1951年5月7日，1951年10月1日，1954年10月4日，未出版。

28　政府允許「民主評論社」將台幣用官價結匯，獲取官價與黑市價錢的差距，作為主要經費來源。見：曹永洋編，《徐復觀家書精選》，頁178。

穆、唐君毅都曾分頭幫忙尋找財源,而徐復觀自己每年總要自掏腰包貼一些錢[29]。

在《民主評論》最艱難的時刻,與美國中央情報局(CIA)有關聯的「亞洲協會」(Asia Foundation)曾補助每月六千港幣的印刷經費。據說在這段時期,徐復觀對國民黨的批評比前此更不留情面[30]。不過,在美國方面的補助停止之後,徐復觀又不得不硬著頭皮,重新回去找國民黨友人幫忙(包括他的師範同學涂壽眉),甚至自行賠貼,以救燃眉之急。

當一切可能資源與熱情都被用盡,《民主評論》終於在1966年停刊,徐復觀已經精疲力竭,連一聲嘆息都沒有了。他承認,他們維護中國文化、反抗極權主義與殖民主義的奮鬥已經失敗,但他還是感謝「奉化蔣公」涵容之量[31],讓遊走於國民黨容忍底線邊緣的《民評》能夠存活這麼久。

儘管徐復觀努力和政治權威保持距離,但不可否認的是,國民黨在1960年查禁了《自中》,卻維持對《民評》的象徵性補助,使得徐復觀百口莫辯。這也似乎意味著,《民評》的政治異議不足以威脅國民黨,而它的文化保守立場,反而可以被國民黨利用來壓制激進的反對派(包括《自中》與《文星》)。徐復觀希望釐清「儒家」與「現實政治」的關係,但終究沒有得到當時社會大眾的理解與共鳴。

29　錢穆致徐復觀書,1955年6月8日,1957年7月26日,未出版。唐君毅致徐復觀書,1956年4月11日,1957年1月9日,收於:氏著,《唐君毅全集》(卷二十六‧書簡),頁105,109。徐復觀,〈三千美金的風波〉,頁183。

30　梁容若,《常識與人格》(台中:普天,1968),頁64。「亞洲協會」贊助《民評》的時間約莫從1957年持續到1961年。

31　徐復觀,〈「民主評論」結束的話〉,頁194;曹永洋編,《徐復觀家書精選》,頁178。

　　《民主評論》的志業雖然功敗垂成，但是它的幾位代表人物——徐復觀、錢穆、唐君毅、牟宗三——卻在顛沛流離中爲中國文化傳下一線香火。以徐復觀本人而言，創辦《民評》就使他受益匪淺。雖然他自幼即奠下扎實的國學基礎，二十年軍旅生活也不能兩三天不打開書本，但是他承認：因爲沒有清楚的讀書目的，多年下來只是泛觀博覽，無法在學問立下根基。可以說，一直到47、48歲爲止，他「不曾讀過一部書，不曾讀通一本書」。《民評》創刊之後，

1953年錢穆(左)與唐君毅在香港合影。

爲了要趕上出身學界的幾位師友，他痛下苦工，非一流書不讀、非與自己研究有關的書不讀，大量吸收中日文翻譯之西方哲學、文學理論、歷史理論、倫理思想，以掌握西方文化關鍵問題，並藉由西方學者犀利的批判分析，砥礪磨洗自己的思考能力[32]。

　　幾年下來，他的進步連錢穆也刮目相看：

32　徐復觀，〈我的讀書生活〉，收於：蕭欣義編，《文錄選粹》，頁311，316。

此數年來，朋輩相知學業猛進無有如兄之比。誠能再有數歲閒居，兄之所詣更不可量……兄此數年來對社會影響之大，殆難計量。……有一《民評》，正可逼兄才思汩汩而來也。

錢穆也希望，徐復觀能把「題目提高、理據加深」，使《明夷待訪錄》後繼有人[33]。

　　整體而言，《民評》諸君子之所以聲氣相通，是因爲他們都認爲共產主義威脅人性，也威脅民族文化，他們是基於人性與民族立場而堅決反共[34]。不過，他們雖然都肯定「發揚儒家、推動民主」是未來建國的大方向，但是他們對「儒家」與「民主」的定義卻大相逕庭，對二者融合之道的看法更是南轅北轍。爲此徐復觀和《民評》友人數度爭持不下；他們是他的文章最好的評論者，也往往成爲他的質疑對象。

　　在菁英取向濃厚的文化保守陣營中，徐復觀的「常民」（populist）立場顯得十分突出。早期他以師禮事之的錢穆，在「儒家」、「民主」的理念上與他最爲懸隔；同爲熊門弟子的哲學家唐君毅，也因對「民主」的價值有所質疑而屢遭徐復觀挑戰。比較他們的觀點異同，正可彰顯出徐復觀政治思想的特色及其可能的限制。

33　錢穆致徐復觀書，1955年1月25日，未出版。

34　錢穆，〈中國知識分子〉（下），《民評》，2卷22期（1951年5月20日），頁17；錢穆致雷震書，1951年，收於：傅正編，《雷震祕藏書信選》，頁119。牟宗三，《五十自述》（台北：鵝湖，1989），頁64，116-117。唐君毅致梁漱溟書，1952年春，收於：唐君毅，《唐君毅全集》（卷二十六‧書簡），頁16-17。

三、中國傳統與民主政治：徐復觀與錢穆的思想歧異

(一)儒家政治思想：「典範儒家」立場

　　徐復觀大約是在抗戰勝利之後的1946年，才轉變爲一個民主主義者。而他之眞正相信「中國文化」──亦即未受專制扭曲的先秦儒學──能解決急迫的中國現實問題，則是在他流亡台灣三四年之後[35]。他對民主的信仰，無形中影響了他對儒家政治思想的詮釋；而他的儒家思想，也形塑了他對自由民主體制的期待和批判。要爲徐復觀在1949年之後的華人思想光譜中定位，我們必須分別檢視他在「儒家」與「民主」兩方面艱苦摸索的結果。

　　從1951年起，徐復觀開始他對儒家的批判思考，〈儒家政治思想的構造及其轉進〉即是此一時期的代表著作。他認爲，儒家思想之特色在於以「修己」「治人」爲一體兩面、「內聖」「外王」互爲表裡；這種倫理與政治不分的特色，既是儒家之所長，亦是其所短。基於對人性的信賴，儒家發展出「德治」、「民本」等理念，但實際上的中國歷史，卻始終難以逃出專制統治和治亂循環的宿命[36]。徐復觀並不主張政治應該排除倫理考慮，更非同意統治者可以不必以民爲念；只是，「德治」、「民本」理想雖然必

35　徐復觀，〈自序〉，《學術與政治之間》，頁xiii。一般認爲徐復觀重拾對中國文化的信心，是受熊十力的影響。其實，他說：雖然熊十力讓厭倦中國經典二十年的他不再視線裝書爲仇敵，但是他眞正重新正視中國文化(特別是儒家)對時代的啟示性，是要到退居台灣，與台籍知識分子莊垂勝密切往來、相互切磋之後。見：徐復觀，〈一個偉大地中國地台灣人之死〉，收於：氏著，《徐復觀雜文──憶往事》，頁145。

36　徐復觀，〈儒家政治思想的構造及其轉進〉，收於：氏著，《學術與政治之間》，頁48，49，54。

要，卻不夠充分。

　　儒家政治思想的缺陷導致幾個問題。首先，因爲從統治者的立場思考問題，儒家總是期待聖君賢相出現，而未限制統治者的權力；人民處於被動消極的地位，只能等待君主發政施仁，民眾並未由下向上爭取，成爲政治的主體。一如熊十力所言，儒家政治思想因之總不離君臣之道、出處之道，無法客觀化，成就眞正的政治學[37]。

　　其次，德治思想假定君子之德可收風行草偃之效，「修身」自然可以「治國平天下」，卻忽略了：將一人的道德客觀化於社會，使之成爲政治設施，絕非那麼理所當然。如果社會政治的主體眞正建立，各種人民自治團體活躍起來，則政治領導者未始不能「篤恭而天下平」；反之，在社會沒有呼應承當的力量之前，即使有聖君賢相出現，他們也會孤單懸隔，負擔太重，以致力不從心[38]。

　　這裡徐復觀呼應了許多20世紀早期改革者(如梁漱溟)的看法，認爲傳統中國頭重腳輕，中央集權的政府與散漫消極的民間社會之間存有一道鴻溝，必須有新的團體組織出現，賦予個人與地方社區力量，以形成公民社會[39]。不過，徐復觀似乎更希望，這樣的自治團體能矯正中國知識分子的流弊，讓他們可以向社會各方面盡責任，而不致將全部精力集中於向朝廷求官，奔競成風，寡廉鮮恥，反而成爲歷史一大負擔[40]。

　　除此之外，儒家「德治」思想對當代中國最大的妨礙，是在於它造成

37　徐復觀，〈儒家政治思想的構造及其轉進〉，頁55。

38　徐復觀，〈儒家政治思想的構造及其轉進〉，頁55-56。

39　Wm. Theodore de Bary著，陳立勝譯，《亞洲價值與人權》（台北：正中，2003），頁155-159。

40　徐復觀，〈儒家政治思想的構造及其轉進〉，頁56。

「統治意識的無限擴大」。具體言之，由於大多數人缺乏個體權利政治自覺，統治者因此感覺不到人民政治主體的存在，而他們本身又缺乏道德自覺，於是很容易將「德治」思想中「道德上無限的責任感」，一變而爲「權力上的無限支配的要求」，而不願接受民主政治對政府權力的限定。袁世凱和毛澤東是如此[41]，而蔣介石又何獨不然？

《民評》早期，徐復觀對儒家力求持論公正平衡，如他所說：「傳統文化中之醜惡者，抉而去之，惟恐不盡；傳統文化之美善者，表而出之，亦懼有所誇飾」[42]。但是，隨著《自中》陣營反傳統聲浪日益高漲，徐復觀對「原始儒學」的批判性思考，也逐漸轉爲爲它極力辯誣，認爲「原始儒學」立意良善，只不過被專制政治扭曲，董仲舒(179-104B.C.)思想和儒家孝道，即爲著例。

民國以來，董仲舒罷黜百家、獨尊儒術的主張，被視爲傳統專制幫凶，備受抨擊。徐復觀則認爲，〈天人三策〉要放在當時儒法之爭的背景下看，董生是要推行「把人當人」的人性政治，以緩和法家反人文、反人格的毒害。至於西漢儒家和陰陽五行的奇異結合，乃是董生意圖以災異之說，把漠視民意之「王」安在「天」之下，以抑制君權。只不過，董生之說至多只能緩和專制之毒，而不能解決專制政治之弊。東漢黨錮之禍證明士人難以對抗專制王權，於是儒家變質，轉而接受法家「尊君」觀念，隨順專制、維護專制，令人浩嘆[43]。

同樣地，徐復觀對中國孝道思想演變的研究，也反映了他推崇先秦儒

---

41 徐復觀，〈儒家政治思想的構造及其轉進〉，頁57-58。

42 徐復觀，〈自序〉，《中國思想史論集續編》（台北：時報，1985），頁i。

43 徐復觀，〈儒家對中國歷史運命掙扎之一例──西漢政治與董仲舒〉，收於：氏著，《學術與政治之間》，頁331-332，367，387-388。

學典範、貶抑後世儒家的傾向。雖然他個人認為「家庭中自然是以父為中心」(!?)，但他認為先秦儒家提倡的家庭倫理是父子主恩，夫妻平等，愷悌和樂，沒有所謂「父權」、「夫權」的觀念。他贊同《論語》把孝弟當作人生德行的起碼要求，但不支持《孟子》將孝弟擴大為德行的最高表現，因為那會使人生其他價值萎縮。他認為家庭溫情夠育溫暖人性，家族所形成的半自治體也有抗衡專制的意義，但《孝經》鼓吹「夫孝始於事親，中於事君，終於立身」，混淆「忠」「孝」觀念，使孝道被專制政治所歪曲，則令他期期以為不可。在他看來，《孝經》根本是一部偷渡法家觀念的偽造經典，不足以代表儒家真貌[44]。

　　總之，從「是否利於民主政治」的角度來看，他認為儒家政治思想瑕瑜互見。理論上儒家可以緩解專制之毒，但在長期專制統治之下，儒家也遭到嚴重扭曲，大多數士人廉恥蕩然，有道德自覺的巖穴之士如同鳳毛麟角，令他痛心疾首。——這種分析，反映出他早期較為客觀中立的立場。

　　但是，隨著《自中》、《文星》對傳統中國文化的謾罵日趨激烈，在1950至60年代的論戰中，被激怒的他不再仔細析辨「中國文化」的多重成分，而逕以「儒家」代表「中國文化」；他也不再批判性地解析「儒家」的不同內容或歷史演變，而往往以全稱命題予以肯定[45]。攻擊者「籠統的否定」引發他「籠統的肯定」，如此一來，反而模糊了原先「好而知其惡，惡而知其美」的立場，讓攻擊者(如殷海光、李敖)有機可乘。一直要到1969年後他離台赴港，全心沉潛，學術成就提升到更高境界，才能再度平心靜氣評估中國傳統。

44　徐復觀，〈中國孝道思想的形成、演變，及其在歷史中的諸問題〉，收於：氏著，《中國思想史論集》，頁163，170，176，185，192，199。

45　徐復觀，〈這是「中國人要堂堂正正地作為一個中國人而存在」的象徵〉，頁278-283。

不過，一和錢穆相比，徐復觀「選擇性地接受儒家思想、全面性地批判傳統專制政權」的態度，便立刻鮮明起來。

(二)中國傳統政治：「歷史儒家」立場

《民評》時期，徐復觀曾數度挑戰錢穆對儒家經典的詮釋[46]，但他鮮少公開批評錢穆對中國歷史、政治的看法：「我從來不批評錢先生所說的民主政治這一類理論」，因為那是「一般人所能了解的錯誤」[47]。不過，字裡行間的質疑意味，敏感的讀者應當嗅聞得出。只是錢穆一向認為，是非對錯必須俟諸後世才能判定，所以他並未回應徐復觀不指名的挑戰。1950年代前期他們還是維持友誼，存異求同，各抒己見。

不過，錢穆《國史大綱》(1940)、《政學私言》(1945)、《中國歷代政治得失》(1955)等書廣為人知，明眼人很容易即可察覺兩人想法的牴觸。他們不只對於「傳統中國政治是否專制」見解殊異，在「傳統中國知識分子性格」、「中國歷史發展歷程」、「民主政治定義」等問題上，也都有截然不同的看法。因為對中國傳統的評價有別，莫怪乎他們對民主政治的態度也南轅北轍。

錢穆對傳統中國知識分子基本上抱著欣賞、同情的態度。他指出，中國智識分子的共同特色是「始終以人文精神為指導之核心」；至於政治，

46　徐復觀與錢穆在1957年交惡，不是因為對中國傳統政治的看法不同，而主要是因為徐復觀公開批評錢穆以「能自有好惡」來解《論語》的「仁」，並反對錢穆「中庸易傳匯通老莊孔孟」的主張。見：徐復觀，〈三千美金的風波〉，頁186；李淑珍，〈「經學式」、「科學式」與「理學式」的歷史詮釋學──近代中國／台灣史學發展的三個面相〉，《當代》，178期(2002年6月)，頁28-29。

47　徐復觀，〈三千美金的風波〉，頁185-186。一直要到〈良知的迷惘〉一文，徐復觀才對錢穆政治史觀展開全面批評。見：氏著，《徐復觀雜文──記所思》，頁104-115。

則是他們用以展布其人文理想之工
具，「使他們不僅為政治而政治，而是
為社會而政治、為整個人文之全體性而
政治」[48]。他推崇春秋貴族的雍容大
雅、唐代高僧的豪傑氣魄、北宋士人的
先憂後樂、乃至元代全真教士之保全華
北萬千生靈，因為他們都有「關切大群
共體的一番宗教性」[49]。

　　在錢穆看來，劉邦推翻秦朝，代表
「平民社會」、「農民政府」取代古代封
建貴族；漢武帝之後，「士人政府」進
一步取代宗室、軍人的力量[50]；唐代以

北宋知識分子范仲淹「先憂後樂」
的襟抱，備受錢穆推崇。

科舉取士，更可謂「開放政權」[51]，使來自民間的讀書人可為國家效力。
中國知識分子之墮落，主要根源在於明代八股取士，它吸引只圖攫取利祿
的「假士」，葬送了此下三四百年的學術生命。到了清代，在高壓政治之
下，知識分子更埋首故紙堆，不再有「以學術領導政治」、關懷社會大群
體的宗教性的熱忱[52]。

　　相對於錢穆的同情態度，除了兩漢士人、宋明儒者，徐復觀對傳統中
國知識分子並不信任。錢穆認為士人與朝廷的結合代表「政府與民眾融為

48　錢穆，〈中國知識分子〉（上），《民評》，2卷21期（1951年5月5日），頁3。

49　錢穆，〈中國知識分子〉（下），《民評》，2卷22期（1951年5月20日），頁16。

50　錢穆，《國史大綱》（台北：臺灣商務，1978），頁108-109。

51　錢穆，《中國歷代政治得失》（台北：三民，1976），頁48。

52　錢穆，〈中國知識分子〉（下），頁15-17。

北京貢院考棚，門禁森嚴。考生必須在裡面待上九個晝夜，吃喝拉撒睡都不得離開。

一體」[53]，而徐復觀則認為這代表中國知識分子除了政治之外別無發展空間，致使他們成為「政治的寄生蟲」、「統治集團的乞丐」[54]。

　　徐復觀痛切指出：中國文化志在成就道德，而非成就知識，但由於中國士人缺乏對客觀知識負責的習性，反而容易因自私自利而變亂是非。在漢代鄉舉里選、魏晉九品中正制度之下，士人還能維持一定的對社會負責的精神；等到唐宋科舉制度日趨穩固之後，士大夫和政治的關係就成為「垂

53　錢穆，《政學私言》（台北：臺灣商務，1967），頁5。
54　徐復觀，〈中國知識分子的歷史性格及其歷史的命運〉，收於：氏著，《學術與政治之間》，頁182。

餌」與「入彀」的關係。錢穆推崇唐代科舉考試，認爲它代表「政權開放」，徐復觀卻一針見血地點出：「現代的公司行號，亦有招考職員，這豈係公司行號股權的開放？」[55] 現代中國知識分子的性格，正是要在科舉制度才能找到其歷史根源[56]。

在徐復觀眼中，中國歷史似乎是一路演變，每下愈況[57]；錢穆則主張：不論在政治制度、學術思想、社會經濟上，中國民族文化「常於和平中得進展」，有一種「理性精神」爲之指導[58]。錢穆認爲，中國當前之病象，最遠可推至唐代安史之亂，而非晚清之西力入侵[59]。既然如此，要治中國沉疴，自然不能跟著西方政制亦步亦趨，而須從中國傳統中尋找政治智慧。

錢穆承認，「民主政治爲今日中國唯一所需」，但是民主政治儘可有種種不同樣貌，「重在精神，不重在格式」。在他看來，所謂民主政治的精神，在於「能確切表達國民之公意」。可是，民國初年民主實驗所造成的混亂，令他對政黨、國會感到悲觀，不相信它們足以表達公意。他以爲，眞正適合中國國情的民主政治必須是「公忠不黨」，而眞正能代表民意的不是人民中的多數，而是人民中的「賢者」，亦即通過考試制度拔擢、依銓敘制度任用的政務官及事務官。換言之，錢穆心目中的「民主政治」其實是「菁英統治」，是「重質不重量」的[60]。

55　徐復觀，〈中國知識分子的歷史性格及其歷史的命運〉，頁186。

56　徐復觀，〈中國知識分子的歷史性格及其歷史的命運〉，頁177-197。牟宗三贊同徐復觀的觀點。他認為錢穆「將儒佛與進士科甲同看」，簡別不足；必須如徐復觀般將理學家特別提出，方可無憾。見：牟宗三致徐復觀書，1954年5月9日，未出版。

57　徐復觀，〈中國知識分子的歷史性格及其歷史的命運〉，頁197。

58　錢穆，《國史大綱》，頁ix-xxii。

59　錢穆，《國史大綱》，頁xxv-xxix，xiv。

60　錢穆，《政學私言》，頁1-6。

袁世凱稱帝不遂，民國初年的民主實驗淪為軍閥混戰，使錢穆對西方民主制度持保留態度。

因此錢穆才會主張，「中國傳統政制，既非貴族政治，又非君主專制，則必為一種民主政體矣。」[61] 一般定義下的民主政治強調「主權在民」，但錢穆認為：中國傳統政治所重在於「職分」、「責任」，而不在於「主權」。只要宰相代替皇帝負實際責任，政府與王室劃分，政府與社會融合，考試、銓敘、監察權各有主管機關，並有諫諍皇帝的獨立機構，那麼中國傳統政治就稱不上是「專制」。畢竟，中國廣土眾民，怎麼可能由「皇帝一人」來專制這個大國家[62]？

錢穆認為，除了元、明、清等確可稱得上專制獨裁之外，多數朝代透過考試制度拔擢各地優秀平民加入政府，下情自可上達[63]，豈不合乎「民主精神」?!孫中山「五權憲法」的主張，保留了中國傳統的考試權和監察權，即是錢穆心目中最理想的政制[64]。

相反地，徐復觀明白，近代中國的選舉與政黨實驗相當失敗，以致造成有些人認為「中國有中國傳統式的民主，不必仿效西方」。但一如牟宗三所言，中國歷史上雖有「治權的民主」，卻沒有「政權的民主」；且因缺

61　錢穆，《政學私言》，頁4。

62　錢穆，〈中國傳統政治〉，《民評》，2卷12期（1950年12月5日），頁11-12。

63　錢穆，《國史大綱》，頁xiv。

64　錢穆，《政學私言》，頁5。

乏政權的民主，致使治權的民主也得不到保障。中國儒家文化及傳統政治，只能說是為中國政治的民主化做了奠基的準備，但說不上已經符合民主的條件。受到黑格爾（G.W.F. Hegel）學說的影響，徐復觀和錢穆一樣，也強調歷史的「理性」；但他心目中歷史的「理性」卻是「由特殊而趨普遍」、「個性與世界性的統一」，而非中國獨樹一幟。「因此，我不相信中國有什麼特殊的民主」[65]。

在〈中國的治道〉中，徐復觀從中國文化脈絡中點出民主的另一個優點。中國政治理念上以「民」為主體，現實上則以「君」為主體，這種「二重主體性」的矛盾始終難以透過道德的努力來解決。但近代民主政治，則從客觀制度上解除了這個矛盾。首先把權力的根源從「君」轉移到「民」，人民可以「無為」而治；又把虛己、改過、納諫等君德，客觀化為議會政治、言論自由等制度；於是中國聖賢夢寐以求的聖君、治道，在民主政治之下，一切都經常化、平凡化[66]。這豈不是未來中國應走的康莊大道？

不過他同意，由於知識分子不脫傳統的考秀才、鑽門路的精神，近代中國、台灣的選舉和政黨都不成樣子，必須反省。但大家不能因為這些假把戲出醜，就連真民主也要放棄。他認為，黨派的存在是為了便於選民抉擇，而非以黨派代替選民抉擇；真正民主的選舉，不是徒具形式，而必須在確保思想言論出版結社自由的條件下才有可能，而這是中國必須老老實實走的民主之路[67]。總之，

---

65 徐復觀，〈中國政治問題的兩個層次〉，收於：氏著，《學術與政治之間》，頁42。

66 徐復觀，〈中國的治道——讀陸宣公傳集書後〉，收於：氏著，《學術與政治之間》，頁104，125-126。

67 徐復觀，〈中國政治問題的兩個層次〉，頁42-43。

不把握儒家的真正精神及其遭際，而反為專制政治做辯護，這
和許多人把專制政治一筆寫在儒家身上，同樣的，是對於中國
歷史的曲解。而前者所發生的壞影響更為嚴重。[68]

1966年，錢穆與徐復觀的友誼已經瀕於破裂邊緣。由於徐復觀再度挑
戰錢穆在《中國歷代政治得失》中對張居正的評價，並要求錢穆回應，錢
穆遂把長期以來兩人對中國歷史意見相左的原因做了個總結。

錢穆認為，史家應就歷史之客觀來談，特別應重視當時人的「歷史意
見」，不應標舉一些理論，或針對著自己的時代，來下「時代意見」或「私
人意見」。「徐君似乎有些像是站在近代歐美民主政治的時代意見之大理論
下，來衡評全部中國的政治史」，這就好比宋代王安石、朱子等人根據「王
霸、義利之辨」的標準，否定漢高祖、唐太宗的歷史功業，並不公平。他
本人無意菲薄近代民主政治，只是認為「論史該客觀，不該和時代意見相
雜糅」[69]。

可是徐復觀反駁道：歷史家若缺乏時代意識，則其研究不但無補於當
時，而且也根本無從把握歷史上的是非。他引用克羅齊「一切歷史都是現
代史」之說，強調「對歷史的了解，常有待於時代經驗、意識的啟發」。
錢穆本人對歷史的詮釋，又何嘗能跳脫自己所屬的時代？換言之，他比錢

68　徐復觀，〈儒家對中國歷史運命掙扎之一例——西漢政治與董仲舒〉，頁386。

69　錢穆，〈答徐君書〉，收於：氏著，《錢賓四先生全集》乙編(31)，《中國歷代政
　　治得失》(附錄)(台北：素書樓基金會，1995)，頁201。朱子與陳亮辯論時，
　　曾說：中國千五百年間「只是架漏牽補過了時日」，堯舜周孔所傳之道「未嘗
　　一日得行於天地之間」。見：朱熹，〈答陳同甫〉，《朱文公全集》卷三十六，四
　　部叢刊初編縮本，頁579。

穆更意識到史家所處時代會影響史家的歷史判斷。

但不無矛盾的是，徐復觀卻也主張「史學家依然要有理學家的若干基底」，理學家的「德」、「敬」修養，可以幫助史學家在時間之流中，「脫出過去的是非好惡，以看出過去的是非得失之公」[70]。在這裡，相對於錢穆相信「史學可以客觀地還原過去」，徐復觀強調的重點不再是「史學的相對主觀性」，而變成了「『理學式史學』的絕對客觀性」了。

如徐復觀所言，他和錢穆都志在發掘出中國歷史中好的一面，但錢穆發掘出的是中國兩千年來並非專制，因而認為：今人應當安住於傳統政制中，不必妄想民主。相反的，他自己發掘的，卻是以各種方式反抗專制，以求保持一線民族生機的聖賢之心，他因而主張：除非實現民主自由，否則中國的血河淚海不會停止[71]。

21世紀初的今日，台灣雖已經解嚴超過二十年，但中國尚未民主化。從「時代角度」來看，徐復觀的論點顯然更令讀者心有戚戚焉。但是，從「歷史角度」來看，錢穆對「西方民主」的理解雖然不足，但是他對「中國傳統」的掌握，卻不容輕易否定。

我們可以說，徐復觀遵循現代新儒家先驅梁漱溟、熊十力的模式[72]，企圖萃取「儒家政治理想」，將之從「中國政治、社會現實的糾葛」中抽離出來，以挽救儒家命運。他採取的是「『理學式』史學思惟」，認同的是能對社會、政治、人生負責的「典範儒家」（包括先秦及漢、宋儒學）。

相對地，錢穆採取「『歷史主義式』史學思惟」，肯定各個時代自有其發

70　徐復觀，〈明代內閣制度與張江陵（居正）的權、奸問題〉，收於：氏著，《中國思想史論集》，頁279-280。

71　徐復觀，〈良知的迷惘〉，收於：氏著，《徐復觀雜文──記所思》，頁115。

72　如梁漱溟的《中國文化要義》及熊十力的《原儒》。

展特色，接受實際演變發展出的「歷史儒家」[73]，不贊成「以今非古」或「以古非今」。徐復觀以「是否能對社會、政治、人生負責」作爲臧否傳統知識分子的判準[74]，錢穆何嘗不重視「關懷社會大群體的宗教性」？只不過，徐復觀又加上了「是否抵抗專制」這一項標準，這就和錢穆分道揚鑣了。

(三)他山之石：儒教中國及其現代命運

巧合的是，美國漢學家李文森(Joseph R. Levenson)的名著《儒教中國及其現代命運：三部曲》(*Confucian China and Its Modern Fate: A Triology*)正好也在這個時期出版，他的觀點可以作爲我們評估錢、徐之爭的參考。

傳統中國政治究竟算不算專制？在李文森看來，不論回答「是」與「否」，都只各對一半。因爲，在漢、唐時代，儒家官僚體系都曾與皇權合作，聯手抑制貴族／門閥勢力；不過，一旦世家大族勢力陵夷，儒家文官體系取而代之，他們就反過來成爲皇權的大敵[75]。在這個情形下，他們自然不願將「盡忠」等同於「服從」[76]；他們是以整體力量牽制皇權，而非如徐復觀所云只是少數個體悲壯抵抗。而皇權既受到文官體系的牽制，那麼錢穆所謂「傳統中國並非專制」似乎在某個程度上就站得住腳。不過，錢穆並未指出，在長年抵制皇權擴張的歷程中，這些儒家士人已經自成一種既得利益集團[77]；就這一點而言，徐復觀稱他們爲「政治的寄生蟲」，實

73　參見：余英時，〈錢穆與新儒家〉，收於：氏著，《猶記風吹水上鱗：錢穆與現代中國學術》（台北：三民，1991）。

74　參見：徐復觀，〈「清代漢學」衡論〉，收於：氏著，《中國思想史論集續編》，頁557。

75　Joseph R. Levenson, *Confucian China and Its Modern Fate: A Triology* (Berkeley and Los Angeles: University of California Press, 1958-1965), vol.2, p. 38.

76　J.R. Levenson, *Confucian China and Its Modern Fate*, vol. 2, p. 61

77　J.R. Levenson, *Confucian China and Its Modern Fate*, vol. 2, p. 72.

亦有其道理。

　　不過，從李文森的觀點來看，徐復觀之「『理學式』史學思惟」比錢穆的想法有更大的商榷餘地。在中國的文化宇宙中，儒家思想並非煢煢獨立的實體；它和種種其他思想、體制，在「一個帶有歷史的系統中」（a system with a history）交錯互動[78]。徐復觀希望清理、斬斷「儒家思想」與過去的政治現實的糾葛，還它清白之姿，以與新的民主體制結合。但是他畢竟低估了儒家——包括儒家思想與儒家士人——與皇權長期糾纏不清的關係。儒家與皇權這對衝突不斷的「怨偶」，畢竟是命運共同體；因此，一旦專制皇權被推翻，儒家也就難以再維持既有的影響力。李文森說：

> 皇帝和文官體系的緊張關係，不是舊秩序的弱點，而是它的強項。當舊秩序告終，而儒家既不與皇權結盟，也不與它衝突時，也就意味著儒家自此沒落，不復在華人世界中獨領風騷。[79]

　　換言之，20世紀儒家文化花果飄零，其根源竟可能與帝制被推翻有關!?——對這個說法，認同儒學而反對專制的徐復觀，和認同儒家也肯定傳統中國政治的錢穆，恐怕會同感錯愕。

　　不過，李文森的看法並非毫無瑕疵。他的作品成於1950年代，那時正是西方「結構主義」（structuralism）風行之時。結構主義視社會為一有機整體，各部門環環相扣，牽一髮而動全身，因此李文森才會斷言儒家與專制政治將存亡與共。但是，如果換成「年鑑學派」的解釋模式，將中國文化

78　J.R. Levenson, *Confucian China and Its Modern Fate*, vol. 2, p. vii.

79　J.R. Levenson, *Confucian China and Its Modern Fate*, vol. 2, p. 77.

的發展和地中海沿岸地區的「長時段」(long duration)相比擬，則我們看到的將不是一個統一、完整、涵蓋生活所有層面的結構，而是有許多不同層面——包括自然、社會、政治、心靈——同時並存，某些部分迅速消蝕，而某些部分則歷久彌新。而事實上，我們也的確看到，在滿清帝制覆亡之後，儒家的確不復獨占鰲頭，但也並未就此成為「博物館中的化石」；它的正面與負面影響，仍或隱或顯地滲透華人世界。

但是儒家該如何在現代華人世界的公、私領域中落實呢？在私領域方面，徐復觀堅信，儒家個人修養依然是個人安身立命、待人處世的最高準則；再者，儒家家庭倫理雖出自農業社會，但在競爭激烈的工商業社會，它能給予人愛的溫暖，其價值不可磨滅[80]。

在公領域方面，他更相信：儒家思想可以和民主制度融合，而且融合之後的「儒家式民主」，其素質將超過西方民主原型[81]。他相信，今後的政治，首先要將政治的主體轉移到被統治者，補進中國歷史中所略去的個體自覺的階段，然後再超越個體、在禮的陶冶下和諧共立：

> 先要有合理的爭，才歸於合理的不爭。先要有個體的獨立，再

80　徐復觀，〈中國孝道思想的形成、演變及其歷史中的諸問題〉，頁197-200。

81　對此一融合，筆者姑且稱之為「儒家式民主」。若徐復觀地下有知，可能會反對這個用語，因為他相信「民主的形式」放諸四海而皆準，既不應有「中國式民主」，那也不應該有「儒家式民主」。不過，近代學者多已承認，「民主」的形式多元，既有「直接民主」、「代議民主」，又有「憲政民主」、「極權民主」，乃至「自由民主」、「社會民主」與「人民民主」（參見：江宜樺，《民族主義與民主政治》〔台北：台大出版中心，2003〕，頁148-169）。徐復觀所嚮往的民主較接近「憲政民主」、「自由民主」，但他在詮釋時，實賦予它相當的儒家意涵，故筆者仍稱之為「儒家式民主」。

歸於超個體的共立。先要有基於權利觀念的限定，再歸於超權
利的禮的陶冶……則民主政治，可因儒家精神的復活而得其更
高的根據；而儒家思想，亦可因民主政治的建立而得完成其眞
正客觀的構造。[82]

　　可是，「儒家」和「民主」在何種意義上能做結合？在討論這個問題
之前，我們最好先討論徐復觀心目中的「民主」究竟是什麼。正如他對「儒
家」有其特殊的詮釋，他對「民主」也有獨特的理解。在他賦予的新定義
之下，二者的結合變得不是那麼不可能。

　　值得玩味的是，就「中國傳統」、「儒家」、「民主」三者而言，錢穆與
徐、唐、牟等新儒家「所同不勝其所異，睽違終不能免」[83]；但在新儒家
之間，雖然唐君毅與牟宗三對「儒家」及「中國傳統」的想法和徐復觀相
去不遠，也都贊成中國應行「民主」，但是他們對「民主政治的精神價值
及文化位階」，卻有著和徐復觀不同的想法。如下文所示，徐復觀對「民
主」的信仰之堅定，遠遠超過這兩位同門。

四、學術與政治之間：徐復觀與唐君毅的君子之爭

(一)政治的「形式」與「內容」

　　爲了解決中國——以及他自身——的意識型態衝突，徐復觀在1949年
後苦心孤詣，提出了一套方案。「視民主政治爲一具有普遍性的『政治形

82　徐復觀，〈儒家政治思想的構造及其轉進〉，頁59-60。
83　借用錢穆形容馬一浮、熊十力關係的用語。見：錢穆，《師友雜憶》（台北：
　　東大，1986），頁211。

式』」，就是其中的關鍵。

徐復觀的政治理論，從1950年的一篇社論〈我們信賴民主主義〉開始醞釀。在這篇文章中，他提出三個理由，說明何以「民主主義」值得信賴。其一，民主政治主張「少數服從多數」，容易流於凡庸，但它也主張「多數保障少數」，以「量」保障了「質」。其二，政治問題的解決重量不重質，才不會導致獨裁者以真理殺人[84]。以上兩點，基本上反映了他的「常民主義」色彩，和錢穆、唐君毅等人的「菁英」取向大相逕庭。

更值得注意的是他的第三點主張。他說，西方人常說民主是一種「生活的方式」，在他看來，所謂「方式」即是「形式」（form）。──這個語義轉折，似乎不怎麼說得通，但是他卻接著做了下面的推論：既是「形式」，就和「內容」相對。在民主國家中，只要民主「形式」不變，「內容」可以形形色色；而任何「內容」，也都要受到民主「形式」的限定。此所以英國工黨和保守黨雖然政治主張「內容」不同，互爭互罵，但是畢竟能在民主「形式」下和平相處，讓人民自由選擇。假使共產黨能接受此一民主「形式」，放棄其極權暴力的統治形式，那麼大可與他們從容辯論，和平競賽。所以，「凡是談政治的人，首先應該把政治的內容，和政治的形式，劃出一個清楚的分際。」[85]

六個月以後，他在〈中國政治問題的兩個層次〉中，把政治的「內容」和「形式」做了更清楚的界定：前者是「對於國家各種政治問題所做的主張」，而後者則是「對於實行政治主張所採取的方法」。前者為「用」，後者為「體」；前者是「變」，後者是「常」。具體而言，基於資本主義或社

84　徐復觀，〈我們信賴民主主義〉，收於：氏著，《學術與政治之間》，頁27-28。
85　徐復觀，〈我們信賴民主主義〉，頁29。

會主義信念而做的政策主張，是「政治內容」，而民主的政治程序（如思想、言論、出版、結社、選舉自由，及少數服從多數、多數尊重少數等原則），則是他心目中最合理的「政治形式」[86]。

在一個極權體制中，政治的形式與內容密不可分，例如共產黨即不承認在一個「政治形式」之下，可以存在一個以上的「政治內容」。相反地，只要一個國家建立了民主的「政治形式」，則其「政治內容」儘可一變再變。因此，英國自由黨、保守黨、工黨可以更迭執政，而未危及民主。至於退居台灣、既非極權又不民主的「自由中國」，當務之急即是建立民主的政治形式，讓不同政治主張得以競爭、實驗、輪替，由選民來選擇[87]。根據這個理念，徐復觀釐清了許多糾結的問題。諸如「自由民主是否有礙反共大業」、「三民主義與民主政治的關係」、「中國傳統自有民主，不必仿效西方」等爭議，在他看來都迎刃可解。

這篇文章對徐復觀個人而言，意義非凡，因為：他身在國民黨卻同情左派，敬佩共產黨卻又懍於階級鬥爭之慘，「社會主義」與「民主政治」的兩難選擇在他心中衝突多年，而今終於找到可以兼容並蓄的答案。因此，此文被他視為自己思考中國政治問題的里程碑，「擺脫了數十年來許多似是而非的糾纏，看出一條明確簡捷的道路」[88]，讓他可以理直氣壯大聲地說：

> 確立民主的政治形式，奠定立國的規模，實更急於民生主義。……民主主義的政治形式，是走入民生主義的門；真正有

86　徐復觀，〈中國政治問題的兩個層次〉，頁31-34。
87　徐復觀，〈中國政治問題的兩個層次〉，頁31-35。
88　徐復觀，〈自序〉，《學術與政治之間》，頁xiii。

志民生主義的人，必須從此門走
進去，以避免盜賊之嫌，遺國家
永遠無窮之禍。[89]

徐復觀曾為蔣中正親信參
謀，但是這段經驗卻使他對政
治深惡痛絕。（圖片提供：徐
均琴編，《誰賦齒風七月篇》，
頁20）

換言之，「民主政治」的建立比「民生主
義」（按：即「社會主義」）的實施更具優
先性。

　　將民主政治視為一種「政治形式」，
還有另一個極為重要的好處：它可以限縮
「政治」對「人生」的干擾，讓「人生」
其他部分得以自由舒展，繁榮滋長。

　　徐復觀參與密笏六年，洞悉政治內
幕，對政治深惡痛絕。對他而言，政治必
然緊連著權力欲、支配欲，「這是人生中
最壞的一部分，是與禽獸一鼻孔出氣的部分」[90]。但是，人既離不開人間，
就離不開政治，這是無可奈何的事實。不過，若能藉政治以成就人生，不
「為政治而政治」，則可以減輕政治權力對人生的毒害。

　　在他的心目中，「委託式民主」（代議民主？）之值得追求，就在於它
既容許人有過問政治的權利，又容許人有不過問政治的自由。它使我們可
以根據自己的需要，決定「政治」在「人生」中的地位。如此人才能自由
揮灑，建立真正的人文世界[91]。由此看來，徐復觀珍視民主的原因，並非

89　徐復觀，〈中國政治問題的兩個層次〉，頁43。

90　徐復觀，〈政治與人生〉，收於：氏著，《學術與政治之間》，頁98。

91　徐復觀，〈政治與人生〉，頁95-99。

是它能鼓勵大眾積極參與政治,激發公民意識,而是它能夠保障人民的「消極自由」。

不過,只有在已經民主化的國度,人們才擁有不談政治,追求各樣人生的空間。在威權體制下,有良心的知識分子卻必須以「我不入地獄,誰入地獄」的精神,犧牲自己的人生幸福,花費一生心力從事民主運動,以成就眾人追求自由人生的空間。所以在他看來,「民主政治的本身,即含有政治的自我否定,權力的自我否定的高貴品質」[92]。

總之,徐復觀將民主視為一種「形式」,而非實質的意識型態或特定的一套概念,在流亡海外的華人中的確非常突出。如果民主只是一種可以與不同「內容」並存的中性「形式」(或是如徐復觀所比喻,一只可以放入不同食物的碗),那麼它自然可以收納各種思想、主張,包括「除去了歷史糾葛的原始儒家思想」。再加上徐復觀賦予了「民主的政治形式」許多西方原來並不具備的儒家意涵(例如無為、虛己、改過、納諫等),「儒家式民主」自然成為可能。根據這樣的理解,徐復觀自信民主政治能夠實現儒家價值,而儒家思想則能提升民主政治的境界,二者相得益彰。

只是,他的想法並沒有說服一般讀者,也沒有說服其他《民評》友人,包括唐君毅與牟宗三。

(二)學術思想與民主政治的關係:「層級性」抑或「平行性」?

1952年唐君毅在《民主評論》發表〈自由、人文與孔子精神〉長文[93],將「自由」之意義排列成不同深度的八個層次,由下而上依序為:(1)滿

92　徐復觀,〈政治與人生〉,頁99-100。

93　這篇長文後來改變標題,分成三篇,收於《人文精神之重建》(台北:學生,1991)。

足欲望之自由；(2)立異之自由；(3)保持選擇可能之自由；(4)人權的自由；(5)社會群體的自由；(6)實現人生文化價值之內在的自由；(7)胸襟度量的自由；以及(8)涵蓋現實的可能的人生文化價值之仁心的自由[94]。在這個「價值的金字塔」上，孔子「爲仁由己」的精神高居塔頂，而西方自由主義者所珍視之諸種「人權」——如生存、遷徙、財產、思想、言論出版、集會結社等自由——，則只列在第四級。

此外，唐君毅認爲洛克(J. Locke)、邊沁(J. Bentham)、穆勒(J.S. Mill)等英國自由主義者之自由理論，不如康德(I. Kant)、菲西特(J.G. Fichte)、黑格爾等德國理想主義者，因爲前者只知自由權利之價值在於「增加快樂」，而後者則知自由權利之價值在於「使人之各種文化的創造活動成為可能」[95]。尤有甚者，由於理想主義者能繼承西方人文精神、內在自由、普遍理性等價值，它既「完成」了自由權利理論，也是其「最後之保證」。因爲唐氏認爲，光是法律與輿論並不足以保護個人自由權利；要待社會上各個人都有普遍而超越的理性，才能涵蓋其他個人、承認他人之自由權利。至於孔子之教，兼具對各方面人文價值的肯定，重視個人內在自由，並認識一能超越個人而具普遍性的仁心，是以成爲「中國人一切要講自由權利者之理論上的最後保證」[96]。

看了這篇文章，徐復觀深感不快。他寫信向雷震抱怨：「今日乃一胡

94　唐君毅，〈自由之種類與文化價值〉，收於：氏著，《人文精神之重建》，頁329-346。

95　唐君毅，〈西方之自由精神自由觀念之類型〉，收於：氏著，《人文精神之重建》，頁357。

96　唐君毅，〈孔子精神與各類之自由〉，收於：氏著，《人文精神之重建》，頁376-377。

說世界，談中國文化者，最多打胡說，談主義者必打胡說，吾之好學深思之友人亦打胡說，此其所以為可悲也。」[97] 除了私下抱怨，他也直接寫信給唐君毅提出他的質疑。從唐君毅的回函中可以看出，徐復觀懷疑：唐君毅將一切差別納入一渾淪的「為仁由己」的概念下，抹殺了個人自由本身的價值。此外，唐君毅推崇黑格爾哲學之「胸襟度量」，徐復觀則懷疑黑格爾之說可能造成「凌駕他人」之弊，也無法解決具體實際問題[98]。

徐復觀自認為是一個「富於妥協性」(!?)的人，他過去常為牟、唐二位辯護，與外界批評者爭得面紅耳赤；他也會把別人的意見提出來和牟、唐討論，以溝通彼此歧見。可是這一次，他覺得唐君毅文字太過艱深冗長，唐氏對民主政治的貶抑也容易引起誤會。最後兩人決定公開往來通信[99]，以訴諸社會公評。

有趣的是，這場辯論的焦點本是「『民主政治』與『理想主義／人文主義／儒家思想』的關係」，但很快就轉移到更廣泛的議題上，變為討論「『政治』與『學術』之間的關係」。讀者也許會推測，20世紀中國學術長期籠罩在政治的陰影之下，他們的討論應是側重於「如何防止政治干預學術」方面。再者，由於徐復觀長年關懷現實社會與政治，與唐、牟兩人維持純粹學者角色不同，他的主張應是從「學者如何積極入世」的角度出發。

可是，出人意表地，由於1950年代研究中國歷史文化的人常被自由主

---

97 徐復觀致雷震書，1952年10月20日，收於：傅正編，《雷震祕藏書信選》，頁224。
98 唐君毅致徐復觀書，1952年11月17日，收於：氏著，《唐君毅全集》（卷二十六‧書簡），頁77。
99 徐復觀，〈按語 學術思想之自由與民主政治──答徐佛觀先生 唐君毅著〉，收於：黎漢基、李明輝編，《徐復觀雜文補編》第一冊，頁490-491。

義者批評爲「極權主義專制主義的幫凶」[100]，所以在這場辯論中，徐復觀
更關心的是「如何防止假學術之名左右政治」，而非「如何防範政治干預
學術」。而他所持的立場，也非「學者應如何積極入世」，而是「學者應避
免以真理的傲慢凌駕民意」。這兩個觀點，都與唐君毅、牟宗三迥異，從
中我們也可以看出他們對「儒家思想與現實政治的關係」的不同思考。

　　唐君毅認爲自由權利必須依託於「文化活動」才有價值，但徐復觀主
張，這種說法固然可適用於「個人」，但卻不適用於「社會中之各個人」（也
就是社會整體）：

> 以社會中各個人的立場來爭取自由權利，其本身即係一絕大之
> 文化價值，而不須以另一文化活動爲價值。社會中各個人之自
> 由，與一個人精神上、道德上之自由，乃屬於兩個方面，而不
> 屬於兩個層次。……把兩個方面的問題，看作兩個層次的問
> 題，無形中便使自由權利因從屬於另一層次而落空，這便容易
> 發生流弊。[101]

徐復觀的民主信念既是如此堅定，自然相信「爲社會整體追求自由」之民
主運動自有其獨立、崇高價值，難以接受唐君毅所言自由民主的價值只能
附麗於其他「文化活動」上。

　　唐君毅在給徐復觀的長函中，以他一貫溫和悲憫、不厭其煩的寫作風
格，首先解釋他如何看待「學術、政治與眞理之間的關係」。他同意徐復

---

100 徐復觀，〈歷史文化與自由民主〉，收於：氏著，《學術與政治之間》，頁534。
101 徐復觀，〈從現實中守住人類平等自由的理想〉，收於：黎漢基、李明輝編，
　　《徐復觀雜文補編》第二冊，頁13。

觀的看法，學術思想與政治的確應該劃開，各自獨立，不過他還是認爲前者涵括並超越後者。他無意鼓吹某一學術思想直接成爲政治勢力，但也不擔心政治人物的提倡，會使之受到污染、利用；相反地，若學術思想因政治力之提倡而獲得傳播，又未嘗不可。他個人主張儒家思想、西方理想主義，並非欲建立思想的獨裁，只是說出自己意見，「由大家良心決定是非」[102]。

　　不過，唐君毅還是堅持世間存在著絕對的眞理。「思想自由」之最高價值，不在於視一切眞理爲相對的，而在於能分析、疏導「錯的思想」，以轉化爲「眞的思想」；或說以「積極的提出更高之觀念來綜合與會通」，以解除一切觀念之偏執。他以黑格爾式的語言說：

> 人類歷史中一切已成的與可能的思想系統，皆可視爲一個「精神」之各方面各階段的分別表現，或此精神在學術思想世界中行走時，所留下的痕跡。不同的思想系統，在此自可有其在客觀的人類歷史精神中之超越的和諧與超越的統一。而此超越的和諧與統一之主觀的實證處與其能存在之保證，即在我們自強不息的去超越涵蓋不同的思想系統而求去其衝突，使一切眞理各得其所的精神之自身。[103]

　　他相信，只要此「精神」眞正提起，則思想的偏執、思想系統的桎梏、思想的衝突矛盾都不成問題，因爲一切都在此精神下不斷地超化的過程

102　唐君毅，〈學術思想之自由與民主政治──答徐佛觀先生〉，《民評》，4卷
　　18期（1953年9月16日），頁3-4。
103　唐君毅，〈學術思想之自由與民主政治──答徐佛觀先生〉，頁5。

中；而謙虛、思想的寬容、對他人思想的尊重，也都不成問題，因爲這都是涵蓋不同思想系統之「精神」本身所具備。既然如此，說某一主張會造成學術思想的獨裁、違反學術自由、導致極權政治……，其實全不相干[104]。

在這樣的「綜攝性的提挈精神」之下，民主自由的概念自然只能是第二義的。他心目中的民主自由與儒家思想的關係是：

> 要肯定民主制度，以客觀法律力量，社會力量，限制政治；而
> 又要發揮儒家思想，人文主義理想主義，並以之爲民主自由之
> 深一層的思想基礎，再去掉過去儒家之直接以教攝政之一
> 面……[105]

民主能夠去除專制與極權所生的罪惡，可是若沒有儒家思想、人文理想來振刷人心、瀰淪布護社會，在政治之外，肯定眞善美等文化價值，則從政者將眼光侷促、心胸狹窄，無法以眞正的民主精神、自由人的風度推行民主制度。換言之，唯有超越民主，才能成就民主[106]。

在這個爭議上，牟宗三站在唐君毅那一邊。牟宗三認爲，「自由主義」具體化爲政治之民主制度、經濟之資本主義後，已喪失它在文藝復興時代的「精神性」[107]。面對馬克斯唯物論的威脅，「自由民主」需要靠更高一層、更積極有力的文化系統來提挈它、維護它，否則科學、哲學、宗教、

---

104 唐君毅，〈學術思想之自由與民主政治──答徐佛觀先生〉，頁5。
105 唐君毅，〈學術思想之自由與民主政治──答徐佛觀先生〉，頁6。
106 唐君毅，〈學術思想之自由與民主政治──答徐佛觀先生〉，頁6。
107 牟宗三，〈儒家學術之發展及其使命〉，收於：氏著，《道德的理想主義》（台北：學生，1992），頁12。

藝術都會隨著「自由民主」之潰敗而崩毀，而這個更高一層、更積極而有力的文化系統，就是儒家的文化系統，其核心思想就是「道德的理想主義」[108]。

　　牟宗三認為，在西方，基督教與民主政治並為現實生活之「文制」，基督宗教不能由民主政治來代替。在中國，繼承「周文」而來的儒學，亦是這樣一個「文制」，具有普遍性、一般性，不能只看成諸子百家之一。董仲舒獨尊儒術、復古更化，實有其道理。現今知識分子追求思想自由，動輒重估一切價值，不願受聖賢權威束縛。殊不知：知識分子不能代表天下人，天下人若無一個「文制」作為道揆法守，提供日常是非善惡判斷的準則，則社會沒有不混亂的。因此：

> 政府維持這方面的文制，不算專制，不算極權。破壞這方面的文制，侮辱立教化的聖人的自由，不能隨便有。政治上的自由民主，不是首出庶物的東西。[109]

　　只要政治格局充分「客觀化」（民主化？），他贊成某種寬鬆型態的「政教合一」：視「政治」為理想之實現，但是「教化」與「政治」保持相當的距離，一方面限制、指導政治，另一方面保持社會的和諧統一[110]。

　　徐復觀覺得唐君毅「視談民主為淺薄」，牟宗三認為唐氏並無此意。至於徐復觀不喜「金字塔之層級」，牟宗三在信上勸他「不可固執」：

---

108 牟宗三，〈理性的理想主義〉，收於：氏著，《道德的理想主義》，頁22。
109 牟宗三，〈祀孔與讀經〉，收於：氏著，《生命的學問》（台北：三民，1994），頁102。
110 牟宗三，《歷史哲學》（台北：學生，1976），頁268。

　　價值觀念本身就是層級的。在西方叫作「價值之層級」(hierarchy of value)。此觀念，東方人甚欠缺……在古時，蓋因釋道兩家之喜言渾同普遍性而不能保住個性與價值，而使然。今兄之不喜層級，蓋怕被消融被吞沒而失其獨立性。實則層級與被吞沒尚是兩事。一切平列，則不分本末。

他並直言：「弟以為吾兄讀書看文銳而快，而於細而潤，則稍差」[111]。

　　如果說，唐君毅之強調「超越／自我超越」之綜攝精神，仍帶有某種「渾同普遍性」，那麼牟宗三斬釘截鐵堅持「層級性」的存在，恐怕讓徐復觀更難以接受。為了回應唐君毅(以及牟宗三)，徐復觀寫了〈學術與政治之間〉，將二者間的分際做了更清晰的闡明：

　　政治與學術，各有其領域。學術的真價，是要在學術的領域中去決定，而不是在政治的領域中決定。……任何學術思想，若要變成政治的設施，用中國的術語說，必須通過人民的「好惡」；用新的術語說，必須通過民意的選擇。……萬不可以絕對是真、是善等為理由，要逕直強制在政治上實現。所以一切學術思想，一落在政治的領域中，便都在「民意」之前是第二義的，「民意」才是第一義。[112]

　　徐復觀之所以要如此劃開，並非貶損學術，而是基於兩個理由。其一，

---

111 牟宗三致徐復觀書，1953年9月26日，未出版。
112 徐復觀，〈學術與政治之間〉，收於：氏著，《學術與政治之間》，頁166。

對他而言，「學術」即是「政治的內容」，而「政治」即是「政治的形式」；任何內容的學術思想——不管是自由主義或社會主義——一旦企圖成為政策，都要通過民意自由選擇(亦即民主的政治形式)，否則極權主義者可以假借任何學術思想為名，進行殘暴的統治。學術還是可以對社會國家直接負責，但那是通過「教」而非「政」；因為「教是在自由中進行，而政治總帶有強制性」[113]。

他認為學術與政治應劃開的第二個理由，是二者對「真理」的立場不同。學術工作者往往志在追求「絕對真理」，但是在政治上，任何學術真理只能是變動的、相對的。既然如此，則不可透過政治強制力，企圖解決學術上不同主張的對立；也必須承認，任何學理一旦化為政策，付諸實踐，多少總會打些折扣[114]。

總而言之，「政治與學術最大的區別，是質與量的區別。」學術上「質」決定「量」，政治上「量」決定「質」。一萬個普通人對哲學、科學的知識，比不上一個哲學家、科學家；但是在政治上，任何偉大的哲學家、科學家所投的票，只能和普通人一樣以一票計算。徐復觀認為，重視「量」的民主政治不會妨礙人類向「質」升進；因為，他相信民主政治意味「政治自我設限」，可以解放人生追求政治以外的「質」的生活。再者，民主政治提供的自由，可以讓多數與少數發生變動，讓「質」有爭取成為「量」的機會[115]。

徐復觀進一步認為，民主政治「以量為主」，與儒家「尊生」精神相吻合。因為，「天地之大德曰生」，儒家人文精神以「生」為第一價值，而

---

113 徐復觀，〈學術與政治之間〉，頁167。
114 徐復觀，〈學術與政治之間〉，頁168-169。
115 徐復觀，〈學術與政治之間〉，頁169-170。

「生得有意義」則是第二價值。儒家「修己」固然以德性爲標準，但在「治人」時則以安頓人民自然生命爲首務。孔子爲政「庶」「富」「教」之次第，即是先滿足人民自然生命的、量的要求，再做道德的、質的提升。在徐復觀看來，儒家這種對「生」的當下承認，和民主政治對「量」的肯定，在精神上有相通之處[116]。而從這裡我們也可以看出，對他而言，「民主政治」不只是使國家強大的工具，它本身所蘊含人人平等的意義，更令徐復觀傾心。他出身貧寒農家，充分體認：即使未受教育，鄉間百姓自有其生命尊嚴；民主政治一人一票，它所匯聚的人民的智慧，正是「小民至愚而神」的體現。

　　值得玩味的是，雖然徐復觀在文化上主張「儒家思想、人文精神『應該是』民主自由眞正的依據」，但另一方面他卻很清楚：不能因此而說儒家精神人文精神，即可概括民主政治；亦不可說沒有此等個人自覺，即不配談民主政治。歷史證明，二千年前中國已有儒家，但時至今日仍無法建立民主政治；而歐洲文藝復興人文主義首先轉出的是義大利城邦的君主專制，促成民主政治的反倒是後來活躍的商人。由此可知民主政治之誕生，源於各種因緣湊合，而未必是由哪一個學派所產生[117]。根據近代學者的研究，保守主義、自由主義、社會主義都可能贊成代議民主，代議民主並不特別跟哪一種政治理論接軌，也不特別呼應哪一種意識型態[118]。徐復觀的看法，的確符合歷史事實。

　　既然如此，經驗主義者(如殷海光)與理想主義者(如唐、牟)之互相攻

---

116 徐復觀，〈學術與政治之間〉，頁170-171；徐復觀，〈儒家在修己與治人上的區別及其意義〉，收於：氏著，《學術與政治之間》，頁229。

117 徐復觀，〈學術與政治之間〉，頁171-172。

118 江宜樺，《民族主義與民主政治》，頁153-154。

擊是沒有必要的，因為他們都把「己說有利於民主發展」的「可能性」看成「必然性」，並由此出現「排他性」。徐復觀反對把學術思想上各部門、各方面的問題，看成一個同質的、統一的問題。理想主義者把它看成上下層的關係，己上人下；經驗主義者則視之為真假問題，己是人非。二者他都不贊成。他認為，要解決此一衝突，唯一的方法是：採用「康德精神」，承認政治與學術各有其領域，各行其是，不相攪擾[119]。

可是，徐復觀並沒有說服唐、牟二人。唐君毅同意徐復觀以量、質觀念區分政治與學術，但認為「尊生」之意有深義與淺義，若流於西方近代之自然主義、唯物主義、生物學者之尊生存為第一，則不可取。「弟一切層級式之講法，皆意在上提。提上一層，再歸平順，乃不致濫於流俗。」[120]徐復觀再三強調儒家有「修己」與「治人」二個層次，「修己」可以把境界無限上提，但「治人」則要以百姓基本生存為依歸。而民主政治正是以滿足常民百姓世俗生活要求為主要目的，唐君毅恐怕未曾留意。

至於牟宗三，雖然知道儒家必須改變以前「與政治之直接結合」，而為「在社會文化上之間接結合」，但是，

> 弟總認儒家是一種教，將來亦必須如其為一教，恢復其獨立自存性。以前靠皇帝政治來支持，現在社會型態政治型態都變了，頓失其支持體，而飄蕩無著。然此成分絕不可少……光科學、民主、專門技術、學術，並不足以創造文化，維繫人群。

---

119 徐復觀，〈學術與政治之間〉，頁172-173。
120 唐君毅致徐復觀書，1953年10月16日，收於：氏著，《唐君毅全集》（卷二十六・書簡），頁80-81。

　　　　此吾人所以既言民主政治，又言文化本源之故。[121]

所以，在牟宗三看來，儒家的學術思想在民主社會應該扮演「首出庶物」
的角色。

(三)民主政治價值之衡定：徐唐之辯的回響

　　令人意外的是，除了徐、唐、牟三人之外，剛從台大哲學系畢業的勞
思光(1927-2012)也加入了討論。而讓徐復觀失望的是，年輕氣盛的勞思
光雖然也對唐君毅的寫作風格有微詞，但在主要論點上，他是支持唐君毅
的。

　　勞思光認爲，唐君毅的文章「譬喻多而論證少」，令人不以爲然；而
勞思光自己，「我明知常識心靈對於論證不如對譬解易於接受……(但)我
不願為了想使人容易了解，便把理論的嚴格性犧牲，而弄得有使自己的理
論成為不值得了解的危險」，所以他還是要多做嚴格的陳述[122]。

　　勞思光主張，政治活動和其他活動相同，自有其獨立界域；但它並不
與「文化精神之基礎地位」相衝突，因爲政治活動乃是「全幅的自覺活動」
之一部分。所以他不同意徐復觀把「政治活動」看成和「文化精神」平行
的界域[123]。

　　勞思光認爲徐復觀的論述有三處值得商榷。首先，徐、唐兩人所言「文
化」其實有不同意涵：徐所談者爲「具體的文化成績」／「一定的學術思
想」，而唐所言者則是「整幅的文化精神」，二者並不相同。

---

121 牟宗三致徐復觀書，1954年5月9日，未出版。
122 勞思光，〈民主政治價值之衡定〉，《民評》，4卷23期(1953年12月25日)，頁13。
123 勞思光，〈民主政治價值之衡定〉，頁14。

其次，徐復觀認為學術與政治分別受「質」、「量」基準的裁定，大有問題，因為學術與政治其實各有其「質」與「量」的要求。勞思光以「目的」界定「質」，而以「形式條件」界定「量」。他認為，學術思想的「質」是「求認識系統之建立」，「量」則是「可傳達性」（communicability）；而政治活動的「質」是「追求有效統治」，「量」才是「多數決定」（majority）。

> 徐文則以學術思想追求正確知識為質的，制度安排之須依多數決定之形式條件而運行為量的；而以一方運行之目的與另一方運行之形式條件相比論，此未免有隨意立論之譏。[124]

最後，徐復觀認為「民主自由之觀念根源」為可有可無的一種解釋，勞思光期期以為不可。勞氏認為，一制度之安排出現必被安排於一文化體系中，其作用也受此文化情境之限制。西方文化為一「重智的文化」，民主政治即被安排於其中，其病也源於此。重智精神立於「複多主體平立境域」中，中國「重德文化」缺此一段，而不能實現民主科學；西方則只有此一段，不能上達，致使其活動也受限制，此皆文化之病。今日的工作，不是砍下西方文化之一段與東方精神拼合，而是要重做一體系之建立。所以，他萬萬不能同意徐氏所說，理想主義只是作為民主政治根源的「一種解釋」；「因我們並不欲做一外加的解釋，而是要內在的貫通的完成」[125]。

一向勇於向權威挑戰的徐復觀，這一次遭到晚輩批評，內心感受想必很複雜：「因為我的文章寫得不太好，所以害得勞先生沒有把拙作看完就急

---

124 勞思光，〈民主政治價值之衡定〉，頁16。
125 勞思光，〈民主政治價值之衡定〉，頁16。

於寫自己的文章了……勞先生有許多話，大概因為理論太『嚴格』的緣故，為我『常識的心靈』所不了解……」

　　主張平等主義(egalitarianism)的他，特別看不慣唐、勞二人不自覺流露的哲學家的傲慢。他認為，即使是愚夫愚婦，他們若基於家破人亡的切身之痛而致力反共與民主，雖然說不上是「文化精神的自覺」，但其價值絲毫不減。因為，「一個經驗事實之真，即為理性之實」，沒有上下等第之別。如果只有講觀念論的哲學家才有資格講反共、求民主，那麼這個運動必然失敗無疑。這種「『萬般皆下品，唯有哲學高』，而哲學中又只有講觀念論最高」、「到處建立金字塔，而自己坐在塔尖」的作風，令他很不以為然[126]。

　　事實上，誠如徐復觀所言，他並不否認唐君毅的理論。他強調的是，透過語言文字表達出來的思想，要留意時空環境，才能對症下藥。「現在是時代壓迫著我們寫文章講話」，所以要特別考慮具體問題及其可能的反應。其實，他並不否定唐君毅的說法——照勞氏的詮釋，則一切具體學術對「全幅精神」而言都應是第二義的；但若不提其他學術與此「精神」的關係，而只貶抑民主為第二義，必然引起誤解。在民主政治尚未確立的當下，唐氏的說法會增加混亂，甚至會使民主更為難產[127]。的確，在當年港台三方思想競爭的時代背景下，此說可能橫生枝節，使國民黨在壓制民主訴求

---

[126] 徐復觀，〈「民主政治價值之衡定」讀後感〉，收於：氏著，《徐復觀雜文——記所思》，頁188-190。有趣的是，近四十年後，史學家余英時也批評新儒家(主要是牟宗三、唐君毅)有「教主心態」，自居「金字塔式的社會結構」的頂端，與徐復觀對唐、勞二人之批評異曲同工。這是否反映「史學家」(特別是思想史學者)與「哲學家」之間的某種心結？值得玩味。參見：余英時，〈錢穆與新儒家〉，頁72-89。

[127] 徐復觀，〈「民主政治價值之衡定」讀後感〉，頁187-188。

時更振振有辭,而《自中》陣營則更有理由抨擊《民評》為威權體制張目。

不過,在努力劃分政治與學術的界限後,徐復觀其實也期望「擔當政治的人」,能夠富有人文精神、人生自覺,才能真正了解民主政治,為實現民主政治而努力。換言之,他是先將二者「分開」,然後再將二者「合攏」,以形成一個「清楚的聯貫」,而不是一個「眉毛鬍子一把糾的聯貫」[128]。他其實也期待有一種「全幅的精神」來提撕民主政治;只不過,不同於唐、牟、勞等人對民主政治那般語帶保留,徐復觀相信此一「全幅精神」可以在民主政治上充分體現。因為,如同華嚴宗之「同時具足相應門」,海水一滴、具百川味,「所謂『全幅精神』,應在人的每一活動中而呈露其全體」,包括搬柴運水在內,而不應高懸於人類活動之外。他之所以這麼強調,是因應切身所處的1950年代:

> 在科學與民主精神未能透露出來的東方,只有如此講法,才能
> 成就個體,才能成就個體與個體間之平等自由的關係,以成為
> 「萬物並育而不相害」的宇宙。[129]

若在民主尚未落實之前,就先預告民主有種種不足,那麼民主可能就永遠沒有實現的一天。

此外,徐復觀也再度強調,民主政治的出現來自歷史上各種因緣的湊合,而非出自某些人的理論推演或理想要求;對民主政治價值之確立或解釋,只是事後的追認。如果說「重智文化」可以推動民主政治,那麼,承

---

128 徐復觀,〈「民主政治價值之衡定」讀後感〉,頁187-188。
129 徐復觀,〈「民主政治價值之衡定」讀後感〉,頁189-190。

認人性尊嚴、人人平等的「重德文化」，又何嘗不可推動民主？但不管如何，這些都是假說；民主政治之是否眞能出現，首先還是決定於各種歷史條件[130]。

　　歸根結蒂，民主政治究竟有何價值？他認爲，「客觀的民主政治」一旦成立，它只是「政治運用的一副架子」（也就是他所謂「政治的形式」），在這副架子內，既可發展知性活動，也可以發展德性活動，更不會妨礙人在它之內創造綜合東西文化的更高的新文化活動。

　　那麼，民主政治與學術思想之間究竟有何關係？他的結論是：

> 民主政治在各種思想文化的面前，它自己永遠是一張白紙，否
> 則不是民主政治。[131]

　　唐、牟、勞等人或許不會反對「白紙」之說；但這一張「白紙」，對唐、牟、勞而言是一種「欠缺、不足」，有待超克；對徐復觀而言卻代表「權力的自我節制」、純潔無瑕。這一場辯論，終究在「各說各話、誰也沒有說服誰」的情形下落幕。

　　如今回顧這場論戰，筆者以爲，徐復觀對「學術思想」的定義太過寬泛，是這場「學術與政治之間」的討論難以聚焦的原因之一。唐君毅將其「理想主義」等同於涵括一切的「全幅精神」，但徐復觀則將「理想主義」只視爲普通的一種「學術思想」。而林林總總、被徐復觀看作「學術思想」的，除了各種哲學理論(理想主義、經驗主義)之外，還包括各種政治經濟

---

130 徐復觀，〈「民主政治價値之衡定」讀後感〉，頁191-192。
131 徐復觀，〈「民主政治價値之衡定」讀後感〉，頁192。

學說(如資本主義、社會主義)。

在這種情形下，儒家思想又該列入哪一個範疇呢？只是又一種「學術思想」，應該和政治保持一定距離，除非通過民意，否則不應左右政治？或者，它是那個兼攝政治與學術的「全幅精神」，必須成爲一種「文制」，作爲導引民主政治的明燈？徐復觀對這個問題的態度並不明朗。有時候他認爲，民主政治本身即蘊含儒家美德，圓滿具足，不須另加指導原則；有時候他卻又認爲，西方民主政治畢竟太過強調個體權益，只有進一步接受儒家思想，以道德自覺超越利益爭逐，才能眞正站穩腳跟[132]，那麼他似乎又期待儒家思想能成爲一種指導原則。

筆者猜測，也許徐復觀私心也期望儒家能在民主社會中扮演「人文化成」的「全幅精神」角色，引導政治與社會的走向；但有鑑於20世紀左、右極權意識型態「以人牲祭觀念」之慘禍，他不願輕易主張董仲舒式「復古更化、獨尊儒術」，以儒家思想作爲官方意識型態。按照他的想法，在民主落實之後，若儒家有意影響政策，那也要先通過民意考驗才行。即使不經由直接的政治手段，儒家亦可以維持其學術獨立，回到孔子時代(亦即儒家尙未成爲官方意識型態之前)，以文化教育的方式，滴水穿石地影響整個社會(同時也間接地影響政治)。

值得玩味的是，唐、牟、勞都是學院內的哲學家，雖也曾發表時論文字，但基本上專心於學術研究；徐氏則曾實際投身推動民主化運動[133]，並不斷發表擲地有聲、直批當道逆鱗的讜論，被認爲是最具有現實意識的學

---

132 徐復觀，〈儒家政治思想的構造及其轉進〉，頁53。

133 徐復觀與雷震同樣主張成立反對黨，並積極參與討論。只是因爲他與自由派領袖胡適在文化上的意見不合，抑鬱退出。見：徐復觀，〈「死而後已」的民主鬥士〉，收於：氏著，《徐復觀雜文——憶往事》，頁215-216。

者。可是,在面對「學術與政治之分際」問題時,前三人力主「以教領政」,積極介入,徐復觀卻主張學術應自我節制,以免流於思想獨裁。晚年他讀到其師熊十力的《乾坤衍》,亦深不以爲然:認爲熊氏「雖提倡民主,而其性格實非常獨裁;若有權力,將與毛澤東無異」[134] 。兩方之對比,引人深思。

總之,在意識型態風行,人人皆「思以其學易天下」的時代,徐復觀展現學者自我節制,堅持民主,肯定常民百姓的生命價值,在在令人感佩。從1949年開始到1982年去世爲止,不論在香港或台灣,三十餘年來徐復觀不改其志,勇於關懷現實、批判極權,卻又維持學術的獨立與尊嚴。在華人民主運動史上,他的貢獻不可磨滅。

五、結論:21世紀初的省思

(一)「所過者化,所存者神」

1970年的春天,已經轉往香港任教的徐復觀,陪著太太遊太平山。踽踽涼涼在山道上漫步,眼前景物令他驀地心驚,回想起1949年秋冬之際,他曾經多次和幾位《民評》的朋友在太平山上漫遊。

當時錢穆五十多歲,遊興很高,善於談天,所談學術、生活各半,雜著感慨與笑話,使人聽來娓娓不倦。40歲出頭的唐君毅,一開口便有哲學味,徐復觀懷抱著對學問虔誠的謙虛,也聽得津津有味。張丕介則身體壯碩,是大家羨慕的對象。

---

134 徐復觀著,翟志成、馮耀明校注,《無慚尺布裹頭歸——徐復觀最後日記》(台北:允晨,1987),頁59。

　　曾幾何時，風流雲散，景物雖在，人事全非。撫今追昔，徐復觀不禁感嘆：

> 當年初逃難出來，彼此都是一無所有。一無所有的生命，是彼
> 此容易直感直通的生命。大家一天老一天，彷彿不知不覺地自
> 己有了些什麼，學問、聲名、地位。有得愈多，人與人之間的
> 距離也就愈來愈遠。當年衝口而出，邊走邊談，在談話中，夾
> 不進半粒砂子的情境，我知道在餘年中是無法再現了⋯⋯[135]

　　光陰荏苒，而今距離徐復觀發出這些感慨，又已近四十年。當年這群朋友凋零殆盡，鴻飛冥冥，徒留雪泥指爪。

　　爲了不讓青史成灰，本文嘗試再現那個天翻地覆的時代，記錄這幾位書生如何創辦《民主評論》，試圖在「被毀滅的俄頃之前，從文化上撒下使國家得以翻身的種子」。除了介紹徐復觀與同儕支撐《民主評論》長達十七年的艱辛歷史之外，也以「回復當年對話情境」的方式，說明徐復觀在威權時代所想像的民主是何樣貌，檢討他和《民評》友人在幾項重大議題上的分歧，並從當代角度反省其意義。

　　從《民評》內部爭論中可以看出，徐復觀所採取的「典範儒家」立場，有別於錢穆的「歷史儒家」。和偏向菁英主義的唐君毅、牟宗三等人相較，他的「常民觀點」以及「民主信念」也特別突出。筆者認爲，徐復觀民主思想的最大特色，是將政治形式與政治內容區分開來的「兩個層次論」，

---

135 徐復觀，〈太平山上的漫步漫想〉，收於，氏著，《徐復觀雜文——憶往事》，頁
　　252。

1979年的「美麗島事件」，以街頭群眾抗爭衝撞戒嚴體制，標誌著以本省人為主體的台灣民主運動的興起。（圖片提供：中央社）

以及劃分學術與政治領域的「各自獨立論」。他藉此不但要限縮「政治」在「人生」中的分量，也要讓「學術」在「政治」範疇中對民意負責。

　　以上述思想為出發點，徐復觀所勾勒出的民主圖像似乎是：消極政府無為而治，讓人民有充分空間自由發展；政治先滿足人民的自然生命要求，再尋求道德的提升；學術意見儘可百家爭鳴，但是否成為政策則通過民意來決定。他相信，「消極底民主政治」能夠培育一個「有力的社會」，最後茁長成一個「強大的國家」[136]。在極權主義橫行的20世紀，他想望的民主政治既有儒家（與道家）的基調，又有自由主義的色彩，但最終仍不脫愛國主義／民族主義的祈嚮。

---

136 徐復觀，〈中國知識分子的歷史性格及其歷史的命運〉，頁193。

(二)台灣的民主實踐

　　華人世界中成功的民主實驗，首見於1980年代末期的台灣，對此徐復觀功不可沒。他長期在《民評》批判古今政治專制，弘揚「儒家式民主」，和《自中》、《文星》之提倡自由主義一般，都對台灣之民主化有思想啓迪之功。

　　不過，從21世紀初台灣的角度來看，徐復觀雖有「憂患意識」，但缺乏「幽黯意識」。他當年對民主的想像，有的實現，有的落空。

　　首先，「儒家式民主」之說有其內在的限制。儒家思想(政治內容)與民主制度(政治形式)的結合，在概念上雖不無可能，但「概念上的可能」並不必然等於「制度的可行」。如果忽略西方民主制度演進所需要的政治、社會、經濟前提，或忽略本國實際的歷史、社會狀況，「儒家」與「民主」雖在觀念上可以結合，不見得能在現實中開花結果。

　　徐復觀也明白，民主之發展有其實際的歷史條件，將它與某些學說做連結，其實都是方便性的「假說」。可是既然如此，他企圖爬梳儒家思想，使之與西方民主相容的努力，也變得只是一種「假說」，一種觀念上方便的接引，實際上可能助益不大。

　　舉例來說，徐復觀沒有想像到，台灣民主化的動力除了與「中產階級崛起」有關，更與「台灣本土意識／民族主義的興起」密不可分。1970至90年代的台灣民主化運動，不只志在推翻「威權統治」，更要推翻外省人之「外來政權」。透過民主以「賦予(本省人)權力」(empowerment)的呼聲，比單純的儒家式「權力的自我否定」或自由主義式「個體自覺」更強而有力。

　　1990年代後台灣「民主鞏固期」所遭遇的困境，包括：統獨之爭、地

方派系、黑金橫行等，這些因素多源於台灣本身特殊歷史與社會狀況，與「儒家德治思想之利弊得失」或「中國有無專制政治」關聯不大。徐復觀梳理儒家與專制的觀念糾纏，再將之與民主結合，雖然用心良苦，但在台灣民主發展歷程中，卻似乎沒有直接搔到癢處。

不過，換一個角度來看，就「百姓日用而不知」的集體無意識層面而言，儒家文化對台灣社會依然有強大的滲透力。這些瑕瑜互見的儒家文化遺緒，不論是「親親尊尊」習俗產生的「世襲政治」、「大老文化」，或是由「德治」思想所導致的對政治領袖「禮義廉恥」「勤政愛民」的期待，都依然在台灣政治文化中歷歷可見。不管情願與否，民主制度的移植勢必要設法適應儒家社會的土壤。因此，我們仍有必要踵繼徐復觀的腳蹤，繼續探究儒家文化與民主制度的磨合關係。

我們必須承認，民主制在台灣落實的情形，並未如徐復觀所期待的那麼美好。解嚴之後的總統，自李登輝（1988-2000在任）以迄陳水扁（2000-2008在任），均以「台灣民族主義」（或稱「台灣主體性」）作為提振台灣民主之「全幅精神」，藉此凝聚共同體意識。但「民族主義」具有排他性，既能載舟，又能覆舟。就正面而言，它激發百姓對鄉土的認同與熱愛；但就負面而言，假本土意識之名，反而造成陳水扁濫權貪污、統獨爭議不斷，使社會嚴重對立。

統獨爭議之外，實際上台灣民主落實的情形，受到地方派系、金權、黑道等勢力的牽制甚大，談不上太多理想性。就一般選民而言，在統獨、派系之外的公共事務，由於日趨專業化（如是否應蓋核能電廠的問題），民眾很難深入了解；除了定期選舉投票，民眾難以實際參與決策討論。

這一點，徐復觀可能不會覺得有何不妥。因為，雖然徐復觀強調常民的價值，但除了選舉投票之外，他似乎並未期待大眾能積極參與政策的制

定。事實上，徐復觀可能認爲這一點正是「委託式民主」可貴之處，而非其不足。──由於他對「政治」抱著極負面的評價，所以他希望這樣一種民主機制能夠救大衆於倒懸，讓大衆能夠形成各種自治團體[137]，在政治之外找到更大的自由創造空間。

2007年4月，台灣社運人士爲支持「樂生療養院」漢生(痲瘋)病人權益而走上街頭。(李淑珍攝)

只是，在台灣民主化之後，我們發現，雖然大家的確在政治之外找到更多的自由發展空間，但是由於家族功能萎縮，人民期待政府提供的福利、服務卻也大大擴張；在上位者若仍堅持「消極政府」，必然招致「無能」之譏評。只是，受限於官僚體系的有限人力與僵化性格，政府事實上不可能成爲「萬能」。在此情形下，人民如果不組成非營利性公民團體(NPO)、以更積極的態度參與政策辯論、監督政府施政並協力承擔公共事務，則社會不可能自動變得更爲健全。

至於徐復觀所關心的「學術與政治之間」的問題，我們看到：政治干預學術的情形並未絕跡(如「認識台灣」教科書之爭議)；而學術對政策的影響，則偏向法政、經濟、科技方面。它們由「學者專家」轉任政務官或擔任政府各單位內諮詢性質之「委員會」發揮作用，代表民意的立法院及

---

137 徐復觀，〈儒家政治思想的構造及其轉進〉，頁56。

地方議會則予以監督。就此而言，台灣在「治權」方面，仍是「菁英統治」（如錢穆所期待）；但在「政權」方面，則確已「民主」（如徐復觀所希望）。只不過，許多民意代表仗恃「民意」作威作福，但他們所反映的「民意」，往往是特定利益團體關說的結果，未必符合公共利益。

自徐復觀之後，儒家學者少有「公共知識分子」理想，大都偏枯於學院門牆之內，甚少向現實社會負責，提出反省與批判。除因學者自我節制之外，也與愈趨嚴格的學術評鑑標準有關。在儒家系統內，只有源自師範體系的「讀經運動」比較能與社會教育連結，但其成果仍有待觀察。

在台灣發揮社會教育功能的，不是專家學者，而主要是來自佛教、民間信仰、一貫道、基督宗教等宗教團體。儘管若干教派仍有怪力亂神成分，但他們博施濟眾，大都傳播具有「三教合一」色彩之傳統訓誨，是社會重要的安定力量。許多大陸訪客因之稱道台灣風俗善良淳厚，不焦不躁，人人「溫良恭儉讓」，傳承中華文化傳統「頗為到位」[138]。這種誇讚雖然不無過譽，但類似這般在時間中自然沉澱、由民間自發產生的共同是非價值，不純然受儒家影響，

三教合一的信仰，在台灣發揮了移風易俗、安定人心的重要功能。圖為台北萬華清水巖。（李淑珍攝）

138 黃如萍專訪，〈印象台灣 王潮歌：想一來再來〉，《中國時報》，2009年9月23日，A7版；黃如萍專訪，〈梅帥元讚台灣小城故事多〉，《中國時報》，2009年11月28日，A20版。

更非由官方主宰傳播，但在一定程度上卻發揮了唐君毅所期待的、提撕民主制度的「全幅精神」的作用。此種教化必然蘊含牟宗三所云「價值的層級性」，有真與不真、善與不善、美與不美的差別，但正可與徐復觀強調的民主之「平等性」互補。

如徐復觀所期待，台灣民主化之後，「政治」的確縮小了它的惡質勢力，使「人生」有更大的發展空間。但不幸的是，在此空間所做「向上提升」的文化創造，似不如「向下沉淪」來得多(如：從香港引入的「壹傳媒」，經常以煽色腥報導掀動社會視聽，帶動台灣新聞媒體全面商業化、八卦化、娛樂化)，就這一點而言，唐、牟當年的憂慮是有道理的。

但是話又說回來，在一黨專政的中國大陸，其大眾文化之價值虛無，黃、黑當道，恐怕較港、台有過之而無不及。由此可見，一個社會道德、文化墮落與否，與民主與否未必相關。再說，在此資訊發達、開放的時代，不是少數知識分子登高一呼，即能移風易俗，官方更無法以「定於一」之「文制」，強加於公民之上。事實上，只有在民主制度下，才能允許反對黨、異議分子及民間公益組織存在，對政府不當施政及社會偏差現象提出監督與批判[139]。因此，民主之必要性毋庸置疑。徐復觀堅持民主，樂見一個「萬物並育而不相害，道並行而不相悖」的社會，對今日之台灣、中國都有重大的意義。

「民主」誠然有意義，但徐復觀所鼓吹的「儒家」思想，在民主政治中究竟有無必要？筆者以為，雖然過去的台灣民主經驗未能充分體現儒家價值，但隨著台灣選民的成熟，儒家思想將扮演愈來愈重要的角色。因為，

---

139 如2009年11月台灣公民團體對《蘋果日報》「動新聞」之抵制，以及台南市社區大學揭發農地受爐渣污染情形。

「徒善不足以為政，徒法不能以自行」（《孟子‧離婁》），在經歷解嚴二十多年的擾攘不安後，台灣的民主政治，除了要繼續健全客觀化的體制之外，更需要吸收各種精神資源加以輔翼，才能使政治不致淪為價值虛無主義者的權力遊戲。儒家「德治」思想，就是其中不可或缺的精神養分。

擴大來說，傳統儒家的「修齊治平之道」、「攬轡澄清之志」，轉化成現代語言就是：在民主政治之下，所有參與公共事務的人，從民意代表、政務官、公務員、傳播媒體，到一般網友、選民，不僅應對個人操守、道德修養有相當的自我要求，更應對公共利益的實現有一定的理想性、使命感，政治才不致成為少數人對資源的攬奪與壟斷。這樣的價值觀不一定要通過儒家教養才能建立，但是將儒家教養看作公民教育的一項資源，將會有助於民主政治秩序的穩定與清明。

(三)中國大陸的民主前景

21世紀初的中國大陸雖然有某些地方性選舉的嘗試，但距離建立全面性民主制度，還有很漫長的一段路要走，需要針對「共產黨六十年統治下的社會體制」——不再是中國傳統專制——提出「對症藥方」。當然，誠如徐復觀所言，民主政治能否出現，並非來自某些人的理論推演或是理想要求，而往往決定於各種條件；但是，借助《民評》諸君子的理論並參考台灣實際民主經驗，我們或許可以對大陸發展民主的遠景提出一些揣測。

首先，台灣民主化的動力來自強大的「本土意識」（台灣民族主義）；而中國大陸要推動民主化，其動力將與台灣不同。

到目前為止，在華人歷史上出現的兩次「民主革命／改革」嘗試——亦即辛亥革命推翻滿清帝制、台灣黨外運動推翻國民黨威權統治——，除了「民主」訴求之外，「民族主義」都是背後最主要的動力，亦即：「被統

治者／多數族群」(漢人、本省人)要求推翻「統治者／少數族群」(滿人、外省人)，才能產生那麼大的爆發力。如果此說成立，那麼在統治者與被統治者都以漢人為主的今日中國，不容易以「漢人民族主義」作為推動民主的動能。

的確，中國大陸在21世紀初經濟快速崛起，如同台灣在1970年代的「經濟奇蹟」；大陸也和台灣當年一般，中產階級力量逐漸成形，並都懷有相當的「民族主義」。但和台灣中產階級不同的是，中國中產階級的「漢人民族主義」，被動員成促進「團結統一」的力量，用以對抗外國勢力、國內異議分子及少數民族，而非藉此凝聚成對抗統治者、追求「民主人權」之力量。換句話說，台灣1980至90年代「民主化」與「本土化」(本省人民族主義)目標一致，最後促成解嚴、總統直選等成果；而大陸則出現「民主運動」與「漢人民族主義」互相排斥的情形：少數人對「民主人權」的追求，往往會被視為有傷「國家統一」或「(漢人)民族尊嚴」，而被官方打壓或受社會大眾抨擊[140]。

儘管如此，在今日的中國，民主仍有極大的迫切性。

中國大陸目前靠「一黨專政」維持政權，並以「漢人民族主義」及「經濟成長」維繫整個社會不致瓦解。但是它的民族主義擺盪於自卑與自大之間，常常訴諸軍事恫嚇；而一黨專政下發展的資本主義，則又造成官商貪腐勾結，社會嚴重貧富不均。這兩者使大陸國內產生巨大離心力，社會充

---

140 大陸「民主運動」與「民族主義」互斥的情形，比較類似徐復觀所處的1950
　　至60年代台灣。他觀察到，西方人提倡民主政治，厭惡東方的民族主義；可是
　　東方人卻因西方殖民主義者的壓榨，而激起民族主義，懷疑民主制度。參見：
　　徐復觀，〈東方的憂鬱〉，收於：氏著，《學術與政治之間》，頁221-227；〈反極
　　權主義與反殖民主義〉，收於：氏著，《徐復觀雜文──記所思》，頁210-226。

斥焦躁不安、浮囂暴戾之氣。而在國際上，武力令人畏懼，金錢換得巴結，都無法贏得他人發自真心的敬意。

在這樣的情形下，建立自由民主的「政治形式」更有其必要性。一人一票所蘊含的對人性平等的尊重，有助於減少貧富不均所造成的相對剝奪感，使常民百姓更有尊嚴。保障集會結社及言論自由，可以維護人權，尊重異己，鼓勵社會更有創造活力。輿論監督、定期選舉，可以督促政府對人民負責，重新分配社會資源，疏導民眾不滿情緒。以和平方式政黨輪替，更使國家不必經過內戰就可以轉換政權，嘗試不同的治國方略。這些制度，比高壓式地營造「和諧」，一廂情願地宣傳「文明」，更有助於化解社會戾氣，並讓中國人民真正得到世界的尊敬。台灣的民主實踐固然有種種缺失，但是上述林林總總的好處，已經讓解嚴後的台灣社會深受其惠。

為追求自由民主，世界上許多地方曾付出流血的代價（如法國大革命）。在台灣民主化的過程中，異議分子也曾經歷國民黨政府殘酷的鎮壓（如二二八事件、白色恐怖），但在最後關頭，曾經掌控情治特務的蔣經國體察情勢，自我節制，才使反對黨得以成立，戒嚴得以解除。大陸如何避免流血、完成民主改革？無遠弗屆的網路力量，又會扮演何種角色？「有中國特色的社會主義」，將如何轉出「有中國特色的民主制度」？還有待眾人一起努力。

大陸民主化的路途依然充滿險阻，有志之士當下可以著手的，是投身教育文化。也就是：讓中國重尋「倫理感」，建立超越金錢、權勢、武力之上的普世價值，形成共信共喻的善惡標準，挽救因信念失落而淪於虛無的社會人心。這個工作，可能比推動民主更為根本，需時更長，卻又刻不容緩。它在已經民主化的地方很重要，在傳統已被摧毀、而又尚未民主化的地方更為重要──雖然也更為艱難。

可是，這不正是徐復觀和《民評》同儕當年念茲在茲的志業嗎？——事實上，這也是孔子以來所有「在野儒家」薪火相傳的志業。儘管徐復觀等人生前沒有看到華人民主的落實，但是他們的教育、文化工作沒有落空。不管自覺與否，《民評》諸君子是在「為天地立心，為生民立命；為往聖繼絕學，為萬世開太平」。而這一點，將使他們的努力垂諸天壤而無窮。

(本文曾收入王中江、李存山主編，《中國儒學》，第5輯，北京：中國社會科學，2010)

第七章

徐復觀論現代藝術
——藝術、政治與人性

一、前言:現代藝術與現代文明——台灣版

　　1961年夏天,定居台灣的徐復觀在香港《華僑日報》發表了一篇〈現代藝術的歸趨〉。在這篇文章中,他質疑現代藝術對自然形象的破壞,不過是爲追尋未來統一新形象的短暫過渡;他並由現代藝術所呈現的強烈「反合理主義」,推論出:「他們是無路可走,而只有爲共黨世界開路。」[1] 此語一出,立刻引起軒然大波,使籠罩於「白色恐怖」陰影下的台灣現代畫壇人人自危。當時年方三十的抽象畫家劉國松(1932-　　)代表現代畫派出面應戰,與徐氏就現代繪畫本質及其政治意涵分項力辯。正反兩方各有支持人馬,唇槍舌劍,你來我往,論戰持續了將近一年。最後劉國松主要是以「抽象藝術乃自由世界的象徵」說服了大眾 [2],而徐氏則被日後台灣藝術史家多所指責,認爲他虛構莫須有的罪名,險些戕害了初初萌芽的台灣

1　徐復觀,〈現代藝術的歸趨〉,收於:氏著,《徐復觀文存》,頁217。
2　劉國松,〈自由世界的象徵——抽象藝術〉,收於:氏著,《中國現代畫的路》(台北:傳記文學,1969),頁129-135。

畫家劉國松。（圖片提供：
劉國松）

美術現代化運動[3]。

我們要問：何以素有「民主鬥士」之名的徐復觀，在當年會做出如此具有「政治迫害」嫌疑的推論？他的論敵劉國松也很困惑；徐氏並不是一個保守的國畫家，沒有杯葛現代藝術的必要；他也不像共產黨那樣主張「藝術應服務於政治」，沒有理由要對現代藝術大加撻伐[4]。再說，1970年代定居香港的徐復觀，曾對陷入重圍的台灣鄉土作家伸出援手，諷喻當時漫天飛舞的「紅帽子」有如「血滴子」，一拋出手，人頭落地[5]。他顯然對任意羅織政治罪名構陷異己的行為深為反感。既然如此，他為什麼會做出「現代藝術為共黨世界開路」這樣的推論？

進一步思考，我們發現這個問題並不僅是單純的「藝術與政治之間」的問題。如徐氏所言，他是以一個「文化批評者」的立場來思考現代藝術這種「重要的文化現象」，而其反省也投射在「當前人類的命運」這個更

3　林惺嶽，《台灣美術風雲四十年》（台北：自立晚報，1987），頁109-112。蕭瓊瑞在《五月與東方——中國美術現代化運動在戰後台灣之發展（1945-1970）》（以下簡稱《五月與東方》）（台北：東大，1991）中，對論戰過程有更詳細的記錄，見頁313-339。相較於林氏強烈的指控（稱徐氏該文為「美術現代化運動所經受到的最險惡的挑戰」），蕭氏態度頗持平。他雖不同意徐氏對現代繪畫的詮釋，但肯定徐氏「關懷現代繪畫，並投身討論的歷史性角色」，然而他也對徐氏將現代藝術與共產主義相提並論感到不解。

4　劉國松，〈自由世界的象徵——抽象藝術〉，頁130。

5　徐復觀，〈從「瞎遊」向「眯遊」〉，收於：氏著，《徐復觀雜文——憶往事》，頁135。

大的關懷上面[6]。事實上,他對現代藝術的格外注意,與他所感受到的現代文明生活的衝擊密不可分,而二者都始於他1960年的日本之行。

和1950、1951年日本一片瘡痍,百廢待興的慘狀相比,十年後再度訪日的徐復觀對日本經濟復興之迅速大感驚異。他在東京首次見到何謂「現代文明的形象」[7],發現了現代文明對個人主體性的壓迫,以及人的思想性的消失[8]。但更令他震驚的,卻是在京都首度看到的極端「雜亂、混沌」的西方現代美術。作嘔之餘,他嘗試從對西方文化整體的觀照去解釋現代藝術「這種醜惡的東西」的精神來源:

> 理性的本身是統一的;但人類對理性的發揮,常偏於某一方面。西方文化,常偏於知性這一方面……對自己生命以外的東西,分析、綜合、比較、判斷,都井井有條;但對人的生命自身,則一任其保持原始的混沌狀態。……今日在科學與資本主義結合之下,形成了巨大的以機械及功利為主的世界。原始生命的衝動,受這種外在世界的衝擊與憑藉,而擴大了範圍,充實了氣力,……好像《水滸傳》被洪太尉在鎮魔殿裡掀開了鎮魔的石碑,一股黑氣沖天而去,突破了知性而要橫衝直闖。西方現代一切反合理主義的思想,以及假科學之名以否定人的理想性的邏輯實證論,心理行為主義,精神分析等等,都是從這

6　徐復觀,〈現代藝術的歸趨——答劉國松先生〉,收於:氏著,《論戰與譯述》,頁76。

7　徐復觀,〈櫻花時節又逢君〉,收於:蕭欣義編,《徐復觀文錄選粹》(以下簡稱《文錄選粹》),頁17-21。

8　徐復觀,〈不思不想的時代〉,收於:蕭欣義編,《文錄選粹》,頁22-29。

一根源中發生出來的。原始生命是混沌的，醜惡的，幽晦的。
所以表現在全盤的藝術上，也是混沌的，醜惡的，幽晦的。[9]

以上這段話，使我們必須把徐氏的「現代藝術爲共黨世界開路」這個論斷，放在更廣大的對「現代藝術與現代文明」的評價上來討論。而徐氏堅定的儒家人性理念，爲這錯綜複雜的問題提供了一條通貫的線索。

但是，要了解徐復觀和劉國松等人的論爭，還不能只懸空停留在觀念層次的分析上。誠如學者陳昭瑛所指出，身爲一個思想史家，徐復觀治史有「整體論」傾向，包括注意「結構的整體性」與「發展的整體性」[10]。根據史家黃俊傑的闡發，前者須兼顧「思想體系的『部分』與『全體』共同構成『結構的整體』」以及「思想體系與時代現實共同構成的『結構的整體』」，而後者則須以「動地觀點」、「發展地觀點」來觀照歷史[11]。我們如欲嘗試「以其人之道還治其人之身」，依循徐氏治史方法研究徐氏本人，除了從他的思想內在邏輯去分析他在「現代畫論戰」中論證的來龍去脈之外，更要即事言理，從「現代畫論戰」發生的時空環境中——亦即1960年代初期的台灣——去掌握這個事件。

如果粗略地把徐氏一生劃分爲三個階段，我們可以看出：47歲以前的「大陸時期」（1903-1949），他以軍事參謀身分運籌帷幄，實際從政。67歲以後的「香港時期」（1969-1982），他棲身新亞研究所，潛心學術。而

9　徐復觀，〈毀滅的象徵〉，收於：氏著，《徐復觀文存》，頁263，265。
10　陳昭瑛，〈一個時代的開始：激進的儒家徐復觀先生〉，收於：氏著，《徐復觀文存》，頁367-370。
11　黃俊傑，〈思想史家徐復觀：思想史方法論及其實踐〉，收於：氏著，《東亞儒學視域中的徐復觀及其思想》（台北：台大出版中心，2009），頁17-32。

中間的「台灣時期」（1949-1969），則是他從軍人轉向學者的角色過渡階段。在這二十年間，他不但是教授、政論家，更以社會、文化評論者的直率健筆風動人心，在被譏爲「文化沙漠」的1950至60年代台灣，掀起一陣又一陣波瀾。「現代畫論戰」，不過是其中一個事例而已。

　　雖然徐氏的主要關懷，一直是中國文化整體、而不局限於特定區域，但是，隨著徐氏所到之處不同，他與當地特殊文化生態必然發生互動；他之所思所感，也不能抽離特定、具體文化脈絡來了解。我們希望能透過台灣文化生態以了解徐氏思想，也希望藉著研究徐氏思想來反省台灣文化。

　　職是之故，本篇論文將就「外在文化背景」及徐氏「內在思想理路」兩條線索，分別檢討徐氏在「現代畫論戰」中提出的重要議題。而不論是從「外在文化背景」或從「內在思想理路」著手，都必須處理「藝術的」及「非藝術的」二個面向的問題。

　　就「外在文化背景」而言，筆者將首先審視1950至60年代台灣文藝青年對西方「現代主義」及「前衛藝術」的執著[12]，並特別從台灣美術發展

12　徐氏在討論現代文明與現代藝術的相關問題時，並未特別使用「現代主義」或「前衛藝術」等詞。為了方便釐清觀念，筆者綜合多家說法，嘗試對若干名詞做以下的界定：

　　所謂「現代文明」（modernity，或譯為「現代性」），是指自文藝復興以來、西歐逐步建立的政治、經濟、社會體制，亦即自由民主制度、資本主義經濟、以及中產階級社會。18世紀的啟蒙運動（Enlightenment）則為此一複合體制做了最有力的哲學闡發，強調理性主義、演繹方法、人人平等、視單獨個體為整體之組成單位，並認為理性（reason）不受歷史變動影響，放諸四海而皆準。參見：Karl Mannheim, "Conservative Thought," in Paul Kecskemeti ed., *Essays on Sociology and Social Psychology* (London: Routledge & Kegan Paul, 1953)。

　　所謂「現代藝術」，是指19世紀晚期以來，藝術家為反抗經由中產階級資本主義體系控制下的藝術市場，而做的種種藝術上（包括繪畫、文學等領域）的抗

史的脈絡看劉國松的崛起。

接著,我們再從徐氏思想「內在理路」來檢視環繞「現代畫」論戰的相關問題。與藝術直接關聯的包括:徐氏對現代藝術的看法、徐氏的道德美學及其人性論基礎。由藝術衍生到更大的文化範疇,則包括:徐氏心目中西方現代藝術的政治意涵,以及他秉持儒家人性論,對西方文明、特別是20世紀文化的批評。筆者相信,這些議題對今日的台灣乃至整個中國,仍有相當大的意義。

(續)────────────────

議。就繪畫而言,一般是自「後印象派」(post-impressionism)算起。根據伯格(Peter Burger)的說法,此種抗議又分為兩階段,即「現代主義」(modernism)及「前衛藝術」(avant-garde)二種。前者出現於19世紀末、20世紀初,主張「為藝術而藝術」,重視藝術形式之自主性,加深藝術家與社會的隔離。後者則在1920年前後興起,企圖用激進手段顛覆被現代文明體制改編的商業化藝術市場,使藝術與日常生活打成一片。見:Peter Burger, *Theory of the Avant-Garde*, trans. by Michael Shaw (Minneapolis: University of Minnesota Press, 1984)。

具體而言,哈桑(Ihab Hassan)指出:在文學上,梵樂希(P. Valéry)、普魯斯特(M. Proust)、紀德(A. Gide)、早期的喬艾斯(J. Joyce)、葉慈(W.B. Yeats)、勞倫斯(D.H. Lawrence)、里爾克(R.M. Rilke)、艾略特(T.S. Eliot)及福克納(W. Faulkner)等人的作品為「現代主義」的代表。而「前衛運動」,則包括超物理學(Paraphysics)、立體主義(Cubism)、未來派(Futurism)、達達主義(Dadaism)、「超現實主義」(Surrealism)、極端主義(Supermatism)、構成主義(Constructivism)、墨茲主義(Merzism)以及德史蒂爾(de Stlji)主義。他認為「現代主義」莊嚴堂皇,有象形文字味道(hieratic),而「前衛運動」則以無政府方式,攻擊中產階級,但也可能有自我毀滅的傾向。見:羅青譯,〈後現代主義觀念初探〉,收於:氏著,《什麼是後現代主義》(台北:五四,1989),頁31。

哈桑並未明確點出代表「現代主義」的繪畫形式,但就他和伯格的描述,「抽象畫」應當視為「現代主義」,而非「前衛藝術」。必須聲明的是:不管是「現代文明」、「現代藝術」或「現代主義」、「前衛運動」,筆者在使用這些名詞時,固然會考慮到它們在歐、美的文化背景,但並不意味著筆者賦予它們某些「規範」性質,認為台灣文化發展「應該」符合這一套西方軌跡。

二、「從異鄉人到失落的一代」：1950至60年代的台灣文藝青年

對很多人來說，王尚義是1950至60年代台灣文藝青年的一個典型。〈從異鄉人到失落的一代〉就是王尚義的一篇文章的標題（原題下另外還有一副標題：「卡繆、海明威與我們」）。

王氏為河南汜水人，台大醫學院畢業，27歲死於肝癌(1936-1963)。他的才華和早夭，使他成為一個傳奇。他嚮往杜斯妥也夫斯基(F. Dostoyevsky)筆下「痛苦與善良的靈魂」，讚揚貝多芬(L. van Beethoven)和生命奮鬥的靈魂之力；但他往往陷於難以自拔的絕望、蒼白、否定的情緒之中，儘管在說理時，他也試圖抗拒、批判現代文學中呈現的現代人形象。「幻滅」、「達達主義」、「死亡的恐懼」就是他一再提及的「失落的一代」的精神特徵[13]。而抱著這樣心態的人，不止王尚義一個。

1961年春天，出刊甫滿一年的《現代文學》宣布：

英年早逝的王尚義。（圖片提供：王尚義，《荒野流泉——王尚義的日記》，台北：水牛，1967）

> 去年一年之中，對台灣的藝術領域稍加注意的人，不難發現有一群新人誕生……他們或寫詩，或撰小

---

13 王尚義，《從異鄉人到失落的一代》（台北：大林，1969），頁90-92。

說，或作影評，或繪現代畫，或譜樂曲，奏樂器……(他們)都
具有三個共同點：一、他們不滿目下藝術界的衰萎。二、他們
盡力接受歐美的現代主義，同時重新估量中國的古代藝術。
三、他們的年齡，都在二十歲到三十之間。

這位未具名的編者自豪地說，這一群年輕藝術家是「自生的」、無人提攜
栽培。不過，他不太信任參與這個「中國復興運動」的寒苦青年(接受過
高中教育的公務員，自修苦讀的軍人、小學教師)，而對「有能力閱讀歐
美書籍」、活動地區集中的「有閒階級」——大學生——特加青睞，認為
他們才是擔負這個「中國文藝復興運動」的中堅[14]。

　　從今日的眼光來看，這一篇感言很誠實地表現了當時主持《現代文學》
的台大外文系高材
生的主觀偏見(這
群人包括白先勇、
陳若曦、劉紹銘、
李歐梵、歐陽子、
葉 維 廉 、 王 文
興……)。首先，它
有若干誇大不實的
地方——譬如說，
強調1960年代初期
的文藝青年是「自

創辦《現代文學》的台大外文系學生李歐梵、白先勇、
王文興、戴天、陳若曦等人。(圖片提供：陳若曦，《堅
持‧無悔——陳若曦七十自述》，台北：九歌，2008)

14　〈現代文學一年〉，《現代文學》，7期(1961年3月1日)，頁4-5。

生的」，沒有人栽培、施肥，就不太能成立。以我們所知，至少在現代畫方面，1949年渡海來台的李仲生，就曾在理論及教學二方面，辛勤地撒播下現代繪畫的種子；更不用說在現代文學方面，白先勇等人是如何受惠於台大教授夏濟安及其創辦的《文學雜誌》的啓蒙。

其次，它對「非大學生」的智識分子的看輕也不足爲訓。且不說當時在軍中困厄環境產生了大量優秀詩人(如瘂弦、羅門、洛夫、楚戈、辛鬱、商禽、梅新、張默、管管……)、小說家(如朱西甯、段彩華、司馬中原)、畫家(如馮鍾睿、胡奇中)[15]；即使是其他沒沒無聞的年輕藝術工作者，他們生活中的掙扎、他們創作時的眞誠，也一樣值得我們尊重。

然而若換個角度來看，〈現代文學一年〉這篇文章所發出的兩項訊息，絕對不容我們忽視：其一，是那一代青年所強烈感受到的「縱的文化斷層」；其二，是他們爲求出路而採取了「橫的文化移植」。因爲有「縱的文化斷層」，才會感到「藝術界的衰萎」，才會奮力想從石縫中鑽出、自行迎接陽光雨露。而歐美「現代主義」，就是他們所進行的「橫的文化移植」。

何以會有「縱的文化斷層」？就文化傳承而言，他們的上一代去哪裡了？這要分兩個族群來看。占當時台灣絕大多數的「本省人」，多爲清代中國閩粵移民後裔，經歷過日本五十年殖民，在經濟上較中國大陸各省先進，在文化、政治上卻被視爲野蠻邊陲，一再被迫喑啞、無法發聲。至於1945年後在台灣掌握政治優勢及文化領導地位的少數「外省人」，則因中日戰爭、國共內戰不斷流離失所，最後逃亡小島，失去了生活的鬥志與藝

15　尉天驄，〈由飄泊到尋根──工業文明下的台灣新文學〉，原載於1975年10月《中國論壇》，收於：李瑞騰編，《中華現代文學大系‧評論卷》(台北：九歌，1988)，頁105。本文所列軍中作家名單，還包括曹永洋先生補充的若干位，謹此向曹先生致謝。

術創造的動力[16]。

　　國民黨爲了徹底控制島上年輕一代，刻意斬斷他們的歷史意識[17]：一方面禁絕中國大陸上五四以來文學藝術傳統(因爲這個傳統多由同情社會主義的文人所掌握)，另一方面則抹殺台灣本島在日據時代五十年的奮鬥歷程；影響戰後本省人與外省人關係至鉅的「二二八事件」(1947)，更被視爲莫大禁忌，諱莫如深。因此，當劉國松高喊「民國以來的美術史只是一片空白」時，他所反映的其實是威權體制下刻意造成的文化斷層[18]。

　　《現代文學》編者所提到的20到30歲之間的青年，若在台灣生長者，目睹過太平洋戰爭期間日本人變本加厲的殖民高壓統治，以及戰後「二二八」國民政府軍隊對台灣知識分子的大屠殺；若是在大陸出生者，則經歷過日本人更大規模的血腥侵略，抗戰勝利後綿長不斷的內戰，永無休止的生離死別、流徙四方。他們僥倖逃過戰火，同在台灣受中學、大學教育(更多的人必須輟學自修)，而上一代能提供給他們的，卻是一個乾涸的文化

16　1959年數位美國學人批評台灣是「文化沙漠」，對此，曾任台大文學院長的沈剛伯也只能感嘆：「今天我們這群遍體鱗痍的老朽殘兵處糧盡援絕之境，乏興雲施雨之能，實無力將這片沙漠立即化為沃土。」見：沈剛伯，〈五十年來的教育〉，《自由中國》，21卷10期(1959年11月16日)，頁10。

17　筆者就讀台大歷史系時(1979-1983)，教授中國現代史的老師李守孔說：「你們歷史系學生能夠知道的中國現代史真相，只有全部事實的百分之一。專攻『中現』的研究生，也大概只能知道十分之一吧！」至於台灣史，非但中、小學未接觸過，即連台大歷史系亦將之列為「選修」而非「必修」。筆者當年選修時，該課由黃富三教授主講，全部學生只有三位，講授內容只到清末劉銘傳在台洋務建設，日據時代及國府時期全付闕如。

18　劉國松，〈過去、現代、傳統〉，收於：氏著，《中國現代畫的路》，頁11。關於國民黨對歷史與文化、土地與人民的棄絕，造成台灣知識分子的「存在困境」，在呂正惠〈現代主義在台灣〉中有明晰論述。見：氏著，《戰後台灣文學經驗》(台北：新地，1992)，頁3-42。

沙漠。他們焉能不徬徨茫然，亟於另覓出路？

　　出國留學、遠離台灣是最徹底的辦法，但教育部核准名額有限、粥少僧多，以致有人因留學考試失敗而自殺、遺書盼骨灰能由人帶到美國[19]。此外，研習理工科學、摒棄文史法政，也是在亂世中保有一技之長、全身遠禍的生存之道。徐復觀即有感於學文法科者不是受罪，就是犯罪[20]，故而鼓勵四個子女全部學習自然科學。

　　但話又說回來，苦悶困頓、朝不保夕的生活，卻也是催發青年思考人生意義的觸媒。在娛樂稀少、經濟窮困的年代，藉由文學、藝術宣洩青春浮動、複雜不安的情感，毋寧也是極自然的事。〈現代文學一年〉所提到的公務員、軍人、小學教師的參與，正是那一代青年普遍愛好文藝的表徵。

　　問題是：用什麼樣的「語彙」才能表達他們痛切的時代感受？中國五四淵源已被斬斷，台灣本土寫實抗議更不被容許，官方認可的反共文藝空洞八股，他們很自然地轉向歐美「現代主義」。

　　「現代主義」何以能投合那一代青年的心態？在1950至60年代編輯過《筆匯》、《文學季刊》等雜誌的尉天驄日後反省：由於對資本主義社會不滿而生長出的歐洲「現代主義」，在台灣之所以被借用，一來是因台灣在1950年代也進入工商業社會，而產生類似的問題（對這一點筆者持保留態度），二來台灣的政治環境迫使當時青年必須用反寫實、反政治的晦澀表現，來傳達個人的苦悶沉痛[21]。

　　更晚一個世代的文學批評家呂正惠則認為：開發中國家的知識分子，其意識型態較本國一般民眾乃至統治階層更容易「現代化」。一旦他們的

19　徐復觀，〈哀唐生〉，收於：氏著，《徐復觀雜文──憶往事》，頁231-234。

20　曹永洋編，《徐復觀家書精選》，頁117。

21　尉天驄，〈由飄泊到尋根──工業文明下的台灣新文學〉，頁100-106。

1940至50年代的台灣巷弄（王双福攝），令西化知識分子感到疏離。（圖片提供：高雄市立歷史博物館）

現代理念超過了他們所生活的落後社會時，他們就會厭棄周遭現實，而相對地也爲民眾所疏離。換言之，是同樣的「疏離感」，使得1950至60年代台灣青年找到了與西方「現代主義」相契的會合點——儘管西方藝術家的「疏離感」來自對「過度現代化」社會的唾棄，而台灣文藝青年的「疏離感」卻來自他們對本國社會「不夠現代化」的反感。弔詭的是：本來在西方是批判現代文明的「現代主義」，在台灣反而被視作代表現代文明的標竿，而被以先驅自居的年輕知識分子刻意追求[22]。

　　但由另一面看，他們又不能那麼爽利地完全拋開「傳統」，這一點多爲論者所不察。白先勇筆下的《台北人》，在「過去」與「現在」（以1949年爲界）之間徘徊：「過去」代表了青春、純潔、敏銳、秩序、傳統、精神、理想與生命，而「現在」卻代表了衰老、腐朽、麻木、混亂、西化、物質、肉體、現實與死亡[23]。這個今昔之比，恐怕不見得全是書中上一代人物的觀點，而更可能是上一代人物在淪落天涯之後，因懷鄉戀舊而將過去美化，並無形中濡染影響到下一代——亦即白先勇自己這一代。

　　尤其值得注意的是，這個被美化的過去，是以仕紳文人傳統爲基調

22　呂正惠，〈現代主義在台灣〉，頁26。

23　歐陽子，〈白先勇的小說世界——「台北人」之主題探討〉，收於：白先勇，《台北人》（台北：晨鐘，1931），頁9。

的。相對於共產黨在大陸上貶抑「臭老九」、推崇農民文化，隨國民黨來台的大批軍政公教人員，則大都維持士人價值觀。對下一代而言，這個價值觀已很難解決他們所面臨的國家、社會、個人困境，但是他們隱隱約約又覺得自己與它臍帶相連，不能斷然割捨。於是才會有〈現代文學一年〉中那一句：「他們盡力接受歐美的現代主義，同時重新估量中國古代藝術。」在下面介紹劉國松時，我們可以看到這種兩端擺盪的情形。

相對於大多數來台外省知識分子，徐復觀並不眷戀過去的那個仕紳傳統，因為它和專制政治牽扯不清。但是他又比他們更珍惜中國文化的源頭，亦即先秦儒家及道家思想。既為人父又為人師，他充分了解下一代青年的困境[24]，但他不同意他們所選擇的表達方式。在他看來，「現代主義」蘊含了太多危險的人性假設，只能加深文化危機，不能解決問題。至於部分文藝青年微弱的「重估傳統」的呼聲，早被震耳欲聾的「全盤西化」聲浪掩過，而為徐氏所忽略。以徐氏深厚的文學素養，他對「現代主義」的不滿似乎應該爆發於現代詩、現代小說上，不料「現代畫」竟成了衝突的焦點。是以接下來我們要藉著對劉國松繪畫歷程的了解，來看當年台灣畫壇的情況。而這些「後見之明」，可能是徐復觀當時不易掌握的。

三、劉國松的崛起

相對於多數「現代主義」青年徬徨自縛的哈姆雷特形象，劉國松衝決網羅的熱情與霸氣則大有哪吒氣概。平心而論，年齡相差三十歲的徐復觀和劉國松，實有相當類似之處。他們都出身貧寒，在刻苦往上爬的過程中

24　徐復觀，〈哀唐生〉，頁232。

愈挫愈勇，也因此養成嫉惡如仇、狂傲率直的強烈性格。他們都經過對中國傳統「肯定、否定、再肯定」的曲折心路，最終以中西融合爲祈嚮。更有意思的是，儘管二人都是「狂者」，卻同樣對代表莊子精神的中國山水畫極爲推崇。他們老少二人在「現代畫」論戰中針鋒相對，實在是因爲他們沒有更多機會了解對方。

劉氏祖籍山東益都，6歲時父親即戰死沙場。他隨著國民革命軍遺族學校流徙來台，備嘗人世艱苦。自小沒有家庭呵護，但或許也因此沒有父權陰影，不那麼在乎尊卑長幼之序。根據劉氏自述，他自14歲開始自行摸索畫譜、學習中國山水畫（其時尚在大陸），在中國畫中陶醉了將近六年。劉氏沒有特別談到1949年的巨變對他的習畫心情的影響，他只說，在他就讀師大藝術系二年級時，中國畫對他失去了吸引力，使他覺得無路可走。就在這時，藉著雜誌、畫冊，他開始接觸西洋近代藝術新形式，非常嚮往，於是又一頭投入，開始模仿後印象派的塞尙(P. Cézanne)、梵谷(V. van Gogh)，野獸派的馬諦斯(H. Matisse)、立體派的畢卡索(P. Picasso)……乃至抽象表現派的帕洛克(Jackson Pollock)。沉浸在「全盤西化」的時期，持續了將近十年。他和師大藝術系友合組的「五月畫會」(1957)，一開始也是以「全盤西化」爲目標。模仿西洋畫風，追隨西洋最新創作思想，在他那時看來，即可超越中國傳統窠臼。

然而，1959年初開始，經過長期反省，他領悟出：「模仿新的，不能代替模仿舊的。抄襲西洋的，不能代替抄襲中國的。」他立志要走出自己的路，以「創作」代替「模仿」，將過去所習得的東西兩大繪畫傳統融會貫通，以迎接一個「世界大一統文化」的到來。最初他嘗試利用西洋繪畫材料表現中國趣味，亦即在油畫布上畫水墨趣味的抽象畫。然而兩年之後又有一個轉捩，使他覺得應就各種材料去發揮本身特性，不該用濃重厚實

的油畫顏料牽強地去表現水墨的渲淡空靈。於是，從1961年秋天開始，他終於又拿起丟棄近十年的筆、墨、紙，開始畫起抽象山水來[25]。

歸納上述，到1961年秋天為止，劉國松的繪畫歷程經過好幾個階段，包括(1)模仿中國傳統山水畫；(2)模仿西洋現代繪畫；(3)嘗試融合中西傳統，以油畫材料表現水墨特質；(4)繼續融合中西傳統，表現方式轉向抽象水墨山水畫。在此之後，他的風格基本上定型了，而這正是他開始和徐復觀打筆仗的時候。日後他仍繼續吸收拼貼、轉印技巧或利用壓克力、噴槍作畫。但整體而言，他的繪畫給人的感受或空靈、或蒼鬱，有唐詩意境，沒有衝突、憤怒、爆炸、焦慮等強烈情緒表現(同是五月畫會的顧福生則明顯的表現這樣的情緒)。嚴格說來，和典型西方現代主義大相逕庭，而較接近傳統文人畫氣質(圖一)(見彩色圖版，下同)。他自謂從小窮困，沒有家庭溫暖，因之他在畫作中追求平和美好，不願表現悲慘情境[26]。

但是，跳出畫作來看他的畫論，那就大大不同了。他在每一階段的摸索，不是默默進行，而往往發為公開宣言；而在每一階段，他都對目下理念充滿自信，並激烈抨擊不符此一理念的畫派，特別是那些掌控社會名位資源的元老所代表的風格。在他和徐復觀展開抽象畫論戰之前，他已經和既有台灣畫壇上的三股主流——包括東洋畫、西畫、國畫——交鋒過了。

滿清時代的台灣，中國文人畫傳統的根基不深。1895年日本人殖民之後，開始把他們自明治維新向西方學習的那套18世紀以後的美術體制及繪畫風格也搬到台灣。有志獻身藝術的台灣青年，便循著一定途徑步步奮鬥：許多人在當時的最高學府「國語學校」(其後改稱「台北師範學校」)

25　劉國松，〈我個人繪畫發展的軌跡〉，《雄獅美術》，5期(1971年7月1日)，頁20-22。
26　葉維廉，〈與虛實推移，與素材布弈——劉國松的抽象水墨畫〉，收於：氏著，《與當代藝術家的對話——中國現代畫的生成》(台北：東大，1987)，頁252。

受到水彩畫家石川欽一郎(1871-1945)的繪畫啓蒙(圖二)，畢業後遠赴東京美術學校就讀，進而參加官辦美術展覽會(包括日本「帝展」及台灣「台展」)，在競賽中贏得肯定[27]。而當時流行的畫風，除了東洋傳統的工筆寫生膠彩畫之外，西畫方面則謹守印象派及野獸派風格，而未向下延伸到立體派、未來派等前衛畫風[28]。換言之，前者來自日本直接移植，而後者則是轉手又轉手而來的西歐產物。西歐現代藝術原來向既有學院古典主義美學尖銳抗議的精神消失了，印象派、野獸派在日本、台灣自成學院經典，而爲權貴鉅商所支持。不過話又說回來，即使是在歐美，現代藝術也有被體制收編，日趨學院化、商業化的傾向，不能獨獨苛責台灣藝術家。印象派、野獸派的濃烈明亮色彩，確實也頗適合用來傳寫台灣熱帶風物，不能完全以「邯鄲學步」貶抑其藝術成就。

　　但是年輕的劉國松並不這麼想。有意無意之間，他一直在追尋「正統」——中國的正統、西方的正統、或是世界性的一統。在某個意義上，他的對手也都這麼想(包括徐復觀)，只是各人認定的「正統」不同而已。

　　台灣光復後舉辦的「省展」，由台籍的台陽美術協會元老楊三郎等人主持，延續日據時代「台展」風格，以膠彩畫、印象派、野獸派爲主流，排斥其他畫風。1954年劉國松首先發難(他當時是大四學生)，批評當時列爲「國畫部」的膠彩畫以假亂眞，採用中國材料並攙合西畫色彩構圖，豔麗新穎而欠博大胸懷，是「日本畫」而非眞正「國畫」(圖三)。此時他已開始研究西洋繪畫，但對傳統中國水墨畫仍抱著執著感情[29]。1958年，

27　林惺嶽，《台灣美術風雲四十年》，頁27。

28　謝里法，《日據時代台灣美術運動史》(台北：藝術家，1992)，頁14。

29　劉國松，〈日本畫不是國畫〉、〈爲什麼把日本畫往國畫裡擠？〉，轉引自：蕭瓊瑞，《五月與東方》，頁153-156，169。

他的矛頭轉向「省展」「西畫部」的評審、台籍前輩畫家李石樵（圖四），而他的主要論據是以「現代的、抽象的」新思潮來非議「具象的、非現代的」的印象主義[30]。到了1961年，劉國松的抨擊對象竟變成他曾極力維護的傳統中國水墨畫，而當時代表此一畫派的正是流亡來台的外省前輩畫家，如溥心畬、黃君璧等人。

在這篇題爲〈繪畫的峽谷──從十五屆全省美展國畫部說起〉的文章中，劉國松批評宋元理學「張天理抑人欲」，「摧殘基本人性」，導致明清以降畫家以空靈縹緲爲尚，又不像古人那樣深入自然，於是因襲作假，畫面愈來愈空虛、脆弱，終致使中國繪畫逼上絕路。要拯救中國繪畫，一定要大膽接受西方近代藝術的人本思想及個性自覺，反映畫家自身的人性情感與對現代事物的感受。他相信：西方強烈的生命色彩與東方的沖淡澹泊必能融合，確立統一的世界性新文化。而此一融合的基礎，就是西洋現代畫觀念與東方傳統繪畫的共通點：「一種絕對的主觀唯心論」。而西洋正在風行、中國古已有之的「抽象繪畫」，就是融合中西繪畫的最佳途徑[31]。

這篇文章發表時間是1961年1月1日，比徐復觀〈現代藝術的歸趨〉一文早七個多月。它所表達的論點，正是劉國松在「現代畫論戰」中回應徐復觀的基本立場。儘管和劉國松同時的「東方畫會」、「現代版畫會」等十六、七個畫會的年輕藝術家[32]，不一定像他那麼熱情地擁抱抽象藝術，但

30　劉國松，〈現代繪畫的哲學思想──兼評李石樵畫展〉，轉引自：蕭瓊瑞，《五月與東方》，頁178-181。

31　劉國松，〈繪畫的峽谷──從十五屆全省美展國畫部說起〉，收於：氏著，《中國現代畫的路》，頁113-119（原文發表於《文星》，39期〔1961年1月1日〕）。

32　1959年顧獻樑有意整合台灣現代畫家力量，籌組「中國現代藝術中心」，當時加入的畫會多達十七個。此一計畫後來受「秦松事件」干擾而中斷（1960年聯合展覽中秦松作品「春燈」被政工人員指為暗藏倒反的「蔣」字）。這個事件

他們反對傳統國畫與古典西畫的立場是一致的。劉國松的觀點，多多少少反映了這群年輕畫家的共同傾向。相對的，徐復觀「輸」了這場論戰之後，發憤寫成《中國藝術精神》，並因此書而獲得了以76歲的國畫家馬壽華爲首的「中國畫學會」頒發的「金爵獎」（1968）；他的書中所傳達的美學，必然也獲得了另一群人的共鳴。徐復觀與劉國松之爭，或許可以象徵性地看作「兩個世代之爭」。

不過，對於1990年代「台灣意識」濃厚的台灣美術界而言，不論是溥心畬、黃君璧那一代，或是劉國松那一代，他們都是流寓小島、懷著強烈故國之思的外省知識分子。他們或者擁抱傳統中國，或者嚮往現代西方，同樣都對落腳於斯的台灣土地視而不見，無心在畫作中反映台灣的社會與現實[33]。而詮釋傳統中國美學的徐復觀，似乎也不能逃過這個指責。

但在筆者看來，現實感強烈的徐復觀雖然缺乏「台灣意識」，但無論他身在何處，他都非常關心他立足的土地與周遭的人群。他與落魄市井的昔時台灣菁英（如：莊垂勝、葉榮鐘、張深切、楊逵等人）之密切往來，在當時外省知識分子中即十分罕見。不管如何，「台灣意識之有無」可以當作一個切入研究的角度，但不能當作一個判分黑白的是非標準，否則也有泛政治化之嫌。現代畫論戰涉及的問題很廣，還有很多議題值得討論，徐復觀從儒家人性論出發的美學就是其中一個關鍵。

1980年代的劉國松，已不再堅持繪畫史發展「由寫實、寫意而抽象」

（續）────────────────────

　　使得現代藝術創作者對政治干預極為敏感，徐復觀「為共黨世界鋪路」之說一出，才會引起那麼強烈的反應。見：林惺嶽，《台灣美術風雲四十年》前引書，頁104-108。

33　倪再沁，〈中國水墨・台灣趣味──台灣水墨發展之批判〉，收於：氏著，《台灣美術的人文觀察》（台北：雄獅，1995），頁233，236。

的說法[34]；從他的思想脈絡來回顧這場論戰，只有過渡性的意義。但是從研究徐復觀的立場來看這場論戰，則意義重大。它激發了徐氏深入美學領域，並從人性論上建立他的美學思想，拓寬了新儒家的關懷視野[35]。因此接下來，我們就要從徐氏角度來看這場論戰。

34　葉維廉，《與當代藝術家的對話——中國現代畫的生成》，頁276。

35　在武漢大學舉行的「徐復觀思想與現代新儒學發展學術討論會」(1995)上，鄺元江先生曾對《中國藝術精神》是否受「現代畫論戰」激發而作提出質疑。筆者承認：徐氏對傳統中國繪畫的興趣，至少在1958至59年間即明顯流露，並已開始下工夫研究。他有心闡發中國文化在道德及藝術二方面的成就，因此繼1962年完成《中國人性論史》之後而有《中國藝術精神》之作(見：氏著，〈自敘〉，《中國藝術精神》〔台北：學生，1976〕，頁1-3)，凡此皆是事實。但他著手撰寫《中國藝術精神》之時(大約是1963年)，「正是許多人標榜以抽象主義為中心的『現代藝術』的時候。……我覺得大家應當暫時放下『傳統』、『現代』這類硬殼子的招牌，先下一番工夫，了解傳統、現代、有關藝術的說明，到底是些什麼意義。」(見：氏著，〈三版自序〉，《中國藝術精神》)該書中針對「現代化論戰」議題而發的議論，也歷歷可數。由此可見，回應「現代畫論戰」應該也是激發徐氏撰寫《中國藝術精神》的主要動機之一。
鄺先生所提另一問題，也很值得討論。他認為：據逯耀東所述，徐氏晚年以《中國藝術精神》為其傳世之作，則莊子審美境界當亦為徐氏本人人生最高境界，不該把徐氏美學思想又歸入儒家。筆者想指出的是：逯氏在同一篇文章中又說，他看到徐氏心心念念不忘學術，便笑謂徐氏違反「以儒家立身處世，以道家處理自己生活」的理論，而「一路儒家到底」(逯耀東，〈今年上元——遙祭徐復觀老伯〉，收於；曹永洋編，《徐復觀教授紀念文集》，頁139)。從最能反映徐氏日常生活態度的《徐復觀家書精選》來看，徐氏個人生活的確帶著「任天而動」的道家色彩；但當遭遇關涉歷史、社會、文化的大問題時，他「以天下為己任」的儒家性格就出現了。而現代藝術對他而言就是這樣一個大問題。

四、美善合一：「人性主義者」徐復觀的美學思想

　　要追溯徐復觀的美學思想根源，必須從他的人性論談起[36]。他對現代藝術乃至西方現代文明的批評，主要是從他所了解的儒道二家的人性假設出發的。他在《中國人性論史》序言中說：

> 人性論不僅是作爲一種思想，而居於中國哲學思想史中的主幹地位；並且也是中華民族精神形成的原理、動力。要通過歷史文化以了解中華民族之所以爲中華民族，這是一個起點，也是一個終點。文化中其他的現象，尤其是宗教、文學、藝術，乃至一般禮俗、人生態度等，只有與此一問題關聯在一起，才能得到比較深刻而正確的解釋。[37]

「人性論會影響其他文化現象，特別是宗教、文學、藝術」的觀點，在「現代畫論戰」中，他不憚其煩一再強調。例如在〈愛與美〉一文中他就說：

> 藝術的生命是「美」；但美與愛，有其不可分的密切關係，因爲是「美」，所以才有愛……更重要的是，因爲愛，才能發現美。美，在其最根源的地方，是要受愛的規定的。[38]

36　「人性主義者」是徐復觀的自稱。見：氏著：〈史達林對人類的偉大啟示〉，《學術與政治之間》，頁421。

37　徐復觀，《中國人性論史——先秦篇》，頁2。

38　徐復觀，〈愛與美〉，收於：氏著，《徐復觀文存》，頁223。

對他而言，「愛」是出於人性，「美」爲藝術核心；「美」受「愛」的「規定」，亦即「藝術」表現會受到「人性論」之制約。根據這個觀點，我們可以推論：《中國藝術精神》必須與《中國人性論史》合而觀之。也就是說，《中國人性論史》中徐氏對先秦諸家人性論的評價，是他分析《中國藝術精神》的基礎。

　　他在《中國人性論史》中闡述：自周初憂患意識萌芽開始，人的道德理性隨著原始宗教的式微而日益發揚。隨著政治社會變動危機加劇，儒家更堅定地在人自身德性上站穩腳跟。孔子把外在道德法則性的「天命」落實爲內在的「性」，孟子則以「心」言「性」，讓人人當下可以把握得到自己的良心。至於道家，則以「超越的虛無主義」迴避亂世：老子推求宇宙根源，以柔弱作爲人生應變之常道；莊子則縱身大化，與變冥合，以求得身心大自在。

　　接下來的問題是：先秦「哪一種」人性論，才是中國藝術的精神源頭？答案似乎很簡單：徐氏不是明白說過了嗎，「我國的藝術精神，主要是由莊子的人性論所啟發出來。」[39] 換言之，儒家心性論不與焉。

　　那麼，爲什麼孔門「仁體」開不出藝術的花朵？這是因爲，雖然在最高境界上二者相等，但本質上藝術與道德畢竟不同。

　　他解釋道：一方面，孔子「樂教」的確顯現了「仁」與「樂」——亦即道德與藝術，或善與美——在最深根柢(即「良心」與「情」)以及最高境界上(即「和」的境界)自然而然地會通統一，道德充實了藝術的內容，藝術助長了道德的力量；但另一方面，藝術精神即是「不關心的滿足」、不求知識不問實用，也不承擔「吾非斯人之徒與而誰與」的責任感，這和

39　徐復觀，〈序〉，《中國人性論史——先秦篇》，頁2。

重視實踐的道德精神，畢竟大相逕庭。

除了本質上「樂」與「仁」不同之外，就「以樂化人」的教化功能而言，「樂」固然可以作爲一種成德工夫，但不是一般人輕易用得上的。相對來說，孝弟忠恕、克己復禮等修養途徑，更可直接通向人格的完成，而不一定要取途於「樂」[40]。所以，孔門樂教後來遂逐漸沒落。

那麼，以「虛靜」爲內容的老莊心性論，何以又能成就藝術精神？莊子和儒家一樣，同是「爲人生而藝術」，並不像西方近代美學家那樣，一開始即直接以美爲目的、以藝術爲對象去加以思考。但是，爲求在大動亂時代的桎梏中得到精神的自由解放，莊子所做的人生修養工夫，卻不期然與一個偉大藝術家的修養冥合[41]。

徐氏認爲，莊子繼承老子思想，以「虛靜」作爲宇宙萬物乃至人生的「本質」，也以「虛靜」作爲把握此一人生本質的「工夫」。莊子藉由「心齋」、「坐忘」，解消實用欲望、擺脫知識追逐，而達到「無己」、「喪我」的精神境界，進入美的觀照。不做分析，直觀本質。心齋以後的心，有如明鏡止水，「不將不迎，應而不藏」，沒有個人利害好惡之見，故能以自由之心與天地萬物直接照面，兩無限隔，主客相忘。此一虛靜之心移到某一具體藝術對象上，則能「指與物化」、「以神遇而不以目視」，主客合一，成就「驚猶鬼神」的作品[42]。日後中國的繪畫發展史上，莊子「不譴是非」、「獨與天地精神往來」的「淡」「逸」情操，即特別結實於水墨山水畫上（圖五）。

依徐氏的詮釋，孔子顯出的典型，是道德與藝術在終極之地的統一，

40　徐復觀，《中國藝術精神》，頁17，19，36。

41　徐復觀，《中國藝術精神》，頁49-51，61。

42　徐復觀，《中國藝術精神》，頁70-75，81-83，126-128。

可以做萬古標程，但在現實中千載難遇。而莊子所顯出的典型，則是純藝術精神的性格，且實際發揮了影響[43]。我們似乎可以推論說，孔子以「美」爲手段，以「善」爲目的，「美」附屬於「善」之下；而莊子則承認「美」的領域的獨立性及普遍性，可以與「善」平起平坐，甚至超越「善」的境界。

那麼，徐復觀自己認同的是哪一種典型？從他所說「美，在其最根源的地方，是要受愛的規定的」（〈愛與美〉）來看，他顯然是偏愛孔子道德與藝術合一的理想，以「美」爲致善之資。而他心目中的「美」，也是相對於「醜惡」的「美好」，不是進入莊子「美的觀照」以後，不譴是非、平等承認、平等滿足的齊物態度。如果說儒家美學強調「美」與「善」的一致，善者必美；那麼莊子美學則著重「美」與「眞」的一致性，以「法天貴眞」爲美[44]，即使在一般人眼中顯得「醜惡」。在這二種審美觀之間，徐氏毋寧傾向前者。

徐氏曾指出：「實踐精神」爲「道德」有別於「藝術」之處。筆者還想再加一句：相對於莊子美學的「齊物平等」，儒家道德領域蘊含著「價值等級」（亦即有善惡賢不肖之分），更是二者不同之點。也正是由於放不開是非之分、義利之辨，儒家才會汲汲以天下之憂爲憂，才會有博施濟眾的「實踐精神」。

換言之，儒家道德精神，志在改變世界，而藝術爲可能手段之一。莊子則坦然(或無奈地)承認這個世界，不願(或不能)去改變別人，只在自己精神上力求轉換，以期用藝術心境平等接受美醜善惡、生死毀譽[45]。兩者

43　徐復觀，〈自敘〉，《中國藝術精神》，頁6。

44　李澤厚、劉綱紀，《中國美學史》第一卷(台北：谷風，1987)，頁282。

45　莊子〈逍遙遊〉中區分鯤鵬、蜩鳩、小知、大知、小年、大年，而〈齊物論〉

對「美」的定義，顯然有所不同。

　　儘管徐復觀基本上認同儒家，但他也割捨不下對道家的嚮往。於是我們看到，相對於一般學者之強調儒道「有別」、儒道「互補」，徐氏則每每於儒道「互通」處格外留意——而他所謂「互通」，是從道家思想中發現儒家特質，而不是在儒家中尋找道家痕跡。

　　例如：就形上學與人性論來看，徐氏認爲：「天命之謂性，率性之謂道」（《中庸》），儒家肯定天命與人性都具有超驗、普遍的道德性格[46]；而在道家系統中，「道生之，德畜之」（《老子》），「形非道不生，生非德不明」（《莊子‧天下》），一樣也假定「從宇宙到人生，依然是奠基於合理之上」[47]。

　　他更進一步認爲，儒道二家均把群體涵容於個體之內，因而「成己」即要求「成物」[48]；一個偉大的藝術家，也必然能體現群性於個性之中，「與物爲春」，而不致有個人與社會的對立[49]。徐復觀推崇備至的當代國畫家溥心畬，「一舉一動皆在禮教之中，而一念一機又皆超出世俗之外」。談經論文，詼諧間出；腕底林壑，深醇淡定。以經學爲其精神教養之泉源，而又像一個帶著神祕氣氛的大孩子。徐氏深以未能在溥氏生前及時完成《中國

（續）————————————

　　中則謂「物固有所然，物固有所可。無物不然，無物不可」。筆者以爲這是莊子弔詭的地方。大小久暫的層級，是以各人精神境界的高下爲判分的；而一旦鯤鵬搏扶搖而直上，視野一開，「野馬也，塵埃也，生物之以息相吹也」，眾生之分別相也泯除了。筆者不敢說莊子本人沒有濡染「價值層級」觀念，但至少「齊物平等」是他矢志追求的目標。

46　徐復觀，《中國人性論史——先秦篇》，頁86，118。
47　徐復觀，《中國藝術精神》，頁369，373。
48　徐復觀，《中國藝術精神》，頁45-69。
49　徐復觀，《中國藝術精神》，頁45，69，92，133。

藝術精神》爲憾[50]，在他心目中，溥心畬應當就是美善合一、儒道融通的藝術家典範吧。

當然，身爲一個嚴肅負責的思想史家，徐復觀窮觀極照，以心印心，不可能故意曲解莊生眞貌。在《中國藝術精神》中，他承認：孔門面對憂患人間而要求救濟，其藝術不期然而然地落到帶有道德人格實踐性的文學方面(故「文以載道」)。道家面對沉濁人世，畢竟只能蒼涼感喟，而避世於山水之間，在與自然融合求得解脫。是以此一精神，常不期然影響到後世的山水畫[51]。

不過，筆者在這裡所要指出的是：在「現代畫」論戰中，徐氏持以批評現代藝術的立場，主要還是根據「文以載道」、「藝以載道」的儒家美學，不是莊子的藝術精神；是對社會的承擔，不是對現世的迴避。他對自然形象的堅持是道家的；但從他對現代藝術的文化內涵的批評上來看，他秉持的仍是儒家精神。

徐復觀美善合一的美學思想，使得他對托爾斯泰晚年的著作《藝術論》發出共鳴。但是仔細尋繹，筆者認爲二人看法似同實異。比較東西二位哲人觀點的出入，可以凸顯徐氏儒家美學的特殊之處。徐氏在研究《文心雕龍》時提到：

> 道德的教條、說教，固然不能成爲文學；但文學中最高的動機

50　徐復觀，〈憶溥心畬先生〉與〈溥心畬先生畫冊序〉，二文皆收於：氏著，《徐復觀雜文──憶往事》，頁151-157。

51　徐復觀，《徐復觀雜文──憶往事》，頁133。關於儒家藝術觀在文學上的呈現，詳見：徐復觀，〈傳統文學思想中詩的個性與社會性問題〉，收於：氏著，《中國文學論集》(台北：學生，1990)。

和最大的感動力，必是來自作者內心的崇高地道德意識。道德
意識與藝術精神，是同住在一個人的情性深處。……
托爾斯泰費了十五年的時間，研究西方各家的文學藝術的理
論，而寫出了他的《藝術是什麼》（或譯作《藝術論》）一書。……
我們仔細讀完之後，發現文以載道，也正是西方文學藝術的大
統；此即由另一語句所表現的「爲人生而藝術」。[52]

在「以『善』作爲人生最高目的」這一點上，徐氏與托爾斯泰的確所見略
同。但徐復觀相信「美」「善」可能合一，托翁則激烈地主張：「美」來
自個人嗜好，不但不和「善」相合，而且二者極端相反，「我們愈注意於
『美』，便愈與『善』相離。」[53]

除此之外，徐、托二人都排斥曖昧、隱晦、黑暗的現代藝術，但根據
的理由不同：前者認爲現代文藝的病源在於正常人性受到扭曲，後者則歸
咎於藝術家失去宗教信仰，以致脫離社會大眾，專爲淫逸終日、百無聊賴
的上層階級服務[54]。

徐氏雖不欣賞現代主義、前衛藝術，但對19世紀的浪漫主義、寫實主
義都相當推崇[55]，因爲浪漫、寫實二派對人性基本上是肯定的。而晚年苦
行懺悔的托翁卻把中世紀之後的所有重要流派悉數否定（包括他自己的作
品），將桂冠獻給希臘史詩、猶太福音、釋迦牟尼歷史、吠陀頌詩的無名
作者，因爲他們能傳達人類從宗教意識流露出的情感，不分智愚，人人皆

52　徐復觀，〈文心雕龍的文體論〉，收於：氏著，《中國文學論集》，頁62-63。
53　托爾斯泰著，耿濟之譯，蔣勳校訂，《藝術與人生》（台北：遠流，1981），頁80。
54　托爾斯泰著，耿濟之譯，蔣勳校訂，《藝術與人生》，頁99-100。
55　徐復觀，〈回答我的一位學生的信並附記〉，收於：氏著，《徐復觀文存》，頁230。

能明白感動[56]。雖然托翁像徐氏一樣深切熱愛大地百姓，但他將藝術的根源由「人性」推回「宗教」，恐怕不是徐氏所能認可的。

　　從以上比較可以看出，相對於托爾斯泰「嚴厲的道德主義」（蔣勳之語），徐復觀的「美善合一」理想，實在是溫和而寬容。要判斷徐氏在「現代畫論戰」中的發言，必須對他的美學先有所理解。

五、「毀滅的象徵」：徐復觀眼中的現代藝術

　　嚴格說來，徐復觀和劉國松爭論的焦點並不是「台灣的」現代繪畫，而是「歐美的」現代藝術。徐復觀在《華僑日報》上發表十篇以上反省現代文化和現代藝術的文章時，並不知道台灣有「五月畫展」[57]。論戰開始之後，劉氏亟於為西方現代繪畫辯護、間接證成台灣抽象畫的合法性；而徐氏也一直把目光放在西方畫壇上，譏嘲台灣青年畫家一窩蜂模仿西潮，毫無真正自我反省。他似乎並未剋就台灣現代畫家本身的作品來看他們如何消納西方，「中體西用」。

　　這場很有意義的討論，可惜被居浩然、虞君質的惡劣人身攻擊打斷，徐復觀氣極回罵，劉國松也惡言相向，使得論戰走入歧途[58]。但是論戰硝煙平息後，徐氏並未停止他對這個問題的思索。除了窮三年之力寫成《中國藝術精神》之外，他又陸續發表多篇文章，密切注意西方畫壇最新動向。他修正了早期對某些畫派的看法，但整體來說，他對西方現代藝術及其與

56　托爾斯泰著，耿濟之譯，蔣勳校訂，《藝術與人生》，頁149。

57　徐復觀，〈有靦面目──附轉載文四篇〉，收於：氏著，《論戰與譯述》，頁100。

58　徐復觀，《論戰與譯述》，頁92-112。居浩然，〈徐復觀的故事〉，《文星》，48期（1961年10月1日），頁10-11。

現代文明的關係的評價，基本上並未改變。

在以下的討論中，筆者將嘗試歸納徐氏與劉氏之間爭執的四大議題、以了解徐氏眞正關懷所在。這四項議題分別是：(1)現代藝術破壞自然形象的意義何在？(2)風行一時的抽象畫，是建設性的、抑或顚覆性的？是永恆的、抑或只是過眼雲煙？(3)現代藝術家何以自絕於社會？這個現象與20世紀其他文化思潮有何關聯？(4)現代藝術有何政治意涵？它與極權體制及自由民主制度有沒有必然關係？

這四個議題中，前二項直接與藝術有關，後二項則跨出藝術領域，而牽涉到藝術與社會文化互動問題。徐復觀以誠懇嚴肅的態度提出這些問題，劉國松在某些議題上的分辯似乎占了上風，但對某些議題則幾乎完全沒有回應。其實，在他「不覺得是問題」的問題裡，潛藏著徐氏眞正念慮所繫。唯有疏通了徐氏所提這一系列議題的內在邏輯，我們才能回答何以他會認爲現代藝術爲共黨世界開路；以及更重要的，他對西方現代文明究竟抱持什麼樣的看法。

(一)自然形象的破壞

徐復觀在參觀京都現代美術館的西洋畫室時，他所感受到的最強烈的印象，便是現代畫家「極力破壞世界上可以用清明之光照得見的形象，而要找出正常人的感官所感覺不到的形象」。有的用重重的烏黑赭紅加強雜亂混沌的氣氛；有的流光鑠金，在特殊光線變化中浮出平板纖薄的人生斷片。而他印象最深的作品，題名爲「田園風物詩」：「粗看只是從人身上流出來的一堆膿血；細看依然是從人身上流出來的一堆膿血；眞令人有嘔吐

之感。」[59] 他同意卡西勒(Ernst Cassirer)的看法：「科學是發現自然的法則，而藝術則是想顯現自然的形象」，現代畫家何以會故意破壞藝術生命所仰賴的自然形象，令他百思不解[60]。

不過，徐復觀並非完全以「寫實」爲藝術的最高鵠的。他基本上認爲藝術是「主觀與客觀合一的結晶」。有時他強調主觀的那一部分，把自然形象看作第二義，只要有晶瑩朗澈的精神境界，又何必追逐感官的新奇、變形不可[61]？但多數時候，他還是爲了矯正現代藝術過分主觀的傾向，而強調客觀自然形象的重要性[62]。而他所謂的「自然」，似乎是指山水風光，而非更廣義的「肉眼可見的外在世界」。在這個道家式的「自然」中，人是既不役物，也不爲物所役，只是與萬物平等相視，莫逆於心[63]。

他在《中國藝術精神》〈自敍〉中也提到：中國過去的山水畫，是爲超越專制政治的壓迫和士大夫利欲薰心的現實，藉涵容自然以重獲精神的自由而成立的。今後專制政治即使消失，現代人所遭遇到的機械枯燥生活、社團組織壓力、乃至工業合理化帶來的劇烈變化和競爭，都會使人對自然山水草木的渴盼更深，而他相信，山水畫正可以提供與自然類似的精神紓解作用。

徐復觀對自然形象的執著，使劉國松大爲氣惱。劉氏徵引中國畫史資料，說明畫家之情思要靠「筆墨情趣」而非「形象描繪」來呈現。石濤、

59　徐復觀，〈毀滅的象徵〉，收於：氏著，《徐復觀文存》，頁263-264。

60　徐復觀，〈現代藝術的歸趨〉，頁216。

61　徐復觀，〈從藝術的變‧看人生的態度〉，收於：蕭欣義編，《文錄選粹》，頁345-348。

62　徐復觀，〈現代藝術對自然的叛逆〉，收於：蕭欣義編，《文錄選粹》，頁249-250。

63　徐復觀，〈中國藝術雜談〉，收於：氏著，《徐復觀雜文──記所思》，頁154-155。

八大、齊白石作品之價值，即在於他們把「繪畫性」——筆墨——的部分提高，而把「非繪畫性」——自然——的部分盡量摒棄。劉氏所謂「自然」，並非專指山川草木，而是包括人及人工物品的「肉眼可見的世界」。

他又舉西洋畫史爲例，說明現代藝術之「擺脫」自然形象，乃是爲了追求藝術本身的獨立。在過去，繪畫若不是爲宗教服務，就是爲帝王貴族歌功頌德。革命時期繪畫成爲政治宣傳工具，自然主義時期「詩中有畫，畫中有詩」的農村自然風景，又使繪畫淪爲文學的附屬品。一直要從康定斯基(Wassily Kandinsky, 1866-1944)開始，才提倡「純粹繪畫」——亦即抽象繪畫，而繪畫的獨立地位自此底定(圖六)。

劉氏並自信地宣稱：「抽象繪畫」不是一個流派，而是一個與「具象繪畫」相對的名詞。20世紀以前是具象繪畫的歷史，20世紀以後將是抽象繪畫的世界。「只有抽象畫才是不折不扣真正的畫」[64]！

不過，徐復觀顯然沒有被他說服。在個人品味上，徐復觀仍對自然形象相當堅持。他期待「美的永恆定石」的女性形態美，有朝一日終會扭轉當前藝術的變態心理[65]。到1970年代他仍認爲，如畢卡索那般以叛逆、報復的心態將自然任意改造、變形，「這在政治上，正是希特勒、史達林的獨裁性格」[66]。

另一方面，他也對劉國松引用中國畫史資料以支持抽象繪畫的論證深感不滿。「任何人不必干涉他人的藝術活動與見解，但說到『中國傳統』

---

64 劉國松，〈與徐復觀先生談現代藝術的歸趨〉，收於：氏著，《中國現代畫的路》，頁164-168。

65 徐復觀，〈泛論形體美〉，收於：蕭欣義編，《文錄選粹》，頁254。

66 徐復觀，〈再論畢加索〉，收於：氏著，《徐復觀雜文——記所思》，頁164。

的時候，便要受到中國畫史事實的限制。」[67]在《中國藝術精神》與《石濤之一研究》書中，徐氏就特別強調中國山水畫家是以虛靜之心冥入山川萬物，而創造出「自然與精神，相即相忘、主客合一」的美的形象[68]。此一「創造」的目的，乃在把自然顯發得更深，這既有別於寫實主義的模仿自然，又有別於現代藝術的背棄自然[69]。

　　其實，從畫史演變來看，現代西方繪畫之走上「破壞自然形象」的道路，其來有自。根據藝術史家宮布利希（Ernst Gombrich, 1909-2001）的分析，在埃及、羅馬時代乃至中世紀，「寫實」並不是藝術家追求的目標。一直要到文藝復興時代，畫家才開始竭盡所能地用畫筆捕捉肉眼可見的「真實」，以透視法、暗影潤飾法、色彩、動態、表情等各種技法，嘗試在二度空間的畫布上「客觀」呈現三度空間。19世紀後半葉，印象派以快速筆觸表現剎那間的光影變化，符合當時科學所發現的「顏色不是物體固有的特性，而是物體所反射出的光線」，更是達到了「客觀」處理視覺現實的極致。

　　然而，太重視客觀真實，使得構圖美感的平衡、畫家內心情感的表達，都被犧牲了。除了這個困境之外，照相機的發明普及，也迫使畫家必須重新思考繪畫的紀實功能。畢竟，畫家再怎麼畫得惟妙惟肖，還是比不上照相來得逼真。這也是自後印象派（Post-impressionism）開始，現代畫家放棄客觀摹寫外在形象，轉而挖掘內心主觀世界的因素之一[70]。

67　徐復觀，《中國藝術精神》，頁5。
68　徐復觀，〈石濤畫語錄中的「一畫」研究〉，收於：氏著，《石濤之一研究》（台北：學生，1968），頁28。
69　徐復觀，《中國藝術精神》，頁270，339。
70　宮布利希著，雨芸譯，《藝術的故事》（台北：聯經，1980），頁445-446，416。

　　宮布利希分析的這些畫史上的原因，似爲徐復觀所不察。但郭布利希另外提及的影響現代藝術風格的其他文化因素，例如：既模仿科學又反科學理性的傾向，佛洛伊德理論的影響，以及美術界人云亦云隨波逐流的現象[71]，徐氏也注意到了，而這些文化因素才是徐氏關懷重點所在，我們在第六節會繼續討論。

(二)抽象畫的永恆性問題

　　徐復觀與劉國松對現代繪畫破壞自然形象之不同詮釋，落實在具體的畫派上，是以抽象畫爲焦點。一來抽象畫在1950年代的美國盛極一時，流風所及，台灣畫壇也奉之爲當代藝術圭臬；二來劉氏本人當時即以抽象表現派畫風自期，他自滿地認爲20世紀的抽象繪畫將與從前的具象繪畫相對，而成爲新正統，與方死方生的其他流派不可以道里計。徐、劉兩人看待抽象畫的最大分歧是：前者視抽象畫爲顚覆性的，瞬時性的；後者卻認爲抽象畫積極建設，且有永恆價值。

　　在徐復觀眼中，現代藝術的眞正代表不是抽象畫，而是第一次世界大戰期間產生的「達達主義」(Dadaism)。「達達」死滅後出現的「超現實主義」、「抽象主義」，形象雖然不同，而本質則與「達達」無異。「達達」的精神是什麼？是否定一切、是強烈的破壞胡鬧、是對「無意義」的嚮往[72](圖七)。對他而言，「現代藝術」、「抽象藝術」與「超現實主義」，幾乎都是可與「達達主義」互換的名詞[73]。

　　對此，劉國松很不客氣地斥責徐氏外行。現代藝術並非一律恣縱胡

71　宮布利希著，雨芸譯，《藝術的故事》，頁486-489。
72　徐復觀，〈達達主義的時代信號〉，收於：蕭欣義編，《文錄選粹》，頁241-244。
73　〈現代藝術的歸趨〉中徐氏即不加區別地輪流使用這幾個名詞。

鬧：「達達主義」的確志在破壞，但「超現實主義」及「抽象藝術」都在被破壞的廢墟上努力建設，追求新的造形，「創造一種屬於藝術家個人的藝術世界，而與上帝所創造的自然世界分庭抗禮。」[74]尤其是「抽象藝術」，更不否定知性活動，而一直在積極發現存在於自然界的一個「抽象的秩序」[75]。即以劉氏個人為例，他雖然反對「有意識地去畫自然」，但卻一直急切想探求「自然的本體」。「抽象」之於他，就是「蒸餾」、增加強度與密度，使自然形象昇華[76]。

　　稍後徐復觀雖然根據日人著作，釐清了抽象主義二個支派（「幾何抽象」與「抒情抽象」）（圖八、九）與「超現實主義」（圖十）的不同，但是他依然認為「抽象主義」與「超現實主義」同是出於「非人間」、叛逆自然的現代精神[77]。在他看來，現代藝術中所謂「抽象」，並不是「經過思想的簡練揣摩而得」，而是「把客觀的形象、傳統的形象加以抽掉，讓潛意識（深層心理）不受限制的表達出來的意思」，任「潛意識」──而非「思想」──居於主導地位[78]。

　　徐復觀的這個看法和劉國松南轅北轍，但二人觀點都不是沒有根據。如傅嘉琿指出：「達達」反美學、反品味、反意義，將手及思考交到「隨機性」（chance）的掌握中，等於完全臣服於潛意識的世界。「超現實主義」馳騁於潛意識與無意識的世界及夢境的探索中，而1950年代興起於美國的

74　劉國松，〈為什麼把現代藝術劃給敵人？〉，收於：氏著，《中國現代畫的路》，頁123-124。

75　劉國松，〈自由世界的象徵──抽象藝術〉，頁133。

76　劉國松，〈畫與自然〉，收於：氏著，《臨摹‧寫生‧創造》（台北：文星，1966），頁59-60。

77　徐復觀，〈現代藝術對自然的叛逆〉，頁250-251。

78　徐復觀，〈給虞君質先生一封公開信〉，收於：氏著，《論戰與譯述》，頁106。

「抽象表現主義」（Abstract Expressionism）則直接承襲「超現實主義」的「自動性技法」，畫面的構成完全沒有預設，隨機揮灑[79]（圖九）。

由此脈絡來看，徐復觀對抽象藝術的批評——尤其是抽象表現派——確有道理。但是，劉國松本人並不完全是「抽象表現派」。他除了部分師法帕洛克的「自動性技法」，還企圖探索自然本質，追尋「禪」的境界[80]。同用「抽象」一詞，劉氏自詡融合中西，而徐氏則還原於西洋畫史上循名責實，莫怪乎話不投機了。

但是，純粹從西方畫史上考察，徐復觀把歐洲1920年代的「達達」和美國1950年代的「抽象主義」相提並論，畢竟有扞格之處。「達達」反美學、反藝術商業化、反恆久性、反藝術家自命清高閉門造車的「前衛運動」作風，畢竟和「抽象主義」孤芳自賞、追求自我表現的「現代主義」風格有所不同。二者同樣反對資本主義的工具理性，但前者企圖打破藝術與生活之間的藩籬，後者則試圖建立藝術自主性[81]。

「達達」之所以出現在1920年代的歐洲，是因為中產階級資本主義對藝術的收編、利用已經牢不可破（利用美術館、沙龍、劇院、音樂廳等顯示「文化教養」、自抬身價），藝術家才想要衝決一切網羅[82]。而「抽象主義」之所以盛行於1940至50年代的美國，則顯示美國的中產階級才剛要開始學習歐洲的「文化教養」，購藏自己也不甚了然的抽象藝術以示品味超

79　傅嘉琿，〈達達與隨機性〉，收於：王進焱等編，《達達與現代藝術》（台北：市立美術館，1988），頁144-146。

80　葉維廉，〈與虛實推移，與素材布弈——劉國松的抽象水墨法〉，頁234；劉國松，〈畫與自然〉，頁57-58。

81　Peter Burger, *Theory of the Avant-Garde*, p. 49.

82　Andreas Huyssen, "The Search for Tradition: Avant-Garde and Postmodernism in the 70s," *New German Critique*, No. 22（Winter 1981）, pp. 30-31.

卓。

　　若把場景拉到1960年代的台灣，整體經濟仍在慘澹起步的階段，除了少數美國駐華官員熱心購藏之外[83]，本地現代藝術作品根本沒有市場可言，更談不上專業的畫廊、美術館、藝術經紀人制度。在台灣，「達達」是沒有一個藝術商業化體制可以攻擊的。台灣藝術家要「鸚鵡學語」[84]，也只能學抽象畫，學不成達達[85]。

　　隨著1960年代中期抽象藝術在美國盛極而衰，「新具象主義」、「普普藝術（pop）」（徐氏譯為「破布」）代之而興，許多論戰當時夾纏不清的問題逐漸塵埃落定，浮現較清晰的輪廓。徐氏逐漸了解「具象」與「抽象」不是絕對對立，而只是相對性地對立；畫史上也顯現了「抽象」、「具象」交互遞變現象。儘管他的個人品味偏愛自然形象，但在知識上他不再強烈堅持「具象畫」為唯一正統。但反過來說，他認為，要把「抽象主義」絕對化的人也是愚蠢的[86]。

　　他對西方「抽象主義」的批評，也趨於緩和。他修正以前的說法，認為「抽象主義」畢竟比「達達」、「超現實」多了若干程度的思考性及藝術自身的意識，不似後二者那麼粗暴。但是他還是認為：「抽象藝術」的徹底主觀意識，孤立於社會、自然之外，不是出於正常的人性，因之也不能

83　蕭瓊瑞，《五月與東方》，頁372。

84　徐復觀用語，見〈現代藝術的永恆性問題〉，收於：蕭欣義編，《文錄選粹》，頁271。

85　1965至1970年間，黃華成、黃永松、張照堂等人，曾企圖以達達式的反藝術形式，來取代當時已經停滯消沉的抽象藝術。但觀眾及評論家反應冷漠，沒有形成新的氣候。見：賴瑛瑛，〈台北·類達達，1965-1970〉，收於：王進焱等編，《達達與現代藝術》，頁177。

86　徐復觀，〈藝術的胎動·世界的胎動〉，收於：蕭欣義編，《文錄選粹》，頁262-263。

藉此臻於永恆[87]。「抽象畫」抽掉客觀世界的形象，用畫出的形象來否定形象，乃是一個弔詭[88]。

對於號稱「新達達」、取代「抽象畫」而興起的「破布（普普）藝術」、「新具象主義」（圖十一、十二），徐氏一樣投以不屑不潔的一瞥。他們並沒有真正在危機苦難的世紀中，發現出新的精神領域，而只是出於藝術形式上的「對反」作用，不能給藝術以新的生命[89]。

事實上，徐復觀對於20世紀現代藝術的批評，並不單是由於對某種表現形式的厭惡。他所真正引以為憂的，毋寧是隱藏在這五花八門藝術潮流底下共通的「幽黯意識」，而這卻是劉國松未曾正視的：

> 現代藝術的精神背景，是由一群感觸敏銳的人，感觸到時代的絕望，個人的絕望，因而把自己與社會絕緣，與自然絕緣，只是閉鎖在個人的「無意識」裡面，或表出它的「欲動」（性欲衝動），或表出它的孤絕、幽暗；這才是現代藝術之所以成為現代藝術的最基本特徵。至於藝術自身的歷史演變，新形式的追求等等，都是副次的因素，……在此種藝術的自身，可以作為歷史創傷的表識，但並沒有含著藝術的永恆性（圖十三）。[90]

他又說：藝術的根源問題，不在於抽象或具象，而在於從藝術家的藝術心靈中所流露出的對於「第三者」——自然、社會、歷史——的狀態。

87　徐復觀，〈現代藝術的永恆性問題〉，頁271。

88　徐復觀，〈抽象藝術的斷想〉，收於：蕭欣義編，《文錄選粹》，頁283。

89　徐復觀，〈藝術的胎動・世界的胎動〉，頁266。

90　徐復觀，〈現代藝術的永恆性問題〉，頁268。

一個絕對排斥「第三者」，同時，又要求「第三者」對自己加以讚頌的心靈狀態，是變態而絕望的心靈狀態。人類前途，不可能在這種心靈狀態之下，開出一條康莊大道[91]。

從這裡我們可以看出，徐氏所期待於藝術的，並不只是道家山水的自然形象，更是儒家美學的道德實踐及社會歷史責任感。而決定性的關鍵，即在於藝術家的「心靈狀態」。接下來，我們就要順著徐復觀的思路去檢討現代藝術的文化、政治內涵。

六、現代藝術的文化意涵與政治意涵

(一)西方現代文化的幽黯意識

徐復觀注意到現代藝術家的內心孤絕幽黯狀態，可能是受到原子物理學家歐本海默(J. Robert Oppenheimer, 1904-1967)一篇演講的啓發。歐本海默發現當代科學家與藝術家都與社會大眾嚴重隔閡，因而呼籲由大學提供庇護所，建立二者和社會大眾溝通的橋梁[92]。

徐氏雖然同意現代藝術家處於孤獨境地，但他認爲他們是咎由自取，不值得同情。他們倡言藝術即是愚劣，即是瘋狂，鸚鵡、白痴、自然力都可創造藝術，釘子、頭髮、車船票、木屑、瓦礫都可入畫，「斷絕了對全人類的責任或關係」、「爆破了人類的良心及由良心而來的活動，以還原於原始的黑暗混沌之中」。他們沒有人性，自己背棄了人，不與其他生命相

---

91 徐復觀，〈藝術的胎動‧世界的胎動〉，頁267。
92 徐復觀，〈一個原子物理學家論科學與藝術〉，收於：氏著，《徐復觀文存》，頁206-211。

通，莫怪乎陷於絕對荒寒恐怖之地[93]。

　　大約與徐復觀同時，義大利文學批評家波焦利(Renato Poggioli，1907-1963)也曾特別分析過現代前衛藝術家的複雜心靈狀態：那是揉合著大膽行動的激情(activism)，對學院或傳統或公眾的仇視(antagonism)，打倒一切的虛無主義(nihilism)，乃至不惜毀滅自我、以獻祭於未來的一種苦悶掙扎心態(agonism)。而這種既橫決又孤絕的心，和19世紀以來藝術家失去經濟安全感而造成的社會疏離有關[94]。

　　藝術史家郭布利希也指出：現代畫家不再有師徒相承、特定顯貴指定創作的固定收入，而縱身於變幻難測的藝術市場，備受口味庸俗、虛榮矯情的中產階級刁難漠視。敏感的畫家窮愁潦倒，看盡世態炎涼，焉能不變得憤世嫉俗、時有驚人之舉[95]？

　　然而對徐氏而言，現代藝術家之自絕於人，不僅僅是某一行業缺乏職業安全感的問題。他雖然對現代藝術本身多所譴責，但譴責的分量有多重，也就表示他關心的程度有多深。他賦予藝術家的重視，和中國傳統士人鄙夷畫師的心態有天壤之別。

　　在他看來，「達達」所發出的訊息，是整個西方危機、人類危機中最尖銳突出的警告。他再三再四指出，和它環環相扣的，還包括20世紀前半葉各項重要思潮、運動。他說：

　　　　二十世紀三十年代的納粹運動，在許多地方，可以嗅出達達主

93　徐復觀，〈非人的藝術與文學〉，收於：氏著，《徐復觀文存》，頁212-214。

94　Renato Poggioli, *The Theory of the Avant-Garde* (Cambridge: Harvard University Press, 1967) (Originally published in 1962 in Italy), pp. 25-26, 112-113.

95　宮布利希著，雨芸譯，《藝術的故事》，頁397。

義的氣息……不僅當前藝術文學中的超現實主義、抽象主義，
是達達主義的擴大；即哲學中薩特們的實存主義，某些人的邏
輯實證主義，在本質上，也是一種深刻的達達主義。[96]

又說：

西方現代的實存主義，弗洛特(按：佛洛伊德)主義，邏輯實證
主義，超現實主義，抽象主義，意識流，深層心理等等，一言
以蔽之，只是漆黑一團的人生觀。[97]

　　歸納起來，徐復觀認為和現代藝術「反理性、反人性精神」相通的，
計有：文學上的「意識流」(stream of consciousness)；心理學上的「深層
心理」(deep psychology)、「行為主義」(behaviorism)；哲學上的柏格森(H.
Bergson)「生命主義」(vitalism)、「實存主義」(existentialism)、「邏輯實
證論」(logical positivism)；和政治上的納粹主義、共產主義[98]。徐復觀把
這些分屬不同畛域的思潮、運動等量齊觀，甚至不考慮它們即使屬於同一
畛域，也有勢同水火的絕異屬性──例如「實存主義」和「邏輯實證論」
互相看不對眼，納粹和共產主義更是死敵──，的確頗令人訝異。
　　這是因為：徐氏的歷史視野，使得他習慣從「整體」角度考慮問題。

96　徐復觀，〈達達主義的時代信號〉，頁244。
97　徐復觀，〈紀念吳稚暉先生的真實意義〉，收於：氏著，《不思不想的時代》(台
　　北：萌芽，1970)。
98　散見於〈危機世紀的虛無主義〉、〈毀滅的象徵〉、〈藝術的胎動‧世界的胎動〉
　　等等。

而更重要的是，他所秉持的儒家性善理念，使得他銳利洞見出這些現代思潮中對人性的懷疑、乃至否定；這項共同特徵，貫穿了它們的分歧。

這些思潮中，在1950至60年代台灣特別流行的，是「意識流」文學、「實存主義」和「邏輯實證論」。1960年代中期以前亦曾經沉迷於現代主義文學表現的小說家陳映眞，就曾在〈唐倩的喜劇〉一文中，以過來人的身分狠狠嘲笑了當時的台灣知識界。一位狡慧的女子，輾轉委身於詩人、存在主義者和邏輯實證論者之間；而這些人追隨一陣陣的流行熱風，就像學習夜總會中一陣陣流行的舞步。他們嘴裡賣弄著「存在」、「自我超越」、「介入」、「絕望」等字眼，身上穿著如法國哲學家沙特(Jean-Paul Sartre, 1905-1980)一般的「知識分子的制服」：粗紋西裝、圓框眼鏡，只恨「還弄不到一支像樣的板菸斗」[99]。

對於年輕知識界的這些流行，徐復觀一再不假辭色地加以批評。他認為：所謂「意識流」的文學，乃是把「私欲」、「無明」當作人性，因之必然反理性、反社會[100]。至於「實存主義」，只強調人類的低劣醜惡，而忽視了人性明朗的一面[101]。沙特雖自謂「實存主義即人文主義」，強調對全人類的責任；但在徐復觀看來，幽暗、混沌的意識，如何能與全人類感通[102]？而台灣某些人(殷海光？)所提倡的「邏輯實證論」，則把所有關於文化價值的東西，如宗教、道德、藝術等，都用「情緒的」三個字一筆勾消，泯

99　陳映眞，〈唐倩的喜劇〉，收於：氏著，《第一件差事》(台北：遠景，1975)，頁55-87。

100　徐復觀，〈傳統文學思想中詩的個性與社會性的問題〉，收於：氏著，《中國文學論集》，頁89。

101　徐復觀，〈觀念的貧困與混亂〉，收於：氏著，《徐復觀雜文──記所思》，頁53。

102　徐復觀，〈回答我的一位學生的信並附記〉，頁228。

除人和動物的界限，否定人之所以為人的道德自覺[103]。

　　是什麼原因鼓動了現代這股反理性、反人性的風潮？徐氏引用日人福田新生的分析說，此一危機早於文藝復興時期就已埋下種子。文藝復興時代以地上的合理主義取代中世紀的天上觀念論，17、18世紀以後西方即循此原則建立了龐大的科學、機械文明。但過度發展科學「合理主義」的結果，卻爆出了「非人性化」的危機。第一次世界大戰，顯示這個危機尖銳到極點。「實存主義」、柏格森的「生命主義」乃至「後期印象主義」之後的各種現代藝術流派，正是想站在「反合理主義」的座標上，反抗物質的自然法則，以救出失掉了自主性的人性，在現代危機中打開一個缺口[104]。

　　嚴格說來，這個說法只能解釋徐氏那一串「現代文化症候群」的部分病徵，而不能說明其他部分。例如邏輯實證論、共產主義，其實都是沿承著「科學合理主義」——而非「反合理主義」——的邏輯繼續發展，而同樣造成「非人性化」的危機。這個問題，可惜無法從徐氏口中得到解答。

　　另一個值得推敲的問題是：徐氏一向關心人性問題，實存主義哲學家及現代藝術家所關心的，也正是人性在「鐵牢籠」下的自由解放，為什麼徐氏卻期期以為不可？

　　這個疑惑，筆者或可試著自問自答。問題的關鍵是在於：正如徐氏心目中對「自然」的定義與西方不同，徐氏所認可的「人性」也與西方現代藝術家、哲學家不同。而更進一步說，西方現代文化對「人性」的了解，又和他們對「自然」的看法密不可分。

　　加拿大文學批評家弗賴(Northrop Frye, 1912-1991) 曾指出：在19世紀

---

103 徐復觀，〈今日中國文化上的危機〉，收於：氏著，《徐復觀文存》，頁135-136。
104 徐復觀，〈藝術的胎動‧世界的胎動〉，頁263-264。

以前，歐洲人心目中的宇宙秩序是由聖經所規定的。亦即：全能的「上帝」高高在上，地獄「魔鬼」在最下一層，中間夾著「人」與「自然」。「自然」含著異端邪惡色彩，而「人」雖為「上帝」所造，卻帶著原罪，是以兼有善惡二種潛能。為了向上向善，「人」必須防範他心中那趨近異端「自然」（nature）的「人性」（human nature）。理智必須控制激情，一如「人」必須控制「自然」。

這個宇宙秩序歷經文藝復興、科學革命、啓蒙運動而大體不變，卻被浪漫主義始祖盧梭（Jean-Jacques Rousseau, 1712-1778）一舉推翻。「高貴的野蠻人」一語改變了「人」與「自然」的關係：「自然」不再是一個有待「人」探索、利用、宰制的客觀世界，而成了「人」的道德根源，與「人」相互感通融合。隨著科學進一步發展，19世紀以後，在最激進的思想家心中，不但鏟除了「上帝」與「魔鬼」的位置，讓世界只是單純的「人」和「自然」互動的地方；而且「自然」爬升到「人」的頭上，成為「人」行動的準則[105]。

此後，「自然」若善、「人性」亦善，如盧梭所假設；但一旦發現「自然」是混沌難測、弱肉強食，則「人性」也必然幽深黑暗，如社會達爾文學說（social Darwinism）所暗示。現代哲學、藝術家所據以對抗現代文明科學理性的利器，就是這個曖昧的「自然」、混沌的「人性」。我們不難想見，這樣的「人性觀」，和徐復觀的想法有多麼扞格！

徐復觀似乎沒有清楚意識到現代西方文化在自然與人的關係上有了這麼大的轉變。但他非常明白現代西方隨意擴大科學上的結論，以致侵蝕

---

105 Northrop Frye, "The Romantic Myth," in *A Study of English Romanticism*, pp. 8, 17, 24.

了文化中的價值系統。換言之，現代哲學、藝術家利用科學理性觀察自然所得的結論，反過來攻擊「科學理性」乃是空中樓閣，夢幻泡影。達爾文的「自然淘汰、生存競爭、適者生存」觀念是一例，佛洛伊德的「精神分析學」又是一例[106]。

徐復觀尤其憂心佛洛伊德學說的影響力。佛洛伊德對人們「無意識層」的剖析與解放，浸透到文學、藝術、宗教、人類學、教育、法律、社會學、犯罪學、歷史各個領域。在徐復觀看來，佛洛伊德把人的精神分為「潛意識、意識、良心」三個層次，一如孔門分「情、心、性」三個層次。只不過儒家（張橫渠）認為「心統性情」，由獨立而自主的「心」調節道德（性）與情欲（情）的衝突；而受佛洛伊德影響的現代藝術家，卻特別突出以「性欲」為內容的潛意識，阻斷了意識與良心層對生命的決定性[107]。

徐氏所憂慮的是，他們撼動不了科學理性，反而是人性中的道德理性及人文的生活，真正受到威脅[108]。在「無意識」的基盤上展開的現代藝術，雖然想衝破科學理性加諸於人的桎梏，但他們把世界放逐於個人精神之外的做法，事實上是把自己幽囚於窄迫幽黯的牢寵中，不與社會人群親和共感。他們想為迷途的時代領航，自己卻先深陷於漫天黑霧之中。徐復觀本來就認為，以基督教為主流的西方文化，缺乏「不附帶任何條件的人類愛」[109]。不過，基督宗教相信人是依上帝形象所造，在原罪觀念之外猶肯

---

106 徐復觀，〈愛與美〉，頁221-222。

107 徐復觀，《中國人性論史──先秦篇》，頁174；徐復觀，《中國藝術精神》，頁27。

108 徐復觀，〈現代藝術的歸趨〉，頁217。

109 徐復觀，〈西方文化之重估〉，收於：氏著，《徐復觀文存》，頁27-29。

定人性具有若干尊嚴[110]，而現代幽黯意識卻找不到任何光源。「以水濟水，以火濟火」，正是徐復觀深重的嘆息。

(二)現代藝術的政治歸趨

綜合以上論述，我們已經可以大致猜到，為什麼徐復觀會做出「現代藝術將為共黨世界開路」的判斷。這個判斷是立足於「現代藝術與共產主義均反人性」的基礎之上。

在他看來，共產主義受希伯來傳統原罪觀念影響，認為人的本身是不可靠的；甚至更進一步，乾脆將此一不可靠的人性一筆抹殺，而化出一種非人格存在的「階級性」來。它同情無產階級困境的崇高初衷，固然可敬；但它自居為上帝，用簡單的二分法決定專政與被專政者，否定人的價值，以極權手段達成目標，這是徐復觀所不能原諒的[111]。

不過，若和現代文化的幽黯意識相比，徐氏認為共產主義似乎還略勝一籌：共產主義雖然否定理性中的德性，但並不否定理性中的知性；共產主義雖然不承認傳統，但仍要構畫一個明朗的未來。至於現代藝術的幽黯意識，則全然虛無：既否定德性，又否定知性；既不承認傳統，也開不出未來[112]。

然則以「達達」為精神泉源的現代藝術，何以在「邏輯上」可能為共

---

110 張灝，〈幽暗意識與民主傳統〉，收於：氏著，《幽暗意識與民主傳統》，頁5-6。

111 徐復觀，〈什麼是美國今日的根本問題〉，收於：氏著，《徐復觀雜文──看世局》（台北：時報，1980），頁234。

112 徐復觀，〈現代藝術的歸趨〉，頁217。必須指出的是，此處所引徐氏論共產主義的文章，多成於1950年代末、60年代初，代表他當時的看法，不一定能涵括日後共黨世界的發展。

產主義開路呢？徐氏解釋：現代藝術的絕對虛無、徹底否定，能「去腐」而不能「生新」；它在掃除歷史文化價值之後，面對的乃是一個不可測度的深淵。人生、社會不可能安住在這種深淵中，而必將迎向某一種能允諾未來的東西。冷戰時代，資本主義世界與共產主義世界緊張對峙，現代文化一旦將前者的價值否定殆盡，共黨世界自然會取而代之。設若當時與資本主義相頡頏的是反理性的納粹主義，則現代藝術也有可能是為納粹開路的[113]。

那麼徐氏又當如何解釋「事實上」不論納粹或共黨都不容許現代藝術生存下去的現象？劉國松就曾舉證歷歷，說明中共與俄共都視藝術為服務政治的工具，禁止「為藝術而藝術」的現代作品；除了歌頌工農兵生活的寫實主義之外，其他風格的繪畫一律禁止創作[114]。

就筆者涉獵所及，徐復觀似乎並沒有對此提出一個令人滿意的答案。如果我們把這個問題加上時間向度，或許能找出一些線索。就拿劉國松提供的資料來說吧：1932年俄共中央取消當時所有「既脫離了當前政治任務，也脫離了一大群同情社會主義建設的作家及藝術家」的文藝團體，而命令組織單一的、以共黨黨團為核心的「蘇聯作家協會」；1933年，希特勒封閉了包浩斯(Bauhaus)工藝學院，逼走了克利(Paul Klee, 1879-1940)與康定斯基[115]。

筆者推測，以1932至33年為界，在此之前，現代藝術家的確以其昂揚

---

113 徐復觀，〈藝術與政治〉，收於：氏著，《徐復觀文存》，頁220。

114 劉國松，〈現代藝術與共黨的文藝理論〉，收於：氏著，《中國現代畫的路》，頁137-156。

115 劉國松，〈現代藝術與共黨的文藝理論〉，頁140；〈與徐復觀先生談現代藝術的歸趨〉，頁176。

的行動主義與激進的虛無主義，在意識型態上爲極右派及極左派政治運動
做了先導[116]。然而自1933年以後，歷史證明：這些反自由、反民主、反資
本主義、反中產階級的前衛藝術，事實上只能在他們原先恨之入骨的社會
生存。中產階級對他們的漠視，其實也意味著相當的容忍——只有在這樣
的社會中，他們那極度主觀、幾近無政府主義的藝術實驗，才有可能恣意
展開。反觀極權國家，無論是對藝術施以高壓或曲意保護，都會戕害自由
創作的根苗[117]。很自然地，到了1940至50年代，前衛藝術和現代主義又重
新和保守自由主義結爲盟友[118]。

　　因此，徐復觀是對的：現代藝術的確曾爲共黨或納粹開路——在1933
年以前。劉國松也是對的：現代藝術的確是自由世界的象徵——在1933年
以後。徐復觀在尚未知悉台灣也開始有現代藝術時下了這樣一個斷語，
是無心之過。日後他也並未針對台灣現代畫家的作品進行了解，則是一
憾[119]。台灣年輕藝術家對他的憤慨是可以想像的。但反過來說，徐復觀從
儒家人性論立場對現代藝術與現代文明的反省，實在也值得他們心平氣和
地去了解。

---

116 邦達（Julien Benda）在《知識分子的背叛》（*The Treason of the Intellectuals*, New
　　York: Norton, 1969）中，對20世紀初期歐洲知識分子紛紛投入充滿種族、階級、
　　國家狂熱的政治運動的情形，有深入的分析。

117 Renato Poggioli, *The Theory of the Avant-Garde,* pp. 94-101.

118 Andreas Huyssen, "The Search for Tradition: Avant-Garde and Postmodernism in
　　the 70s," p. 33.

119 徐氏所稱許的國畫家溥心畬和鄉土素人畫家洪通，在台灣「美術現代化運動」
　　中都被視為邊緣人物。

七、結論：「現代畫論戰」的文化背景與思想理路

在這篇論文中，筆者希望藉著探討1960年代初期在台灣爆發的「現代畫論戰」，以檢視徐復觀如何本著儒家人性理念，省思現代藝術與現代文明之間的關係。為了較全面地了解整個論戰的來龍去脈，筆者由「外在文化背景」及「內在思想理路」兩方面著手，並同時考慮「藝術的」與「非藝術的」雙重因素。根據以上研究，筆者認為：「現代畫論戰」的產生，是在政治高壓、經濟貧困、文化斷層的年代，基於對傳統中國和現代西方不同的認識所產生的、兩個世代兩種美學的堅持。但是，這兩個世代之間的相通性，和他們的差異性一樣值得我們注意。

就徐氏思想內在理路而言，貫穿他對西方現代藝術及現代文明的批判的，是他的儒家人性理念。他個人的美學思想，也更接近儒家「美善合一」的典型，而與「美真合一」的道家典型不盡相契，因此他不能接受現代藝術「不美、不善但表現主觀意識真實面」的作品。

落實到「現代畫論戰」本身，筆者分別討論了徐氏關注的幾個議題，包括現代藝術對自然形象的破壞、抽象畫的永恆性問題，以及現代藝術所代表的幽黯意識，和它的政治意涵。徐氏可能不知道西歐知識分子對「現代藝術」抵制「現代文明」的現象自1930年代就開始聚訟紛紜，直到1980年代猶爭論不休[120]，而他對這個問題的看法，也和他們各執一偏的立場

---

[120] 1938年，服膺現實主義的盧卡契（Georg Lukács）就曾批評德國現代主義（尤其是表現主義）思想陰暗悲觀，手法割裂不連貫，而與布洛克（Ernst Bloch）發生筆戰。1958年盧卡契出版《現實主義的當前意義》，又引起同情現代主義的阿多諾（Theodor Adorno）的反駁（見：鄭樹森，〈歐洲三十年代的現代主義論辯〉，

不同。徐氏從儒家道德理性出發，不滿過於主知的現代科學文明主流，
更不滿既反知性又反德性的現代文化意識。對他而言，以上二者都是「非
人性」的。至於徘徊於中西文化之間的1960年代台灣，它所需要的不是
西方現代幽黯意識，而是重知性的科學文明，並應以儒家德性救濟科學
知性之窮。

　　1964年徐氏寫信給留學美國攻讀文學的學生王靖獻(詩人楊牧)：

> 　　我當然承認，即使是達達主義、超現實主義，在反映時代的苦
> 難，而舉起叛逆之旗的這一點上，可能有他們「負號」性的意
> 義。……(但)我們所遭遇的，和西方的無意識的文學家、藝術
> 家們所遭遇的，完全是兩種不同的境況，因而要做兩種不同的
> 努力。[121]他們因理性過剩，科學過剩，而反理性，反科學。我
> 們卻因理性不足，科學不足，便應當高揚理性與科學。[122]

　　除了發揚民主科學的理性之外，他認為還須建立與民主科學一脈相通
的「健康」的文學藝術。而所謂「健康」的文學藝術，即是在「正常的人
性」上立足。對徐復觀而言，「正常的人性，是一種無限性的存在」，可提
供無窮的創作靈感，日新又新，而無枯竭重複之虞。從事這方面的工作，

(續)———————————

收於：氏著，《文學理論與比較文學》〔台北：時報，1982〕，頁115-150)。1980
年代對現代藝術與現代文明之間辯證關係的討論，則見《新德國評論》(*New
German Critique*)22期(1981年冬)中，面針對哈伯瑪斯(Jürgen Habermas)之
〈現代vs.後現代〉(Modernity versus Postmodernity)的討論。

121 徐復觀，〈回答我的一位學生的信並附記〉，頁229。

122 徐復觀，〈回答我的一位學生的信並附記〉，頁228。

遠比一窩蜂盲從西方現代乍起乍落的潮流要來得吃力，但卻更有價值[123]。

　　美善合一的境地，永遠不會在「實然」的世界出現。但是「知其不可而爲之」的儒家，卻不能放棄夸父逐日的努力。他們不是不知道人性中有太多醜惡必須正視；他們只是不甘心永遠如此沉淪，總是想要把那熹微的「幾希之明」撥亮一點，懸著一個「應然」的理想掙扎向上。了解徐復觀的思想脈絡之後，他之所以有「現代藝術爲共黨世界開路」之論，就不再那麼突兀。千言萬語，徐氏心心念念掛懷的，不過就是一個「把人當人看」的世界罷了。

（本文初稿曾收入李維武編，《徐復觀與中國文化》，武漢：湖北人民，1997）

123　徐復觀，〈回答我的一位學生的信並附記〉，頁230。

圖一

劉國松努力尋找中國現代水墨畫的出路。他的水墨畫作
〈山外山〉（99.3×94.5 cm，1968，國立台灣美術館
收藏，劉國松提供）融合了宋人山水圖式與抽象表現。

圖二
石川欽一郎的水彩畫〈從圓山神社眺望台北〉
（25.8×35.3 cm，1930，國立臺灣美術館收藏）。
以明亮、鮮麗的印象派畫風表現新自然觀，畫中
焦點──台灣總督府──則傳達了殖民意涵。

圖三
李秋禾膠彩畫作品〈野趣〉（67.0×97.0 cm，1954，
國立台灣美術館收藏）。

圖四
李石樵的油畫〈淡江鳥瞰〉（45.5×53.5 cm，1951，
國立台灣美術館收藏，李石樵美術館提供）。

圖五
徐復觀認為，莊子的淡、逸情操，特別結實於山水畫上，如南宋夏珪之
〈溪山清遠圖〉（局部）（國立故宮博物院藏品）。

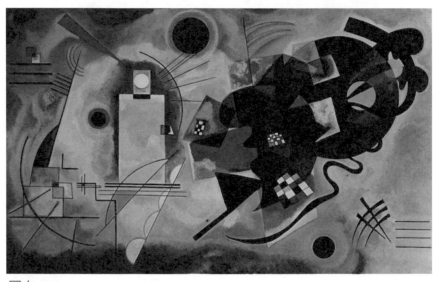

圖六
康定斯基(Wassily Kandinsky)〈黃、紅、藍〉跳脫對形象的描繪，追求
「純粹繪畫」。© Burstein Collection/CORBIS

圖七
徐復觀認為達達主義破壞胡鬧、虛無否定,是西方
危機、人類危機中最尖銳突出的警告。圖為杜象
(Marcel Duchamp)的〈噴泉〉(1917)。
© Rune Hellestad/Corbis

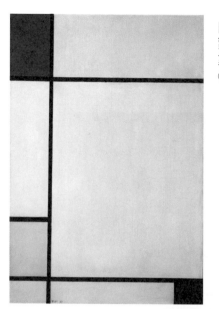

圖八
蒙得理安（Piet Mondrian）的幾何抽
象作品〈紅黃藍黑的構圖〉（1921）。
© Burstein Collection/CORBIS

圖九
帕洛克（Jackson Pollock）的抽象表現主義（即
「抒情抽象」）作品〈八號〉（局部）（1949）。
© Christie's Images/Corbis

圖十
徐復觀認為超現實主義作品也是「非人間」
的。圖為達利(Salvador Dali)的〈內戰的預
感〉(1936)。
© Philadelphia Museum of Art/CORBIS

圖十一
普普藝術家安迪·沃荷(Andy Warhol)
的〈康寶濃湯罐頭〉（1964）宣告大眾
文化的來臨。© Christie's Images/Corbis

圖十二
新具象主義畫家波特羅
(Fernando Botero)的〈瑪格麗
特公主──仿維拉斯奎茲畫作〉
(Princess Margarita After
Velasquez)也是抽象畫的「對
反」。
© Christie's Images/Corbis

圖十三
孟克(Edvard Munch)的作品〈吶喊〉(1893)透露出
現代藝術家的幽黯意識。
© The Gallery Collection/Corbis

第八章
全球化的我在哪裡？

——儒家人格主義在全球化時代的意義

一、前言：全球化時代的失根感

農曆三月下旬，全台灣「瘋媽祖」，台北街頭也不例外。恭逢天后聖誕，遠近廟宇都動員了浩大的陣頭出來遊行。鞭炮大作，硝煙四射，大鼓鼕鼕，鑼聲鏘鏘。千里眼瞪著大眼，順風耳染上綠髮，三太子一身嬰兒肥，七爺吐舌頭扮鬼臉。他們大搖大擺，好整以暇地在大街上踱方步。加上姿態曼妙的花籃女，面目猙獰的八家將，整個行列透著七分神氣，三分滑稽。

這支隊伍，難免引起行色匆匆的上班族暫時駐足。他們好奇的眼神，和拿著相機捕捉鏡頭、豎起大拇指讚好的西方

台北街頭的媽祖繞境陣頭，顯示這個城市仍保留了某些傳統農業社會信仰。(江采蘋攝)

鳥籠中的名牌包，是跨國時尚的化身，全球同步流行。（李淑珍攝）

遊客，有幾分相似。台北上班族的生活，距離廟會陣頭很遠。他們穿著一式白襯衫黑長褲，吃麥當勞漢堡，喝星巴克咖啡，開豐田汽車，用ipone手機，看好萊塢電影，到宜家找裝潢點子。除了對中國荣保持相當的民族忠誠之外，在其他商品上，他們樂於和全球中產階級同步流行——雖然他們自認為很有「個人品味」。

還保留許多「前現代」遺習的台灣，不知從什麼時候起，已經被「全球化」（globalization）的潮流所席捲[1]。2004年4月19日的《聯合報》，出現以下報導：

1. 中華電信寬頻費率高，世界貿易組織關切。

2. 外來物種犯台實錄：梨木蝨來襲，今年水梨慘了。

3. 農運詩人詹澈領導農漁民現代化，對抗全球化。

4. 國外書報亭散發「閱讀隨處可得」的氛圍，台北市決定今年試辦。

在這樣的世界，要怎麼定義生命的意義？同一天的報紙：

1. 福氣啦！老闆賣公司，二十三億分夥計。人人感動落淚，想要當

---

[1] 「全球化」是指：由於資訊、通訊技術的突破，使全球各地區能直接、立即地聯繫互動，跨越傳統國界的限制，促使金融流通、商品交易、服務提供、政治運作、社會流動等，發生根本的變化。

面致謝，老闆卻躲了起來。

2. 李家同「讓高牆倒下吧」觸動空服員，到印度「垂死之家」服務，四個月義工生涯，對快樂的追求變簡單。

3. 最高次捐血人的心路：無餘力幫他人，就捐血吧。

全球化的時代，人還是可以過得很有意義。

不過，有「亞洲的強尼・戴普」之稱的演員金城武(1973-)，卻有不同感受：

> 金城武的父親是日本人，母親是台灣人，雖然在台灣長大，卻在日僑、美僑學校念書。他說，在日本別人說他是台灣人，在台灣又有人說他是日本人，這樣的背景，讓他從小就覺得自己是邊緣人……金城武坦承，多樣的成長背景讓他在銀幕前的角色更多變，並成為表演的利器。他在東京及台北各有一棟公寓，但都因住得不夠久，所以都沒有整理裝潢。談到這裡，他嘆了口氣說，「我對自己住在任何地方，從來都沒感覺。」
>
> 住處一直換，想法也一直變的金城武，曾經是素食者，現在又開始吃肉；報名參加紐約大學電影課程，後來卻沒去上課；想求心靈啟發去學靜坐，沒多久又放棄。[2]

能通五種語言、紅遍亞洲的大明星，在全球化時代，有的是更多的無根飄零。

失根感，不限於經常跨越國界的大明星。憂鬱症已被世界衛生組織視

2　《聯合報》，2003年10月5日。

爲與癌症、愛滋病並列的新世紀三大疾病，一般人口中終生盛行率爲15%，其中女性約爲男性的兩倍。在台灣，97%的自殺人口生前罹患精神疾病，其中以憂鬱症爲最大宗[3]。

　　爲什麼？

　　英國社會學家紀登斯(Anthony Giddens)給了我們一些線索：「現代性」不僅改變了我們的體制，更改變了我們的日常社會生活，影響了個人最私密的一面。它朝向兩極發展：一方面不斷外擴，出現「全球化」現象；另一方面則不斷內延，深入個人內心。而這兩極之間的關係，一天比一天來得緊密[4]。

　　龍應台在一篇名爲〈全球化了的我在哪裡？〉的文章中，討論華人文化該怎麼避免成爲「全球化」商品傾銷的對象，但又透過「國際化」與世界接軌[5]。筆者關心的問題一樣是「全球化了的我在哪裡？」，不過，「我」不是「大我」，而是「大我中的小我」。換言之，筆者思索的，不只是「華人文化在全球的位置」，而更是「『基於中國文化的自我』在全球化秩序中的位置」。

　　傳統中國文化中的「我」是什麼樣子？我們將先考察儒家「人格主義」的特色，並與西方「個人主義」對照。西方學者假定個人主義價值觀可導致現代化，所以對中國傳統文化多所抨擊。而個人主義隨西方現代性傳入中國之後，也使中國的人格主義逐漸流失。可是，現代性與個人主義的關

3　《聯合報》，2004年5月21日。

4　Anthony Giddens, *Modernity and Self-identity* (Stanford: Stanford University Press, 1991), p. 1.

5　龍應台，〈全球化了的我在哪裡？〉，收於：氏著，《面對大海的時候》（台北：時報，2003），頁95-106。

係，眞的是那麼魚水相得嗎？在全球化的時代，個人如何定義自我？儒家
人格主義在全球化時代中，是否還有意義？這是本文要省思的課題。

二、中華文化：從「人格主義」到「個人主義」

（一）爲仁由己——儒家的自我觀念

　　人類學家許烺光認爲，探討各文化的「自我」如何定義、運作，是了
解社會何以安定或變遷的重要關鍵[6]。可是，「自我」如何定義，又與「群
己」關係密不可分。個人與他人的關係如何安排，會影響到人之自我認同。

　　在「人格主義」（personalism）主導的中國文化中，「自我」既是一切
人際關係的核心，又是精神發展的動態過程[7]。前者涉及社會組織，而後
者則是涉及儒家價值系統。中國文化的長處與短處，都可由此看出。

　　就社會組織而言，以自我爲中心的中國社會，形成了費孝通所謂漣漪
狀一圈圈蕩開的「差序格局」，有別於西方一束束柴薪狀的「團體格局」[8]。
象徵中國家族組織原則的「喪服」制度，就以亡者爲中心，親屬依照與亡
者的親等差異，而有服制或重或輕、守喪期或長或短、言行禁忌或嚴或
寬……等不同程度的差別[9]。孟子主張的「愛有差等」，較墨子的「愛無

6　Francis L.K. Hsu, "Culture and Self," in Anthony J. Marsella, George Devos &
　　Francis L.K. Hsu eds., *Culture and Self: Asian and Western Perspectives* (New
　　York: Tavistock, 1985), p. 25.

7　Wei-ming Tu（杜維明）, "Selfhood and Otherness in Confucian Thought," in
　　Anthony J. Marsella, George Devos & Francis L.K. Hsu eds., *Culture and Self:
　　Asian and Western Perspectives*, p. 231.

8　費孝通，《鄉土中國》，頁23，31。

9　李淑珍，《東周喪葬禮制初探》，頁65。

					高祖父母				
				曾祖姑	曾祖父母	曾叔伯祖父母			
			族祖姑	祖姑	祖父母	叔伯祖父母	族叔伯祖父母		
		族姑	堂姑	姑	父母	叔伯父母	堂叔伯父母	族叔伯父母	
族姊妹	再從姊	從姊妹	堂姊妹	姊妹	己、妻	兄弟兄弟妻	堂兄弟堂兄弟妻	再從兄弟再從兄弟妻	族兄弟族兄弟妻
	再從侄女	從侄女	堂侄女	侄女	子媳	侄侄媳	堂侄堂侄媳	再從侄再從侄媳	
			堂侄孫女	侄孫女	孫孫媳	侄孫侄孫媳	堂侄孫堂侄孫媳		
				侄曾孫媳	曾孫曾孫媳	侄曾孫侄曾孫媳			
					玄孫玄孫媳				

根據喪服制度所建立的中國家族組織，以己身為中心，一圈圈盪開，是謂「差序格局」。

差等」更能得到中國人的共鳴，不是沒有原因。

　　除了社會組織之外，就價值系統而言，相對於佛家，儒家強烈的自我中心觀念也十分突出。「人不自私，天誅地滅」，為了求生存，人有自我中

心的傾向，本是很自然的事。只不過，當許多宗教思想努力企圖減輕人的我執時，儒家卻從理論上對人的自我給予高度肯定，引人注目。

道家有「至人無己，神人無功，聖人無名」之說，佛家以「無我」為三法印之一，而儒家卻主張「為仁由己」，世界秩序的達成，是由「修身」開始，以推擴於齊家、治國、平天下。

和基督宗教相比，儒家的人本及自我中心色彩更為強烈，這也是哲學家所說的「外在超越」和「內在超越」的對照。基督宗教中上帝全知全能，和人的渺小卑微恰成對比；人在世上的一切所作所為，目的無非是要榮耀上帝。也因此中古七惡中以「驕傲」最不可原諒，人若不承認自己的限制，而在造物者面前傲慢自負，其罪過之重大還甚於通姦[10]。相反的，儒家對超自然現象抱著「不可知論」，「未能事人，焉能事鬼？」他們崇敬堯舜文武等聖人，而非高不可及之上帝。而所謂「聖人」，無非是將人類性善稟賦發揮到極致之人；只要下定決心，凡人也可以效法。無怪乎孟子相信「人人皆可為堯舜」，而王陽明會有「滿街都是聖人」的樂觀。

對自我這麼強烈的信心源自何處？源於「天」。孔門弟子將「性與天道」視為老師的最高奧祕，而《中庸》一篇，則明白點出人性與天道的關係：「天命之謂性，率性之謂道，修道之謂教」。孟子說得更為扼要：「盡其心者，知其性也。知其性，則知天矣。」（《孟子‧盡心》）人之善性由天所賦予，只要自己凡事盡心，就能體現天賦的道德本性。而善性一旦充分實踐，也自然就能與「天」相通，進而贊天地之化育。基督教中耶穌「道成肉身」，由耶穌的人身來體現神性；而在儒家人性論中，幾乎每個人都

---

10 威爾‧杜蘭著，幼獅文化公司編譯，《基督教巔峰的文明》（台北：幼獅，1995），頁147。

帶有這個「體現天命」的使命，二者大相逕庭。

可是，「天」，真的存在嗎？如果有「天」，它真的是人類道德的源頭嗎？儒家對於人性之「善」來自天賦深信不疑，對於「惡」的來源則語焉不詳，似乎有過度樂觀之嫌。

其實，儒家並未否定人有爲惡的可能，也通過種種修養工夫努力克服；但是他們更珍視人心中善的微小根苗，希望努力長養推擴，以期不負天之所託。耶穌須死而復活，方能爲世人帶來永生救贖，而儒家認爲，不論命運如何起伏，人只需把握良心、努力實踐，即可心安理得，坦坦蕩蕩過此一生，不必過分擔心死後世界。這也就是孟子所說的：「存其心，養其性，所以事天也。夭壽不貳，修身以俟之，所以立命也。」（《孟子·盡心》）

以孔子為例：他所處的春秋晚期(551-479B.C.)禮壞樂崩，並非昇平治世；他一生境遇坎坷，也絕不是個「好命人」。身爲庶子，父親早逝，幼年生活貧賤；中年周遊列國，遊說諸侯，又處處碰壁。他不只一輩子無法實現治國理想，甚至遭逢兒子孔鯉與得意門生顏淵、子路相繼逝世的打擊。

孔子情感豐富而理智圓熟，儘管挫折深重，仍不忘維持相當的幽默感：與學生出外失散，路人形容他是「纍纍若喪家之狗」，他也欣然同意（《史記·孔子世家》）。長年政治失意，他依然努力維持生命奮進的力量，形容自己是：「其為人也，發憤忘食，樂以忘憂，不知老之將至」（《論語·述而》）。

晚年他的確有很深的無力感，喟然嘆道：「天下無道久矣，莫能宗予」，但內心深處，他仍固執地相信「天」會了解他、支持他：「不怨天，不尤人，下學而上達。知我者，其天乎！」（《史記·孔子世家》）

這樣強烈的自我觀念，不僅深植於知識分子心中，也滲透到庶民文化之中。它使得孟子「舍我其誰」，熊十力自比菩薩，梁漱溟有教主心態。而在升斗小民之間，它化身爲陸象山響亮的口號：「不識一字，也要堂堂做一個人。」

「知我者，其天乎」的信念，支撐起許多中國文人的內在世界，使他們不受外在壓力動搖。圖爲南宋畫家馬遠的作品「山徑春行」（國立故宮博物院藏品）。

從積極方面看來，這樣的信念，鑄成了儒家強烈的道德責任感。面對強權威迫時，孟子形塑的大丈夫形象──「富貴不能淫，貧賤不能移，威武不能屈」──鼓舞了歷代諍臣言官。此外，遇到衝突先反省自己，先盡義務再談權利等傳統道德觀念，也是要放在「反求諸己」的基礎上才能了解。將學問的追求歸諸於解決生命困惑的「爲己之學」，更使知識與道德實踐合而爲一。

但是從另一個角度看，它也不是沒有弊端。士大夫崖岸自高，自以爲是，使得歷代政爭無法就事論事，常淪爲泛道德的意氣之爭。此外，知識與道德合一，「經世致用」的目的太強，「爲知識而知識」的客觀學統就難以建立。同樣的，魯迅塑造的阿Q，雖然地位卑微，卻自尊強烈：「所有未莊的人，全不在他眼睛裡」。他動不動就用「精神勝利法」將挫折合理化：「我總算被兒子打了，現在的世界真不像樣……」所謂「阿Q精神」，又何

嘗不是這種思想的反映[11]？

(二)人格主義中的群己關係

不過，「使有周公之才之美，使驕且吝，其餘不足觀也已」（《論語‧泰伯》）。如果儒家只停留在自私自利、自尊自大的層次，它不可能成為支撐中華文明二千多年的支柱。在人格主義中所蘊含的群己關係，大大平衡了自我中心的傾向。

「仁者己欲立而立人，己欲達而達人」（《論語‧雍也》），儒家相信：理想人格的自我實現，要透過人倫圈中的實踐來達成。「我」之為「我」，乃是透過為人子、為人父、為人友、為人臣來呈現的。「父慈子孝，兄友弟恭，夫義婦順」，每個角色都有特定的努力目標。「事親有隱無犯，事君有犯無隱，事師無犯無隱」，依不同情境，在每個角色中拿捏輕重，調整「人」「己」之間動態平衡。「內不失己，外不失人」，這需要高度的智慧與EQ。

可是，「父子有親，君臣有義，夫婦有別，長幼有序，朋友有信」，要在家庭、社會建立這樣完美的關係，談何容易？每個人必須同時扮演多重角色，應付外在環境複雜的要求，無異斲喪真我。對於個人主義色彩強烈的現代人來說，這些人倫關係是負擔、是束縛，令人窒息。可是，儒家寧願懷想這個可能性，自我鞭策，全力以赴，「知其不可而為之」。「士不可不弘毅，任重而道遠。仁以為己任，不亦重乎？死而後已，不亦遠乎？」把自己打造為一個不器君子，他們一輩子慎重將事。

新儒家徐復觀曾這麼解釋論語中的「仁」：仁的第一義，是一個人面

11　魯迅，〈阿Q正傳〉，收於：氏著，《吶喊‧徬徨》（台北：谷風，1987），頁112-114。

對自己的自反自覺。因爲羞憤不安，希望自己成爲一個眞正「像樣的人」，由對己的責任感，同時表現爲對他人的責任感。經過這種反省過程，「愛人」乃出於生命中不容自已的要求。而「仁」的本體，就蘊含在「爲仁」的工夫中[12]。因此，人我不復對立，成己成物的過程不斷迴旋發展，永無止境。

由這樣的自我觀念出發，人生意義不假外求。不必求神問卜、不必掛心來世。「天行健，君子以自強不息」，人安住於此生此世，勤奮向上，活一日便盡一日的本分。這是沉重的負擔，卻也給予人生命不斷向上的動力。

因此我們可以說，「在最好的情況下」，「人格主義」使人能安身立命，在這個變動不居的世界，找到自己的位置。

(三)西方觀點：中國文化少了些什麼……

但「人格主義」不是沒有它的缺點。強調「己欲立而立人」，可能變質爲「己欲利而利人」，藉「利人」爲名，行「利己」之實，造成中國政治文化中許多「圖利他人」的貪瀆行爲[13]。

此外，儒家人性觀念基本上是「本質主義」的，具有普世性質，相信人類共有的道德天性及其實踐可能性。它雖然承認個性的存在(因此要因材施教)，但認爲只有幾種主要人格典型——例如「聖之清者」、「聖之和者」、「聖之時者」，或是忠臣孝子、節婦烈士——才值得追隨模仿。「怪胎」型的人會被另眼相看，不爲輿論所認可。「差異」被看成「偏差」和「缺失」，在「常模」之外的行爲都有問題；人必須克服自己的缺點，

12　徐復觀，〈釋論語的「仁」〉，《學術與政治之間》，頁312。

13　參考：Thomas A. Metzger, *Escape from Predicament* (New York: Columbia University Press, 1977), p. 44。

爲朝向完美而努力。因此，很弔詭地，儒家的「自我中心」只成爲「人格主義」，沒有演變成尊重個別差異的「個人主義」（individualism）[14]。在多數西方人眼中，既然沒有「個人主義」，那麼中華文化就是「集體主義」（collectivism），而中國人只是面目模糊的藍螞蟻。

不過，美國漢學家狄百瑞（William Theodore de Bary, 1919- ）是個例外，他主張中國文化有「個人主義」的因子。他認爲，16世紀的明代思想家（例如受陽明學影響的李贄），就有個人主義的傾向，而這個傾向可以在宋代理學家中找到淵源：他們提倡「爲己之學」、「自任於道」，重視獨立判斷、批判意識和文學藝術的創造性[15]。而且，他們透過語體文、鄉約、地方書院，努力普及這些理想，不使它成爲少數人的特權[16]。五四運動時期年輕人反對儒家，可是無形中卻受宋明理學影響，才能很快接受西方自由主義。而孫中山感慨中國人如一盤散沙，更足以證明中國個人主義根基穩固，以致妨礙現代國家的建立[17]。

美國政治學者白魯恂（Lucien W. Pye, 1921-2008）對這個說法十分懷疑。他認爲傳統中國是「團體取向」（group-oriented），敵視個人主義，否定自我利益（self-interest），推崇自我犧牲（self-sacrifice）。而儒家所謂追求自我實現（self-realization），其實還是對文化規範的順服，缺乏對自由（liberty）和個人權利的了解，並非肯定每個人獨特的個性，稱不上是「個人主義」。在中國歷史上，不管政府是強是弱，直接控制個人的次級團體（如

14　Thomas A. Metzger, *Escape from Predicament*, pp. 42-44.

15　Wm. Theodore de Bary著，李弘祺譯，《中國的自由傳統》（台北：聯經，1983），頁43-74。

16　Wm. Theodore de Bary著，李弘祺譯，《中國的自由傳統》，頁89。

17　Wm. Theodore de Bary著，李弘祺譯，《中國的自由傳統》，頁125-126。

家庭、宗族、行會、祕密會社)始終力量穩固，因此個人一直是弱勢的[18]。

　　美國哲學家孟旦(Donald J. Munro)的看法，接近白魯恂。據他研究，18世紀以前，中西方哲學思想都有「整體主義」(holism)的傾向，重視普遍的道德法則。至於強調「個人主義」，則是「浪漫主義運動」(Romanticism)開始以後的現象。他將儒家(人格主義)和浪漫主義運動中的個人主義相比，發現二者有異有同：

1. 個人主義重視每個人的「獨特性」(uniqueness)，儒家則不然。

2. 個人主義重視「隱私」(privacy)；中國文化雖有隱士「獨與天地精神往來」，但不曾考慮以制度形式保障隱私，信仰、關係、財產的隱私權也從來不在考慮之列。

3. 二者都主張「自主性」(autonomy)，但是個人主義的重點在於「不受外力影響，自做選擇(choice making)」，而儒家雖強調「匹夫不可奪志」，可是人生只有「學做聖人」一條正路，不鼓勵另做選擇。

4. 二者都主張人性尊嚴(dignity)，可是根據不同，落實程度亦不同。西方基於人有靈魂、理性，主張法律之前，人人平等；而中國雖主張人性天賦，至為尊貴，卻容許刑罰視身分高低而有輕重之別。[19]

18　Lucien Pye(白魯恂), "The State and the Individual: An Overview Interpretation," in Brian Hook ed., *The Individual and the State in China* (Oxford: Clarendon Press, 1996), pp. 17-19.

19　Donald Munro ed., *Individualism and Holism: Studies in Confucian and Taoist Values* (Ann Arbor: University of Michigan, 1985), pp. 1-24.

根據這樣的比較，儒家的人格主義，顯然不可和18世紀以後的西方個人主義同日而語。

不管是否肯定中國有個人主義，以上討論都是以西方現代經驗為衡量座標。中國文化能不能走上與現代西方類似的道路，是他們共同的關切點。他們背後的假定都是：「個人主義」能造成「市民社會」（civil society），保障自由民主。換言之，「個人主義」文化是促進「現代化」的必要條件之一。在白魯恂看來，中國傳統缺乏個人主義，沒有市民社會足以抗衡國家暴力[20]，因此很難現代化。狄百瑞則強調中西共通之處：中國的確有個人主義，能夠與西方自由主義融合，使現代生活自發地在中國生根[21]。兩種說法南轅北轍，我們應該如何取決？

(四)兩岸：「個人主義」與「集體主義」的拉鋸

筆者以為，其實，儒家「人格主義」，既非「集體主義」，又非「個人主義」，而是在兩端之間游移滑動。從個人到家庭，再到國家、天下，儒家希望這個同心圓能一圈圈推擴出去，但又不失自我。只停在最內圈（自我），就接近「個人主義」；只堅持外圈（國家、天下），則變成「集體主義」。五四運動時期既能接受西方傳入的個人主義，又能接受民族主義、共產主義，可說都與儒家傳統有淵源，但又都違背了儒家傳統。

五四時期首先盛行的，是「個人主義」。如果說明代晚期中國即有個人主義的因子，那麼五四前後由西方傳進中國的個人主義，更使它發揚光大。胡適介紹易卜生（H. Ibsen）給中國，鼓勵個人追求充分發展性向和才

20　Lucien Pye, "The State and the Individual: An Overview Interpretation," pp. 17-18.
21　Wm. Theodore de Bary著，李弘祺譯，《中國的自由傳統》，頁128。

能的生活，尤其鼓勵婦女學習娜拉，爭取解放與獨
立。當代青年紛紛透過文學，鼓吹掙脫傳統家庭束
縛和不自由的婚姻。郭沫若、郁達夫等人組成的「創
造社」，即深受西方浪漫主義和個人主義影響，爲
藝術而藝術，發展自我，無拘無束地表現情感[22]。

在「打倒孔家店」的口號下，中國的「人格主
義」似乎走到了一個盡頭。陳獨秀、吳虞大力批評
儒家，特別是儒家所擁護的家族制度和君臣觀念。

胡適在五四運動時
期提倡個人主義。
（圖片提供：胡適紀
念館）

「五倫」中的四倫──父子、夫婦、長幼、君臣──
──既然都被視爲具有壓迫性，那麼透過「齊家治國
平天下」以達成自我實現的傳統人格觀念，也就難以繼續成立。它被兩
個極端用力拉扯：一端是自由主義者要求的「個人主義」，另一端則是社
會主義者要求的「集體主義」。而在此二者的背後，都有強烈的「民族主
義」動機。不論是提倡集體主義或個人主義，用意都在於建立一個強大的
國家。

在「救亡壓倒啓蒙」的邏輯下，面對愈來愈強烈的亡國危機，個人主
義終究退位，「文學革命」轉變爲1920至30年代的「革命文學」。不論是國
民黨或共產黨，都傾向於集體主義，只是對個人的控制程度有五十步與百
步之別。自由主義者韜光養晦，甚至屢受打擊，能夠發揮的政治空間不
多。奇妙的是，雖然自由主義者在文化上常常激烈地反傳統，可是當他
們受到政治勢力壓迫的時候，儒家人格主義──特別是「貧賤不能移，
富貴不能淫，威武不能屈」的理想──卻常常是支撐他們抗衡權威的精

22　周策縱著，楊默夫譯，《五四運動史》，頁436-437，419-422。

神資源。

　　1949年後，中國大陸企圖建立一個大公無私的社會，「學雷鋒，樹新風」，要求人人犧牲小我，完成大我。個人必須先通過「思想改造」，將靈魂的每個角落都暴露在黨的無情檢視批評之下，自我被壓抑到極點。文化大革命期間的殘酷鬥爭，更使加害者與被害者的人性、自我，都遭到嚴重扭曲。用徐復觀的話來說：

> 被鬥爭者的遭遇，連豬狗都不如；活下來的絕對多數，成爲寡廉鮮恥。鬥爭者的心態與手段，較豺狼還殘暴；升上去的百分之百，成爲人面獸心。所以被鬥爭者與鬥爭者，都沉淪於「非人」的境地。[23]

　　改革開放之後，「個人主義」又回來了。國家控制力鬆綁，「私」的要求紛紛浮現，特別表現在對於財富的追求上，資本主義成爲大陸從停滯重新恢復活力的最大動力。可是，隨著社會愈來愈世俗化，問題也出現了。

　　大陸經濟社會學者何清漣(1956-)說：中國長期生活在貧困中，對於教導人們「安貧樂道」「知足常樂」有一整套信條。可是毛澤東時代「以藐視人性爲特點的奉獻型經濟倫理」幻滅之後，現在的中國人不再相信任何的道德。在上位者腐敗弄權，在下位者鋌而走險，不分富人窮人，追逐私利無所不爲。她主張：

> 經濟倫理的建設應以終極關懷爲核心，包括經營哲學、行爲準

23　徐復觀，《徐復觀最後雜文》，頁230。

則、人格追求等內容。只有建立了充滿人文精神的經濟倫理規
範，才能使浮躁飄蕩的人心有所依歸，使茫然無措的行為有所
參照。[24]

可是，是哪一種行為準則、人格追求，才合乎「充滿人文精神的經濟倫理
規範」呢？她並沒有告訴我們。

「個人主義」在台灣發展的情形又有所不同。日據時代，個人主義隨
民族自決、自由民主等風潮，從一次大戰後的日本傳到台灣[25]。不過，對
於企圖抵抗日本統治的台灣知識分子而言，民族主義或社會主義等「集體
主義」才是最大的憑藉；即使有人主張「個人主義」，也並不一定與中國
「人格主義」傳統切斷關係。

以台籍知識分子張深切(1904-1965)為例：他自小有英雄主義傾向，
痛恨台灣人太利己、現實、卑劣，無法掙脫殖民地性格。因反抗日本統治
而身陷囹圄之後，他卻有了很大的轉變。他遍讀四書五經、諸子百家，一
方面更肯定自己的自由主義傾向，企圖超越國家、民族、階級、宗教的束
縛；另一方面卻淘洗英雄主義心態，痛感應該「與人化」、化為人，才能
盡心性、知天命。而「不為威武所屈，不為富貴所淫」的儒家精神，正是
他面對政治威權——不論是日本人或後來的國民黨——的最大心靈資
源[26]。在他身上，中國人格主義與西方自由主義並存不悖。

可是，「二二八事件」徹底改變了台灣知識階層對中國文化的態度。
雖然傳統漢人文化的道德主義、世俗主義、家族主義、祖先崇拜……仍是

24　何清漣，《中國的陷阱》（台北：台灣英文新聞，2003），頁260。
25　張深切，《里程碑》，頁99。
26　張深切，《里程碑》，頁492，504，520，609，627。

台灣社會大眾的「集體無意識」（collective unconsciousness），百姓日用而不知。但是就本省知識分子而言，以儒家價值觀爲核心的傳統中國文化，卻受到強烈的懷疑[27]。

國府遷台之後，以白色恐怖震懾異議分子，以三民主義教條灌輸民眾，「國家自由」壓倒「個人自由」。在這個背景下，繼承五四個人主義傳統的《自由中國》外省知識分子張佛泉（1907-1994），力主以「人權」定義「自由」，列出具體人權清單，要求政府透過法律保障個人基本權利，而不過問個人內心生活[28]。

張深切回憶錄《里程碑》書影。

然而《民主評論》的徐復觀，則秉持人格主義傳統，相信「國家自由」與「道德自由」之重要，不下於「個人自由」與「政治自由」。固然，「道德自由」不能代替政治人權，實現「政治自由」確爲實現其他自由的先決條件；但是，道德不一定要和政治分離；「良心」「理性」「道德」等不能在「人權清單」上列出來的名詞，實爲人權的精神支柱[29]。換言之，他認爲儒家「人格主義」在現代政治社會中仍然可以扮演積極角色。可是，由於民眾厭惡國民黨，將文化保守主義等同於政治保守主義，徐復觀的主張得到的共鳴很少。

27　李淑珍，〈徐復觀在台灣——兼論外省知識分子在台灣思想史上的意義〉（上），
　　《當代》，198期（2004年2月），頁78。
28　張佛泉，《自由與人權》（台北：全國，1979）。
29　徐復觀，〈自由的討論〉，收於：氏著，《徐復觀雜文——記所思》，頁200-201。

在流行存在主義、現代主義、全盤西化理論的1960年代，中華文化沒有市場。政府愈是要求「愛國」，年輕人愈嚮往飛到美國呼吸自由空氣，享受個人主義生活。可是，潛藏的儒家人格主義的另一端——淑世精神、集體主義，還是在1970年代的「保釣運動」中爆發出來。為了抗議日本侵略，有許多留美學生犧牲學業，放棄前途，捐棄私心，無保留地為同一個目標而努力。曾參加釣運的張系國（1944- ）在小說《昨日之怒》中描寫：

> 群眾的力量是奇妙的。……你站在遊行的隊伍裡，絕不會感到空虛和寂寞，因為你知道你的夥伴就站在身旁，和你抱著同樣的目標，為著同樣的理想而奮鬥。你可以完全信任他，他也可以完全信任你，你感覺到一股看不見的熱流，把你們連接在一起。個人的私心，小我的種種欲望，在那一剎那間全都融化了。你只感覺到大我的存在。群眾的目標就是你的目標，群眾就是你，你就是群眾，你和群眾合而為一。[30]

這樣熱血澎湃的感受，是許多「來來來，來台大；去去去，去美國」、一心只為個人身家奮鬥的年輕人，所不曾領會過的。

可是，隨著保釣陣營左右分裂，運動浪潮退去，集體熱情消失，大家又把發展個人事業看成最重要的人生目標了。即使是熱烈執著的釣運左派健將劉大任（1939- ），也在1970年代初訪中國後，看到「社會主義新集鎮」的蕭索真相，震驚得難以自已[31]。於是，他退出群眾，回到個人。退出政

30　張系國，《昨日之怒》（台北：洪範，1986），頁161。
31　劉大任，〈不安的山〉，收於：楊澤編，《七○年代——理想繼續燃燒》（台北：時報，1994），頁79-82。

治，回到文學。今天我們看到的劉大任，不談過去，是一個酷愛球類比賽的運動作家，也是一個自我放逐的園林隱士。

1980年代的台灣，在集體主義與個人主義的雙重力量動員下，完成了初步的民主化。集體主義，以台灣民族主義姿態出現；而個人主義，則是透過民主自由的追求來達成。1987年，蔣經國宣布結束長達三十八年的「戒嚴時期」。我們歡歡喜喜迎來「解嚴」，而「解嚴」卻打開了潘朵拉的盒子，裡面飛出了政客貪瀆、社會失序、族群對立、貧富差距擴大……。解嚴之後，台灣民族主義與個人主義分道揚鑣，各擅勝場。前者控制政治，基本上只是選舉語言；後者左右

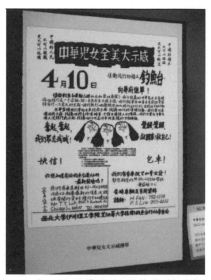

1971年4月台灣留美學生在華盛頓進行保釣大遊行的傳單。（圖片提供：新竹清華大學圖書館舉辦「1970年代保釣運動文獻之編印與解讀」之展示資料〔2009年5月〕）依據著作權法第52條規定，本圖片為林孝信先生捐贈國立清華大學圖書館珍藏資料。

社會與經濟領域，對台灣的影響更大。1990年代的一句廣告詞：「只要我喜歡，有什麼不可以」，更為台灣的紛紛擾擾做了最好的註解。

台灣並未經歷大陸的道德解體，可是，當現代性隨著全球化趨勢日益深化，我們儘管只是世界體系的邊陲，也面臨西方現代社會的許多苦惱：離婚率上升，青少年犯罪增加，自然環境惡化，色情氾濫，嗑藥流行，憂鬱症蔓延……。重要的是，經濟富裕帶來的心靈空虛，找不到解答。這二十年來，台灣制度性宗教日益興盛（特別是佛教幾個宗派），而傳統術數也並未隨

著現代化加深而減少，教育程度愈高者，反而愈可能找人算命[32]。我們不得不去思索：難道在我們的文化中，難以找到其他的資源讓人安身立命？

總而言之，回顧20世紀海峽兩岸歷史，不管「個人主義」出自外鑠或是內發，它先取代了「人格主義」，再與「集體主義」漫長拉鋸，到今日終於成為兩岸主流價值。雖然在法律的制定和執行上都還有待加強，但我們都視個人獨特性、隱私權、自主性、人性尊嚴為社會進步指標，相信它們是「現代性」的表徵。

可是，若就西方論西方，我們卻會發現：「現代性」與「個人主義」之間的關係不是那麼簡單。在我們還在因為「現代性發展不及」而著急時，西方卻有「現代性發展太過」而造成的問題。我們過去關心的主題，是「個人如何免於國家的壓迫」，而西方的主題卻是：「個人如何免於『現代性』(尤其是資本主義體制)的壓迫」。萬一「現代性」壓迫了個人，我們該如何選擇？要接受「現代性」，還是「個人主義」？

三、西方文化：現代性下的個人主義認同危機

(一)個人主義與現代性的關聯

哈佛大學政治學家杭亭頓認為，「個人主義」是西方文明最大的特色，在西方尚未現代化之前即已出現[33]。可是，「個人主義」究竟源自何時，眾說紛紜。有人說是文藝復興，有人說是宗教改革，有人則說是隨啓蒙運動、法國大革命、教會失勢、工業革命、資本主義……而發展，不一而足。比

32　郭文般，〈台灣的宗教與社會〉，收於：王震寰編，《台灣社會》(台北：巨流，2002)，頁75，79。

33　杭亭頓著，黃裕美譯，《文明衝突與世界秩序的重建》，頁81。

較可以確定的是，個人主義「現象」出現得很早，「個人主義」（法語individualisme）這個「名詞」出現的時間則很晚，源出於對法國大革命及啟蒙運動的批評。

「個人主義」的意涵在各國並不一致。在法國，此詞帶有貶意，因為啟蒙訴諸個人理性，卻帶來社會失序。在德國，浪漫主義者雖反對啟蒙，可是他們仍頌揚個人主義，只不過歌頌的不是個人的理性，而是個人的獨特、創意和自我發展。在英國，它用來指宗教異議、中產階級自力更生（self-reliance），以及和自由主義相關的一連串概念。而在美國，這個觀念歷經清教徒、傑佛遜（T. Jefferson）、超越論（Transcendentalism）……等諸多時期演變，到最後，它指涉的是鼓勵企業競爭，維護自由放任經濟及個人自由的態度，成為美國文化最自豪的特色[34]。

儘管「個人主義」的用法這麼分歧，但是大致而言，不管是在政治、經濟、宗教、藝術各個領域，它都包含上文所提到的尊重「獨特性」、「隱私」、「自主性」、「個人尊嚴」等精神。

那麼，「現代性」又是什麼？根據英國社會學家紀登思的定義，所謂「現代性」就是「現代社會」或「工業文明」的簡稱，起先只是17世紀左右的歐洲社會組織模式，後來擴散到全世界。

從歷史上看，「現代性」由歐洲中古後期到19世紀一系列的歷史事件或運動所形塑，同時也蘊含了這些事件、運動的成果與精神。這些歷史事件／運動包括：歐洲城市興起、文藝復興、海外探險殖民、資本主義宗教改革、民族國家興起、民主革命、科學革命、啟蒙運動、工業革命等等。

34　Steven Lukes, *Individualism* (Oxford: Basil Blackwell, 1979), pp.1, 17-18, 26-28, 32.

在理念上，「現代性」以啓蒙運動的「理性」和「進步」信念爲核心。在制度上，它包括了四個層面：資本主義、工業主義、資訊監控、以及軍事權力[35]。而從14世紀開始發展，迄今仍無休止地擴張的資本主義，尤其是了解西方現代性的關鍵要素[36]。

那麼，「個人主義」和「現代性」（尤其是資本主義）又有什麼關係？乍看之下，二者似乎互爲因果：「現代性」的發展激發了「個人主義」，而「個人主義」又加強了「現代性」之發展。經濟學家海耶克（F.A. Hayek）就認爲，文藝復興時代義大利北部城市商業生活的成長，使得中古僵固的封建階層逐漸瓦解，滋生了尊重個性、發揮才能、重視自由、強調容忍等個人主義特質。這些個人主義特質，促成了西歐人民爭取政治自由、經濟自由，並推動了科學的發展。而經濟自由，回過頭來又成爲政治自由及個人自由之最大保障[37]。

社會學家韋伯則從另一個方向說明「個人主義」與「現代性」互爲因果的關係。相對於天主教以教會作爲上帝與信徒之間的橋梁，宗教改革時喀爾文教派提出「上帝預選說」，神父、聖禮都不能幫人獲救，人只能在孤獨的心靈中與上帝溝通，這是個人主義的根源之一。而爲了證明自己確是上帝的選民，教徒以緊張的職業勞動、系統性的禁欲生活來說服自己有

35　Anthony Giddens著，趙旭東、方文譯，《現代性與自我認同》（台北：左岸，2002），頁13-14。黃瑞祺，〈編者序〉，收於：氏編，《現代性、後現代性、全球化》（台北：左岸，2002），頁7。

36　黃瑞祺，〈現代性及現代化的再省察〉，收於：氏著，《現代與後現代》（台北：巨流，2000），頁48，56。

37　F.A. Hayek, *The Road to Serfdom* (Chicago: The University of Chicago Press, 1994), pp. 16-19.

得救的希望，反而意外成就了資本主義[38]。

在這種情形之下，似乎很容易得出「欲推動現代化，就必須提倡個人主義」的結論。1999年哈佛大學主辦了一個「文化價值與人類進步」的研討會，討論為什麼20世紀末還是有那麼多國家陷於貧窮，論文結集後書名就叫《為什麼文化很重要》。在這本書中，美國經濟學家藍迪斯(David Landes, 1924-)直截了當地說，要消除貧窮，就必須改變文化；只要你「理性、勤勉、守秩序、努力生產、乾淨、非常嚴肅」，不管做什麼行業，都可能賺錢[39]。阿根廷政治學者葛隆多那(Mariano Grondona, 1932-)則提出了「經濟發展的文化類型學」，找出二十項有利經濟發展的文化因素，其中至少有八項是和個人主義的價值相關。包括：重視私利的宗教、對個人的信任、容許「合理的利己主義」的道德規範、鼓勵競爭、容忍創新者和異議分子、啟發個人而非灌輸真理的教育、自我中心的生活觀……[40]

我們很驚訝地發現，因為鼓勵競爭，「和諧」、「平等」等價值被棄若敝屣[41]。「進步」國家不必為第三世界國家貧窮而內疚，因為問題不是出在殖民主義或是資本主義世界體系，而是這些國家「文化」不對，咎由自取[42]。而且，個人主義之可貴，不再是因為人性可尊，而是因為它可以幫人賺大

38　Max Weber著，張漢裕譯，《基督新教的倫理與資本主義的精神》，頁47-53。

39　大衛·藍迪斯，〈幾乎所有的差異都是因為文化〉，收於：L.E. Harrison & S.P. Huntington編，李振昌、林慈淑譯，《為什麼文化很重要》（台北：聯經，2003），頁16-17。

40　葛隆多那，〈經濟發展的文化類型學〉，收於：L.E. Harrison & S.P. Huntington編，李振昌、林慈淑譯，《為什麼文化很重要》，頁59-65。

41　葛隆多那，〈經濟發展的文化類型學〉，頁62。

42　羅倫斯·哈瑞森(Lawrence E. Harrison)，〈前言：為什麼文化很重要〉，收於：L.E. Harrison & S.P. Huntington編，李振昌、林慈淑譯，《為什麼文化很重要》，頁x-xi。

錢，讓一個國家脫貧致富！──當年，哈佛歷史學家史華慈（Benjamin Schwartz, 1916-1999）不是批評過中國思想家嚴復（1854-1921），說他爲追求國富兵強才鼓吹個人自由，扭曲自由主義原意嗎!?曾幾何時，這個邏輯也爲西方學者援引，再用來批評第三世界！

(二)麥當勞物語：資本主義的內在矛盾

事實上，個人主義與資本主義在早期固然有互相加乘的效果，但是一旦資本主義日益膨大，它就轉身反噬，對個人自由形成壓迫。

且以美國速食業爲例。不管是麥當勞、漢堡王或肯德基，其創辦人莫不精力充沛，野心勃勃，屢仆屢起，充滿創意。他們原先經營小本生意，隨後看準二次大戰後南加州汽車文化帶來的商機，一舉創造了便捷的新飲食文化，也爲自己累積了巨大的財富，可說是美式個人主義的英雄。

可是，一旦經營規模擴大，他們就無所不用其極地使用中央集權管理，以壓低成本，增加利潤。首先，爲了減少人力成本，廚房作業一律標準化，一如工廠生產線。他們利用授權加盟方式大舉擴張，消滅獨立商家；而各地連鎖店經營方式又強調單一化，到處複製相同的零售環境。爲了打壓對手，他們支持特定候選人，以通過壓低時薪、調漲價格的法案。

此外，速食業所雇用的員工不需特殊技能，多爲打工的弱勢族群，公司壓低工資，不准他們組織工會。由於速食業要求廉價的原料，於是薯條、雞肉塊等加工業者要求農人削價供應，獨立農場和自營牧場無力招架，只得紛紛倒閉。這麼一來，農人失去土地和獨立性，只能淪爲大型企業農場的管理員。而這種大農場採用農業工業化模式經營，栽種單一作物，倚賴大量化肥、農藥、殺菌劑、除草劑。結果生產力提高了，但農場自然生態也破壞了。

　　為了增加業績，速食連鎖業者透過遊樂場、玩具、卡通、電影、錄影帶、慈善活動、比賽、電視、雜誌、網路……大做廣告，甚至以補助學校為名，讓速食成為校園午餐，不僅營養價值堪虞，也造成了美國人生活的同質化。此外，他們利用全球市場布局，進一步向外輸出速食業的價值觀、產業實務，使得國際文化也出現同質化[43]。

　　其實說起來，速食業的擴張，只是跨國大企業影響全世界的冰山一角而已。主導美國資本主義的意識型態，與其說是某種個人主義，不如說是無情的社會達爾文主義。

　　而在高科技業，又何嘗不是如此？蘋果電腦的創辦人賈伯斯（Steve Jobs, 1955-2011）才華洋溢，以過人遠見和獨特美感，開發出麥金塔電腦、iPod、iTune、iPhone、iPad等產品，風靡全球，讓大家擁有更多個人選擇權，可以「更自在地做自己」[44]。賈伯斯一方面體現個人主義者的創新精神，深遠地改變了電腦、音樂、通訊、出版產業；但另一方面，他的領導風格跋扈專擅，所有員工無不戰戰兢兢，以求貫徹老闆意志。在全球化分工體系之下，蘋果公司獲利龐大，但實際生產的外包廠商分得的利潤微不足道，造成工廠的環保、勞動條件和衛生安全問題重重[45]。2010年大陸富士康公司發生一連串員工跳樓自殺事件，正顯示出：為了讓賈伯斯與消費者「更自在地做自己」，蘋果供應鏈的廣大勞工付出了沉重的代價。

　　這麼說來，「個人主義」與「現代性」水乳交融的說法，只是一種幻覺？20世紀初，韋伯就已經悲觀地覺察到：西方傳統的價值如民主、自由、

43　Eric Schlosser著，陳琇玲譯，《速食共和國——速食的黑暗面》（台北：天下，2001）。

44　顧爾德，〈賈伯斯比政客更知「民之所欲」〉，《中國時報》，2011年10月17日。

45　李尚仁，〈媒體對賈伯斯評價有待商榷〉，《中國時報》，2011年10月14日。

個人主義，與近代的工業化、科層化之間，存在著對立矛盾。高度的資本主義似乎是自由民主的反命題，但資本主義與工業化似乎又是無法挽回的趨勢。在科技文明中如何重建傳統的理想價值？成了他無法回答的問題[46]。

　　另一方面，西方個人主義者仍企圖找到生命的出口，例如1960年代的反文化運動中各種縱欲狂歡，或者在藝術表現上刻意驚世駭俗（如第七章所述）。但這些激烈的對抗方式，讓保守人士引以爲憂。美國社會學家貝爾（Daniel Bell, 1919- ）說，資本主義社會的經濟界域與文化界域發生了強烈衝突。工作與生產組織完全朝官僚化方向走，壓抑個人自我探尋、自我滿足的動力，以致在經濟事務上精打細算、步步爲營，與對感覺刺激的躁動渴求水火不容。他站在大企業那一邊，期待透過宗教找回現代世界的秩序[47]。

　　美國社會學家貝拉（Robert Bella, 1927- ）等人則認爲：19世紀末美國全國性市場出現，大企業宰制經濟，人群密切縮結互賴，但是人們仍自以爲是依個人主義邏輯過活，在職場等公領域中遵行的是「功利（utilitarian）個人主義」，而在私生活則以「表現（expressive）個人主義」爲依歸。可是不管是哪一種個人主義，由於開國以來的「聖經傳統」和「共和傳統」（biblical & republican traditions）凋零殆盡，所以個人行事沒有「更高的真理」（higher truth）爲圭臬，每個人封閉在自我的世界中，各行其是。如何保存或創造一種道德凝聚、連貫的生活（a morally coherent life），是美國社會的難題[48]。

46　黃瑞祺，《批判社會學》（台北：三民，1996），頁195-197。

47　丹尼爾‧貝爾著，丘彥彬譯，〈現代主義、後現代主義與道德秩序的傾頹〉，收於：Jeffrey C. Alexander & Steven Seidman 編，吳潛誠編校，《文化與社會》（台北：立緒，1997），頁390，397。

48　Robert Bella et al., *Habits of the Heart* (New York: Harper & Row, 1985), pp. vi,

　　「現代性」與「個人主義」的關係究竟如何？讓我們爲以上的討論做個小結。第一，現代性發展早期，個人主義對歐洲人政治自由、經濟自由的爭取，都有很大功勞。第二，隨著資本主義日益鞏固，個人自由的空間反而遭到壓縮，文化多樣性減少。第三，就個人主義本身而言，在缺乏宗教或道德資源的情形下，它漫無所歸，容易流於虛無。以下我們就會看到，在全球化的時代，這個問題變得更嚴重。因爲，資本主義邏輯擴散到地球各角落，它也愈益威脅個人的心靈世界。如何對應，就成了自我認同的重大課題。

(三)全球化時代的自我認同

　　全球化——亦即「現代性」的全球化，或是紀登思所謂「高度／晚期現代性」（high modernity or late modernity）——對個人的影響，不只在吃麥當勞、喝星巴克、用iphone、開豐田，與國際流行同步；更重要的是，它使人在變動不居的環境中焦慮不安，必須經常反思重構自我的定義。

　　人類學家許烺光曾經比較中西自我觀念的不同。中國人重視家族，雖然家族中的尊卑長幼關係壓抑了個人的獨立，妨礙了人向廣大世界探索的好奇，但是也透過親人之間的頻繁互動，滿足了人對「親密感」（intimacy）的需求。相對的，西方人從小就被要求要獨立，和父母手足的關係疏遠、短暫，必須自行在外建立人際關係，追尋他一輩子最難得到的東西——人與人間的親密感。但是，和沒有血緣的同儕相處，關係勢必更不穩定，更容易各樹藩籬。因此他只得繼續向外追尋，將熱情投注到遠方的人、事、物。養寵物、控制自然、或向海外殖民傳教，都是基於這種內心的空虛。

（續）────────────────────
　　　42, 45, 47.

另一方面，他們也可能轉向人的內在，探索潛意識、無意識，因此他們對
人心理深層的了解也超過中國人[49]。

　　許烺光拈出的「中」「西」之別，在《現代性與自我認同》的作者紀
登思看來，卻是「前現代」與「現代」之別。他談到，人在嬰兒時期與其
照顧者之間發展的互信，是人的「本體安全感」（ontological security）的來
源。在社會關係相對穩定的時候，人的生命史的連續感在一生之中不會發
生太大變化，人的自我認同感也很少受到挑戰。可是，進入現代就不同了[50]。

　　紀登思以相當抽象的方式說明現代性。他認為，在大眾媒體推波助瀾
之下，現代社會生活的特點有三：「制度反思性」（institutional reflexivity）、
「時空重組」（re-organization of time and space）、與「抽離機制的擴張」
（expansion of disembedding mechanisms）。「翻成白話」，就是說：人必須經
常吸收新知識、新資訊，作為下一步行動的根據。時間和空間可以分開重
組，社會關係也可以脫離原先的背景，跨越時空，在不同脈絡另外組合起
來。因此，這個世界變得更單一，但也變得更破碎[51]。

　　一方面，現代生活從傳統抽離出來，強迫人面對變動不居的社會情
境。另一方面，現代科技使原始自然、存在困境都和日常生活隔離開來，
使人看不到瘋狂、犯罪、重病、情欲，接觸不到和生老病死相關的存在及
道德問題[52]。很自然地，人對一切懷疑，視真理為假設。面對各種互相矛

49　Francis L.K. Hsu, "The Self in Cross-cultural Perspective," in Anthony J. Marsella,
　　George Davos & Francis L.K. Hsu eds., *Culture and Self: Asian and Western
　　Perspectives*, pp. 25, 34, 36, 38-39.
50　Anthony Giddens著，趙旭東、方文譯，《現代性與自我認同》，頁36-42。
51　Anthony Giddens著，趙旭東、方文譯，《現代性與自我認同》，頁2，4，5。
52　Anthony Giddens著，趙旭東、方文譯，《現代性與自我認同》，頁8。

盾的專家說法，個人必須步步為營，仔細衡量信任某種一家之言會帶來多
大風險。現代的自我認同因此具有強烈反思性質，大家必須在令人眼花撩
亂的各種「生活風格」（lifestyle）中精挑細選，把「我」說成一個有頭有尾
的「自傳敘事」（biographical narrative），而這份生命史又得不斷改寫[53]。

　　電腦網際網路所架構出的「既隔離又連結」的虛擬世界，就充滿這種
不斷「抽離、反思、重組」的自我認同探索（或遊戲）。在網路上，人既可
以「匿名」，隱藏自己的真實身分；又可以「化名」，隨心所欲創造一個新
的自我。「本尊」戴著「面具」，扮演化名的「分身」；甚至還可以同時以
截然不同的多重身分，與區隔開的網路社群交往。每一個「分身」在與他
人互動過程中，形成一個「自圓其說的敘事」，環繞著它也凝聚出一張新
的人際關係網絡。網友可以在自己選擇的時間，決定自己在別人面前的形
象；也可以根據自己的興趣，選擇志同道合的人交往；在互動情況變得令
人不安時，還可以隨時抽身出來，另起爐灶[54]。

　　於是，現代人的自我，從身體到感情關係，無不處於這樣警醒的「反
思規畫」（reflexive project）之中。台灣女性主義學者何春蕤詮釋道：

> 這麼一來，人生所有的事情都成了積極的當下抉擇，再也沒有
> 命定的、確定的先驗人性……個人的人生態度轉變，更加理性
> 化，更加反省化，更傾向於盤算。人必須學會自我經營管理。[55]

53　Anthony Giddens著，趙旭東、方文譯，《現代性與自我認同》，頁3，5。

54　Retribalize（黃厚銘），〈網路人際關係的親疏遠近〉（http://blog.yam.com/retrib
　　alize/article/7899927）。

55　何春蕤，〈反思與現代親密關係──「親密關係的轉變」導讀〉，收於：Anthony
　　Giddens著，周素鳳譯，《親密關係的轉變》（台北：巨流，2001），頁xiii。

表面上看來，人變得更自覺、更自主了，頗爲符合個人主義精神。實際上，資本主義商品化的過程，使得「自我規畫」也商品化了。個人對自主性、自我表現的需求，統統都被轉化成消費行爲，透過購買、擁有商品來呈現自我的「生活方式」。詭異的是，人只在乎「被人看到擁有這些東西」，而不在乎是否「真正使用這些東西」。因此，這樣的過程只帶給人暫時的滿足，和接下來持久的失落感。而許多號稱提供「自我治療」的自助手冊，其實也是一種商品，不能給人眞正的慰安[56]。

　　在這種情形下，我們可以了解爲什麼會有「極限熨衣」（extreme ironing）運動的出現。

　　1997年某日，住在英格蘭的蕭菲爾（Phil Shaw）爲自己該去攀岩或留在家裡熨衣服而大傷腦筋。突然間他靈機一動：何不帶著待熨衣物出門，一邊攀岩一邊熨衣服？說做就做，這個奇妙的經驗從此改變他的生活。從吸收兩名同好開始，今天，「極限熨衣」已蔚爲一種國際運動：南非愛好者爬到坦尚尼亞境內的吉力馬札羅山山巔熨衣，參加倫敦馬拉松大賽的選手全程背著熨衣服的全部家當，還有潛水熨衣、牛背熨衣、開車熨衣……，不一而足。參與者的一大共同點是，他們都「熱愛極限運動的高度刺激及同時將衣服熨得平平整整的滿足感」[57]。

　　缺乏人際親暱感，必須向外尋求替代物，在極度刺激冒險中尋求居家的秩序與安全感——這是許烺光看到的「西方自我」。

　　人、地、時、事可以脫離既有脈絡，跨越時空，任意重組，人必須不斷反思，時時創造自己生命的意義與目標——這是紀登思所看到的「現代

56　Anthony Giddens著，趙旭東、方文譯，《現代性與自我認同》，頁198。
57　《聯合報》，2004年5月13日。

自我」。

可是，對大多數芸芸眾生而言，這樣太累了。覺得「人生沒意義」成了現代晚期最基本的心理問題。紀登思認為，這與其說是來自「存在的孤立」（existential isolation），不如說是因為現代人「遠離了能使人過圓滿生活的道德資源」。因此，他建議西方人在抵抗剝削壓迫、追求「解放政治」（emancipatory politics）之餘，也應該追求「生命政治」（life politics），致力思考環保、胎兒權、基因工程、反暴力、核能、性別、動物權……等攸關道德與存在的議題，好讓生活過得有意義。

那麼，華人文化地區又如何？

四、儒家人格主義在全球化時代的意義：資源及限制

在多元的社會，人本應有各自的價值追求，很難強求共識。在這裡，我只能點出儒家人格主義所能提供的精神資源，將它和個人主義、集體主義做一對照。或許，它對兩岸華人的現代自我認同問題，能有某些參考作用。

在社會主義之下，個人對團體必須絕對服從。「成功」的定義在於犧牲小我，完成大我。不幸的是，大我烏托邦之完成遙遙無期，而小我已經死人無數。陽奉陰違活下來的人，從「戮力從公」墮退為「一心為私」。

在資本主義之下，個人主義自我在商業機制下萎縮，許多人只能在下班後用血拼（shopping）、唱卡拉OK、享受美食（然後再努力減肥）、上網化身聊天、甚至嗑藥玩多P……來滿足自我欲望。由於社會福利資源有限，為了仰事俯畜，大家必須遵循商業邏輯，將「成功」定義為「財富的累積」。可是，在全球化經濟下投資，利潤與風險都極高，財富累積不進則退；人

的哀樂喜怒，隨著股票指數上下波動，工作經常朝不保夕。「人生沒有意義」的想法，也就不時浮現心頭。

在台灣，我們可以看到好幾股潮流。人們不再用傳統儒家觀念說明普遍人性以及人的生存意義。相反的，現在流行的是用星座、手相、紫微斗數、十六型人格……解釋個性，或用階級、族群、性別、性傾向等方式界定個人認同。前者告訴你冥冥中命運前定，個人難以跳脫，人只能隨順命運，做些局部操弄，以滿足感情與財富的追求。而後者透過劃清我群／他者，告訴自己我是誰；在尋求同志、抵禦敵人之中，找到自己在世界的位置。界限愈清，人我鴻溝愈深。

於是有些人熱烈擁抱自我：從自我成長、自我實現，到追求自我美感、情欲、食欲的滿足。報紙家庭版中充滿了婦女的互相叮嚀：為家人犧牲卻往往得不到感激回報，還是要好好愛自己才是。不過，有些人卻努力要放下我執：他們從事義工、環保、靈修，透過與他人、與自然、與神的交流，拋棄小我、人本的執著，以融入更廣大的世界。

那麼，儒家在這個時代，還能發揮何種意義、提供何種資源呢？誠如史家余英時所說，中國文化(特別是儒家)的「內在超越性格」可以與「現代性」並容，發展出科學與資本主義[58]。而在面對「全球化」、「現代性」的弊端時，儒家有無可以著力之處，特別是就「自我認同的危機」而言？

基本上，儒家產生於現代「民族國家」出現之前，它具有「普世性格」（universalism），對「大同世界」有所期待。「全球化」時代國家、民族界限的模糊，對它反而是一種從「小康世界」的解放。因此，在「全球化」

58　參看：余英時，〈從價值系統看中國文化的現代意義〉、〈中國近世宗教倫理與商人精神〉，均收於：氏著，《中國思想傳統的現代詮釋》(台北：聯經，1992)。

的世界談儒家對「自我認同危機」的啓發，並非風馬牛不相及。以下筆者
即試著拈出一二種可能。

(一)人生意義：人格主義vs.資本主義

首先，就「人生意義」來看，儒家人格主義的人生觀，以「修身」、「成
德」作爲人生的主要目的，能紓解資本主義下對生命定位的困惑。

在儒家看來，

> 人生無所謂得意或失意，而只有自覺不自覺，及自覺的淺和
> 深。得意或失意，只是暫時感情上的小波紋，和海水的本身沒
> 有關係。[59]

對於財富與地位，他們抱著隨緣的態度，因爲「死生有命，富貴在天」（《論
語·顏淵》），難以強求。正如孔子所說：「富貴如可求，雖執鞭之士，
吾亦為之。如不可求，從吾所好」（《論語·述而》），「富貴」與否在於
機運，做個仁人君子，卻可以「操之在我」。既然如此，每個人就各自的
能力，「素富貴，行乎富貴；素貧賤，行乎貧賤」，從「貧而無諂，富而
無驕」到「貧而樂道，富而好禮」，大家經濟背景不同，但都有道德實踐
的可能性。而掌握了這個「道德的自主性」，即使生活簡單，也平淡有味，
所以孔子才會說：「飯疏食飲水，曲肱而枕之，樂亦在其中矣。不義而富
且貴，於我如浮雲。」（《論語·述而》）

對春秋時代叔孫豹「三不朽」之說，現代大儒錢穆有精闢的闡發。他

59　曹永洋編，《徐復觀家書精選》，頁29。

認為，「三不朽」之所以以「立德」為上，「立言」「立功」次之，就是因為：「立言」需要才華，而「立功」除了才華之外，更需要機緣，二者都只有少數菁英才能達成。唯有「立德」，是人人可為、時時可行，因此每個凡人的生命都可以得到永恆的意義[60]。而這一點，在台灣處處可見：從聞聲救苦的慈濟志工、發願造橋的「嘉邑行善團」、「揪團」救援莫拉克風災災民的網友，到賣「十元吃到飽」自助餐的老婆婆[61]、自奉極儉努力助人的菜販陳樹菊[62]……都是平凡百姓在生活中莊嚴「立德」。

　　在儒家看來，「成功」的定義不在於財富累積，不在於功成名就，而在每天盡自己的本分，做個「像樣的人」。即使無法表現非常偉大的情操，但當一個安分守己的正常人，也是發揮自己受之於天的良善本性，讓這個世界值得人活下去。如此一來，「人生的意義」可以經常獲得自我肯定，而「成功」的可能性不再那麼遙遠。徐復觀就這麼告訴他的女兒：

　　　　即使沒有什麼高遠理想，只要是在自己本分上生活，也有一樣

60　錢穆，《雙溪獨語》（台北：臺灣學生，1981），頁109-110。

61　高雄鹽埕的莊朱玉女婆婆，賣房子虧本經營「十元吃到飽」的自助餐餐廳四十多年，只因為：「做工的人，其他地方吃不起啦，不吃會餓死啦」，「我們人生在世就是要做」，「人家養我們，我們養人家」。見：佚名，〈賣夢的婆婆〉（http://210.6.90.154/viewthread.php?tid=462247&page=1）。

62　六十多歲的陳樹菊，為了照顧弟妹，終身未婚，在台東賣了一輩子的菜。她每天生活費不到一百元，家裡連椅子都沒有，卻將賣菜所得五、十元存起來，陸續捐了台幣近一千萬給孩童基金會、圖書館、育幼院。她說：「每次幫助人家，那天就會很好睡」，「只要把錢給需要的人，就會覺得很快樂」。2010年亞洲《富比士》雜誌選她為「年度亞太地區傑出善心人士」，《時代》雜誌則選她為「年度百大最具影響力人物」，使她很不自在，只希望盡快回復賣菜、積蓄、行善的日常生活。見：《中國時報》，2010年5月3日。

的價值。各人當小孩時候的生活，純樸的農工大眾的生活，難
(道)說比一位哲學家、革命者的價值少了點什麼嗎？[63]
人生的意義，並非要到收場時，或者要得到某種重大成果時才
有；而是時時刻刻的有，時時刻刻的得到滿足。……人能盡心
於自己所應做的事，便是把握到了最高的價值，而不必太過計
較過後的成敗得失。[64]

　　放在「全球化」的脈絡中，「樂天知命」的態度，使人不再對財富患
得患失，可以降低資本主義對生命的壓榨。即使就維護資本主義的角度來
看，強調修身、成德的人生觀，也可以對治揮霍貪婪所釀成的嚴重經濟失
序。從2002年的美國安隆公司財務造假案、世界通訊公司舞弊案，到更大
規模的2008年全球「金融海嘯」，這些慘痛經驗都說明了：唯利是圖、為
富不仁的心態，不足為訓，負責、自律、正直、誠信、勤奮等傳統價值，
才能使資本主義得到更健全的發展。這也是為什麼「品格」重新獲得世界
企業注意，成為許多重要企業的核心價值[65]。而若行有餘力，則要以財富
為工具，博施濟眾，以謀人類福祉之提升[66]。某些美國企業主管發起的「有

63　曹永洋、黎漢基編，《徐復觀家書集(1963-81)》(台北：中研院文哲所，2001)，
　　頁122。

64　曹永洋編，《徐復觀家書精選》，頁112-113。

65　何琦瑜、鄭一青等著，《品格決勝負：未來人才的祕密》(台北：天下，2004)，
　　頁2-3。

66　如世界首富比爾‧蓋茲與其妻梅琳達(Bill & Melinda Gates)成立基金會，捐出
　　五百八十億美元財產，從事瘧疾、愛滋病及肺結核之防治。2009年台灣餐飲界
　　鉅子王品集團董事長戴勝益決定捐出百分之八十的資產，獎勵清寒學生，照顧
　　生病員工，因為「這樣賺錢才有意思，不只為自己打拚，而是為社會努力」。

良知的資本主義運動」（capitalism with conscience），是以基督宗教道德
爲基礎；而在華人世界中，儒、釋、道三家，都同樣重視品格陶冶，可以
成爲重要的精神資源。

(二)人我關係：人格主義vs.網路世界

除了人生意義之外，儒家對於網路世界的人際關係與自我觀念，也有
相當的參考價值。

網路的人際關係，是「個人主義」與「集體主義」的奇妙混合。網友
既渴望展現獨特自我，又怕別人忘了自己(是以部落客都重視「人氣」、「到
訪人數」，臉書社群則期待好友按「讚」)；在實體世界離群索居、獨來獨
往，在虛擬世界則構築縱橫交錯的複雜關係、依偎取暖。

從儒家角度來看，「海內存知己，天涯若比鄰」固然是一大樂事，但
「君子以文會友，以友輔仁」（《論語‧顏淵》），「君子之交淡如水」應
是從事網路交友的基本前提。所謂「益者三友，損者三友。友直、友諒、
友多聞，益矣；友便辟、友善柔、友便佞，損矣」（《論語‧季氏》），在
實體世界是如此，在虛擬世界也可以成立。如果偏離這些原則，則網路社
交就難免流於「群居終日，言不及義，好行小慧，難矣哉！」（《論語‧
衛靈公》）

就自我觀念而言，許多網友利用網路「既隔離又連結」的特性，在匿
名面具的遮掩下，把現實世界所不敢充分呈露的另一面自我，以更潑悍眞
實的方式盡情展現。而儒家則主張，即使在別人看不見的地方，自己胸中
依然有一把尺，應該表裡如一，不放縱恣肆：「君子戒慎乎其所不睹，恐
懼乎其所不聞。莫見乎隱，莫顯乎微。故君子慎其獨也。」（《中庸》)有
的網友以化名進行「角色扮演」，在不同場域有不同化身，使得網路社交

有如一場爾虞我詐的化妝舞會。相對而言，儒家相信「誠意正心」（《大學》）、「不誠無物」（《中庸》），「真誠」是待人處世的基本原則；「人有不為也，而後可以有為」（《孟子‧離婁》），不跨越基本的道德界限，網友才能利用這個新媒介，充分發揮對社會的正面貢獻。

從「後現代主義」角度來看，儒家的自我觀念似乎和「現代主義」一般，都是「本質論」，具有核心，太統整一致，缺乏身體的面向。「後現代」的主體論述則傾向於「建構論」，認為人的自我是社會、語言、意識型態等建構出來的結果；是不斷發展，具有「反身性的自我認同構成計畫」。因此，它所呈現出來的「主體」，是去中心、多重、片斷化的[67]。相較之下，儒家所描述的自我／主體，似乎只是一個「信念」；而後現代觀點所描述的，則比較接近「事實」。

其實，從另一個角度看，孔子的一生，正是一個深具「反身性的自我認同構成計畫」：「吾十有五而志於學；三十而立；四十而不惑；五十而知天命；六十而耳順；七十而從心所欲，不踰矩。」（《論語‧為政》）只不過，孔子不像今日網友那般，要將自我切割成許多片斷，以不同的面貌應付不同對象，才能處理內在渴望與外在世界的衝突；相反地，他「外圓內方」，一方面有明確的道德主體，另一方面又「毋意，毋必，毋固，毋我」，在人事應對上維持相當的彈性開放（《論語‧子罕》）。

因此，在時勢詭譎多變的春秋戰國時代，孔子被譽為「聖之時者」，因應不同環境，總是能對出處做最妥適的拿捏：「可以速而速，可以久而久，可以處而處，可以仕而仕」（《孟子‧萬章》）。他守經行權，一方面

67　王志弘，〈人類主體、自我與認同理論：差異倫理學〉（http://cc.shu.edu.tw/~mcp/index/10.ppt#256,1），頁3，22。

「溫良恭儉讓」(《論語・學而》)，另一方面又「無可無不可」(《論語・微子》)；既守住原則，又能適時應變。我們必須承認，要達到這樣「內不失己，外不失人」的境界，並不容易——連孔子也是要到70歲，才能「從心所欲不踰矩」。可是，有一個終身學習的目標，不正是促使生命奮進的動力嗎？

再回過頭來看，一如網路世界所呈現出的多變角色，「後現代主體論」所描述的自我——去中心、多重、片斷化——，一方面是要反抗「現代性」對個人所造成的壓迫，但另一方面卻又造成更多混亂不安，使人進退失據。落實在實際心理層次，它呈現出精神分裂、多重人格等症狀，令人痛苦不堪。因此學者格拉斯(James M. Glass)主張：我們還是需要一個強大的自我感，一種有核心和主體性的自我，才能存活於這個混亂多元的世界，否則破碎的自我將會臣服於外在權力之下，成為悲劇[68]。

這麼說來，雖然儒家人格主義的自我觀念顯得太過樂觀天真，太過一廂情願；但是，就像孔子在混亂的春秋時代知其不可而為之，「為仁由己」、「盡其在我」等信念，的確可能幫助人收攝心神，在高速旋轉的全球化世界掌握自己的生命方向。我們可以說，後現代自我理論是一個「學術性描述」，而儒家自我理論卻具有「教育性意涵」；前者能解釋世界，而後者卻企圖改變世界。只要避免淪為自我膨脹、唯我獨尊，則儒家人格主義對今日的自我認同危機，仍有相當大的啟發性。

68　王志弘，〈人類主體、自我與認同理論：差異倫理學〉(http://cc.shu.edu.tw/~mcp/index/10.ppt#256,1)，頁22。

(三)人格主義的限制

　　以上是筆者嘗試拈出儒家人格主義回應全球化時代的幾種可能方式。但是，不可否認地，儒家人格主義在當代也有必須克服的嚴肅考驗。第一，它企圖越過族群、性別、階級而談共同人性，但是這些區別的確存在，它可以就此視而不見嗎？而且，它重視人的「共性」，相信每個人的自我有其共同的核心，但這麼一來，會不會對人的「個性」帶來壓迫？

　　第二，它鼓勵人看淡財富追求，「憂道不憂貧」(《論語·衛靈公》)，是否過於「唯心」？畢竟「無恆產而有恆心者，惟士為能；若民，則無恆產，因無恆心」(《孟子·滕文公》)，如果只強調「安貧樂道」的道德情操，而不從社會經濟面上努力縮小貧富差距，則人格主義也可能成為在上位者推卸責任的說詞。

　　第三，人格主義蘊含了儒家的理性精神：「未知生，焉知死；未能事人，焉能事鬼」，但是，只回答此生此世的問題，能夠解決人在多元混亂的世界的存在困惑嗎？21世紀科學昌明，但各種宗教不但未因此而消歇，甚至有日盛一日之勢，部分原因，或許就是因為它們企圖以「看不見的世界」(前生、來世、鬼神、天堂、地獄)來解釋「看得見的世界」，而且能自圓其說。儒家對生死問題、超自然世界都存而不論，雖然理性，但也可以說是一種逃避。

　　第四，儒家重視人的原生家庭關係(「五倫」中即有父子、夫婦、長幼等三倫)，使它的「抓地性」很強；在高速旋轉的現代化社會中，如果能維持家人之間的「親密感」，能幫助人對抗全球化帶來的「時空重組」與「抽離機制」，減少人的疏離失根。但是，隨著現代家庭制度的迅速崩

解，儒家失去了主要的實踐場域，使它難以發揮安頓個人的功能[69]。

　　總而言之，對於全球化時代個人安身立命的問題，儒家能提供重要資源；但它要在現代繼續發生意義，還有許多課題需要面對。

五、結論：安身立命之道的追尋

　　為了了解儒家思想對全球化時代的「自我認同」有何意義，在這篇文章中，我們思考儒家人格主義的意義和價值，並將它與西方浪漫主義運動興起以來的個人主義做對照。相較起來，前者已物雙成，後者獨來獨往；前者重視人性共通處，後者強調個體獨特性。由於西方學者相信個人主義與現代性息息相關，因此對中國文化之缺乏個人主義頗多攻擊。隨著資本主義體制的發展，中國從極端的毛式集體主義擺盪到道德無政府狀態，而台灣歷經軟性威權走向解嚴，儒家人格主義被委棄一旁，個人主義益發穩固，但是現代性的種種問題亦接踵而至。

69　現代家庭制度之所以崩解，有種種社會、經濟原因，對儒家思想構成重大挑戰，使它左支右絀。就台灣而言，在儒家既有的家庭倫理中，父權、夫權至上，為了成全原生家庭的完滿，女性往往被要求做較大犧牲。隨著西方個人主義傳入，女性走出家庭，取得經濟獨立與人格自主，但多數男性並未相應地增加對家務的付出。另一方面，個人主義重視兒童的人格權，而要求父母給予子女更大的空間，這也和儒家「天下無不是的父母」觀念相左。如此一來，夫妻雙方都以奉養親長、生兒育女為沉重包袱，乾脆將其責任推給國家，家庭制度也就岌岌可危了。但是，沒有家庭的蔭庇，要求國家官僚體系為個人提供「親密感」，無異緣木求魚。因此，現代儒家必須重新詮釋夫婦、親子關係，才能因應新時代的變化。而且它也必須以包容的態度接納異於傳統的「家庭組合」（包括同性戀家庭、無血緣家庭、單親或隔代家庭等）， 才能讓它所鼓吹的「家庭價值」有更周延的意涵。

放在西方歷史脈絡中去看，我們發現：個人主義固然有助於西方自由民主及資本主義的發展，但是唯利是圖的資本主義體制不斷擴張的結果，反而使個人自由的空間受到強力的擠壓，自我在縱欲與虛無之間飄蕩。紀登思描述的高度現代性生活對個人自我造成的巨大衝擊，不只存在於西方社會，也是華人文化必須面對的現實。

在這樣的時代，儒家人格主義是否還有意義？本文嘗試提出一些可能性。包括：以「樂天知命」的人生價值，對治資本主義「唯利是圖」的功利取向；以「不誠無物」的原則，處理網路世界複雜的人我關係；以「爲仁由己」的自我觀念，在混亂多元中掌握人生方向。當然，要將兩千五百年前的思想應用於21世紀的現在，自然會有許多扞格，我們必須重新加以詮釋、檢討。整體而言，筆者以爲：儒家的安身立命之道，跨越私領域與公領域，對於處於離心失速狀態的現代人，有其限制，但有更多正面的價值。

話又說回來，與其說筆者憂心「儒家的現代命運」，不如說是關懷「(華)人的當代處境」。1980年代初徐復觀曾痛切地指出，在馬列專政之下，中國大陸出現了種種惡質的「人間像」：凶頑狡猾、入主出奴、頑鈍無恥、苟且偷生……，令他痛心疾首[70]。而今距文革結束已逾三十年，中國大陸同樣一黨專政，但資本主義取代社會主義，當年鬥爭慘象已成遙遠回憶；不過，因爲馬列毛信仰幻滅，價值虛無感依然到處蔓延。

以中國十三億人爲主體，目前全球華人人數高達十四億，占世界人口五分之一；隨著中國自1990年代經濟快速躍升(正是拜全球化之賜)，華人再度在世界上扮演舉足輕重的角色。在國際舞台上，從過去之飽受欺凌轉

70　徐復觀，〈中國文化人間像的探求〉，《徐復觀最後雜文》，頁88-89。

為財大氣粗，由過去之「自我貶抑」[71]轉為「唯我獨尊」[72]。如果這偌大族群只憑藉赤裸的金錢與武力縱橫全球，無法真正安頓其公、私領域，中國的崛起絕非人類之福。因此，我們關注整體華人安身立命的問題，不只是因為它關係兩岸和平，也因為它是世界和平所繫。

當然，在十三億人魂無所歸、夢無所依之際，世界文明各種傳統──包括世俗的與宗教的──都可以提供精神資源。筆者以儒家為主要討論課題，一來是因為自身對它比較熟悉，二來儒家思想畢竟是華人文化的基礎，以它為出發點，比較能夠契入華人心靈。但這絕非意味只有儒家才能讓現代華人安身立命──事實上，今日中國大陸的基督宗教，台灣的佛教各教派，乃至在海外活躍的法輪功，都比局限於學界的儒家更能觸動人心，也更有社會動員的能量，它們都是啓發華人生命內省的資源。

和中國大陸相比，台灣在20世紀經歷相對穩健的政治、經濟、文化變遷，在傳統中華文化的基底上發展出多元價值和民主政治，在華人圈具有指標性，其公、私領域演變的經驗，都可以作為中國大陸未來發展的參考[73]。但這並不代表台灣可以沾沾自喜──在文化和政治各方面，台灣的深度、廣度、精緻度都有待進一步提升；它有時過於淺薄褊狹，有時則流

71　如：五四時代反傳統，文化大革命「破四舊」，都是文化上的自我貶抑。

72　中國崛起後在世界各地爭取自然資源，引起許多國家的不安，見："A Ravenous Dragon: A Special Report on China's Quest for Resources," *The Economist*, March 15th, 2008。國際金融風暴後，腰纏萬貫的中國投資客挾鉅資進軍歐美、日韓、澳洲等國房市，展現「買下全世界」的氣魄，引起各地人士反彈。見：《聯合報》，2010年5月10日。除此之外，中國旅客在國外若干暴發戶式的言行舉止（例如大聲喧譁旁若無人，或在「吃到飽」餐廳取食過度），也經常引人側目。

73　其實，台灣在1990年代，也曾被世人看作是「海盜王國」、「貪婪之島」；但在2012年的今天，則以各種國際救援、志工服務受到肯定。

於激情自戀，必須開拓更恢弘的視野、胸襟與氣度，才能爲現代華人文化探索更多可能性。

筆者承認，單是強調「修身成德」、而不改善制度，無法建立合理的社會。但是，沒有「人的理想」作爲價值標竿，也很難成就美好的人間秩序。儒家的「剛毅忠恕，己物雙成」，道家的「淡泊寧靜，與物爲春」，是徐復觀從中國文化所提煉出新的「人間像」。他認爲，這樣的「人間像」既可以矯正馬列毛思想弊端，又可以對治傳統社會及現代社會的墮落，並成爲中國民主化、工業化的動力[74]。在筆者看來，這樣的「人間像」也適用於全球化的時代，只不過，它不是唯一一種可能——在物質生活日趨大同的資本主義世界，精神生活的多樣性更有其必要。但不管如何，不論是「民族大我」或「個人小我」，筆者都期待華人文化能跳脫19、20世紀以來的悲情，避免重蹈帝國主義覆轍，轉而在「成就他人」中「成就自己」，對提升人類整體福祉有所貢獻。

那麼，「全球化的我」究竟在哪裡？——朋友：除了你自己，還有誰能找到答案？

（本文初稿曾發表於《生命教育》半年刊，創刊號，台北：世界宗教博物館，2006年12月）。

74　徐復觀，〈中國文化人間像的探求〉，頁90。

第九章

結論

一、百年世變下華人精神價值的探索

在西化、現代化、全球化的衝擊下，20世紀華人如何安頓他們的精神世界？──藉由探討梁啓超、李叔同、林語堂、徐復觀等知識分子的生命、思想與時代，本書嘗試對這個問題提出一些想法。

本書的幾位主角，大都是生於「舊的世界已死，新的世界卻無力誕生」的時代。他們之所以苦苦探索安身立命之道，固然是天生氣質使然，也與近代中國劇變所形成的「歷史三峽」有關；時代環境既是開啓他們航程的刺激，也無形中預先設定了他們探險的航道。和千千萬萬那個時代的人一樣，在舊社會、舊道德傾圮頹墜之際，他們不僅要創建「公」「私」領域內的制度性架構，還要追尋相應於這些架構的道德、信仰與價值觀。這些道德、信仰、價值觀，不僅關乎國族富強，更關乎每個個人身心性命的安頓。

梁啓超天眞樂觀地開出他的濟世藥方，也在他的公、私領域身體力行；但本書其他主角卻困惑不安、瞻顧徘徊，留給後人的問號比解答要來得多。一葉知秋，他們的生命歷程和思想辯難說明了：在這一段「歷史三

峽」中，華人在「安身立命之道」的追求並無止境；他們在公私領域的「探索」，遠比「重建」要來得耐人尋味。

關於本書的研究取向與撰寫方式，有幾點應做交代。首先，有別於重視常民百姓生活之新文化史，本書以思想史爲主軸，聚焦於若干知識分子。這並非因爲他們動見觀瞻，引領一代風騷，而是因爲他們對社會動盪特別敏感，也留下比較豐富的時代記錄和個人體悟，帶給後人深刻的啓發。其次，不同於客觀求是的現代學術紀律，書中某些篇章帶有較濃厚的文學抒情意味，其目的是希望藉此打開專業門牆，讓史學重新成爲現代公民博雅素養的一部分。此外，筆者以「人生史學」爲職志，回歸「知人論世」、「經世致用」的中國史學傳統，是因爲秉持一個信念：史學在滿足知識好奇之外，也應該回應人生的存在困惑，成爲個人生命教育的一部分（第一章）。

最後，本書討論以中華民國百年經驗爲主，又是從少數知識分子生命史入手，勢必無法完整呈現現代華人在公、私領域的探索。就20世紀下半葉而言，和台灣相比，亞洲其他華人社會——包括歷經驚濤駭浪的中國大陸，最富國際經驗的香港，與伊斯蘭及西方文明交會的新加坡——都在公、私領域有不同的實踐。大家面對的問題相似，然而答案不一，各自摸著石頭過河。筆者只是拋磚引玉，希望喚起大家對這些議題更多的討論。

二、現代華人公私領域的變遷

歸納本書對於20世紀華人公私領域的結論，簡單地說：（1）近代中國專制王朝瓦解，家族制度傾頹，這兩項變化深刻影響了傳統華人公私領域。（2）在此一轉型時代，就私領域而言，儒家「人文宗教」意味逐漸淡

薄，不如佛教、道家、基督教等信仰那般能夠解答生死大惑，但是儒家人文性格仍繼續形塑華人價值觀，制約華人對其他信仰的理解與接納。（3）就公領域而言，飽經多重文化衝擊與融合的台灣，成功發展出民主體制，對華人世界貢獻甚偉。在此過程中，儒家文化的影響利弊參半，未來有待刮垢磨光，在教育文化範疇繼續努力，以發揮提挈、護持民主的功能。

從以上三個向度觀察，我們大致可以看出：華人公私領域的現代化，將和西方現代化的模式有所不同。而在亞洲各個華人社會中，民國／台灣艱苦摸索的經驗，對其他地區未來的發展有重要的參考價值。以下就分別一一說明。

（一）家族瓦解改變傳統華人公私領域

傳統儒家並無涇渭分明的公私界限，而是視二者爲一連續體，以「身－家－國－天下」的次第逐漸擴大展開，私領域與公領域唇齒相依，二者互相涵攝，關係相對而非絕對。每個人依其身分，各有其相應的道德規範（第二章）；而在「身分倫理」之外，又有仁、義、禮、智、信等「普世倫理」，可以超越階級、性別與族群，爲眾人所共喻共信。

相對於西方現代國家機器對個人的牢牢掌握，傳統中國王朝雖然專制，但因爲「天高皇帝遠」，政府無法清楚掌握各人生存資料，使得個人私密生活得以在一定程度內自由開展[1]。中國哲人不像西方近代自由主義者這麼努力劃清公、私界限，防範國家、政府干涉個人私領域，不是沒有道理。

---

[1]　李孝悌，〈袁枚與18世紀中國傳統中的自由〉，收於：氏著，《昨日到城市：近代中國的逸樂與宗教》（台北：聯經，2008），頁207。

　　在中國傳統公私領域中，家族扮演了承上啓下的關鍵性角色。家族本是傳統中國社會的基礎，「父子有親，夫婦有別，長幼有序」就占了五倫中的三倫。它可以說是體現儒家倫理的主要載體，扮演個人與國家之間的中介角色。家族生活既爲私德實踐場域，又是公德預備初階。就家族與國家的關係而言，當國家力量強大時，家族張開保護傘，隔離國家對個人的直接控制；當天下大亂時，家族則在民間形成一定的社會秩序，彌補國家力量的不足 [2]。而就家族與個人的關係而言，愷悌和樂的親情能夠煦育個人、養老撫幼，予人安全感與認同感；但強調三綱五常的禮法和親戚間複雜的人際關係，也如重重網羅，讓人無法自在飛翔。

　　本書所介紹的梁啓超、林語堂的家庭生活，顯現了家族本位社會中較爲溫暖的面向。舊式的婚姻生活抑制激烈的感情追求，也限制了女性在公領域的發展，但是換得了老小成員的安全感和家族的穩定壯大。處於清末民初的梁啓超，以傳統孝道侍奉親長，以不完全的「男女平權」對待妻子，而以寬容慈愛呵護下一代(第二章)。同樣地，林語堂也壓抑浪漫愛情，安於穩定婚姻，並成爲「大哥哥」一樣的父親(第四章)。他們的家庭生活代表了過渡時代知識分子對傳統家庭倫理的繼承與調適，預示「慈道」的強調將逐漸取代「孝道」，另一方面也顯示：現代華人在「穩定的家庭」與「平等的兩性關係」之間，必須更爲努力來找到平衡。

　　梁、林兩人擁有美滿家庭，然而自譚嗣同、康有爲以降，許多華人知識分子感受更痛切的卻是家族生活的桎梏。李叔同爲大家庭中的庶子，自幼喪父，與母親相依爲命，飽嘗人情冷暖。他雖然很早成婚，但與家人關係冷淡疏遠，不是稱職的人夫與人父。而後他索性出家爲僧，收到家書一

2　葛兆光，《中國古代社會與文化十講》（香港：商務，2003），頁40-41。

律退回，切斷和家庭的最後一絲聯繫(第三章)。

　　與李叔同大約同時代的五四文人，有不同的理由反對家族。陳獨秀等人就認為，傳統家族教孝，專制政體教忠，二者互為表裡，既圍限個人自由發展，又妨礙國家團結強大。唯有解開家庭專制，才能打倒君主專制。唯有以「個人本位主義」取代「家族本位主義」[3]，才能讓個人獲得啟蒙，國家免於淪亡。

　　於是，傳統「身—家—國—天下」的秩序大亂。不只「天下」觀被「世界」觀取代，「家」的功能更是大大被削弱。碩果僅存的「國」(國家)與「身」(個人)則特別突出、膨脹，二者之間短兵相接，往復拉鋸角力。民族主義者／共產主義者大聲鼓吹「民族至上」、「國家至上」，要求個人「犧牲小我，完成大我」；而自由主義者則不屑再談重視修身的「人格主義」，轉而極力歌頌重視平等權利的「個人主義」(第八章)，並認為公私領域各行其是、壁壘分明。他們對公領域內的國家政治生活懷抱著高度戒懼，唯恐私領域的道德與宗教良心、自由市場經濟、家庭親密關係和日常生活等遭到政府干擾，所以要嚴格劃清公私領域界線，河水不犯井水[4]。

　　到了全球化競爭的時代，跨國性資本主義講求效率、追求利潤，一方面擠壓家庭，另一方面則弱化國家。當「家庭」消失、「國家」無力時，在健全的公民自治團體尚未發展普及之前，「個人」如何面對龐大的「世界」？無家可歸的失根感和自我認同的危機，是我們現在要面對的問題(第八章)。

3　李澤厚，〈啟蒙與救亡的雙重變奏〉，收於：氏著，《中國現代思想史論》，頁12-13。

4　但在實然面上，現代公私領域的關係並未如他們所期待的那般涇渭分明；而在應然面上，過度強調二者界限的想法也有待商榷。例如：政治人物之私生活是否可以不受公評，國家是否不應干涉家庭暴力，都有待討論。

(二)現代私領域：儒家人文性格繼續影響華人精神世界

對傳統士人而言，儒家思想具有三層意涵。不論是哪一層，都有強烈的人文、現世性格。

第一層意涵是人文宗教，亦即儒家的「內聖」面向。儒家認為人性由天所命，只要「盡其在我」，便能體現天命。此一「內在超越性」(immanence)使人肯定此生此世的奮鬥，無須透過遙遠的彼岸來生來實現人的終極價值。人在此生秉持良心，積德行善，即是體現上天所賦予人的天命，因此能夠坦然面對吉凶禍福，不必擔心死後世界(第八章)。

儒學的第二層意涵是治平之道，亦即儒家的「外王」面向。六經本為古代王官政典，孔門四科中言語(外交)、政事就占了二科，因此儒者能夠學優則仕。漢代獨尊儒術，原因之一即在於儒家能通經致用，具體對應大一統時代之政治社會問題。懷抱經世濟民的理想，使得歷代有識之士以天下為己任，「憂以天下，樂以天下」。

憑藉著以上二種意涵，儒學長期主導傳統中國知識階層的精神世界。但儒學的第三層意涵——利祿工具——恐怕才是多數傳統士人最在意的。研讀四書五經、通過科舉考試、進入文官集團，是過去讀書人最主要的生涯規畫。對他們來說，「十年寒窗」的目的在於「一舉成名」，而非安頓人生終極關懷，儒學的「功利性」遠大於其精神價值。

能夠參透第一層次的人，大抵能在儒家教誨中安身立命，不太需要其他超自然信仰。但實際上，除了少數宋明儒者之外，能掌握此一「內聖」精神的儒生恐怕非常有限。清代學術重心轉向考據訓詁，義理之學不受重視，此一意涵更容易被埋沒。

1905年科舉制度廢止，1911年滿清帝制傾覆，研讀四書五經不再能獵

取功名，平步青雲。縱使有人仍懷抱經世理想，在強敵環伺、國將不國的危亡之秋，若無現代知識學養，也只能書空咄咄，無補時艱。換言之，儒家的第二、三層意涵都落空了。儒家的「實用」價值既然大失，要從其教誨中尋得第一層次的安身立命之道，變得益發渺茫。

五四運動前後，大多數新式知識分子所熱中的，是取代儒家指導現世政治的西方意識型態：無政府主義、馬克斯主義、法西斯主義、自由主義……。只有少數特別敏感的心靈，想追尋的不只是經世濟民的良方，更是受苦靈魂的解藥。梁漱溟、熊十力、馬一浮另闢蹊徑，開創「新儒學」，重申儒家的「內在超越性」；但是，比起強調「內在超越」的儒家，佛教、基督宗教……等信仰，有更大的吸引力。

以李叔同／弘一為例：他早年游移於儒家士人傳統下的不同人格範型，歷經名士、留學生到嚴師等不同角色；但是儒家「內聖外王」理想既無法拯救那個時代，也無法平復他內在對「無常」的恐懼。雖然他曾有過道教、天理教方面的探索，但追根究柢，他的大惑來自於強烈的「自我」，而「破我執」的佛教正可對症下藥。於是他由儒轉釋、出家為僧，用不同的方式追求超越的美感，企圖克服他對生老病死的焦慮(第三章)。

又如：林語堂出身於閩南牧師家庭，接受完整的教會學校教育，基督宗教是他與生俱來的信仰。但在上海就讀聖約翰大學神學院時，他卻對基督教產生懷疑疏離，憤恨西方傳教士隔絕了他對祖國文化的接觸。他轉而努力惡補國學知識，對道家思想產生共鳴，不僅身體力行，更向西方讀者大力推薦「異教徒」式的審美生活態度。但到了晚年，因為生命的鄉愁和深刻的孤獨感，他又回歸童年時的基督教信仰，重新肯定耶穌「大光的威嚴」。對他而言，儒家思想是中國人的「工作姿態」，太多理性教條，不能深入觸動他的心靈(第四章)。

　　總之，進入20世紀後，儒家思想在公、私領域都不再主導華人文化。儒家治平之道失墜，讓各種西方政治意識型態有機會在公領域競逐，塑造華人現代國家風貌。而儒家「人文宗教」理念不彰，佛教、基督宗教等超自然信仰乃取而代之，成為許多華人私領域中的心靈指南。

　　儘管如此，儒家思想畢竟曾經籠罩東亞超過兩千年，對華人世界的影響淪肌浹髓，不可能在一百年內煙消雲散。儘管儒家喪失指導政治、人生的權威地位，但是華人社會畢竟長期受儒家思想浸淫，因此近代華人知識分子在接受其他信仰系統時，仍往往不由自主地受到儒家既有價值觀的制約。

　　例如：弘一出家之後，仍難免於名利的困擾，佛教界的沉疴更令他痛心疾首。他想要修行出世間法，卻無法脫離人間。他自幼熟悉的儒家修養，此時再度發揮了作用。「嚴以律己，寬以待人」，他最終以對自己更高的鞭策，來試圖解消人己之間的緊張。「現生邁入聖賢之域，命終往生極樂之邦」，儒釋並存，成了他對信仰的最終答案(第三章)。

　　林語堂自小接觸的基督教義，也濡染了許多中國文化成分。他的父親是鄉下牧師，視上帝如中國神佛，將「人性本善」視為理所當然。林語堂後來對基督教正統教義了解漸深，才發現基督教的神學基礎立足於原罪意識，和性善理念格格不入，這是促使他在青年時期離開教會的重要原因之一。晚年他重新恢復基督信仰，但依然難以接受原罪、永生、救贖觀念，這恐怕也和儒家理性文化的薰陶有一定關係(第四章)。

　　到了21世紀，兩岸在經濟上與全球接軌，亦須承受資本主義的震盪起伏。筆者以為，在這個時刻，儒家的人格主義可以繼續在私領域發揮協助華人安身立命的功能。

　　舉例而言，儒家人格主義與西方個人主義不同，前者己物雙成，後者

獨來獨往;前者重視人性共通處,後者強調個體獨特性。個人主義固然有助於西方自由民主及資本主義的發展,但是唯利是圖的資本主義不斷擴張的結果,反而使個人自由空間受到強力擠壓,「成功」被定義爲財貨的累積與揮霍,自我在縱欲與虛無之間飄蕩。

針對全球化時代自我認同危機,儒家人格主義對人生意義、人我關係可以提供不同的思考角度。就人生意義而言, 「三不朽」以「立德」爲先,「成功」的定義不在累積財富,而在做一個像樣的人。人生的意義既可以經常獲得自我肯定,則成功的可能性不再那麼遙遠。就人我關係而言,儒家重視道德主體性,有明確的自我認同。相對於去中心、多重、片斷化的後現代自我,「爲仁由己」的儒家更能在高速旋轉的全球化世界掌握自己生命的方向,仍有一定的參考價值(第八章)。

(三)現代公領域:儒家思想對台灣民主政治發展利弊互見

20世紀華人在私領域探索儒家之外的其他信仰,在公領域則企圖建立現代社會與國家。1912年中華民國成爲亞洲第一個民主共和國,但是民主實驗才剛萌芽,迅即被內戰外患摧毀。1949年大陸政權易手,中華人民共和國成立,以極權手段建立強大國家,毀滅傳統文化,使億萬百姓付出慘痛代價。中華民國政府轉進台灣,亦以威權統治近四十年,創造經濟奇蹟,也歷經民主轉型。經過衝突、磨合之後,台灣在公私領域探索華人文化新典範的成果,比大陸更爲可觀。

台灣原是南島語族的故鄉,自17世紀以來大陸移民人數漸多,寖假形成華人社會。在歷史上,它歷經荷、西、清、日、民國等政權變遷,倖免於近代中國大規模的戰亂與革命,以較爲穩健漸進的方式因革損益;在地理上,它位居大陸邊緣及西太平洋南北樞紐,遭遇一波又一波的現代西力

衝擊，長期習於對外接觸，不至於激烈排斥或無條件擁抱西方文明。這些背景使台灣走出和中國大陸不一樣的道路。

　　正如日本統治爲台灣帶來「殖民式現代化」，1949年國民政府及一百餘萬外省人播遷來台，除了白色恐怖和經濟奇蹟之外，也帶來其他影響：其一，中國「中原」文化與台灣閩粵地方色彩混合，使台灣的文化自我認同從「邊陲」轉爲「核心」。其二，較爲穩健的中國近代文化——包括文化保守主義與自由主義——在此進一步發展，有別於同一時期大陸之激烈文革。其三，曾被西方、日本殖民的經驗，與「新中原」文化在此交會，激出火花。整體而言，因他們的到來，台灣在某些方面變得更「中國」，而某些方面則變得更爲「西化」和「現代化」（第五章）[5]。

　　1980年代後的民主化，是台灣重建華人公領域最重要的貢獻。台灣之民主化，主要得力於自由主義者的思想啓迪、中產階級的興起、和台灣本土意識的自覺。但自1987年解嚴以來，台灣民主發展的狀況不盡如人意，統獨爭議、地方派系、黑金橫行、民粹主義、媒體八卦化……，都遭人詬病。這些弊端或源於民主制度先天缺陷，或與台灣特殊環境有關。至於儒家，又扮演何種角色？

　　筆者以爲，儒家對台灣民主發展既是助力，也是阻力。就助力而言，以創辦《民主評論》的新儒家徐復觀爲例，他不但長期批判古今政治專制，更對儒家政治思想存菁去蕪，以接引民主移植到華人文化的土壤中。他將政治形式與政治內容區分開來，主張學術與政治領域各自獨立；不但要限縮政治在人生中的分量，也要讓學術在政治範疇中對民意負責。他所採取

5　遺憾的是，在三百年來漢化、西化、日化和現代化的過程中，台灣原住民文化遭到嚴重扭曲破壞，亟需更多的理解與尊重。

的典範儒家立場，有別於錢穆的歷史儒家；其常民觀點及民主信念，和偏向菁英主義的唐君毅、牟宗三等人相較，也特別突出。他對台灣民主運動的思想啓迪之功，其實不下於《自由中國》陣營的雷震、殷海光等人(第六章)。

　　就阻力而言，儒家保守的意識型態，有可能妨礙多元社會的「表達自由」(freedom of expression)。徐復觀因「現代藝術將爲共產主義開路」之說而引爆「現代畫論戰」，就是一例。這個論戰雖然發生於台灣民主化之前，但可以幫助我們思考儒家對「自由」的包容程度。徐氏秉持儒家「美善合一」的理念，難以接受現代藝術驚世駭俗的作品；他進一步從儒家道德理性出發，強烈批判在他眼中既反知性、又反德性的「現代文化意識」。他認爲，徘徊於中西文化之間的1960年代台灣，需要的不是西方現代藝術的幽黯意識，而是重知性的科學文明，並須建立與民主科學一脈相通、立足於「正常人性」的文學藝術(第七章)。

　　在銳意求新求變的藝術家眼中，徐復觀的審美觀保守落伍，不值一哂；他以政治聯想扭曲藝術創造，更不可原諒。如果以符合「健康」、「人性」爲標準，有如呼應極權政府審查制度，不知有多少一流的文學藝術會被打入黑名單？

　　但深入來看，徐復觀的立場不是完全不可理喻。他相信文學藝術與政治社會相互影響，正反映他充分認識文學藝術的重要性。我們可以不同意他對現代藝術狹隘的斷語，卻不得不承認他對現代西方文化深刻的剖析。但從這個例子也可以看出：雖然徐復觀在與唐君毅、牟宗三辯論學術與政治的關係時，極力主張「爭取自由權利本身即是一絕大文化價值，不須附麗儒家理想才有價值」；但是落實在具體的社會生活時，他其實和唐、牟一般，贊成在民主政治之外、之上另有一個「綜攝性的提挈精神」，而這個精神即是儒家人文理想(第六章)。

筆者以爲，在民主化運動進行時，視「爭取自由權利」爲自我圓足的價值，的確有助於凝聚大眾追求民主的意志。但證諸今日台灣的民主缺失、媒體亂象，我們必須說，在民主政治之外，社會的確必須有道揆法守，提供大多數人日常生活是非善惡判斷的準則，以維繫社會的穩定運行。如果說，在西方，民主政治保障基本自由，使社會百花齊放，多采多姿，而基督宗教則設定善惡準則，作爲社會的穩定基礎，二者相輔相成；那麼，華人世界的民主政治要能健全運作，是不是也需要類似基督宗教的「綜攝性的提挈精神」，以避免民主淪爲民粹，自由流於恣肆？只不過，此一「綜攝性的提挈精神」，最好是通過民意檢驗，自下而上形成社會共識，而非自上而下施諸政治強制；而且，它應具有自我反省的能力，容許異議分子批判、反對，避免成爲「多數暴力」。台灣「三教合一」的社會文化，正與民主政治發揮這樣互補的功能(第八章)。

儒家始於教育，亦將回歸教育，教育文化工作將是它未來在華人公領域發揮的主要舞台。而在政治上，不可否認的，儒家思想與民主制度的確有若干扞格不入之處。但是儒家對政治人物的道德要求，儒家二千餘年來累積的政治智慧，以及以儒家倫理爲核心的社會是非共識，則是穩定華人民主的重要文化資產。

總之，不論個人好惡如何，台灣的民主事實上是在一個具有儒家文化特色的社會環境中運行，我們仍有必要踵繼徐復觀的腳蹤，繼續檢討、思考儒家文化與民主政治的磨合關係。

三、安身立命：永恆的問題，暫時的答案

「安身立命」是一個永恆的問題。即使通過風急天高的「歷史三峽」、

進入星垂平野的開闊平原，這個問題也不會就此消失。「飄飄何所似，天地一沙鷗」，只要人意識到他在宇宙中孤獨寂寥的存在，「安身立命」的困惑就會湧上心頭。本書主人翁的探索，只不過是人類歷史上前仆後繼的掙扎中的一頁篇章。所謂「現代華人公私領域的探索與重建」，所得到的成果，最多也只能是暫時性的。

在中國歷史上，儒家思想往往是所有問題唯一的「標準答案」，理所當然，不容質疑。20世紀的人何其有幸，生在一個能夠把儒家當作「問題」的時代，可以窮究它、批判它、唾棄它。而如果願意，他們依然可以把儒家當作眾多「可能答案」中的一個選項，和其他的生命選擇加以比較取捨，甚至嘗試混搭共生。

二千多年來，儒家除了訴諸政治之外，更多時候是以教育、文化來安頓人的身心性命。他們的老師孔子飽經憂患，心懷千古，但回過頭來面對莘莘學子，總不忘鼓舞年輕人正面思考，以向陽的朝氣迎向人生的挑戰。當老子幽幽道出「天地不仁，以萬物為芻狗」時，孔子卻讚嘆「天行健，君子以自強不息」。於是我們看見：世世代代的儒門子弟，總有人懷著天真愚騃的淑世熱情，前仆後繼，死而後已，在闃寂的宇宙中閃現微弱卻堅定的星芒。「為天地立心，為生民立命。為往聖繼絕學，為萬世開太平」，他們的心願太大，遠遠超過實際的能力。但是，那又何妨？帶著「盡人事而聽天命」的坦然，他們繼續知其不可而為之。於是，在廣宇長宙中，他們得以安身立命。

2012年2月27日

引用書目

中文論著

(一)專書

丁文江編

    1988   《梁任公年譜長編初稿》（台北：世界書局，1988）。

子通編

    2003   《林語堂評説七十年》（北京：中國華僑，2003）。

中研院近代史研究所編

    1993   《近代中國歷史人物論文集》（台北：中研院近史所，1993）。

中國時報

    1995   《台灣：戰後五十年》（台北：時報，1995）。

天下雜誌編

    1992   《發現台灣》（台北：天下，1992）。

方東美

    2004   《華嚴宗哲學》（台北：黎明，2004）。

王尙義

1969 《從異鄉人到失落的一代》（台北：大林，1969）。

王進焱等編

1987 《達達與現代藝術》（台北：市立美術館，1987）。

王鼎鈞

1988 《左心房漩渦》（台北：爾雅，1988）。

王德威編

2005 《台灣：從文學看歷史》（台北：麥田，2005）。

王震寰編

2002 《台灣社會》（台北：巨流，2002）。

印順

1992 《淨土與禪》（新竹：正聞，1992）。

1994 《平凡的一生》（新竹：正聞，1994）。

弘一大師

1976 《弘一大師文鈔》（台北：陳慧劍居士，1976）。

1984 《弘一大師演講全集》（台北：天華，1984）。

弘一大師全集編輯委員會編

1991-1993 《弘一大師全集》（福州：福建人民，1991-1993）。

布林頓、克里斯多夫、吳爾夫著，劉景輝譯

1979 《西洋文化史》（四）（台北：臺灣學生，1979）。

正中書局編

1994 《回顧林語堂——林語堂百年紀念文集》（台北：正中，1994）。

必麒麟著，陳逸君譯

2000 《歷險福爾摩沙》（台北：原民文化，2000）。

白先勇

    1978　《台北人》（台北：晨鐘，1978）。

牟宗三

    1976　《歷史哲學》（台北：臺灣學生，1976）。

    1979　《從陸象山到劉蕺山》（台北：臺灣學生，1979）。

    1989　《五十自述》（台北：鵝湖，1989）。

    1992　《道德的理想主義》（台北：臺灣學生，1992）。

    1994　《生命的學問》（台北：三民，1994）。

江宜樺

    1998　《自由主義，民族主義與國家認同》（台北：揚智，1998）。

    2003　《民族主義與民主政治》（台北：台大出版中心，2003）。

托爾斯泰著，耿濟之譯，蔣勳校訂

    1981　《藝術與人生》（台北：遠流，1981）。

呂正惠

    1992　《戰後台灣文學經驗》（台北：新地，1992）。

吳天任編

    1985　《民國梁任公先生啟超年譜》（台北：臺灣商務，1985）。

吳荔明

    2001　《百年家族——梁啟超和他的兒女們》（台北：立緒，2001）。

吳濁流著，鍾肇政譯

    1987　《台灣連翹》（台北：台灣文學，1987）。

余英時

    1991　《猶記風吹水上鱗：錢穆與現代中國學術》（台北：三民，
        1991）。

1992　《中國思想傳統的現代詮釋》（台北：聯經，1992）。

余涉編

1998　《漫憶李叔同》（杭州：浙江文藝，1998）。

李又寧、張玉法編

1975　《近代中國女權運動史料》（台北：傳記文學，1975）。

李孝悌

2008　《昨日到城市：近代中國的逸樂與宗教》（台北：聯經，2008）。

李志剛

1985　《基督教早期在華傳教史》（台北：臺灣商務，1985）。

李叔同

2005　《李叔同說佛》（台北：八方，2005）。

2007　《李叔同解經》（台北：八方，2007）。

李敖

1965　《為中國思想趨向求答案》（台北：文星，1965）。

1995　《你所不知道的彭明敏》，收於：《李敖大全集》第二十冊（台北：榮泉文化，1995）。

1995　《鄭南榕研究》，收於：《李敖大全集》第十三冊（台北：榮泉文化，1995）。

1995　《冷眼看台灣》，收於：《李敖大全集》第十三冊（台北：榮泉文化，1995）。

李淑珍

2009　《東周喪葬禮制初探》（台北：花木蘭，2009）。

李喜所、胡至剛

2001　《百年家族・梁啟超：中國近代史上建構新文化的一代宗師》

（台北：立緒，2001）。

李瑞騰編

1988　《中華現代文學大系・評論卷》（台北：九歌，1988）。

李澤厚

1991　《中國現代思想史論》（台北：風雲時代，1991）。

李澤厚、劉綱紀

1987　《中國美學史》第一卷（台北：谷風，1987）。

何清漣

2003　《中國的陷阱》（台北：台灣英文新聞，2003）。

何琦瑜、鄭一青等著

2004　《品格決勝負：未來人才的祕密》（台北：天下，2004）。

周策縱著，楊默夫譯

1981　《五四運動史》（台北：龍田，1981）。

杭亭頓著，黃裕美譯

1997　《文明衝突與世界秩序的重建》（台北：聯經，1997）。

林子青

1993　《弘一大師新譜》（台北：東大，1993）。

林太乙

1989　《林語堂傳》（台北：聯經，1989）。

1996　《林家次女》（台北：九歌，1996）。

林正弘編

1990　《殷海光全集：政治與社會》（台北：桂冠，1990）。

1990　《殷海光書信集》（台北：桂冠，1990）。

林阿苕、林亞娜著，潘榮蜀譯

　　1984　《吾家——林語堂女兒的日記》（台北：金蘭，1984）。

林柏維

　　1993　《台灣文化協會滄桑》（台北：台原，1993）。

林莊生

　　1992　《懷樹又懷人：我的父親莊垂勝、他的朋友及那個時代》（台
　　　　　　北：自立晚報，1992）。

林語堂

　　1975　《生活的藝術》（台北：大方，1975）。

　　1975　《無所不談合集》（台北：台灣開明書店，1975）。

　　1979　《啼笑皆非》（台北：遠景，1979）。

　　1983　《剪拂集》（上海：上海書店，1983）。

　　1984　《論孔子的幽默》（台北：金蘭，1984）。

　　1989　《吾國與吾民》（台北：輔新，1989）。

林語堂著，宋碧雲譯

　　1997　《蘇東坡傳》（台北：遠景，1997）。

林語堂著，張振玉譯

　　1978　《八十自敘》（台北：德華，1978）。

林語堂著，胡簪雲譯

　　1987　《信仰之旅》（台北：道聲，1987）。

林惺嶽

　　1987　《台灣美術風雲四十年》（台北：自立晚報，1987）。

音樂中國出版社編

　　1992　《弘一大師(李叔同)歌曲全集》（台北：音樂中國，1992）。

威廉‧詹姆斯著，蔡怡佳、劉宏信譯

　　2001　《宗教經驗之種種》（台北：立緒，2001）。

威爾‧杜蘭著，幼獅文化公司編譯

　　1995　《基督教巔峰的文明》（台北：幼獅，1995）。

施萍

　　2005　《林語堂：文化轉型的人格符號》（北京：北京大學，2005）。

倪再沁

　　1995　《台灣美術的人文觀察》（台北：雄獅，1995）。

殷海光

　　1988　《中國文化的展望》（台北：桂冠，1988）

連震東先生紀念集編輯小組編

　　1989　《連震東先生紀念集》（台北：連戰、方瑀出版，1989）。

馬之驌

　　1993　《雷震與蔣介石》（台北：自立晚報，1993）。

唐君毅

　　1990　《唐君毅全集》（台北：臺灣學生，1990）。

　　1991　《人文精神之重建》（台北：臺灣學生，1991）。

唐德剛

　　2002　《晚清七十年：中國社會文化轉型綜論》（台北：遠流，2002）。

徐復觀

　　1968　《石濤之一研究》（台北：臺灣學生，1968）。

　　1970　《不思不想的時代》（台北：萌芽，1970）。

　　1976　《中國藝術精神》（台北：臺灣學生，1976）。

　　1980　《學術與政治之間》（台北：臺灣學生，1980）。

1980　《徐復觀雜文──憶往事》（台北：時報，1980）。

1980　《徐復觀雜文──記所思》（台北：時報，1980）。

1980　《徐復觀雜文──看世局》（台北：時報，1980）。

1981　《徐復觀文存》（台北：臺灣學生，1981）。

1982　《論戰與譯述》（台北：志文，1982）。

1984　《徐復觀最後雜文》（台北：時報，1984）。

1985　《中國思想史論集續編》（台北：時報，1985）。

1990　《中國文學論集》（台北：臺灣學生，1990）。

1990　《中國人性論史──先秦篇》（台北：臺灣商務，1990）。

1993　《中國思想史論集》（台北：臺灣學生，1993）。

徐復觀著，翟志成、馮耀明校注

1987　《無慚尺布裹頭歸──徐復觀最後日記》（台北：允晨，1987）。

曹永洋編

1993　《徐復觀家書精選》（台北：臺灣學生，1993）。

曹永洋編

1984　《徐復觀教授紀念文集》（台北：時報，1984）。

曹永洋、黎漢基編

2001　《徐復觀家書集(1963-81)》（台北：中研院文哲所，2001）。

康有為

1979　《大同書》（台北：龍田，1979）。

郭布利希，雨芸譯

1980　《藝術的故事》（台北：聯經，1980）。

郭廷以

1980　《近代中國史綱》（台北：北一，1980）。

許倬雲、丘宏達編

　　1986　　《抗戰勝利的代價》（台北：聯經，1986）。

許紀霖編

　　2000　　《20世紀中國思想史論》（上海：東方，2000）。

　　2005　　《20世紀中國知識分子史論》（北京：新星，2005）。

梁容若

　　1968　　《常識與人格》（台北：普天，1968）。

梁啓超

　　1964　　《飲冰室文集》（台北：新興，1964）。

　　1973　　《飲冰室全集》（台北：文化，1973）。

　　1974　　《梁任公學術演講集》（台北：河洛，1974）。

梁麗萍

　　2004　　《中國人的宗教心理》（北京：社科文獻，2004）。

盛清沂、王詩琅、高樹藩

　　1979　　《台灣史》（台北：眾文，1979）。

馮自由

　　1971　　《革命逸史》（台北：臺灣商務，1971）。

黃克武

　　1994　　《一個被放棄的選擇：梁啓超調適思想之研究》（台北：中研
　　　　　　院近史所，1994）。

黃俊傑編

　　2002　　《傳統中華文化與現代價值的激盪與調融》（台北：喜瑪拉雅
　　　　　　研究發展基金會，2002）。

黃俊傑、江宜樺編

　　2005　《公私領域新探：東亞與西方觀點之比較》（台北：台大出版中心，2005）。

黃俊傑

　　2007　《東亞儒學：經典與詮釋的辯證》（台北：台大出版中心，2007）。

　　2009　《東亞儒學視域中的徐復觀及其思想》（台北：台大出版中心，2009）。

黃瑞祺

　　1996　《批判社會學》（台北：三民，1996）。

　　2000　《現代與後現代》（台北：巨流，2000）。

　　2002　《現代性、後現代性、全球化》（台北：左岸，2002）。

張炎憲、李筱峰、戴寶村編

　　1996　《台灣史論文精選》（台北：玉山社，1996）。

張朋園

　　1999　《梁啓超與清季革命》（台北：中研院近史所，1999）。

張邦梅著，譚家瑜譯

　　1998　《小腳與西服──張幼儀與徐志摩的家變》（台北：智庫文化，1998）。

張系國

　　1986　《昨日之怒》（台北：洪範，1986）。

張忠棟

　　1990　《胡適‧雷震‧殷海光》（台北：自立晚報，1990）。

張深切

　　1998　《里程碑》（台北：文經社，1998）。

張佛泉

　　1979　《自由與人權》（台北：全國，1979）。

張福建、蘇文流主編

　　1995　《民主理論：古典與現代》（台北：中研院社科所，1995）。

張華

　　2004　《楊文會與中國近代佛教思想轉型》（北京：宗教文化，2004）。

張灝

　　1992　《幽暗意識與民主傳統》（台北：聯經，1992）。

陳其南

　　1987　《台灣的傳統中國社會》（台北：允晨，1987）。

陳昭瑛

　　1999　《台灣與傳統文化》（台北：台灣書店，1999）。

　　2000　《台灣儒學──起源、發展與轉化》（台北：正中書局，2000）。

陳世宏等編

　　2002　《雷震案史料彙編：國防部檔案選輯》（台北：國史館，2002）。

陳映真

　　1975　《第一件差事》（台北：遠景，1975）。

陳星

　　1994　《芳草碧連天──弘一大師傳》（台北：業強，1994）。

陳弱水

　　2006　《公共意識與中國文化》（北京：新星，2006）。

陳慧劍

　　1996　　《弘一大師論》（台北：東大，1996）。

陳慧劍編

　　1998　　《弘一大師有關人物論文集》（台北：弘一大師紀念學會，
　　　　　　1998）。

陳鼓應

　　1979　　《殷海光最後的話語》（台北：百傑，1979）。

傅正編

　　1990　　《雷震祕藏書信選》（台北：桂冠，1990）。

勞思光

　　1980　　《中國哲學史》（香港：中文大學崇基學院，1980）。

葛兆光

　　2003　　《中國古代社會與文化十講》（香港：商務，2003）。

　　2005　　《思想史研究課堂講錄》（北京：三聯，2005）。

費孝通

　　1948　　《鄉土中國》（上海：觀察社，1948）。

雄獅美術編

　　1996　　《弘一法師翰墨因緣》（台北：雄獅，1996）。

彭明敏著，林美惠譯

　　1995　　《自由的滋味》（台北：前衛，1995）。

葉維廉

　　1987　　《與當代藝術家的對話──中國現代畫的生成》（台北：東大，
　　　　　　1987）。

葉榮鐘

　　1995　　《台灣人物群像》（台北：時報，1995）。

葉榮鐘、蔡培火、吳三連、陳逢源、林柏壽

　　1979　　《台灣民族運動史》（台北：學海，1979）。

楊澤編

　　1994　　《七〇年代——理想繼續燃燒》（台北：時報，1994）。

　　1997　　《魯迅散文選》（台北：洪範，1997）。

夢參老和尚主講

　　2000　　《華嚴經淨行品》（台中：方廣文化，2000）。

夢參老和尚講述

　　2005　　《華嚴經普賢行願品》（台北：方廣文化，2005）。

虞坤林編

　　2006　　《弘一法師日記三種》（太原：山西古籍，2006）。

蓮因寺編

　　1994　　《弘一大師集・佛學篇》（南投：蓮因寺，1994）。

廣洽法師輯

　　1957　　《弘一大師逝世十五週年紀念冊》（新加坡：薝蔔院，1957）。

蔡祝青

　　2009　　《譯本外的文本：清末民初中國閱讀視域下的〈巴黎茶花女
　　　　　　遺事〉》（輔大比較文學研究所博士論文，2009）。

黎漢基、李明輝編

　　2001　　《徐復觀雜文補編》（台北：中研院文哲所，2001）。

魯迅

　　1987　　《吶喊・徬徨》（台北：谷風，1987）。

魯珍晞(Jessie G. Lutz)編，王成勉譯

　　1990　《所傳爲何？——基督教在華宣教的檢討》（台北：國史館，
　　　　　1990）。

劉述先、林月惠編

　　2005　《當代儒學與西方文化：宗教篇》（台北：中研院文哲所，
　　　　　2005）。

劉國松

　　1969　《中國現代畫的路》（台北：傳記文學，1969）。

　　1966　《臨摹・寫生・創造》（台北：文星，1966）。

鄭永福、呂美頤

　　1993　《近代中國婦女生活》（河南：人民，1993）。

鄭樹森

　　1982　《文學理論與比較文學》（台北：時報，1982）。

錢君匋主編

　　1994　《弘一大師文稿》（台北：台灣東華，1994）。

錢穆

　　1967　《政學私言》（台北：臺灣商務，1967）。

　　1976　《中國歷代政治得失》（台北：三民，1976）。

　　1978　《國史大綱》（台北：臺灣商務，1978）。

　　1981　《雙溪獨語》（台北：臺灣學生，1981）。

　　1986　《師友雜憶》（台北：東大，1986）。

　　1998　《錢賓四先生全集》(51)（台北：聯經，1998）。

蕭公權

　　1982　《中國政治思想史》（台北：聯經，1982）。

蕭欣義編

　　1980　《徐復觀文錄選粹》(台北：臺灣學生，1980)。

　　1988　《儒家政治思想與民主自由人權》(台北：臺灣學生，1988)。

蕭關鴻編

　　1999　《中國百年傳記經典》第二卷(上海：東方，1999)。

蕭瓊瑞

　　1991　《五月與東方──中國美術現代化運動在戰後台灣之發展
　　　　　(1945-1970)》(台北：東大，1991)。

龍應台

　　1999　《百年思索》(台北：時報，1999)。

　　2003　《面對大海的時候》(台北：時報，2003)。

　　2009　《大江大海：一九四九》(台北：天下，2009)。

鍾理和

　　1991　《鍾理和集》(台北：前衛，1991)。

　　2003　《鍾理和全集》(台北：行政院客家委員會，2003)。

謝里法

　　1992　《日據時代台灣美術運動史》(台北：藝術家，1992)。

羅青

　　1989　《什麼是後現代主義》(台北：五四，1989)。

羅蘇文

　　1996　《女性與近代中國社會》(上海：人民，1996)。

Alexander, Jeffrey C. & Seidman, Steven編，吳潛誠編校

　　1997　《文化與社會》(台北：立緒，1997)。

de Bary, Wm. Theodore(狄百瑞)著，李弘祺譯

　　1983　《中國的自由傳統》（台北：聯經，1983）。

de Bary, Wm. Theodore(狄百瑞)著，陳立勝譯

　　2003　《亞洲價值與人權》（台北：正中，2003）。

Giddens, Anthony著，周素鳳譯

　　2001　《親密關係的轉變》（台北：巨流，2001）。

Giddens, Anthony著，趙旭東、方文譯

　　2002　《現代性與自我認同》（台北：左岸，2002）。

Harrison, L.E. & Huntington, S.P.編，李振昌、林慈淑譯

　　2003　《為什麼文化很重要》（台北：聯經，2003）。

Schlosser, Eric著，陳琇玲譯

　　2001　《速食共和國──速食的黑暗面》（台北：天下，2001）。

Weber, Max著，張漢裕譯

　　1983　《基督新教的倫理與資本主義的精神》（台北：協志，1983）。

(二)論文

佚名

　　1961　〈現代文學的一年〉，《現代文學》7期（1961年3月1日）。

呂欣芹

　　2007　〈說輕生太沉重──自殺者遺族的悲傷與調適歷程〉，《生命教育半年刊》2期（2007年7月）。

余英時

　　2004　〈試說儒家的整體規畫──劉述先先生「回應」讀後〉，《當代》201期（2004年5月）。

沈剛伯

　　1959　〈五十年來的教育〉，《自由中國》21卷10期(1959年11月16
　　　　　日)。

李柏霖

　　2004　〈關於李叔同早期畫作的發現〉，《杭州師範學院學報》，
　　　　　2002年第4期。

李淑珍

　　2002　〈「經學式」、「科學式」與「理學式」的歷史詮釋學：近
　　　　　代中國／台灣史學發展的三個面相〉，《當代》178期(2002年6
　　　　　月)。

　　2008　〈二十世紀「中國通史」寫作的創造與轉化〉，《新史學》
　　　　　19卷2期(2008年6月)。

居浩然

　　1961　〈徐復觀的故事〉，《文星》48期(1961年10月1日)。

周凱蒂

　　2006　〈「改宗」概念的考察與重建：一個台灣宗教社會學的反省〉，
　　　　　台灣社會學會年會論文，2006。引用自網路：http://soc.thu.edu.tw/
　　　　　2006TSAconference/_notes/2006TSApaper/4-4.pdf

凌空

　　1955　〈介紹反共文化運動中的兩個學派〉，《祖國週刊》114期(1955
　　　　　年3月)。

唐君毅

　　1953　〈學術思想之自由與民主政治──答徐佛觀先生〉，《民主
　　　　　評論》4卷18期(1953年9月16日)。

陳芳明

 2002 〈現代性與日據台灣第一代作家〉，「文化場域與教育視界：
晚清—四〇年代」國際學術研討會(2002)，論文抽印本。

陳熙遠

 2002 〈「宗教」──一個中國近代文化史上的關鍵詞〉，《新史
學》13卷4期(2002)。

勞思光

 1953 〈民主政治價值之衡定〉，《民主評論》4卷23期(1953年12
月25日)。

張丕介

 1956 〈飄零篇〉，《民主評論》7卷2期(1956年1月5日)。

傅斯年

 1928 〈歷史語言研究所工作之旨趣〉，《中央研究院歷史語言研
究所集刊》1本1份(1928)。

趙世洵

 1976 〈悼念林語堂先生〉，《大成》30期(1976年5月1日)。

劉國松

 1971 〈我個人繪畫發展的軌跡〉，《雄獅美術》5期(1971年7月1
日)。

錢穆

 1950 〈中國傳統政治〉，《民主評論》2卷12期(1950年12月5日)。

 1951 〈中國知識分子〉(上)(下)，《民主評論》2卷21、22期(1951
年5月5日、20日)。

英文論著

Benda, Julien

　　1969　*The Treason of the Intellectuals* (New York: Norton, 1969).

Bella, Robert, et al.

　　1985　*Habits of the Heart* (New York: Harper & Row, 1985).

Burger, Peter

　　1984　*Theory of the Avant-Garde*, trans. by Michael Shaw (Minneapolis: University of Minnesota Press, 1984).

Calhoun, Craig ed.

　　1992 *Habermas and the Public Sphere* (Cambridge, Massachusetts: The MIT Press, 1992).

Chang, Hao(張灝)

　　1971　*Liang Ch'i-ch'ao and Intellectual Transition in China, 1890-1907* (Cambridge: Harvard University Press, 1971).

Eastman, Lloyd E.(易勞逸)

　　1990　*The Abortive Revolution: China under Nationalist Rule, 1927-1937* (Boston: Harvard University, 1990).

Frye, Northrop

　　1968　*A Study of English Romanticism* (New York: Random House, 1968).

Giddens, Anthony

　　1991　*Modernity and Self-identity* (Stanford: Stanford University Press,

1991).

Hayek, F.A.

　　1994　*The Road to Serfdom* (Chicago: The University of Chicago Press, 1994).

Hinsch, Bret

　　1990　*Passions of the Cut Sleeve: Male Homosexual Tradition in China* (Berkeley and Los Angels: University of California Press, 1990).

Hook, Brian ed.

　　1996　*The Individual and the State in China* (Oxford: Clarendon Press, 1996).

Huyssen, Andreas

　　1981　"The Search for Tradition: Avant-Garde and Postmodernism in the 70s," *New German Critique*, No. 22 (Winter 1981).

Jacoby, Neil H.

　　1966　*U.S. Aid to Taiwan: A Study of Foreign Aid, Self-help, and Development* (New York: Frederick A. Praeger, 1966).

James, William

　　1958　*The Varieties of Religious Experience* (New York: Mentor, 1958).

Kecskemeti, Paul ed.

　　1953　*Essays on Sociology and Social Psychology* (London: Routledge & Kegan Paul, 1953).

Lee, Leo Ou-fan(李歐梵)

　　1973　*The Romantic Generation of Modern Chinese Writers* (Cambridge, Massachusetts: Harvard University Press, 1973).

Lee, Su-san(李淑珍)

　　1998　"Xu Fuguan and New Confucianism in Taiwan(1949-1969): A Cultural History of the Exile Generation" (Ph. D. dissertation, Brown University, 1998).

Levenson, Joseph R.

　　1958-1965　*Confucian China and Its Modern Fate: A Triology* (Berkeley and Los Angeles: University of California Press, 1958-1965).

　　1970　*Liang Ch'i-ch'ao and the Mind of Modern China* (Berkeley: University of California Press, 1970).

Lofland, John

　　1981　*Doomsday Cult: A Study of Conversion, Proselytisation, and Maintenance of Faith* (New York: Irvington Publishers, 1981).

Lukes, Steven

　　1979　*Individualism* (Oxford: Basil Blackwell, 1979).

Marsella, Anthony J., Devos, George, & Hsu, Francis L.K.(許烺光) eds.

　　1985　*Culture and Self: Asian and Western Perspectives* (New York: Tavistock, 1985).

Metzger, Thomas A.(墨子刻)

　　1977　*Escape from Predicament* (New York: Columbia University Press, 1977).

Munro, Donald (孟旦) ed.

　　1985　*Individualism and Holism: Studies in Confucian and Taoist Values* (Ann Arbor: University of Michigan, 1985).

Pelikan, Jaroslav ed.

    1990   *The World Treasure of Modern Religious Thought* (Canada: Little & Brown Company, 1990).

Poggioli, Renato

    1967   *The Theory of the Avant-Garde* (Cambridge: Harvard University Press, 1967).

Schiller, Friedrich

    1965   *On the Aesthetic Education of Man*, trans. by Reginald Snell (New York: Ungar, 1965).

Tong, Hollingtong K.(董顯光)

    1961   *Christianity in Taiwan: A History* (Taipei: China Post, 1961).

Tucker, Nancy Bernkopf(唐耐心)

    1994   *Taiwan, Hong Kong and the United States: 1945-1992* (New York: Twayne, 1994).

A.L. Warnshuis(范禮文)

    1927   "Christian Missions and the Situation in China," in *Annals of the American Academy of Political and Social Science,* Vol. 132, "Some Outstanding Problems of American Foreign Policy, " July 1927, p. 80.

索引

名詞索引

二劃

三劃

四劃

七劃

八劃

人名索引

A

B

C

D

F

G

安身立命：現代華人公私領域的探索與重建

2013年10月初版　　　　　　　　　　　　定價：新臺幣680元
有著作權・翻印必究
Printed in Taiwan.

著　　　者	李　淑　珍
總　編　輯	胡　金　倫
發　行　人	林　載　爵

出　版　者	聯經出版事業股份有限公司	叢書主編	沙　淑　芬
地　　　址	台北市基隆路一段180號4樓	校　　對	呂　佳　真
編輯部地址	台北市基隆路一段180號4樓	封面設計	沈　佳　德
叢書主編電話	(02)87876242轉212		
台北聯經書房	台北市新生南路三段94號		
電　　　話	(02)23620308		
台中分公司	台中市健行路321號1樓		
暨門市電話	(04)22371234ext.5		
郵政劃撥帳戶第0100559-3號			
郵撥電話	(02)23620308		
印　刷　者	世和印製企業有限公司		
總　經　銷	聯合發行股份有限公司		
發　行　所	新北市新店區寶橋路235巷6弄6號2樓		
電　　　話	(02)29178022		

行政院新聞局出版事業登記證局版臺業字第0130號

本書如有缺頁，破損，倒裝請寄回台北聯經書房更換。　ISBN　978-957-08-4265-4 (精裝)
聯經網址：www.linkingbooks.com.tw
電子信箱：linking@udngroup.com

國家圖書館出版品預行編目資料

安身立命：現代華人公私領域的探索與重建
／李淑珍著．初版．臺北市．聯經．2013年10月（民
102年）．480面．14.8×21公分
ISBN 978-957-08-4265-4（精裝）

1.現代哲學 2.學術思想

128   102018379